THE SCIENCE BOOK

"人类的思想"百科丛书
精品书目

 经济学百科

 心理学百科

 哲学百科

 科学百科

 商业百科

 政治学百科

 莎士比亚百科

 社会学百科

 文学百科

 福尔摩斯百科

 电影百科

 历史百科

 艺术百科

 罪案百科

 宗教学百科

 天文学百科

 生态学百科

 数学百科

 古典音乐百科

更多精品图书陆续出版，
敬请期待！

"人类的思想"百科丛书

科学百科（典藏版）

英国DK出版社　著

王　晋　译

于天君　审校

电子工业出版社
Publishing House of Electronics Industry
北京·BEIJING

Original Title: The Science Book

Copyright ©2014 Dorling Kindersley Limited

A Penguin Random House Company

本书中文简体版专有出版权由Dorling Kindersley Limited授予电子工业出版社。未经许可，不得以任何方式复制或抄袭本书的任何部分。

版权贸易合同登记号　图字：01-2014-4717

图书在版编目（CIP）数据

科学百科：典藏版 / 英国DK出版社著；王晋译. — 北京：电子工业出版社，2021.7
（"人类的思想"百科丛书）
书名原文：The Science Book
ISBN 978-7-121-41154-0

Ⅰ. ①科… Ⅱ. ①英… ②王… Ⅲ. ①科学知识－普及读物 Ⅳ. ①Z228

中国版本图书馆CIP数据核字（2021）第087256号

审图号：GS（2021）3092号

责任编辑：郭景瑶
印　　刷：鸿博昊天科技有限公司
装　　订：鸿博昊天科技有限公司
出版发行：电子工业出版社
　　　　　北京市海淀区万寿路173信箱　邮编：100036
开　　本：850×1168　1/16　印张：22　字数：704千字
版　　次：2021年7月第1版
印　　次：2024年7月第4次印刷
定　　价：168.00元

www.dk.com

"人类的思想"百科丛书

本丛书由著名的英国DK出版社授权电子工业出版社出版，是介绍全人类思想的百科丛书。本丛书以人类从古至今各领域的重要人物和事件为线索，全面解读各学科领域的经典思想，是了解人类文明发展历程的不二之选。

无论你还未涉足某类学科，或有志于踏足某领域并向深度和广度发展，还是已经成为专业人士，这套书都会给你以智慧上的引领和思想上的启发。读这套书就像与人类历史上的伟大灵魂对话，让你不由得惊叹与感慨。

本丛书包罗万象的内容、科学严谨的结构、精准细致的解读，以及全彩的印刷、易读的文风、精美的插图、优质的装帧，无不带给你一种全新的阅读体验，是一套独具收藏价值的人文社科类经典读物。

"人类的思想"百科丛书适合10岁以上人群阅读。

《科学百科》的主要贡献者有Adam Hart-Davis, John Farndon, Dan Green, Derek Harvey, Penny Johnson, Douglas Palmer, Steve Parker, Giles Sparrow等人。

目　录

巨大的转变
1900年－1945年

INTRODUCTION

前言

科学是寻找真理的持续过程，是探索宇宙运行方式的永恒之旅。人们对宇宙的探索可以追溯到文明伊始。在人类好奇心的驱使下，科学一直依靠的都是人们的推理、观察和实验。古希腊著名的哲学家亚里士多德著作颇丰，其著作涵盖科学领域的诸多学科，为后来的很多科学成就奠定了基础。虽然他也非常善于观察自然，但依靠的却是思考和辩论。他从不做任何实验，因此得出了很多错误的结论。例如，他曾断言，重的物体比轻的物体下落速度快，并且如果一个物体比另一个物体重1倍，下落速度也将快1倍。虽然这些结论是错误的，但当时并没有人质疑，直到1590年才被伽利略·伽利雷推翻。我们现在清楚地知道，一位合格的科学家必须依靠实验证据得出科学结论，但当时还未有人意识到。

科学方法

17世纪初，英国哲学家弗朗西斯·培根率先提出了一个有关科学的逻辑体系。他的科学方法建立在早他600年的阿拉伯科学家阿尔哈曾及之后的法国哲学家勒内·笛卡儿的研究基础上。该方法要求科学家先进行观察，然后形成理论，以解释观察到的现象，最后通过实验验证理论正确与否。如果理论看似正确，实验结果将交给同行评审，以检验实验是否有漏洞、理论是否有误，以及是否需要重复实验，以确保实验结果正确。

做出可以验证的假设或预测总是不无裨益的。1682年，英国天文学家埃德蒙多·哈雷观测到了一颗彗星。他发现，这颗彗星与1531

一切真相一旦被发现就会变得通俗易懂，而发现它们的过程至关重要。

——伽利略·伽利雷

年和1607年观测到的彗星很像，并指出这三次出现的彗星其实是同一颗。他预言，这颗彗星将于1758年再次出现，结果证明他的预言是正确的。如今，我们称这颗彗星为"哈雷彗星"。因为天文学家几乎无法做实验，所以证据只能源自观察。

科学理论可以通过实验来检验，也可以完全是推测性的。有一次，物理学家欧内斯特·卢瑟福的学生正在用α粒子轰击金箔，以期观察到轻微的偏转。卢瑟福观察学生的实验时，建议他们把探测器放在α粒子放射源旁边，结果竟然发现有些α粒子从薄如纸张的金箔上弹了回来。卢瑟福表示，这就仿佛炮弹从薄纸上弹了回来，由此激发了他对原子结构的猜想。

如果科学家在提出新的理论的同时，能够预测结果，那么实验将会更加引人入胜。如果实验与预测结果一样，科学家就有了支撑该理论的证据。即便如此，科学永远无法证明一个理论是正确的。正如20世纪的科学哲学家卡尔·波普尔

所言，科学只能证明某个理论是错误的。能够得出预期结果的每项实验都将成为一个支持性证据，但只要有一项实验失败，就足以摧毁整个理论。

数百年来，地心说、四体液说、燃素说及神奇介质"以太"等人们长期以来一直认为正确的概念都被证明是错误的，并被新的理论取代。但是，这些新理论也仅仅是理论而已，有朝一日也有被推翻的可能。不过，这些理论毕竟有证据支撑，所以在大多数情况下被推翻的概率较小。

思想的进程

科学很少会按照简单、有逻辑的步伐前进。独立工作的多位科学家可能会同时发现同一科学奥秘，但从某种程度上说，几乎每一次科学进步都建立在前人的研究和理论基础上。建造大型强子对撞机的一个原因是为了寻找希格斯粒子。在此之前，也就是1964年，物理学家曾预言希格斯粒子的存在。这一预言建立在对原子结构

数十年的理论研究基础上，可以追溯到卢瑟福及20世纪20年代丹麦物理学家尼尔斯·玻尔的研究。他们的研究则取决于1897年电子的发现，而电子的发现又取决于1869年阴极射线的发现。但是，如果没有真空泵的发明，没有1799年电池的面世，这一切也只能是泡影。如果继续追溯，这一链条还可以回溯几十年，甚至上百年。伟大的物理学家艾萨克·牛顿有这样一句名言："如果说我比别人看得更远，那是因为我站在了巨人的肩膀上。"

第一批科学家

公元前6世纪至公元前5世纪，古希腊活跃着史上最早一批拥有科学观的哲学家。公元前585年，米利都的泰勒斯成功预言日食的出现。50年后，毕达哥拉斯在现为意大利南部的地方建立了一所数学校。色诺芬尼在山上发现贝壳后，推论整个地球可能曾经被大海覆盖。

观星人

与此同时，印度、中国和地中海的人们正试图弄清楚天体的运动。他们绘制了星象图，有时也将其用于航海，还给星星和星群命名。他们发现，对比那些"位置不动"的星星，有些星星的运行轨迹是不规则的。希腊人将这些游动的星星称为"行星"。中国人还早早地观测到了哈雷彗星和超新星（也就是我们今天所说的蟹状星云）。

如果你要成为一个真正的真理追寻者，那么在你的一生中，至少要有一次尽可能地怀疑所有的事物。
——勒内·笛卡儿

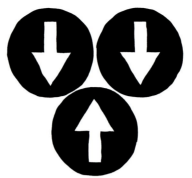

智慧宫

公元8世纪末，阿巴斯王国在新的都城巴格达建立了智慧宫，这是一座宏伟的图书馆，促进了伊斯兰科技的快速发展。当时人们发明了很多精巧的机械装置，包括利用星位的航海装置——星盘。炼金术在当时空前繁荣，蒸馏等技术也纷纷出现。图书馆的学者从希腊和印度收集了很多最重要的书籍，并将之翻译成阿拉伯语。

现代科学的诞生

随着西方国家基督教会与科学真理的对立开始减弱，1543年出现了两部开创性的著作。比利时解剖学家安德烈亚斯·维萨留斯的《人体的构造》一书用精致的插图描述了人体解剖。同年，波兰物理学家尼古拉·哥白尼撰写了《天体运行论》一书，宣称太阳是宇宙的中心，推翻了托勒密一千多年前在亚历山大城提出的地心说。

1600年，英国医生威廉·吉尔伯特撰写了《论磁》一书，指出罗盘的指针之所以指向北，是因为地球本身就是一块巨大的磁石。他甚至认为，地核是由铁构成的。1623年，另一位英国医生威廉·哈维首次指出心脏像泵一样工作，驱动血液在体内循环，从而推翻了可以追溯到1400年前希腊医生盖伦的理论。17世纪60年代，英裔爱尔兰化学家罗伯特·玻意耳出版了多本著作，《怀疑派化学家》就是其中一本。他在此书中确定了一种化学元素，这标志着化学的诞生。化学虽然源自神秘的炼金术，但作为一门科学自此与之区分开来。

1665年，曾做过玻意耳助手的罗伯特·胡克出版了史上第一本科学畅销书《显微术》。书中精美的折叠式插图上画有跳蚤、苍蝇等物体，为人们打开了一个闻所未闻的微观世界。之后，在1687年，一本被很多人视为世上最重要的科学著作横空出世，那就是牛顿的《自然哲学的数学原理》，通常简称为《原理》。他提出的运动定律和万有引力定律为经典物理学奠定了基础。

元素、原子和进化论

18世纪，法国化学家安托万·拉瓦锡发现了氧气在燃烧中的作用，推翻了之前的燃素说。随后，很多气体及其特性得到了研究。受到大气中气体的启发，英国气象学家约翰·道尔顿提出，每种元素都由不同的原子组成，并得出了原子量的概念。后来，德国化学家奥古斯特·凯库勒建立了分子结构的基础，而俄国发明家德米特

我好像一直都只是一个在海边玩耍的孩子，不时为拾到更光滑的石子而欢欣鼓舞……而展现在我面前的却是完全未知的真理之海。

——艾萨克·牛顿

 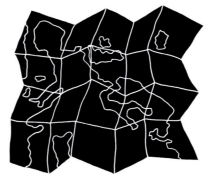 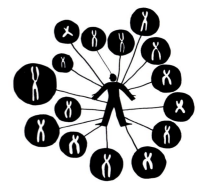

里·门捷列夫列出了第一个被人们广为接受的元素周期表。

1799年，亚历山德罗·伏打在意大利发明了电池，为科学开辟了新的领域。在这些领域，丹麦物理学家汉斯·克里斯蒂安·奥斯特及同一时代的英国科学家迈克尔·法拉第发现了新的元素和电磁学，进而发明了电动机。与此同时，人们用经典物理学原理研究大气、星体、光速及热的本质，建立了热力学这门学科。

研究岩层的地质学家开始重现地球的过去。灭绝生物化石的发现使古生物学流行起来。英国一位未受过教育的女孩玛丽·安宁成为闻名世界的化石收集者。恐龙的发现激发了人们关于进化的想法，生命起源和生态的新理论也随之出现，其中最著名的当属英国自然学家查尔斯·达尔文的进化论。

不确定性和无限性

19世纪和20世纪之交，一位名叫阿尔伯特·爱因斯坦的德国年轻人提出了相对论，撼动了经典物理学，结束了绝对时空观的时代。新的原子模型出现，人们证明光既是一种粒子，也是一种波。另一位德国人维尔纳·海森堡证明了宇宙的不确定性。

然而，20世纪最受瞩目的却是技术进步促进科学以史无前例的速度向前发展，并且精准度越来越高。更强大的粒子对撞机使人们发现了更为基础的物质组成单元；更强大的望远镜告诉我们宇宙在不断膨胀，且源于大爆炸；黑洞的概念开始根深蒂固；无论暗物质和暗能量为何物，宇宙似乎都被它们所充满。天文学家开始探索新的世界——在围绕遥远恒星运动的行星中，或许哪一颗上就有生命存在。英国数学家阿兰·图灵提出了图灵机的概念，50年后我们就有了个人计算机、万维网和智能手机。

生命的奥秘

在生物学领域，染色体被证明是遗传的基础，DNA的化学结构也被成功解码。仅仅40年之后，人类基因组计划就正式启动，这项计划看起来任重道远，但在计算机的辅助下，进展越来越快。现在，DNA测序基本上已属于一项常规的实验室操作；基因治疗已从希望变为现实；第一只哺乳动物也已被成功克隆。

随着科学家在各种研究成果的基础上不断前进，对真理的探寻也将永不止步。虽然问题似乎永远多于答案，但未来的发现肯定会继续让人惊叹不已。■

现实不过是幻象，尽管这幻象挥之不去。
——阿尔伯特·爱因斯坦

THE BEGINNING OF SCIENCE

OF SCIENCE

600 BCE—1400 CE

科学的开端

公元前600年—公元1400年

米利都的泰勒斯预言**日食**的出现，从而结束了哈吕斯河之战。

公元前585年

色诺芬尼在山上发现贝壳，并推论**整个地球**曾经被海水覆盖。

约公元前500年

亚里士多德撰写了多部著作，题材涵盖物理学、生物学和动物学。

约公元前325年

萨摩斯的阿利斯塔克提出，**太阳**才是宇宙的中心，而非地球。

约公元前250年

约公元前530年

毕达哥拉斯在如今意大利南部的地方建立了一所**数学**学校。

约公元前450年

恩培多克勒提出，万物皆由土、气、火和水组合而成。

约公元前300年

提奥夫拉斯图斯撰写了《植物调查》和《植物成因》，建立了**植物学**这一学科。

约公元前240年

阿基米德通过**测量排出水的体积**，发现王冠并非纯金所制。

人类的科学研究发源于两河流域。农业和文字出现以后，人们不仅有时间致力于科学研究，还可以将研究结果传递给下一代。早期的科学源自人们对夜空的好奇。公元前4000年，苏美尔牧师开始研究星体，并将研究结果记录在泥板上。他们并没有留下有关研究方法的任何记录，但留下一块可以追溯到公元前1800年的泥板，上面记录了当时人们对直角三角形的认识。

古希腊

古希腊人认为，科学并不是独立于哲学的一门学科。人们公认的第一位从事科学研究的人也许当属米利都的泰勒斯。可能借助于古巴比伦的数据，泰勒斯于公元前585年预测了日食的出现，证明了科学方法的力量。

古希腊并不是一个单一国家，而是由很多零散的城邦组成的。米利都（今属土耳其）诞生了数位著名的哲学家，雅典成为很多古希腊早期哲学家的学习之地，亚里士多德便是其中一位。亚里士多德是一位敏锐的观察家，但他从来不做任何实验。他认为，只要聚集足够多的智者，真理自会浮现。住在西西里岛锡拉库扎的工程师阿基米德探索了液体的性质。亚历山大城出现了新的学术中心，这座古城位于尼罗河口，由亚历山大大帝建立于公元前331年。在这里，厄拉多塞测量出了地球的大小，特西比乌斯制作了精确的水钟，希罗发明了蒸汽机。与此同时，亚历山大城图书馆的学者们收集了他们能找到的最好的书籍，打造了世界上最好的图书馆。后来，罗马人和基督徒占领该城，这座图书馆在大火中被焚毁。

亚洲的科学

在中国，科学经历了繁荣盛世。中国人发明了火药，继而发明了烟花、火箭和枪，还制作了锻造金属的风箱。他们发明了世界上第一个地震仪和指南针。1054年，中国天文学家观察到了一颗超新星，后在1731年被确定为蟹状星云。

阿基米德的朋友厄拉多塞根据夏至日正午太阳的影子计算出**地球赤道**的长度。

希帕克发现地球**岁差**，并编制了西方**第一个星表**。

托勒密的《天文学大成》虽然错误很多，但仍是当时**西方天文学**的权威著作。

波斯天文学家阿卜杜勒·拉赫曼·苏菲修订了《天文学大成》，并**给诸多星座配以阿拉伯名称**，这些名称我们一直沿用至今。

约公元前 240 年   **约公元前 129 年**   **约公元 150 年**   **964 年**

约公元前 230 年   **约公元 120 年**   **628 年**   **1021 年**

特西比乌斯制作了漏壶，即水钟，随后的几百年里，水钟一直是世界上最精确的计时器。

中国的张衡解释了日食的本质，并**在星表中记录了2500颗星体**。

印度数学家波罗摩笈多率先列出使用**数字"零"**的规则。

世界上最早的实验科学家之一阿尔哈曾针对**视觉和光学**做出原创性研究。

在公元第一个千年里，印度发明了一些最先进的科技，比如手纺车。印度数学家发明了我们现在称之为"阿拉伯数字"的数字系统，并定义了正弦、余弦等三角函数。

伊斯兰黄金时代

8世纪中叶，伊斯兰阿巴斯王朝将首都从大马士革迁到巴格达。《古兰经》中有一句圣训："学者的墨水比殉教者的血更为神圣。"在这句圣训的指引下，哈里发·哈伦·拉希德在新的首都建立了智慧宫，希望将其打造成一个图书馆兼研究中心。学者们从古老的希腊城邦收集各种书籍，并将之翻译成阿拉伯语，很多古老的书籍最终才得以传到西方。在中世纪以前，这些书籍在西方几乎闻所未闻。到了9世纪中期，这座位于巴格达的图书馆创造了亚历山大图书馆曾经的辉煌。

受到智慧宫启发的学者中有几位天文学家，其中最著名的是阿卜杜勒·拉赫曼·苏菲，他的成就建立在希帕克和托勒密研究的基础上。天文学对阿拉伯游牧民族十分实用，可以帮他们辨别方向，尤其是夜晚在沙漠放牧骆驼的时候。阿尔哈出生于巴士拉，在巴格达接受教育，是最早的一位实验科学家。就重要性而言，他的光学著作可以与牛顿的成绩比肩。阿拉伯的炼金术士发明了蒸馏法及其他新技术，并创造了碱、醛、醇等新词。医生拉齐发明了肥皂，并首次将天花和麻疹区分开来。他曾在一本书中写道："医生的目的是做好事，对敌人也一视同仁。"阿尔·花剌子模和其他数学家一起发明了代数和算法。工程师加扎利发明了曲柄连杆机构，这一发明在今天的自行车和汽车构造中仍在使用。伊斯兰世界的这些成就，欧洲科学家在当时可能要花几百年的时间才能追赶得上。■

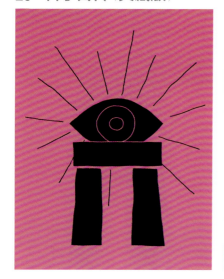

日食是 可以预测的

米利都的泰勒斯

（公元前624年—公元前546年）

背景介绍

科学分支

天文学

此前

约公元前2000年 欧洲的巨石阵等石碑可能被用于预测日食。

约公元前1800年 据记载，古巴比伦的天文学家首次用数学方法描述了天体运动。

公元前第二个千年 古巴比伦天文学家发明了预测日食的方法，但主要依靠对月亮的观察，而非数学周期。

此后

约公元前140年 古希腊天文学家希帕克运用太阳和月亮运动的沙罗周期，发明了一个预测日食的系统。

泰勒斯出生在古希腊殖民地小亚细亚的米利都，他常被誉为西方哲学的始祖，同时也是科学发展初期的一位重要人物。他因在数学、物理学和天文学领域的建树而声名远播。

也许，泰勒斯最著名的成就也是最受争议的。古希腊历史学家希罗多德在泰勒斯成功预言日食一个多世纪之后写道，据说泰勒斯预言了日食的出现，这次可以追溯到

……白天变成黑夜，米利都的泰勒斯曾预言过这种变化……

——希罗多德

公元前585年5月28日的日食成功地阻止了吕底亚王国与米底王国之间的战争，因此为人所熟知。

历史争议

泰勒斯的成就几百年来都无人企及，科学史学家一直在争论泰勒斯是如何取得这些成就的，甚至怀疑这些成就是否归于泰勒斯一人。有人表示，虽然希罗多德的记述既不准确，也不清楚，但泰勒斯的成就似乎万人皆知，后来人们也都将其当作事实，即使他们知道要谨慎地对待希罗多德的记述。假设希罗多德所言属实，泰勒斯很可能发现了太阳和月亮运动的18年周期，即沙罗周期。后来，古希腊的天文学家用该周期来预言日食的出现。■

参见： 张衡 26~27页，尼古拉·哥白尼 34~39页，约翰尼斯·开普勒 40~41页，杰雷米亚·霍罗克斯 52页。

万物的四根
恩培多克勒(公元前490年—公元前430年)

背景介绍

科学分支
化学

此前

约公元前585年 泰勒斯提出,万物由水组成。

约公元前535年 阿那克西米尼(Anaximenes)认为,气体是万物之源,气体变成水后又变成了石头。

此后

约公元前400年 古希腊思想家德谟克里特斯提出,万物最终都是由看不见的微粒"原子"构成的。

1661年 罗伯特·玻意耳在其著作《怀疑派化学家》中给"元素"下了一个定义。

1808年 约翰·道尔顿在原子论中阐明,每种元素都是由不同质量的原子构成的。

1869年 德米特里·门捷列夫编制了元素周期表,根据元素的共同性质将其分组列入表中。

物质的性质引起了很多古希腊思想家的关注。米利都的泰勒斯通过观察液态水、固态冰和气态雾,认为万物一定是由水组成的。亚里士多德指出:"万物都是从湿润中获取养分的,即使热量也源自湿润,并且离不开湿润。"在泰勒斯两代人之后,阿那克西米尼提出,气体是万物之源,气体被压缩后变成雾,继而形成雨,最后变成了石头。

恩培多克勒出生在西西里岛上的阿格里真托,是名医生,也是位诗人。他提出了一个更为复杂的理论:万物皆由四根组成,即土、气、火和水。他当时并没有使用"元素"一词。四根的组合形成热、湿等性质,进而形成泥土、石头及动植物。最初,四根形成了一个完美的氛围,由向心力"爱"相连,但渐渐地被离心力"恨"分离。恩培多克勒认为,爱和恨是

恩培多克勒将相互对立的物质之根两两分为一组:火和水,气和土。四根的结合形成了我们所看到的世间万物。

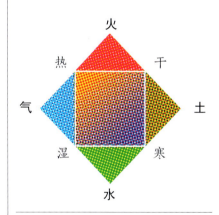

形成宇宙的两种力量。在这个世界上,恨往往占主导地位,所以世上的生活才如此艰难。

这种相对简单的理论统治了欧洲的思想,即"四体液说",直到17世纪现代化学发展起来后,才有了较大的改进。■

参见:罗伯特·玻意耳 46~49页,约翰·道尔顿 112~113页,德米特里·门捷列夫 174~179页。

测量赤道的长度

厄拉多塞（公元前276—公元前194年）

背景介绍

科学分支
地理学

此前

公元前6世纪 古希腊数学家毕达哥拉斯提出，地球可能是圆的，而非平的。

公元前3世纪 萨摩斯的阿利斯塔克首次提出太阳是宇宙的中心，并利用三角计算测出了太阳和月亮的相对大小，以及太阳和月亮到地球的距离。

公元前3世纪末 厄拉多塞在地图上绘制了经线和纬线。

此后

18世纪 法国和西班牙科学家经过大量计算，得出地球赤道的实际长度，确定了地球的形状。

古希腊天文学家及数学家厄拉多塞作为第一个测出地球赤道长度的人而被世人铭记，同时他还被誉为"地理学之父"。他不仅创造了"地理学"这一名词，而且建立了很多用于测量地理位置的基本原则。厄拉多塞出生于昔兰尼（现属利比亚），游历广泛，求学于雅典和亚历山大城，最终成为亚历山大图书馆的管理者。

厄拉多塞在亚历山大城听说，在该城以南的赛伊尼，夏至日中午的阳光会直射地面。夏至日是一年当中太阳最高、白昼最长的一天。假设太阳距离地球十分遥远，阳光射到地球时可被看成是平行的。

在这一时间，厄拉多塞在亚历山大城竖了一根杆子，即"日晷"，却出现了影子。他测量出阳光向南偏了7.2°，即圆周的1/50。

他推论两地的经线距离一定是地球赤道长度的1/50，由此计算出赤道长度为39690千米，与真实长度只有不到2%的误差。■

到达赛伊尼的阳光呈直角，但到达亚历山大城的阳光却投出了影子。厄拉多塞利用日晷测量出太阳投影的角度，从而计算出了地球赤道的长度。

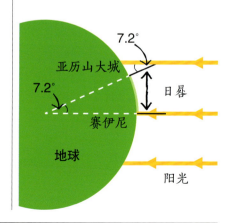

参见：尼古拉·哥白尼 34~39页，约翰尼斯·开普勒 40~41页。

人类与低等生物的关系

图西（1201—1274年）

背景介绍

科学分支
生物学

此前

约公元前550年 米利都的安纳克西曼德提出，动物生命起源于水，并从水进化而来。

约公元前340年 柏拉图的理型论认为，物种是永恒不变的。

约公元前300年 伊壁鸠鲁指出，过去有很多其他生物，但唯有最成功的得以幸存，并繁殖后代。

此后

1377年 伊本·赫勒敦在其著作《历史绪论》中写道，人类起源于猴子。

1809年 让-巴蒂斯特·拉马克提出了物种进化理论。

1858年 阿尔弗雷德·拉塞尔·华莱士和查尔斯·达尔文提出了以"自然选择"为机制的进化理论。

1201年，纳西尔·艾德丁·图西（Nazir al-Din al-Tusi）出生于巴格拉，当时正值伊斯兰黄金时代。他是一位波斯学者，集诗人、哲学家、数学家和天文学家于一身，并率先提出了一种进化系统。他指出，宇宙曾由相同的元素组成，这些元素渐渐分开，有的变成了矿物质，其他变化更为迅速的元素发展成了动植物。

图西在其著作《纳西尔伦理学》（*Akhlaq-i-Nasri*）中提出了一个有关生命形态的层次结构。其中，动物高于植物，人类高于其他动物。动物能够有意识地寻找食物，学习新的事物。通过动物的这种学习能力，图西发现了思考能力："在动物世界中，驯服的马和猎鹰的发展程度更高。"他补充道："人类的完善也从这里开始。"图西认为，生物体会随时间而变化，并在变化过程中不断臻于完美。他认为，人类处于"进化阶梯中间的一层"，通过自己的意志有可能达到更高的发展水平。他首次提出，不仅生物体随时间而变化，所有的生命都是从无生命存在的时代进化而来的。■

> 能够更快获得新特性的生物体更加多变，它们也因此比其他生物处于更有利的地位。
>
> ——图西

参见：卡尔·林奈 74~75页，让-巴蒂斯特·拉马克 118页，查尔斯·达尔文 142~149页，芭芭拉·麦克林托克 271页。

浮体排出液体的体积等于其自身的体积

阿基米德（公元前287－公元前212年）

背景介绍

科学分支
物理学

此前

公元前第三个千年 金属工匠发现，将多种金属熔合后可以制成合金，合金比其组分中任何一种金属都坚固。

公元前600年 古希腊用一种被称为琥珀金的金银合金打造钱币。

此后

1687年 艾萨克·牛顿在其《原理》一书中描述了重力理论，解释了为什么会存在地心引力。

1738年 瑞士数学家丹尼尔·伯努利提出了流体分子运动论，解释了流体分子的无规则运动对物体产生压力的原理。

公元前1世纪，罗马作家维特鲁威（Vitruvius）记述了一个可能是虚构的故事，这个故事发生在两个世纪以前。西西里国王希伦二世找金匠做了一顶纯金的皇冠。皇冠做好后，希伦二世怀疑金匠并没有把全部金子用到皇冠上，而是掺了一部分银子。他兴许将银子与金子熔合在一起，这样颜色还和纯金一样。于是国王命令他的首席科学家阿基米德调查一番。

阿基米德很是困惑。新皇冠

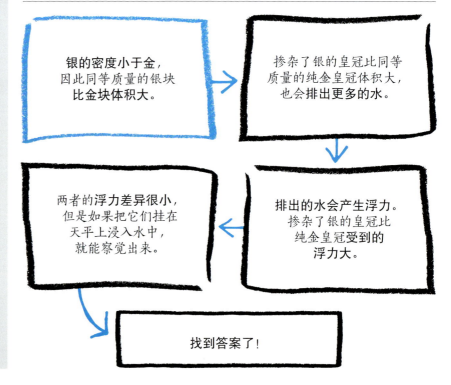

银的密度小于金，因此同等质量的银块比金块体积大。

掺杂了银的皇冠比同等质量的纯金皇冠体积大，也会排出更多的水。

排出的水会产生浮力。掺杂了银的皇冠比纯金皇冠受到的浮力大。

两者的浮力差异很小，但是如果把它们挂在天平上浸入水中，就能察觉出来。

找到答案了！

参见: 尼古拉·哥白尼 34~39页,艾萨克·牛顿 62~69页。

很贵重、丝毫不能受损。有一天,他去锡拉库扎的公共浴室思考这个问题。浴盆中的水满满的,当他进去时,他发现了两件事:水位上升,有些水溢出了浴盆;他有种失重的感觉。于是,他大喊:"找到答案了!"

测量体积

阿基米德意识到,如果他将皇冠放入满满的一桶水中,有些水将会溢出来,溢出水的体积将与皇冠的体积相等。他可以通过测量溢出水的体积,得出皇冠的体积。银的密度小于金,相同质量的银皇冠要比金皇冠体积大,也将溢出更多的水。所以,被掺假的皇冠会比纯金皇冠溢出更多的水,也会比相同质量的金块溢出更多的水。但是实际上这种差异很小,也很难测量。阿基米德还意识到,浸入液体的物体都会受到向上的浮力作用,浮力大小等于溢出液体的质量。

阿基米德可能最终通过以下方法解决了国王交代的任务:他将皇冠及相同质量的金块挂在一根木棍的两端,然后将木棍的中间悬挂起来,以使两个重物达到平衡。然后,他将皇冠和金块同时浸到一盆水中。如果皇冠是纯金制成的,那么它和金块将受到同样的浮力,木棍将会保持平衡。如果皇冠中掺杂了银子,皇冠的体积将大于金块,皇冠会溢出更多的水,木棍就会发生倾斜。

阿基米德的这一想法被称为"阿基米德原理",即物体在液体中受到的浮力等于溢出液体的质量。这个原理解释了为什么密度较大的物体仍可以浮起来。重达1吨的钢制轮船会在水中下沉,但当排水量达到1吨时,则不再下沉。轮船的中空船体很大,比同等质量的钢块体积更大,能够排出更多的水,因此会被更大的浮力托起。

维特鲁威告诉我们,希伦二世的皇冠确实掺杂了银,金匠也因此受到了惩罚。■

如果把一个比流体重的固体放入流体中,它将沉至流体的底部;若在流体中称固体,其质量等于真实质量与排开的流体质量之差。

——阿基米德

阿基米德

阿基米德很可能是古代最伟大的数学家。公元前287年,阿基米德出生于锡拉库扎。公元前212年,罗马人征服他的故乡,阿基米德也被罗马士兵杀害。他发明了多种令人生畏的武器,以抵制罗马军舰入侵锡拉库扎,其中包括投石器、可以将船头吊离水面的起重机,还有用镜子摆成的"死亡之阵",它可以通过聚集阳光将军舰点燃。他可能在埃及停留期间发明了阿基米德螺旋泵,至今仍被用于灌溉。他还计算出圆周率 π 的近似值,发现了杠杆和滑轮原理。阿基米德最引以为豪的成就是他通过数学证明了,如果某球体可以放入圆柱体内,那么该圆柱体的最小体积为球体体积的1.5倍。他的墓碑上也因此刻了一个球体和一个圆柱体。

主要作品

约公元前250年 《论浮体》

日譬犹火，月譬犹水

张衡（公元78—139年）

背景介绍

科学分支
物理学

此前

公元前140年 希帕克发现预测日食的方法。

公元150年 托勒密在希帕克研究的基础上，编制了实用的星表，可以用来计算天体的未来位置。

此后

11世纪 沈括撰写《梦溪笔谈》，并在书中用月亮的盈亏证明所有天体都是球形的，但不包括地球。

1543年 尼古拉·哥白尼出版《天体运行论》，他在书中描述了日心说。

1609年 约翰尼斯·开普勒解释了自由漂浮的行星的运动规律，从而解释了日食和月食现象。

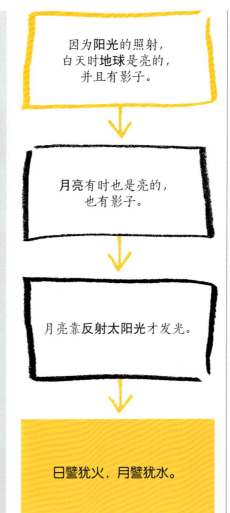

因为阳光的照射，白天时地球是亮的，并且有影子。

↓

月亮有时也是亮的，也有影子。

↓

月亮靠反射太阳光才发光。

↓

日譬犹火，月譬犹水。

希帕克也许是古代最杰出的天文学家。约公元前140年，这位古希腊天文学家编制了一个包含大约850颗星体的星表。他还解释了如何预测太阳和月亮的运动，以及日食和月食出现的时间。约公元150年，亚历山大城的托勒密在其著作《天文学大成》（*Almagest*）中列出了1000颗星体和48个星座。这部著作实际上建立在希帕克研究成果的基础上，但是更为实用。

整个中世纪，西方都将《天文学大成》奉为天文学标准。书中的星表涵盖了一切必要的信息，可以用来计算太阳、月亮、行星和重要恒星的未来位置，还可以预测日食和月食的出现时间。

公元120年，中国博学多才的张衡撰写了《浑天仪注》一书，介绍了天地的依存关系。继希帕克和托勒密之后，张衡也认为，宇宙以地球为中心。他在星表中记录了2500颗明亮的星星，124个星座，

参见: 尼古拉·哥白尼 34~39页, 约翰尼斯·开普勒 40~41页, 艾萨克·牛顿 62~69页。

> **月与星至阴也,有形无光。**
>
> ——京房

还在《灵宪》中写道:"微星之数,盖万一千五百二十。"

月食和行星

张衡对日食和月食现象十分着迷。他曾写道:"夫日譬犹火,月譬犹水,火则外光,水则含景。故月光生于日之所照,魄生于日之所蔽,当日则光盈,就日则光尽

也。"张衡还解释了月食的成因,即太阳光因为地球的阻挡而无法到达月球。他认识到,行星像水一样,可以反射日光,所以会出现掩星现象。

11世纪,中国另一位天文学家沈括从另一个重要角度拓展了张衡的研究。他指出,月亮的盈亏证明所有天体都是球形的。■

下图中月牙状的金星即将被月球掩盖,即月掩金星。张衡通过观察得出结论:行星像月亮一样,本身不发光。

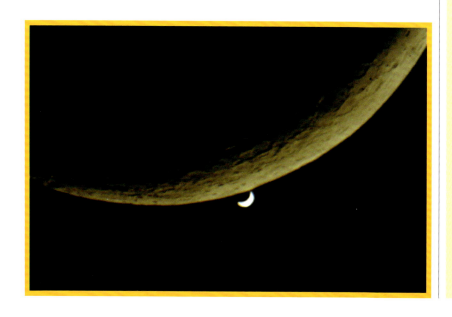

张衡

张衡生于公元78年,东汉时期南阳西鄂(今河南省)人,17岁时离开家乡,开始学习文学和写作。近30岁时,他成为才华横溢的数学家,被汉安帝招入朝廷,并于公元115年被任命为太史令,主管天文、历法。

张衡所处年代科技发展异常迅速。除了天文学研究,他还发明了漏水转浑天仪(一个天体模型)和世界上第一个地动仪。地动仪发明之初,并未受到重视,直到公元138年它成功地预测了400千米以外的一次地震,才令人信服。他还发明了世界上第一台用来测量车辆里程的计里鼓车,以及由一辆双轮独辕车组成的非磁性指南车。张衡还是一位杰出的诗人,他的汉赋形象地描述了当时的文化生活。

主要作品

约公元120年 《灵宪》
约公元120年 《灵宪图》

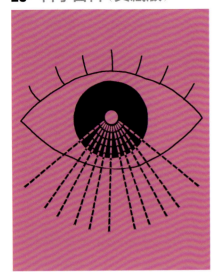

光沿直线射入我们的眼睛

阿尔哈曾（约965—1040年）

背景介绍

科学分支
物理学

此前

公元前350年 亚里士多德提出，物体发出影像到达人眼产生视觉。

公元前300年 欧几里得提出，眼睛发出光线到达物体后会反射回来。

10世纪80年代 伊本·沙尔研究了光的折射现象，并推论出光的折射定律。

此后

1240年 英国主教罗伯特·格罗塞特在光学实验中使用几何学原理，准确地描述了颜色的本质。

1604年 约翰尼斯·开普勒的视网膜成像理论直接建立在阿尔哈曾研究的基础上。

17世纪20年代 阿尔哈曾的思想影响了弗朗西斯·培根，后者提倡基于实验的科学方法。

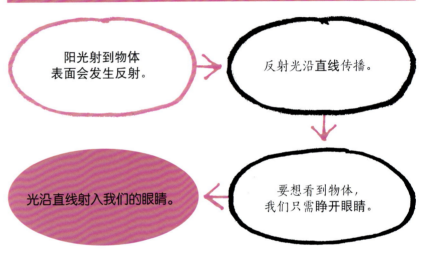

阳光射到物体表面会发生反射。

反射光沿直线传播。

要想看到物体，我们只需睁开眼睛。

光沿直线射入我们的眼睛。

在伊斯兰文明的黄金时代，阿拉伯天文学家、数学家阿尔哈曾居住在巴格达（今属伊拉克），他可以说是世界上第一位实验科学家。虽然早期的希腊和波斯思想家用不同方法对自然世界做出了解释，但他们的结论都是通过抽象的推理而非科学实验得出的。在阿尔哈曾所处的年代，伊斯兰的求知和探索文化十分繁荣。他是第一个使用科学方法（提出假设，系统地用实验进行验证）的人。正如阿尔哈曾所说："追求真理的人不应该只研究古人的著作……并对其笃信不疑，而应该持怀疑的态度，对自己从中得到的信息提出疑问，并诉诸辩论和证明。"

对视觉的理解

如今，阿尔哈曾被人们誉为"光学之父"。他最重要的成就是研究了眼睛的结构及视觉形成的过程。古希腊学者欧几里得及后来的托勒密认为，视觉是眼睛发出的光

参见: 约翰尼斯·开普勒 40~41页, 弗朗西斯·培根 45页, 克里斯蒂安·惠更斯 50~51页, 艾萨克·牛顿 62~69页。

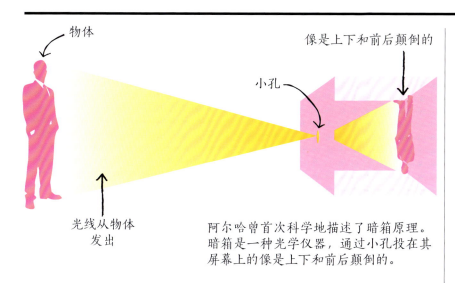

阿尔哈曾首次科学地描述了暗箱原理。暗箱是一种光学仪器, 通过小孔投在其屏幕上的像是上下和前后颠倒的。

线被所看之物反射回来的结果。阿尔哈曾通过观察影子和反射现象, 证明光线经物体反射沿直线进入我们的眼睛。视觉是被动的, 而非主动的, 至少在到达视网膜之前是这样的。阿尔哈曾发现: "有颜色的物体受到光照后, 每一个点都会从该点沿直线反射光线和颜色。"

要想看到物体, 我们只需要睁开眼睛, 让光线射入。即使眼睛能发射光线, 也没有必要这么做。

阿尔哈曾通过研究牛的眼睛发现, 光线会进入眼睛的一个小孔(瞳孔), 通过晶状体聚焦于眼睛后部一个敏感的表面(视网膜)上。不过, 阿尔哈曾虽然将眼睛视

为晶状体, 但他并没有解释眼睛或大脑的成像原理。

光的实验

阿尔哈曾在其七卷本巨著《光学》中阐明了他的光学理论及视觉理论。650年后, 牛顿发表了《原理》一书。但在此之前, 阿尔哈曾的《光学》一直是该领域的权威之作。这本书探讨了光与透镜的相互作用, 描述了光的折射(改变方向)现象, 比荷兰科学家威里布里德·斯涅耳提出光的折射定律早了700年。该书还通过大气研究了光的折射现象, 描述了影子、彩虹、日食和月食等现象。《光学》一书极大地影响了后来的西方科学家, 其中包括弗朗西斯·培根。培根等科学家让阿尔哈曾的科学方法在欧洲文艺复兴时期再次流行起来。■

任何研究科学著作的人, 如果以追求真理为目标, 那么其责任就是与所读到的内容为敌。

——阿尔哈曾

阿尔哈曾

阿布·阿里·哈桑·伊本·海赛姆(西方称为"阿尔哈曾")出生于巴士拉(今属伊拉克), 求学于巴格达。年轻时, 他在巴士拉谋了一份官职, 但很快就厌烦了。有一种说法是, 他听说埃及尼罗河每年洪水泛滥会造成很多问题, 于是写信给埃及的哈里发哈基姆, 说自己可以建立一座大坝控制洪水, 他因此在开罗受到了很高的礼遇。然而, 他到达开罗南部后,

亲眼看到尼罗河宽约1.6千米, 如阿斯旺城市那么宽。他认为这项任务凭借当时的科技是无法完成的。为了避免哈里发的惩罚, 他装疯卖傻, 被监禁12年。也正是在此期间, 他完成了自己最重要的研究。

主要作品

1011—1021年 《光学》

约1030年 《论光》

约1030年 《论月光》

SCIENTIFIC REVOLUTION

1400–1700

科学革命
1400年—1700年

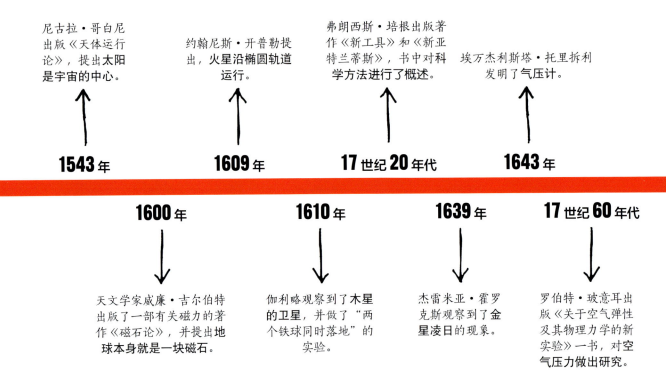

尼古拉·哥白尼出版《天体运行论》，提出太阳是宇宙的中心。

约翰尼斯·开普勒提出，火星沿椭圆轨道运行。

弗朗西斯·培根出版著作《新工具》和《新亚特兰蒂斯》，书中对科学方法进行了概述。

埃万杰利斯塔·托里拆利发明了气压计。

1543 年　　**1609** 年　　**17** 世纪 **20** 年代　　**1643** 年

1600 年　　**1610** 年　　**1639** 年　　**17** 世纪 **60** 年代

天文学家威廉·吉尔伯特出版了一部有关磁力的著作《磁石论》，并提出地球本身就是一块磁石。

伽利略观察到了木星的卫星，并做了"两个铁球同时落地"的实验。

杰雷米亚·霍罗克斯观察到了金星凌日的现象。

罗伯特·玻意耳出版《关于空气弹性及其物理力学的新实验》一书，对空气压力做出研究。

伊斯兰黄金时代从8世纪中叶开始于阿巴斯王朝的首都巴格达，共经历了大约500年，见证了科学和艺术的繁荣发展，为实验法和现代科学方法奠定了基础。然而，同一时期，欧洲的科学方法还受制于宗教的教条，直到数百年后才得以挣脱。

危险的思想

几百年来，天主教的宇宙观一直建立在亚里士多德的地心说的基础上。后来，波兰物理学家尼古拉·哥白尼通过多年的复杂数学计算，大约于1532年完成了日心说模型。他知道教会会视之为异端学说，所以他十分谨慎，表示这只是一个数学模型，在临终前才将其公之于众。不过，哥白尼的理论很快便赢得了很多人的支持。德国占星家约翰尼斯·开普勒根据老师第谷·布拉赫（Tycho Brahe）的观察完善了哥白尼的理论，并计算出火星的轨道是椭圆形的。他由此推论，其他行星的轨道也是椭圆形的。得益于望远镜技术的不断进步，意大利科学家伽利略于1610年发现了木星的卫星。新宇宙学的解释力变得无可争辩。

伽利略还证明了科学实验的重要性，研究了物体下落的物理规律，发明了钟摆这一有效的计时器。在此基础上，1657年，荷兰人克里斯蒂安·惠更斯（Christiaan Huygens）发明了世界上第一个钟表。英国哲学家弗朗西斯·培根在两部著作中列出了他对科学方法的认识，为以实验、观察、测量为基础的现代科学奠定了理论基础。

新的发现接踵而至。罗伯特·玻意耳利用气泵研究了气体的性质，惠更斯和英国物理学家艾萨克·牛顿提出了新的光的传播理论，从而建立了光学。丹麦天文学家奥勒·罗默（Ole Rømer）发现，木星的卫星每次出现掩食现象的时间都有差异，他利用这一差异计算出了光速的近似值。丹麦的尼古拉斯·斯丹诺（Nicolas Steno）主教对远古的智慧大多持怀疑态度，提出了自己的解剖学和地质学罗伯特·胡克在《显微术》一书中展示了蜜蜂、软木薄片和跳蚤的内部结构。

简·施旺麦丹在《昆虫自然史》一书中描述了昆虫的发育阶段。

奥勒·罗默利用木星的卫星证明了光速的有限性。

约翰·雷出版《植物史》，这是一部植物百科全书。

↑ **1665** 年　　　↑ **1669** 年　　　↑ **1676** 年　　　↑ **1686** 年

1669 年　　　**17** 世纪 **70** 年代　　　**1678** 年　　　**1687** 年　↓

尼古拉斯·斯丹诺撰写了关于**固体**（化石和水晶）包裹于另一固体中的著作。

安东尼·范·列文虎克用简单的显微镜观察到了单细胞生物、精子，甚至细菌。

克里斯蒂安·惠更斯首次提出光的**波动理论**，与后来艾萨克·牛顿的光的微粒说相互对立。

艾萨克·牛顿在《自然哲学的数学原理》一书中提出了运动定律。

观点。斯丹诺发现了地层学定律，为地质学奠定了新的科学基础。

微观世界

纵观17世纪，科技的发展促进了微观领域的科学发现。17世纪初，荷兰的眼镜制造商发明了显微镜。17世纪末，罗伯特·胡克自己做了一台显微镜，并把观察结果绘制成精美的图画，首次揭示了跳蚤等小虫子的复杂结构。也许是在胡可图画的启发下，荷兰布商安东尼·范·列文虎克（Antonie van Leeuwenhoek）制作了几百台显微镜，在别人以前从未想过的地方，比如在水中，发现了微小的生命形态。列文虎克发现了原生

生物、细菌等单细胞生物，他称其为"微生物"。他将自己的发现报告给了英国皇家学会，学会派来三位牧师证实他所见为实。荷兰显微镜学家简·施旺麦丹（Jan Swammerdam）指出，卵、幼虫、蛹、成虫是昆虫发育的不同阶段，而非上帝创造的不同动物。这些新发现将可以追溯到亚里士多德的旧思想一扫而净。与此同时，英国生物学家约翰·雷（John Ray）编写了一部宏大的植物百科全书，这是第一次对植物进行严格的系统分类。

数学分析

这些发现为天文学、化学、地质学、物理学和生物学等现代

科学分支奠定了基础，预示着启蒙运动的到来。17世纪最伟大的成就当属牛顿的《自然哲学的数学原理》，这部著作展示了他的运动定律和万有引力定律。接下来的两个多世纪，牛顿物理学一直是描述物理世界的最佳理论，再加上牛顿和戈特弗里德·威廉·莱布尼茨（Gottfried Wilhelm Leibniz）独立发明的微积分分析方法，它们成为科学研究的有力工具。■

太阳是万物的中心

尼古拉·哥白尼（1473—1543年）

西方思想的萌芽阶段一直被地心说所统治。这种以地球为中心的模型似乎一开始就根植于我们的日常观察及生活，我们感觉不到地面的运动，表面上看，似乎也找不到证据证明行星在运动。最简单的解释自然是太阳、月球、行星和恒星分别以不同的速率围绕地球转动，但真的是这样吗？这在古时候似乎得到了普遍认可，并且通过公元前4世纪柏拉图和亚里士多德的著作在经典哲学中根深蒂固。

然而，当古希腊人测量行星的运动时，地心说显然存在问题。当时已知的五颗行星在天空中沿着复杂的轨道运行。人们总是在早上和晚上看到水星和金星，它们紧紧地围绕太阳转动。以恒星为参照物，火星、木星和土星绕日一周的时间分别是780天、12年和30年。它们有时速度会变慢，暂时改变运行的大方向，即出现所谓的"逆行"现象，这使它们的运行方式变

> 如果全能的主在创造万物之前先和我商量，我将提供更简单的方案。
> ——卡斯蒂利亚国王阿方索十世

得更加复杂。

托勒密体系

为了解释这些复杂现象，古希腊天文学家引入了"本轮"的概念，即行星运行的"亚轨道"，而同时本轮的中心还围绕地球转动。公元2世纪，亚历山大城伟大的古希腊天文学家和地理学家托勒密对这一体系做了最佳的改进。

地球似乎是静止的，太阳、月球、行星和恒星围绕地球转动。

然而，以地球为中心的宇宙模型要想解释**行星运动**，只能借助于极为复杂的系统。

将太阳置于中心会得到一个更加**完美的模型**，其中地球和行星围绕太阳运转，恒星则离得很远。

太阳是万物的中心。

参见： 张衡 26~27页，约翰尼斯·开普勒 40~41页，伽利略·伽利雷 42~43页，威廉·赫歇尔 86~87页，埃德温·哈勃 236~241页。

即使在古希腊和古罗马时期，也存在意见分歧。例如，萨摩斯的古希腊思想家阿利斯塔克在公元前3世纪，用其独创的三角计算测出了太阳和月亮的相对距离。他发现，太阳十分巨大，并据此提出太阳更可能是宇宙运行的中心。

然而，托勒密体系最终胜出，并产生了深远的影响。随着后来罗马帝国的衰落，基督教继承了这一体系的很多假设。地心说成为基督教的核心教义，此外该教还认为，在上帝所造之物中，人的地位最高，管理着地球的一切事物。16世纪之前，这些教义一直盛行于欧洲。

这并不是说在托勒密之后的1500年里，天文学一直停滞不前。能够精确预测行星运动不仅成为科学和哲学研究的问题，还因占星术的迷信说法有了所谓的实际用途。各个学派的观星者都有充分的理由去努力找到更精确的测量行星运动的方法。

阿拉伯的学术研究

第一个千年的最后几个世纪里，阿拉伯科学经历了史上的第一次绽放。从公元7世纪开始，伊斯兰教在中东和北非迅速传播，阿拉伯思想家得以接触到古希腊和古罗马的书籍，其中包括托勒密等人的天文学著作。

"方位天文学"是一门测量天体位置的学科，其运用在西班牙达到了巅峰，而这里也成为一个不断变化的熔炉，融合了伊斯兰教、犹太教和基督教思想。13世纪末，卡斯蒂利亚国王阿方索十世出资编撰了《阿方索星表》（*Alfonsine Tables*）。此表不仅涵盖了伊斯兰世界几个世纪以来的星象记录，还加入了新的发现，使托勒密体系更加精准，其提供的数据在17世纪初被用来计算行星的位置。

质疑托勒密

到了这一时期，托勒密的模型已经极为复杂，为了保证预测与观察到的结果一致，他又加入了更多的"本轮"。1377年，法国利雪的主教、哲学家尼克尔·奥里斯姆（Nicole Oresme）在其著作《天地通论》（*Livre du Ciel et du Monde*）中解决了这个问题。他证明，"地球是静止的"这一说法缺乏观察证据，并指出没有任何理由可以假设地球是不动的。虽然奥里斯姆推翻了支持托勒密体系的证据，但他说自己也不相信地球是运动的。

到了16世纪初，情况巨变。

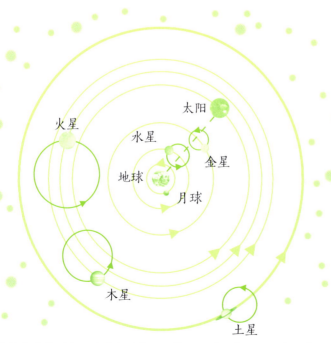

在托勒密的宇宙模型中，地球位于中心，静止不动，太阳、月亮及其他五颗已知的行星沿圆形轨道绕地球转动。为了使它们的轨道与观察结果一致，托勒密在模型中加入本轮，每颗行星还绕着本轮的小圆轨道运行。

在文艺复兴和宗教改革这两股势力的影响下，很多古老的宗教信条遭到质疑。正是在这种大环境下，波兰瓦尔米亚教区的天主教教士尼古拉·哥白尼首次提出了现代的日心理论，认为宇宙的中心是太阳，而非地球。

哥白尼最先在一本小册子《要释》（*Commentariolus*）中发表了这一理论，并从大约1514年起在朋友间流传。从本质上讲，他的理论与阿利斯塔克提出的体系十分相像。虽然该理论克服了之前模型的诸多缺陷，但并没有脱离托勒密体系的核心观点，其中最重要的是天体在水晶天球上沿圆形轨道运行。因此，哥白尼自己也不得不引入"本轮"，以调整行星在轨道上特定位置的运行速度。哥白尼的模型有一个重要用途，那就是极大地增加了宇宙的大小。如果地球围绕太阳转动，那么由于视差效应，我们从不同的点观察恒星，它们应该全

> 既然太阳一直保持静止不动，那么只要太阳看起来在动，肯定是因为地球在运动的缘故。
> ——尼古拉·哥白尼

17世纪的哥白尼日心体系图显示，行星沿圆形轨道围绕太阳运转。哥白尼认为，行星依附在天球上。

年都在天空中不停地变换位置。但事实并非如此，所以它们之间的距离必定十分遥远。

虽然托勒密体系几经改进，但哥白尼的模型很快就证明它比所有的改进都更为精确。这一消息在欧洲学界广泛传开，甚至传到了罗马。虽然这一模型与罗马当时流行的观点相左，但一开始仍受到某些天主教教区的欢迎。新的模型造成了极大的轰动，数学家G. J. 雷蒂库斯（G. J. Rheticus）也因此来到瓦尔米亚拜哥白尼为师，并从1539年开始担任哥白尼的助手。1540年，雷蒂库斯出版了《首论》（*Narratio Prima*），首次解释了哥白尼体系，被人们广为流传。雷蒂库斯劝说年迈的哥白尼将自己的

研究全部公之于众，这件事哥白尼已经思考了很多年，但直到1543年在病榻上才做出了让步。

数学工具

《天体运行论》在哥白尼死后才正式出版。虽然当时任何有关"地球是运动的"的说法都与《圣经》的经文相悖，会被天主教和基督教的神学家视为异端学说，但这本书最初并没有引起众怒。为了回避这个问题，书的序言中解释道，日心模型纯粹是用来预测的数学工具，并不是在描述真实的宇

宙。但是，哥白尼在世时并未持这种保留态度。尽管哥白尼的模型存在异端成分，但是1582年教皇格列高利八世进行历法改革时，计算中还是运用了哥白尼的模型。

丹麦天文学家第谷·布拉赫（1546-1601）通过细致观察发现，这个模型的预测精准度存在问题。布拉赫指出，哥白尼的模型对行星运行的描述并不充分。布拉赫试图用自己的模型解决其中的矛盾。在他的模型中，行星围绕太阳运转，但太阳和月亮还是围绕地球转动。真正的解决方法其实是发现椭圆轨道，但这是他的学生约翰尼斯·开普勒后来才发现的。

哥白尼学说问世60年后才成为欧洲宗教改革分裂的标志，这主要归因于意大利科学家伽利略·伽利雷引发的争论。1610年，伽利略观察到金星会出现盈亏现象，而且木星拥有卫星，他因此确信日心说是正确的。他对日心说的热心支持最终体现在他的《关于托勒密和哥白尼两大世界体系的对话》（1632）

太阳仿佛坐在国王的宝座上，管理着围绕其转动的行星家族。

——尼古拉·哥白尼

一书中。伽利略身处天主教的中心意大利，这本书使他陷入与天主教会的冲突中，结果导致哥白尼的《天体运行论》于1616年重遭审查，直到200多年后才被解禁。■

尼古拉·哥白尼

1473年，尼古拉·哥白尼出生在波兰托伦市的一个富商家庭，家中共有四个孩子，哥白尼最小。哥白尼十岁时，父亲去世，由一位舅舅接去抚养，并监督他在克拉科夫大学的学习。哥白尼在意大利花费了数年时间学习医学和法律，于1503年回到波兰。当时，他的舅舅已经成为瓦尔米亚的采邑主教。哥白尼在舅舅的手下担任神职。

哥白尼既是一位语言大师，也是一位数学大师。他翻译了多部重要著作，提出了一些经济学的观点，并致力于研究天文学。他在《天体运行论》中叙述了自己的理论，但其中数学计算的复杂程度让人望而却步，所以虽然很多人认可其理论的重要性，却鲜有天文学家在日常实践中进行广泛应用。

主要作品

1514年 《要释》
1543年 《天体运行论》

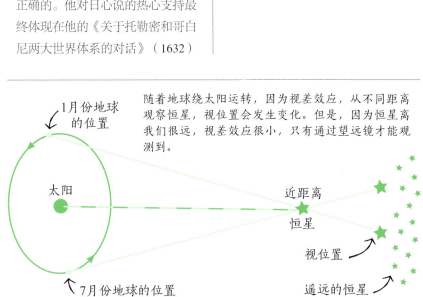

随着地球绕太阳运转，因为视差效应，从不同距离观察恒星，视位置会发生变化。但是，因为恒星离我们很远，视差效应很小，只有通过望远镜才能观测到。

1月份地球的位置

太阳

近距离恒星

视位置

遥远的恒星

7月份地球的位置

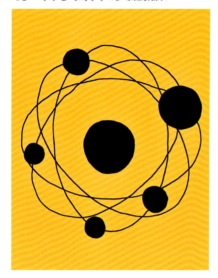

行星沿椭圆轨道运行

约翰尼斯·开普勒（1571—1630年）

背景介绍

科学分支
天文学

此前

公元150年 亚历山大城的托勒密撰写《天文学大成》一书，其中描述的宇宙模型假设地球处于宇宙中心，太阳、月亮、行星和恒星在固定的天球上沿圆形轨道绕地球运行。

16世纪 通过哥白尼的学说，人们开始相信太阳为中心的宇宙论。

此后

1639年 杰雷米亚·霍罗克斯运用开普勒的理论预测了金星凌日的出现，并观察到了这一现象。

1687年 艾萨克·牛顿提出运动定律和万有引力定律，揭示了开普勒定律的物理原理。

1543 年，尼古拉·哥白尼出版了有关天体运行轨道的著作，创立了以太阳为中心的宇宙模型。该模型虽然令人信服，却存在很多重大问题。哥白尼没有摆脱天体固定在水晶天球上的古老思想，提出行星沿正圆形轨道绕太阳运转，并且为了解释天体运动的不规则性，被迫在模型中引入了很多复杂元素。

超新星与彗星

16世纪下半叶，丹麦贵族第谷·布拉赫（1546—1601）的观测对解决这些问题起到了重要的作用。1572年，布拉赫观测到仙后座

星座中会诞生新星，这说明行星以外的天空并非一成不变。

人们通过观察发现，彗星在行星中运动，并穿过行星的轨道。

这表明，行星并非固定在天球上。

如果行星没有固定在天球上，那么行星沿椭圆轨道围绕太阳运转就是所观测到的行星运动的最佳解释。

行星沿椭圆轨道运行。

参见: 尼古拉·哥白尼 34~39页, 杰雷米亚·霍罗克斯 52页,
艾萨克·牛顿 62~69页。

的超新星爆炸, 推翻了哥白尼的宇宙不会变化的理论。1577年, 布拉赫观测到一颗彗星。当时人们认为, 彗星是一种近距离现象, 比月球更近, 但是布拉赫的观测结果表明, 彗星离地球的距离远远超过月球离地球的距离, 并且在行星间运行。这一证据立刻摧毁了"天球"的概念。但是, 布拉赫并没有摆脱地心说中圆形轨道的理论。

1597年, 在国王鲁道夫二世的邀请下, 布拉赫来到布拉格担任宫廷数学家一职, 并在那里度过晚年。在此期间, 德国天文学家约翰尼斯·开普勒成为他的助手, 并在布拉赫死后将他的研究延续下去。

放弃圆形轨道说

开普勒早已根据布拉赫的观测结果开始重新计算火星的轨道。大约在这个时候, 他推断出火星的轨道一定是卵形的, 而非正圆形。开普勒用卵形轨道建立了日心模型, 但还是与观测到的数据不符。1605年, 他提出, 火星肯定沿椭圆轨道绕太阳运转。椭圆形是"拉长的圆形", 具有两个焦点, 太阳位于其中的一个焦点上。1609年, 开普勒出版了《新天文学》(*Astronomia Nova*) 一书, 提出行星运动的两大定律。开普勒第一定律是指, 每颗行星都沿椭圆轨道运行。第二定律是指, 在相同时间内, 太阳和行星的连线所扫过的面积是相等的。也就是说, 行星离太阳越近, 运行速度越快。1619年, 开普勒提出第三定律, 描述了行星轨道周期与离太阳距离的关系, 即行星轨道周期的平方和行星与太阳距离的立方之比是一个常数。所以, 如果一颗行星与太阳的距离是另一颗行星与太阳的距离的2倍, 那么它的轨道周期大约是另一颗行星的3倍。

究竟是什么力使得行星沿椭圆轨道运行, 当时还不得而知。开普勒认为是磁力, 而直到1687年, 牛顿才证明其实是万有引力。∎

约翰尼斯·开普勒

1571年, 约翰尼斯·开普勒出生在德国南部斯图加特附近的威尔德斯达特镇。他小时候观测到1577年的大彗星后, 便对天空产生了极大的兴趣。他在杜宾根大学上学期间, 就已成为当时知名的数学家和占星家。他常常与当时顶尖的天文学家通信, 其中一位便是第谷·布拉赫。1600年, 开普勒搬到布拉格, 成为布拉赫的学生及学术继承人。

1601年, 布拉赫去世, 开普勒继承了宫廷数学家一职, 并奉国王之命完成布拉赫未完成的研究, 即编制《鲁道夫星表》, 以预测行星的运行。1612年, 他开始在奥地利林兹工作, 直到1630年去世, 其间完成了《鲁道夫星表》的编制工作。

主要作品

1596年《宇宙的神秘》
1609年《新天文学》
1619年《宇宙谐和论》
1627年《鲁道夫星表》

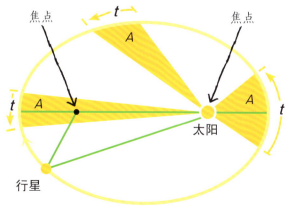

开普勒定律指出, 行星沿椭圆轨道运行, 太阳处在椭圆轨道的一个焦点上。在任意时间 t 内, 太阳和行星的连线所扫过的面积 (A) 都是相等的。

焦点　焦点　太阳　行星

自由落体运动的加速度相同

伽利略·伽利雷（1564—1642年）

背景介绍

科学分支
物理学

此前
公元前4世纪 亚里士多德创立了自己的力学和运动学说，但并没有用实验加以证明。

1020年 波斯学者伊本·西拿（亦称阿维森纳）写道，运动物体具有内在的"动力"，只有在空气阻力等外因的作用下才会减速。

1586年 佛兰德工程师西蒙·斯蒂文从代尔夫特的一个教堂塔上抛下两个重量不同的铅球，证明两者下降速度相同。

此后
1687年 艾萨克·牛顿在《原理》一书中提出了运动定律。

1971年 美国宇航员大卫·斯科特在月球上的同一高度同时释放锤子和羽毛，发现两者的降落速度相同。因为月球上的阻力几乎为零，所以这个实验证明了伽利略的自由落体运动。

亚里士多德宣称，物体只有在外力的作用下才会运动，重的物体比轻的物体下落得快。这一学说两千年来一直无人质疑。直到17世纪，意大利天文学家和数学家伽利略·伽利雷才坚称，亚里士多德的理论需要加以验证。他设计了一个实验来验证物体运动和停下的方式及原因，并最早提出了惯性定律——物体不会改变运动状态，只有在外力的作用下才会开始运动、加速或减速。通过测量物体下落的时间，伽利略证明，所有物体的下落速度都是相同的，并意识到摩擦力会减慢物体运动的速度。17世纪30年代，还没有设备能够直接测量自由落体的速度和加速度。伽利略让球从一个斜坡滚下，再滚上另一个斜坡，他发现球到达斜坡底端的速度与起始点的高度有关，与斜坡的倾斜度无关。并且，无论倾斜角度是大是小，球滚上斜坡的高度总是和之前滚下另一个斜坡的起始高度相同。

伽利略剩下的实验是在一个长5米的斜坡上完成的。斜坡由光滑材质制成，以减小摩擦力。他还用一个盛满水的大容器测量时间，容器底部接了一根细管子，在测量时间内将流出的水收集在容器中，并测量

伽利略证明，球到达斜坡底端的速度仅与起始高度有关，与斜坡的坡度无关。在下图中，两个球分别从A点和B点滚落，它们到达底端的速度是相同的。

A

B

参见: 尼古拉·哥白尼 34~39页，艾萨克·牛顿 62~69页。

> 可计算的当计算，可测量的当测量，把不可测的变为可测的。
> ——伽利略·伽利雷

水的重量。伽利略让球从斜坡的不同高度滚下，发现球滚动的距离与滚动时间的平方成正比，也就是说，球滚下斜坡时做的是加速运动。

落体定律

伽利略因此推断，所有物体在真空中的下落速度是相同的，后来艾萨克·牛顿进一步发展了这一理论。质量大的物体引力大，但也需要更大的力才能加速，两者的作用相互抵消，所以在没有任何力的情况下，所有自由落体运动的加速度相同。我们在日常生活中看到物体以不同的速度下落，原因在于空气阻力。物体的大小和形状不同，受到的空气阻力不同，加速度也不同。同样大小的沙滩球和保龄球最开始的加速度相同，下落过程中受到的空气阻力相同，但是与两个球向下的重力相比，空气阻力对于沙滩球而言作用更大，所以沙滩球的速度要慢一点。

伽利略坚持用细心的观察和可测量的实验来验证各种理论，因此他同阿尔哈曾一样被誉为"现代科学之父"。伽利略的力学和运动定律为50年后的牛顿运动定律奠定了基础，为我们理解宇宙中从原子到星系的运动提供了支撑。■

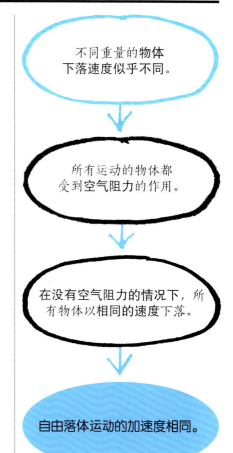

不同重量的物体下落速度似乎不同。

↓

所有运动的物体都受到空气阻力的作用。

↓

在没有空气阻力的情况下，所有物体以相同的速度下落。

↓

自由落体运动的加速度相同。

伽利略·伽利雷

伽利略出生于意大利的比萨，后来与家人搬到佛罗伦萨。1581年，他进入比萨大学学习医学，后来转学数学和自然哲学。他的科学成果十分广泛，其中最著名的也许是发现了木星的4颗大型卫星（现仍被称为伽利略卫星）。伽利略通过观测，支持以太阳为中心的太阳系模型，这与当时罗马天主教的教义相对立。1633年，伽利略受审，被迫放弃自己的理论。他被判终身监禁。在囚禁期间，他将自己的动力学研究总结成书。

主要作品

1623年 《试金者》

1632年 《关于托勒密和哥白尼两大世界体系的对话》

1638年 《关于两门新科学的谈话和数学证明》

地球是一块巨大的磁石

威廉·吉尔伯特（1544—1603年）

背景介绍

科学分支
地质学

此前

公元前6世纪 古希腊思想家米利都的泰勒斯发现了磁石。

公元1世纪 中国发明了原始的指南针。该指南针用磁石做成，呈勺子状，旋转后会指示方向。

1269年 法国学者皮埃·德马立克提出磁引力、磁斥力和磁极的基本规律。

此后

1824年 法国数学家西莫恩·泊松建立描述磁场中磁力的模型。

20世纪40年代 美国物理学家沃尔特·莫里斯·埃尔泽塞尔指出，地球自转使液态铁核中产生了涡流，所以产生了地球磁场。

1958年 美国"探索者1号"的太空之旅发现，地球的磁场一直延伸至太空。

到了16世纪头10年末期，船长们已经开始依靠指南针保持航海线路，但没有人知道指南针的原理。有人认为指针受到了北极星的吸引，还有人认为受到了北极磁山的吸引。

威廉·吉尔伯特的突破并非灵光乍现，而是来自17年来一丝不苟的实验。他尽可能地从船长和指南针制造商那里汲取知识，然后用磁石做了一个球体，即一个模拟地磁的磁球，并用磁针进行验证。他发现，磁针基本上和轮船上的指南针指向相仿，都有一定的偏角（略偏于真北，真北与磁北是不同的概念）。

吉尔伯特总结道，整个地球是一块磁石，内部有一个铁芯。他将自己的观点结集成书，于1600年出版了《论磁》一书，引起了很大的轰动。他提出，地球并非大多数人认为的那样固定在旋转的天球上，而是在自身看不见的磁力的作用下旋转。这一想法为开普勒和伽利略带来了很大的启发。■

> 可靠的实验和经过证明的论点比哲学思想家的推测和观点更具说服力。
>
> ——威廉·吉尔伯特

参见：米利都的泰勒斯 20页，约翰尼斯·开普勒 40~41页，伽利略·伽利雷 42~43页。汉斯·克里斯蒂安·奥斯特 120页，詹姆斯·克拉克·麦克斯韦 180~185页。

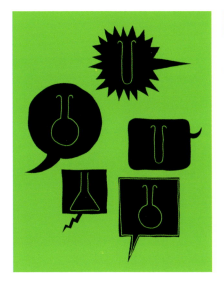

争论不如实验

弗朗西斯·培根（1561—1626年）

背景介绍

科学分支
实验科学

此前

公元前4世纪 亚里士多德倾向于推理、辩论、写作，但从不用实验进行验证。他的方法延续到了下一个千年。

约公元750—1250年 在伊斯兰黄金时代，阿拉伯科学家开展各种实验。

此后

17世纪30年代 伽利略完成自由落体运动实验。

1637年 法国哲学家勒内·笛卡儿在《方法谈》一书中坚持严格的怀疑论和探索精神。

1665年 艾萨克·牛顿运用棱镜分解太阳光。

1963年 奥地利哲学家卡尔·波普尔在《猜想与反驳》一书中坚称，实验可以证明理论是错误的，但最终无法证明它是正确的。

英国哲学家、政治家、科学家弗朗西斯·培根并非第一个开始做实验的人，早他600年的阿尔哈曾及其他阿拉伯科学家就已经做过实验，但培根是解释归纳法并阐明科学方法的第一人。

实验得来的证据

古希腊哲学家柏拉图认为，真理要依靠"辩论"和"权威"才能找到，只要让足够聪明的人讨论足够长的时间，真理自会出现。他的学生亚里士多德认为，没有必要做任何实验。培根将这些"权威"比作从自己肚子里抽丝结网的蜘蛛，他坚持从真实的世界尤其是实验中获取证据。

培根在其两部重要的著作中描述了科学研究的未来。在《新工具》（1620）一书中，他提出了科学方法的三个步骤：观察；通过归纳推理形成可以解释观察结果的理论；通过实验验证理论是否正确。在《新西特兰提斯岛》（1623）一书中，培根描述了一个虚构的小岛及岛上的所罗门宫。所罗门宫是一个研究机构，学者们在那里通过实验进行纯粹的研究和发明。秉承同样的目标，英国皇家学会于1660年在伦敦建立，罗伯特·胡克为首个实验负责人。■

> 任何问题都不是辩论能解决的，只有实验才能解决。
> ——弗朗西斯·培根

参见： 阿尔哈曾 28~29页，伽利略·伽利雷 42~43页，威廉·吉尔伯特 44页，罗伯特·胡克 54页，艾萨克·牛顿 62~69页。

感受空气的弹性

罗伯特·玻意耳（1627—1691年）

背景介绍

科学分支
物理学

此前
1643年 埃万杰利斯塔·托里拆利用一管水银制成了气压计。

1648年 布莱士·帕斯卡及其姐夫证明，海拔越高，气压越低。

1650年 奥托·冯·格里克对空气和真空进行实验，并于1657年首次发表研究结果。

此后
1738年 瑞士物理学家丹尼尔·伯努利出版《流体动力学》一书，描述了流体动力学理论。

1827年 苏格兰植物学家罗伯特·布朗解释了水中的花粉颗粒之所以会运动，是因为受到了不规则运动的水分子的碰撞。

17世纪，欧洲有几位科学家研究了空气的性质。在他们的研究基础上，英裔爱尔兰科学家罗伯特·玻意耳发现了有关压强的数学定律。他的发现引发了更广泛的争论，各个学派对行星和恒星之间有何种物质各执己见。原子论者认为，天体之间什么也没有，空荡荡的；笛卡儿的追随者们则认为，微粒间的空间充满了一种未知的物质，即"以太"，并且真空是不可能存在的。

参见: 艾萨克•牛顿 62~69页, 约翰•道尔顿 112~113页, 罗伯特•菲茨罗伊 150~155页。

> 我们仿佛沉浸在空气之海的底部，而毫无争议的实验纷纷表明空气是有重量的。
>
> ——埃万杰利斯塔•托里拆利

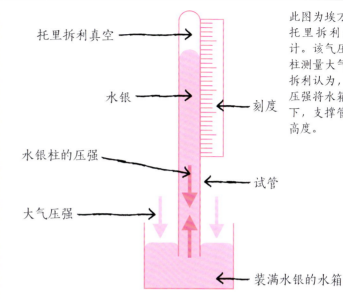

此图为埃万杰利斯塔•托里拆利发明的气压计。该气压计利用水银柱测量大气压强。托里拆利认为，一定是大气压强将水箱中的水银压下，支撑管中水银柱的高度。

（图中标注：托里拆利真空、水银、水银柱的压强、大气压强、刻度、试管、装满水银的水箱）

气压计

意大利数学家加斯帕罗•伯蒂（Gasparo Berti）做过一些实验，旨在研究为什么水泵只能将水压到10米高。伯蒂拿了一根很长的管子，密封一端后装满水，然后将管子直插入装满水的水箱中，管口朝下。结果，管中的水位下降至大约10米高。

1642年，同为意大利人的埃万杰利斯塔•托里拆利（Evangelista Torricelli）听说了伯蒂的研究后，组装了一个类似的装置，但是把水换成了水银。水银的密度大约是水的13倍多，所以最后管中的水银柱只有约76厘米高。托里拆利的解释是，水箱中水银上部的空气重量将水银压下，支撑管中水银柱的高度。托里拆利表示，管中水银

上方是一处真空。我们现在用"压强"（单位面积所受的压力）一词来表示，但基本含义是一样的。托里拆利发明了第一个水银气压计。

1646年，法国科学家布莱士•帕斯卡（Blaise Pascal）听说了托里拆利的气压计，这促使他开始设计自己的实验。其中一个实验是由他的姐夫弗洛林•佩里耶

布莱士•帕斯卡的气压计实验证明了大气压强与海拔高度的关系。除物理学外，帕斯卡还在数学领域做出了重大贡献。

（Florin Périer）协助完成的，目的是证明大气压强会随海拔高度的变化而变化。其中一支气压计放在克莱蒙费朗的一家寺院，由一个僧侣看管。佩里耶带着另外一支气压计来到了多姆山，这里的海拔比寺院所在的城镇高1千米。山顶上水银柱的高度比寺院里水银柱的高度低8厘米。山顶的空气比山底的空气稀薄，这说明正是空气的重量支撑了管中的水银柱。因为帕斯卡的这项研究及其他成就，压强的单位被命名为"帕斯卡"。

气泵

接下来的重要突破归功于普鲁士科学家奥托•冯•格里克（Otto von Guericke），他制作了能够将空气从器皿中抽出的气泵。1654年，格里克完成了自己最

> 人们总是习惯根据自己的感官做出判断，因为空气是不可分割的整体，便认为它毫无功劳，微不足道。

——罗伯特·玻意耳

著名的一项实验。他把两个金属半球密封在一起，并将球抽成真空，结果两队马也未能将其拉开。未抽出空气之前，密封半球内外的大气压强相等；当空气被抽出后，球外的大气压强将两个半球紧紧地压在一起。

1657年，奥托·冯·格里克罗将自己的实验撰文发表。罗伯特·玻意耳读到后，也开始设计实验。玻意耳委托罗伯特·胡克设计

并制作了一台气泵。胡克所制的气泵有一个直径约为40厘米的玻璃"接收器"（容器），也就是气缸。气缸下部有一个活塞，中间还安装了栓塞和活栓。不断拉动活塞会从接收器中抽出越来越多的空气。因为该装置的密封系统会缓慢地漏气，接收器中接近真空的状态仅能保持较短的时间。但是，这个气泵仍比之前的所有气泵有了极大的改进，这也说明技术对科学研究的发展具有重要意义。

实验结果

玻意耳用这个气泵做了很多实验，并将之写入他1660年的著作《物理力学新实验》（*New Experiments Physico-Mechanical*）中。他在书中不断强调，其中记录的结果都源自实验，因为当时即使像伽利

奥托·冯·格里克发明了气泵。他的气泵实验为推翻亚里士多德"自然界厌恶真空"的说法提供了证据。

略这般著名的实验主义者也常常将"思想实验"的结果公之于众。

玻意耳的很多实验都与气压直接相关。他对接收器进行了改装，放入一支托里拆利气压计，并把水银管伸出接收器的顶端，然后用水泥固定封住。当接收器内的压强变小时，水银柱就会降低。玻意

罗伯特·玻意耳

罗伯特·玻意耳出生于爱尔兰，父亲是科克郡的伯爵。玻意耳小时候一直跟随家庭教师学习，后来到英国伊顿公学读书。1654年至1668年期间，他住在牛津，以方便自己的研究工作。后来，他又搬至伦敦。

一群热爱科学研究的人成立了一个组织，名为"无形学院"，玻意耳便是其中的一员。他们常常在伦敦和剑桥聚会，分享彼此的见解并加以探讨。这一组织就是1663年成立的英国皇家学会的前身，玻意耳是该学会的第一批理事之一。除了对科学非常感兴趣，玻意耳还做了很多有关炼金术的实验，并撰写了有关神学和不同人种起源的书籍。

主要作品

1660年　《物理力学新实验》
1661年　《怀疑派化学家》

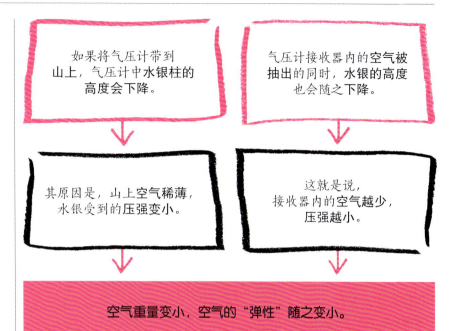

耳还做了一个与之相反的实验，发现接收器内压强变大时，水银柱会升高。这个实验再次证实了托里拆利和帕斯卡的研究结果。

玻意耳发现，随着所剩空气不断变少，要把空气抽出接收器变得越来越难。他还发现，如果在接收器内放入一个吹了一半的气囊，随着周围空气的减少，气囊会逐渐变大。如果把气囊放在火旁，也会出现同样的现象。对于产生这些结果的空气"弹性"，玻意耳给出了两种可能的原因：其一是空气中的每个颗粒都像弹簧一样是可伸缩的，而空气就像羊毛一样；其二是空气中的粒子一直在做不规则运动。

玻意耳的观点与笛卡儿的追逐者的观点相似，但是玻意耳并不认同"以太"的概念，他认为是"微粒"在空荡荡的空间中运动。他的解释与现代的分子运动论十分相似，后者以分子运动来说明物质的性质。

如果山顶的水银柱比山底的低，那么空气的重量将是唯一的原因。

——布莱士·帕斯卡

玻意耳还做过一些与生理学有关的实验，他研究了气压降低对鸟和老鼠的影响，并推测空气是如何进出肺部的。

玻意耳定律

玻意耳定律指出，在定量定温下，气体体积与气体压强的乘积是一个常数。换句话说，如果气体体积减小，压强就会增大。正是压强的增大，产生了空气弹性。你可以用手指堵住自行车打气筒的出气口，然后向下推手柄，就能感受到空气的"弹性"。

虽然此定律以玻意耳的名字命名，但是第一个提出该定律的人并不是玻意耳，而是英国科学家理查德·图奈里（Richard Towneley）和亨利·鲍尔（Henry Power）。他们用托里拆利气压计做了一系列实验，并于1663年将实验结果著书出版。玻意耳早先阅读了此书的初稿，与图奈里讨论了实验结果，并通过实验证实了图奈里的结论。但是，图奈里最初所做的实验备受诟病，作为对这些批评的回应，玻意耳于1662年发表了《图奈里先生的假说》一文。

玻意耳的实验方法十分考究，他会完整地叙述所有的实验，指出可能存在的错误根源，以及是否得到了预期的结果。可以说，他对气体的研究意义非凡，并且引导很多人继续他的研究。如今，玻意耳定律与其他科学家提出的定律结合在一起，形成了理想气体定律。该定律接近真实气体在温度、压强或体积变化时的行为。玻意耳的思想最终还为分子运动学的发展奠定了基础。■

光是粒子还是波

克里斯蒂安·惠更斯（1629—1695年）

背景介绍

科学分支
物理学

此前
11世纪 阿尔哈曾指出，光沿直线传播。

1630年 勒内·笛卡儿提出光的波动说。

1660年 罗伯特·胡克指出，光是一种在媒质中传播的振动。

此后
1803年 托马斯·杨用实验证明光的波动性。

1864年 詹姆斯·克拉克·麦克斯韦计算出光速，并推论光是一种电磁波。

20世纪头10年 阿尔伯特·爱因斯坦和麦克斯·普朗克指出，光既是一种微粒，也是一种波。他们发现了电磁辐射的量子，后被称为光子。

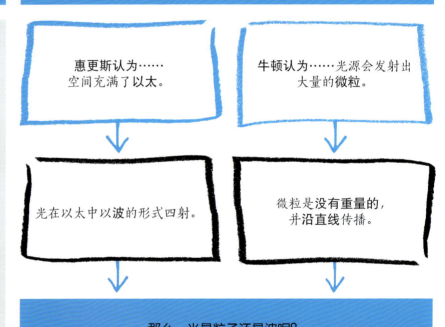

惠更斯认为……空间充满了以太。

牛顿认为……光源会发射出大量的微粒。

光在以太中以波的形式四射。

微粒是没有重量的，并沿直线传播。

那么，光是粒子还是波呢?

17世纪，艾萨克·牛顿和荷兰天文学家克里斯蒂安·惠更斯都在思索光的本质，并得出了不同的结论。他们面临的问题是，有关光的本质的任何理论都必须解释光的反射、折射、衍射现象及光的颜色。折射是指光从一种介质斜射到另一种介质中时，传播方向会发生改变的现象，透镜能够聚光就是这个道理。衍射是指光在传播过程中遇到障碍物，光波会绕过障碍物继续传播的现象。

在牛顿之前，人们广泛接受的观点是，光通过与物质的相互作

参见: 阿尔哈曾 28~29页, 罗伯特·胡克 54页, 艾萨克·牛顿 62~69页, 托马斯·杨 110~111页,
詹姆斯·克拉克·麦克斯韦 180~185页, 阿尔伯特·爱因斯坦 214~221页。

用才有了颜色, 比如光通过棱镜会产生彩虹的效果, 因为棱镜以某种方式给光染上了颜色。牛顿通过实验证明, 我们看到的白光其实是由不同颜色的光混合而成的。白光经过透镜会分散为不同颜色的光, 原因是这些光的传播方向发生了不同程度的偏折。

和当时很多自然哲学家一样, 牛顿也认为光是由一束束微粒构成的。这种学说可以解释光沿直线传播及光的反射现象, 还可以用力学解释光在两种介质的交界处会产生折射现象。

部分反射

牛顿的理论无法解释为什么光射到很多界面时, 一部分会被反射, 一部分会被折射。1678年, 惠更斯提出, 宇宙空间充满了无重量的微粒(以太), 以太受到光的干扰后以球面波的形式传播。因此,

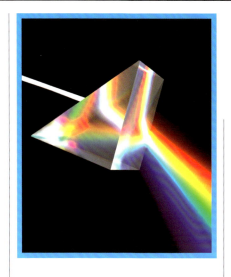

他对折射现象的解释是, 光波在不同介质(如以太、水或玻璃)中的传播速度不同。惠更斯的理论可以解释为何在同一界面, 光既会发生反射, 又会发生折射, 还可以解释光的衍射现象。

但是, 惠更斯的理论在当时影响甚微, 一部分原因是牛顿已经

白光经棱镜折射后, 变为不同颜色的光。惠更斯解释, 这是因为光波在不同介质中的传播速度不同。

建立了学界泰斗的地位。不过, 一个世纪以后, 托马斯·杨于1803年证明, 光的确是一种波。到了20世纪, 实验表明光具有波粒二象性。不过, 现在光的模型与惠更斯的"球面波"差异很大。惠更斯表示, 光在介质以太中传播时是一种纵波。声波也是一种纵波, 光波在介质中传播时, 介质振动的方向与波的传播方向相同。我们现在认为, 光波更像水波, 是一种横波。因为粒子(上下)振动的方向与波的传播方向垂直, 所以光波传播不需要介质。■

克里斯蒂安·惠更斯

克里斯蒂安·惠更斯是荷兰著名的数学家和天文学家, 1629年出生于荷兰海牙, 大学期间主修法律和数学, 后来致力于自己的研究。最初他主要研究数学, 后来也开始研究光学。他会亲手磨制镜片并制作望远镜。

惠更斯曾多次访问英国, 并于1689年与艾萨克·牛顿见面。除研究光外, 惠更斯在力学和运动领域也颇有建树。牛顿用"超距作用"解释万有引力, 惠更斯并不认同他的观点。惠更斯

的成就十分广泛, 他基于对钟摆的研究制作了当时最精确的时钟。他用自制的望远镜进行天文学研究, 发现了土星最大的卫星"土卫六", 并且首次准确地描述了土星环。

主要作品

1656年《土星之月新观察》
1690年《光论》

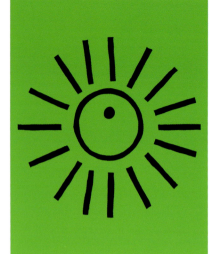

首次观测金星凌日

杰雷米亚·霍罗克斯（1618—1641年）

背景介绍

科学分支
天文学

此前

1543年 尼古拉·哥白尼首次提出完整的日心说宇宙模型。

1609年 约翰尼斯·开普勒提出椭圆轨道定律，这是第一个完整描述行星的运动规律。

此后

1663年 苏格兰数学家格雷果里运用1631年和1639年观测到的金星凌日数据，精确地测量出地球与太阳之间的距离。

1769年 英国探险家詹姆斯·库克在南太平洋的塔希提岛观测到金星凌日现象，并做了记录。

2012年 天文学家观测到21世纪的最后一次金星凌日。

约翰尼斯·开普勒提出了有关行星运动的三大定律，其中第一定律说到行星沿椭圆轨道绕太阳运行，而金星凌日现象正好可以用来验证这一定律的真伪。开普勒在《鲁道夫星表》中预测了金星凌日和水星凌日的时间，通过观测金星和水星从太阳盘面缓慢划过的具体时间，可以验证星表背后的理论是否正确。

第一次验证来自皮埃尔·伽桑狄。他在1631年观测到了水星凌日的现象，但是这些数据也未能准确地预测1639年的金星凌日。不过，英国天文学家杰雷米亚·霍罗克斯预测，金星凌日一定会出现。

1639年12月4日，霍罗克斯架好了望远镜，对准太阳，并将影像投射到一张卡片上。大约下午3点15分，云层消散，出现了一个极不寻常的黑点，正缓缓划过太阳，这个黑点就是金星。霍罗克斯在卡片上

我第一次听说太阳和金星奇异的会合现象……期望看到这一宏大的景象促使我观察时更加专心。

——杰雷米亚·霍罗克斯

标注了金星的运行轨迹，并测定每段间隔的时间。与此同时，他的朋友在另外一个地方测量这次金星凌日现象。霍罗克斯利用这两组在不同地点测量的数据，重新计算了金星相对于太阳的直径，从而得出地球与太阳之间的距离。这次计算结果比以往的数据更为精确。■

参见： 尼古拉·哥白尼 34~39页，约翰尼斯·开普勒 40~41页。

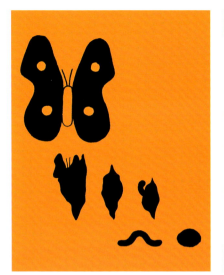

生物体经历的不同生长发育阶段

简·施旺麦丹（1637—1680年）

背景介绍

科学分支
生物学

此前

约公元前320年 亚里士多德宣称，蠕虫和昆虫都是通过自然发生的方式产生的。

1651年 英国医生威廉·哈维认为，昆虫的幼体是一个"爬行的卵"，蛹则是"第二个卵"，内部并没有什么发展。

1668年 意大利弗朗切斯科·雷迪提供了最初的证据来推翻自然发生说。

此后

1859年 查尔斯·达尔文解释了昆虫在其生命周期的每个阶段是如何适应不同的活动及环境的。

1913年 意大利动物学家安东尼奥·伯利斯提出，昆虫幼体孵化处于胚胎发育初期。

从卵到幼虫、再到蛹、成虫，我们对蝴蝶的蜕变过程并不陌生，但是在17世纪，人们对繁殖的看法与现今截然不同。古希腊哲学家亚里士多德提出，生命，尤其是昆虫这样的"低等"生命，是从无生命物质自然发生的。当时，大多数人都相信亚里士多德的说法。"先成说"认为，"高等"生物很小的时候便已完全发育成熟，但"低等"动物十分简单，没有复杂的内部结构。1669年，荷兰具有开创精神的显微镜学家简·施旺麦丹在显微镜下解剖蝴蝶、蜻蜓、蜜蜂、黄蜂和蚂蚁等昆虫，推翻了亚里士多德的学说。

解剖虱子时，你会发现一个接一个的奇迹，你会看到上帝的智慧从很微小的事物中彰显出来。

——简·施旺麦丹

"变形"的新义

"变形"一词曾指一个个体死后，另一个个体从其尸体中诞生。施旺麦丹指出，昆虫的生命周期会经过雌性成虫、卵、幼虫、蛹、成虫这一过程，每个阶段都是同一生物的不同形式。每个生命阶段都具有成熟的内部器官，以及下一个阶段器官的雏形。从这个新的角度来看，人们显然有必要对昆虫进行更多的科学研究。施旺麦丹继续进行开创性的研究，他根据昆虫的繁殖和发育对其进行分类。施旺麦丹最后死于疟疾，时年43岁。∎

参见：罗伯特·胡克 54页，安东尼·范·列文虎克 56~57页，约翰·雷 60~61页，卡尔·林奈 74~75页，路易·巴斯德 156~159页。

一切生物都由细胞组成

罗伯特·胡克（1635—1703年）

背景介绍

科学分支
生物学

此前
约1600年 荷兰出现了第一台复式显微镜，发明者可能是汉斯·利伯希，也可能是汉斯·詹森和他的儿子札恰里亚斯·詹森。

1644年 意大利神甫、自学成才的科学家乔万尼·巴蒂斯塔·奥迪耶纳利用显微镜首次描述了活组织。

此后
1674年 安东尼·范·列文虎克在显微镜下第一次发现了单细胞生物。

1682年 列文虎克发现鲑鱼的红细胞含有细胞核。

1931年 匈牙利医生利奥·西拉德发明电子显微镜，能够生成分辨率更高的图像。

17世纪复式显微镜的发明开辟了一个全新的世界，人们得以看到之前从未见过的结构。简单的显微镜只有一个镜头，而荷兰眼镜制造商发明的复式显微镜却装有两个或两个以上的镜头，放大倍数更高。

英国科学家罗伯特·胡克并非第一个使用显微镜观察生物的人。不过，他于1665年出版《显微术》一书后，却成为第一位科普畅销书作者，他介绍的新科学"显微镜学"让读者惊叹不已。胡克亲手绘制的精确图画让公众看到了前所未见的事物——虱子和跳蚤的身体结构、苍蝇的复眼、昆虫的精细翅膀。他还绘制了人工制品，比如在显微镜下显得很钝的针尖，并且用自己的观察结果解释了晶体的形成及水变成冰的过程。英国日记作家塞缪尔·皮普斯曾说："《显微术》是我一生中读过的最具独创性的一本书。"

描述细胞

胡克曾绘制一张软木薄片的微观结构图。他发现，木片的结构好像修道院里用墙隔开的一间间房子。这是第一次有关细胞的记载，其中包含对细胞的描述，并配有图片。一切生物都是由细胞组成的。■

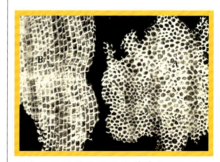

胡克所画的其实是软木薄片的死细胞，图中的细胞壁之间空无一物，但活细胞是含有细胞质的。他计算出16cm³的软木薄片中含有10亿多个细胞。

参见: 安东尼·范·列文虎克 56~57页，艾萨克·牛顿 62~69页，琳·马古利斯 300~301页。

层层堆叠的岩层

尼古拉斯·斯丹诺（1638—1686年）

背景介绍

科学分支
地质学

此前

15世纪末 列昂纳多·达·芬奇写道，在地面及地表，风和水具有侵蚀作用和沉积作用。

此后

18世纪80年代 詹姆斯·赫顿认为，斯丹诺定律是一个持续的、周期性的地质过程，在时间上是延续的。

19世纪头十年 法国的乔治·居维叶和亚历山大·布隆尼亚尔及英国的威廉·史密斯将斯丹诺的地层学原理应用到地质测绘中。

1878年 第一届国际地质大会在法国巴黎召开，为制定标准地层表设定程序。

人们描述沉积岩时，往往会说它是由一层层岩石构成的，且最老的地层位于底部，最新的地层位于顶部。沉积岩是构成地表的主要岩石之一，也是研究地球地质历史的依据。岩石在水和重力的作用下不断沉积，人们已经知道这个过程数百年了，但是其背后的原理直到丹麦主教、科学家尼古拉斯·斯丹诺才被发现。他将自己在意大利托斯卡纳区观察地层的结果总结成书，于1669年出版。

斯丹诺的叠覆律指出：在任何沉积地层的层序中，最年轻的地层位于层序的顶部，最老的地层则位于层序的基底。较老的地层之上连续覆盖着逐渐年轻的地层。斯丹诺的原始水平定律和侧向连续定律指出，地层在沉积之初，都是水平且连续的。如果地层出现倾斜、褶皱或断裂，一定是在沉积后受到了相应的干扰。他的地质体之间的切

斯丹诺意识到，岩层形成之初都是水平的，后因巨大的外力作用而出现变形和褶皱。

割律指出："就侵入岩与围岩的关系来说，总是侵入者年代较新，被侵入者年代较老。"

斯丹诺提出的地层定律为后来英国的威廉·史密斯（William Smith）、法国的乔治·居维叶（Georges Cuvier）和亚历桑德雷·布隆尼亚尔（Alexandre Brongniart）等人的地质测绘奠定了基础，将地层进一步分为时间地层单位提供了依据。全世界的时间地层单位都是彼此关联的。■

参见： 詹姆斯·赫顿 96~101页，威廉·史密斯 115页。

显微镜下的微生物

安东尼·范·列文虎克（1632—1723年）

安东尼·范·列文虎克是荷兰代尔夫特的一位布商。他一生很少出远门，顶多会去自己的布店转转。他却在自己的后屋发现了一个全新的世界，即之前人们从未见过的微生物世界，其中包括人类的精子、血细胞，还有最重要的细菌。

在17世纪以前，没有人会认为世间还有肉眼看不到的生物。人们认为，跳蚤可能就是最小的生命形态。后来，大约在1600年，荷兰眼镜制造商为了增加镜片放大倍数，将两个玻璃透镜放在一起，发明了显微镜。1665年，英国科学家罗伯特·胡克通过显微镜在一个软木薄片中观察到了死细胞，并绘制了第一张有关微小细胞的图。

胡克及当时的其他显微镜学家都没有想过可以到肉眼看不见生命的地方去寻找生命。列文虎克将镜头对准了似乎没有生命的地方，尤其是液体中。他研究过雨滴、牙垢、粪便、精液、血液，等等。

1719年，列文虎克首次公开发表了他绘制的人类精子图。很多人并不相信精液中会有这种游动的"微小的动物"。

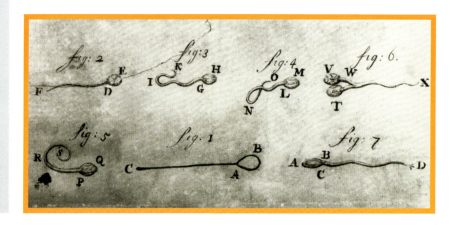

参见： 罗伯特·胡克 54页，路易·巴斯德 156~159页，
马丁乌斯·贝杰林克 196~197页，琳·马古利斯 300~301页。

可以用**显微镜**观察肉眼看不到生命的地方。

放大倍数高的单镜头显微镜显示，
水和其他液体中有"**微小的动物**"。

世界充满了可以用**显微镜观察到的单细胞**生命形态。

安东尼·范·列文虎克

1632年，安东尼·范·列文虎克出生在荷兰的代尔夫特。20岁时，列文虎克开了一家布店，一直经营到老。

1668年，列文虎克造访伦敦时可能看到了罗伯特·胡克的《显微术》一书，由此激发了自己想做一名显微镜学家的梦想。从1673年开始，他不断将自己的发现通过信件寄给英国皇家学会。他所写的报告多于历史上任何一位科学家。起初，英国皇家学会对这位业余人士的报告持怀疑态度，但是胡克重复了列文虎克的很多实验，最终证实了他的发现。列文虎克一生共制作了500多个显微镜，其中很多都是专为观察某一种物质设计的。

主要作品

1673年 《第一封信》（列文虎克写给英国皇家学会的第一封信）

1676年 《第十八封信》（汇报了对细菌的发现）

正是在这些看似没有生命存在的物质中，列文虎克发现了丰富的微生物。

列文虎克与胡克不同，他并没有使用装有双透镜的复式显微镜，他使用的只是一个质量很好的透镜，其实就是一个放大镜。事实上，当时用这种简单的显微镜更容易生成清晰的图像，因为复式显微镜的放大倍数超过30倍以后，图像就会变得模糊不清。列文虎克自己磨制镜片制作显微镜，经过多年的不断探索，他做出了放大倍数超过200倍的显微镜。他所做的显微镜十分小巧，透镜仅有几毫米宽。他将样本放在针尖状的透镜的一端，用一只眼睛在另一端观察。

单细胞生命

起初，列文虎克并没有发现什么异常情况，但是在1674年，他却声称自己在湖水的样本中看到了比头发还细的微小生物。这些生物是绿藻类植物水绵，是一种简单的生物，也就是我们现在所说的原生生物。列文虎克将这些生物称为"微小的动物"（animalcules）。1676年10月，他在水滴中发现了更小的单细胞细菌。次年，他还表示自己的精液中充满了"微小的动物"，也就是我们现在所说的精子。与他在水中发现的生物不同，精液中的"微小的动物"都是一模一样的，拥有细细的尾巴和小小的头，别无其他。列文虎克发现，它们像蝌蚪一样在精液中游来游去。

列文虎克写了数百封信，将自己的发现报告给了英国皇家学会。虽然他公开发表了自己的研究结果，却未将制作透镜的技术公之于众。他很可能是将玻璃丝熔化制成微小的透镜，但具体方法我们仍无法确定。■

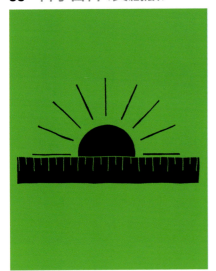

测量光速

奥勒·罗默（1644—1710年）

背景介绍

科学分支
天文学和物理学

此前
1610年 伽利略·伽利雷发现木星的四大卫星。

1668年 乔凡尼·卡西尼公开发表了第一个精确的星表，预测了木星的卫星食现象。

此后
1729年 詹姆斯·布拉得雷根据恒星位置的变化，计算出光速为301000千米/秒。

1809年 让-巴普蒂斯特·德朗布尔运用此前150年对木星卫星的观测结果，计算出光速为300300千米/秒。

1849年 伊波利特·斐索没有使用天文数据，而是在实验室中测出光速。

木星的卫星食现象并非每次都与预测相符。

↓

地球与木星的距离随着它们绕太阳运转而改变。

↓

如果光不是瞬时传播的，就可以解释为何实际观测到卫星食的时间与预测不符。

↓

通过时间差及太阳系中的距离可以计算出光速。

木星有很多卫星，但是17世纪末奥勒·罗默用望远镜观测欧洲北部的天空时，只能看到4颗最大的卫星（艾奥、欧罗巴、加尼未和卡利斯托）。当这些卫星进入木星的影子时，就会发生卫星食。在某一特定的时间，我们可以观测到卫星进入木星的影子或离开影子，这主要取决于地球和木星围绕太阳运转的相对位置。每年都有接近半年的时间，我们看不到木星的卫星食，因为太阳位于地球和木星之间。

17世纪60年代末，罗默就职于巴黎皇家天文台，当时的台长是乔凡尼·卡西尼（Giovanni Cassini）。卡西尼绘制了一套星表，预测了木星的卫星食现象。知道木星卫星食出现的时间，为计算经度提供了一种新的方法。测量经度取决于某一特定地点与基准子午线（这里指巴黎）的时间差。当时，通过观察木星卫星食出现的时间，并将其与巴黎预测出现卫星食的时间进

参见: 伽利略•伽利雷 42~43页, 约翰•米歇尔 88~89页, 莱昂•傅科 136~137页。

行比较, 至少可以计算出陆地上的经度。但是, 在船上却无法稳稳地拿住望远镜观测卫星食, 所以无法测定海上的经度。直到18世纪30年代约翰•哈里森 (John Harrison) 发明了第一个航海计时器, 即可以在海上计时的钟表, 确定海上的经度才得以实现。

光速有限还是无限

罗默研究了木星的卫星艾奥在两年内发生的卫星食现象, 并与卡西尼的星表进行对比。他发现, 地球在离木星最近的地方及最远的地方观测的卫星食时间相差22分钟。当时已知的地球、木星和艾奥轨道的任何不规律性都无法解释这一差异, 所以一定是光穿过地球轨道半径导致了时间差。罗默根据已知的地球轨道半径计算出光速为214000千米/秒。目前测定的光速

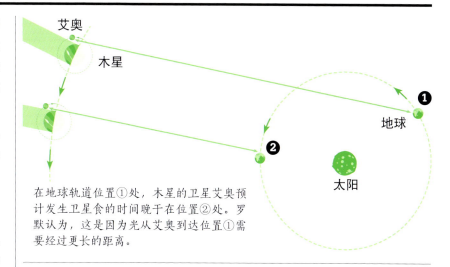

在地球轨道位置①处, 木星的卫星艾奥预计发生卫星食的时间晚于在位置②处。罗默认为, 这是因为光从艾奥到达位置①需要经过更长的距离。

为299792千米/秒, 所以罗默的计算结果有不到30%的误差。尽管如此, 作为第一次计算光速, 结果还是不错的, 并且他解决了之前悬而未决的问题: 光速是不是有限的?

在英国, 艾萨克•牛顿欣然接受了罗默的观点, 即光不是瞬时传播的。不过, 并非所有人都认同罗默的推论。卡西尼指出, 木

星其他卫星食的时间差尚未考虑在内。直到1728年天文学家詹姆斯•布拉得雷 (James Bradley) 通过测量恒星的视差计算出更为精确的光速, 罗默的研究结果才被广为接受。■

对于3000里格的距离, 接近地球赤道直径那么长, 光不到1秒钟就可以到达。

——奥勒•罗默

奥勒•罗默

奥勒•罗默于1644年出生在丹麦的奥尔胡斯, 毕业于哥本哈根大学。离开学校后, 罗默就开始帮助第谷•布拉赫准备将要发表的天文观测资料。布拉赫的天文台位于哥本哈根附近的乌兰尼堡, 罗默还在这里进行了自己的观测, 并记录了木星卫星食的次数。后来, 他前往巴黎, 作为乔凡尼•卡西尼的下属, 就职于皇家天文台。1679年, 他造访英国,

有机会与艾萨克•牛顿见面。

1681年, 罗默回到哥本哈根大学, 担任天文学教授。他参与更新度量衡和历法, 构建代码甚至供水系统。遗憾的是, 他的天文观测资料在1728年毁于一场大火。

主要作品

1677年 《论光的运动》

一个物种不可能起源于另一物种

约翰·雷（1627—1705年）

植物结出种子，种子又长成新的植物。 → 种子长成的植物总是与植物亲本几乎一模一样。

一个物种不可能起源于另一物种。 ← 一粒植物种子不会长成与亲本不同的植物。

背景介绍

科学分支
生物学

此前
公元前4世纪 古希腊人用"属"（genus）和"种"（species）描述一组相似的事物。

1583年 意大利植物学家安德烈亚·切萨尔皮诺根据种子和果实对植物进行分类。

1623年 瑞士植物学家加斯帕德·鲍欣在《植物图鉴》中对6000多种植物进行了分类。

此后
1690年 英国哲学家约翰·洛克提出，物种都是人为构建的。

1735年 卡尔·林奈出版《自然系统》一书，这是他有关动植物分类的第一本著作，此后还有多本相关著作出版。

1859年 查尔斯·达尔文在《物种起源》中指出，物种通过自然选择不断进化。

当代对于植物和动物物种的概念主要建立在繁殖的基础上。一个物种包括能够或可能交配并繁衍后代的所有个体，其后代也能继续交配繁殖。这一概念是1686年英国博物学家约翰·雷提出的，现在仍是分类学的基础。分类学是研究分类的一门科学，我们现在知道遗传学在其中发挥着重要作用。

行而上学的方法

在这个时期，"物种"一词十分常用，但主要与宗教和形而上学密切相关。形而上学是从古希腊沿袭下来的一种方法。古希腊哲学家柏拉图、亚里士多德和特奥夫拉斯图斯（Theophrastus）曾研究过分类问题，并使用"属"和"种"等术语将所有有生命或无生命的物体分为不同的群及亚群。在分类的过程中，他们使用了较为模糊的特性，比如"本质"和"精神"等。所以，根据这种方法把物体归为同一物种，是因为它们拥有相同"本质"，而不是因为它们拥有相同的外形或繁殖能力。

参见：简·施旺麦丹 53页，卡尔·林奈 74~75页，克里斯蒂安·施普伦格尔 104页，查尔斯·达尔文 142~149页，迈克尔·叙韦宁 318~319页。

> **没有任何事物的发明和完善是同时进行的。**
> ——约翰·雷

到了17世纪，不同的分类方法纷纷出现。很多方法都是按照字母顺序或民间习俗进行分类的，比如按照药效对植物进行分类。1666年，约翰·雷结束了三年的欧洲之旅，带回了大量植物和动物，准备与志同道合的弗朗西斯·维路格比（Francis Willughby）用更科学的方法对其进行分类。

实践性

约翰·雷提出了一种新的观察实践方法。他研究了植物的所有组成部分，包括根、茎尖和花等。他建议广泛使用"花瓣"和"花粉"这两个术语，并认为花的类型及种子的类型应该是植物分类的重要特征。此外，他还区分了单子叶植物（拥有一片子叶的植物）和双子叶植物（拥有两片子叶的植物）。不过，约翰·雷建议限制分类依据的特征数量，以免物种数量过多，难以操作。他的主要著作《植物史》（*Historia Plantarum*）共有三卷，分别于1686、1688和1704年出版，收录了1.8万多种植物。

约翰·雷认为，繁殖方式是区分物种的重要特征。他对物种的定义源于自己收集标本、播种及观察种子发芽的经验。他曾说道："我所想到的确定（植物）物种的标准中，最可靠的就是种子繁殖过程中一直传递下去的显著特征……同样，不同的动物也会永远保持自

根据约翰·雷的定义，小麦属于单子叶植物。这是主要的粮食作物。经过1万多年的培育种植，现有大约30种小麦，均属于小麦属植物。

己的独特特征；一个物种绝不会源自另一个物种，反之亦然。"约翰·雷建立了纯种种群的基础，我们现在仍采用这种方法来定义物种。正是因为约翰·雷的研究，植物学和动物学真正成为一门科学。作为一位虔诚的教徒，约翰·雷认为自己的研究是在展示上帝创造的奇迹。■

约翰·雷

1627年，约翰·雷出生于英格兰埃塞克斯郡的布莱克诺特利。他的父亲是一名铁匠，也是当地的草药师。约翰·雷16岁进入剑桥大学，他的研究十分广泛，后来开始讲授希腊语和数学等课程。1660年，他成为神职人员。1650年，约翰·雷身患疾病，为了修养身体，他开始在大自然中散步，逐渐燃起了对植物学的兴趣。

约翰·雷的学生弗朗西斯·维路格比十分富有，也是雷的支持者。17世纪60年代，两人共同游历欧洲，以研究并收集动植物。1673年，约翰·雷迎娶玛格丽特·奥克利。约翰·雷晚年时仍在研究标本，希望编制出涵盖更多植物的目录。他一生撰写了20多本著作，内容涉及动植物和它们的分类、形态和功能，以及神学和自己的游历。

主要作品

1686—1704年　《植物史》

万有引力影响着宇宙中的一切物体

艾萨克·牛顿（1642—1727年）

背景介绍

科学分支
物理学

此前

1543年 尼古拉·哥白尼提出，行星围绕太阳而非地球运转。

1609年 约翰尼斯·开普勒提出，行星沿椭圆轨道绕太阳自由运转。

1610年 伽利略的天文观测结果证明了哥白尼的学说。

此后

1846年 约翰·伽勒在法国数学家勒威耶用牛顿定律计算出海王星的位置后，发现了这颗行星。

1859年 勒威耶指出，水星的轨道无法用牛顿力学解释。

1915年 在广义相对论中，阿尔伯特·爱因斯坦用时空弯曲解释了引力。

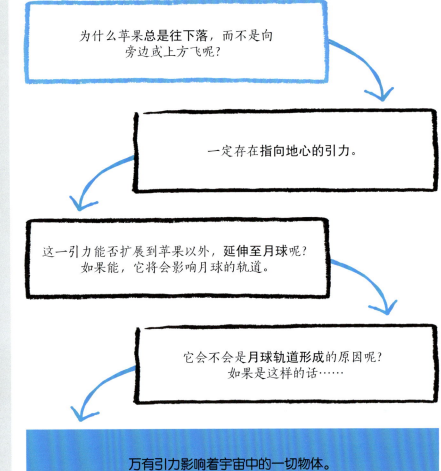

为什么苹果总是往下落，而不是向旁边或上方飞呢？

一定存在指向地心的引力。

这一引力能否扩展到苹果以外，延伸至月球呢？如果能，它将会影响月球的轨道。

它会不会是月球轨道形成的原因呢？如果是这样的话……

万有引力影响着宇宙中的一切物体。

艾萨克·牛顿出生之时，以太阳为中心的宇宙模型已经得到广泛接受。在此模型中，地球和其他行星围绕太阳运转，可以解释所观测到的太阳、地球和其他行星的运动。这一模型已不是新鲜事物，但当尼古拉·哥白尼在1543年临死前将自己的学说发表时，却是人们关注的焦点。在哥白尼的模型中，月球及每个行星都在各自的水晶球上围绕太阳运转，而这些星体"固定"在外层的天球上。这一模型后来被约翰尼斯·开普勒在1609年提出的行星运动定律所取代。开普勒摒弃了哥白尼的水晶天球说，并证明行星的轨道是椭圆形的，太阳位于椭圆形的焦点处。他还描述了行星运动的速度变化。

所有这些宇宙模型都有一个共同的缺陷，即没有解释行星运动的根本原因。这正是牛顿将要解决的问题。牛顿意识到，苹果下落时受到的力与行星围绕太阳运转受到的力其实是同一种力。他还用数学方法证明了这种力与距离的关系。他所采用的数学运算包括牛顿三大运动定律和万有引力定律。

思想的转变

数百年来，亚里士多德的思想一直主导着科学领域，但他得出的结论从未用实验加以证明。亚里士多德曾说，物体只有在外力的作

参见：尼古拉·哥白尼 34~39页，约翰尼斯·开普勒 40~41页，伽利略·伽利雷 42~43页，克里斯蒂安·惠更斯 50~51页，威廉·赫歇尔 86~87页，阿尔伯特·爱因斯坦 214~221页。

用下才会持续运动，重的物体比轻的物体下落快。他解释道，重的物体落到地球上，因为它们要到达自己的自然位置。他还表示，天体是完美的，都在做匀速圆周运动。

伽利略·伽利雷运用实验提出了另外一套思想。通过观察球在斜面上的运动，他证明如果空气阻力很小，物体下落的速度是相同的。他还指出，运动物体会一直运动下去，直到受到摩擦力等外力的作用，速度才会变慢。伽利略的惯性定律后来成为牛顿第一定律的一部分。因为日常生活中的所有物体都会受到摩擦力和空气阻力的作用，所以我们不会立刻想到摩擦力这一概念。正是通过细致的实验，伽利略才得以证明，物体要保持匀速运动，所需的外力只要能够抵消摩擦力即可。

运动定律

牛顿在其感兴趣的领域做过很多实验，但是有关物体运动的实验却没有记录存留下来。不过，他的三大定律已经在很多实验中得到了证实，只要物体的运动速度远小于光速，定律就成立。

牛顿第一定律表述如下："任何物体都会保持静止状态或匀速直线运动状态，直到外力迫使它改变运动状态为止。"换句话说，静止的物体只有受到外力的作用才会开始运动，运动的物体在没有外力的

作用下会一直以恒定的速度运动下去。这里的速度既包括运动方向也包括运动速率。所以物体只有在外力的作用下才会改变运动速率或运动方向。其实，重要的是合力。一辆运动的汽车受到很多力的作用，包括摩擦力、空气阻力，还有引擎驱动车轮的力。如果这辆汽车受到的向前的推力与向后的阻力相等，

那么它所受的合力为零，会继续保持匀速运动。

牛顿第二定律指出，物体的加速度（即速度的变化）取决于作用力的大小，通常用公式表示为$F=ma$，其中F表示作用力，m表示物体的质量，a表示加速度。该公式表示，物体的质量一定时，作用力越大，物体的加速度越大；同时表

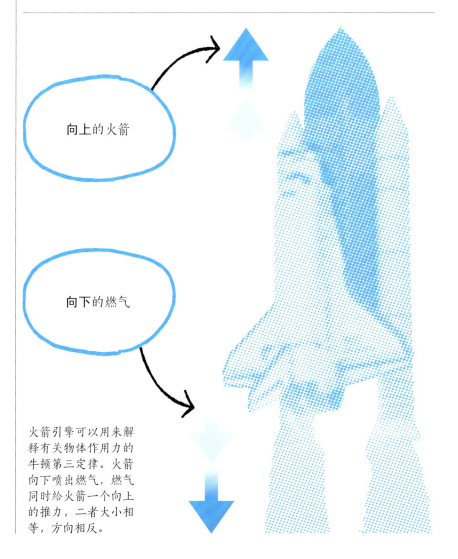

火箭引擎可以用来解释有关物体作用力的牛顿第三定律。火箭向下喷出燃气，燃气同时给火箭一个向上的推力，二者大小相等，方向相反。

向上的火箭

向下的燃气

明，加速度的大小还和物体的质量有关。在作用力一定的情况下，质量小的物体比质量大的物体加速快。

牛顿第三定律表述如下："作用力和反作用力总是大小相等，方向相反。"也就是说，所有的力都是成对出现的：一个物体对另一个物体施加力，另一个物体同时会对第一个物体产生一个力，这两个力大小相等、方向相反。虽然这里用了"作用力"一词，但"运动"并不是这条定律成立的必要条件。这就要联系到牛顿对引力的思考，因为第三定律的一个例证便是物体间的引力。地球吸引着月球，同时月球也以同样大小的力吸引着地球。

万有引力

17世纪60年代末，为了躲避剑桥肆虐的瘟疫，牛顿回到伍尔索普村待了几年。当时，有人提出，太阳对物体具有一种引力，引力的

> 我还无法从现象中找到引力具有这些特性的原因，而且我也无法去臆测。
>
> ——艾萨克·牛顿

大小与两者之间的距离成反比。换句话说，如果太阳与某物体之间的距离增加一倍，两者之间的引力就变为原来的1/4。不过，当时并没有人想到，在地球这样大的物体表面，这条规则同样适用。

牛顿看到苹果从树上落下后推断，一定是地球吸引了苹果。因

为苹果总是垂直落向地面，其下落的方向是指向地心的，所以，地球和苹果之间的引力仿佛源自地心。这些想法为后来将太阳和行星当成质点奠定了基础，这样一来，距离可由两个物体的中心连线测得，从而简化了运算。牛顿认为，没有理由将苹果下落时受到的力与行星围绕太阳运转受到的力看作不同的力。因此，引力是普遍存在的。

如果把牛顿的万有引力定律用于落体运动，M_1是地球的质量，M_2是落体的质量，那么落体的质量越大，受到的向下的引力就越大。但是，牛顿第二定律告诉我们，在作用力一定的情况下，质量大的物体的加速度小于质量小的物体，所以，质量大的物体要获得相同加速度需要的作用力更大，而且在没有空气阻力等其他外力的干扰下，所有物体的下降速度是相同的。在没有空气阻力的条件下，铁锤和羽毛下落的速度相同，这一事实最终于1971年由宇航员大卫·斯科特证实。斯科特在执行阿波罗15号任务时在月球表面做了这个实验。

牛顿在《自然哲学的数学原理》一书的初稿中曾描述了一个有关行星运行轨道的思想实验。他假设一个很高的山顶上有一门大炮，它以越来越快的速度发射炮弹。炮弹发射的速度越快，射出的距离越远。如果发射速度足够大，炮弹将不会落到地面，而

牛顿的万有引力定律可以用下面的公式表示，其中万有引力的大小取决于两个物体的质量及它们之间距离的平方。

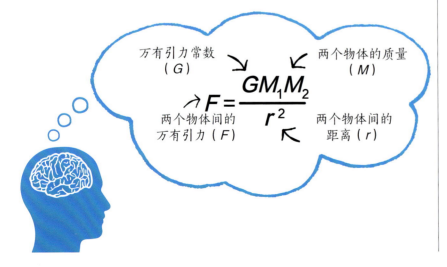

万有引力常数（G）　　两个物体的质量（M）

$$F = \frac{GM_1M_2}{r^2}$$

两个物体间的万有引力（F）　　两个物体间的距离（r）

如果炮弹的发射速度不够快，由于重力的作用，它会落到地球上（A点和B点）。如果炮弹的发射速度足够快，它会围绕地球运转（C）。

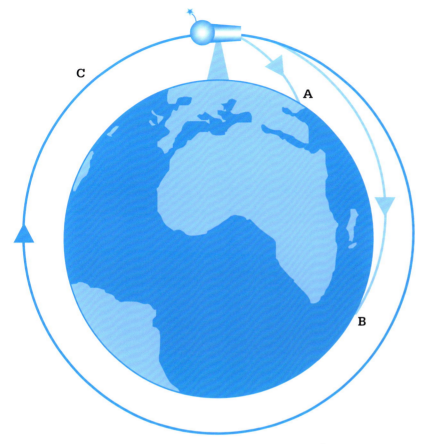

牛顿的思想实验描述了在高山上用一门大炮发射炮弹的情形。发射炮弹的力越大，炮弹射出的距离就越远，最终落在地面上。如果发射力足够大，炮弹会绕地球一周，最终回到山顶。

开普勒定律促进了太阳系中万有引力定律的发现。

——艾萨克·牛顿

决了这个问题，但是把笔记弄丢了。哈雷鼓励牛顿重做一遍，因此牛顿撰写了《物体在轨道中的运动》，这份简短的书稿于1684年被寄往英国皇家学会。在此书里，牛顿指出，开普勒提出行星沿椭圆轨道运行，其原因是太阳对万物都有引力。该引力与太阳和物体之间的距离成反比。牛顿在三卷本的《自然哲学的数学原理》一书中详细地阐述了这一理论，并加入了其他有关力和运动的研究，万有引力定律、牛顿三大定律等都涵盖其中。这部著作最初以拉丁文写成，直到1729年人们才根据此书的第三版翻译成英文。

胡克批评过牛顿的光学理论，二人因此争吵。牛顿的著作出版后，胡克大部分的行星运动研究都显得相形见绌。其实，胡克并非唯一一个提出光的波动理论的人，但他没有证明自己的理论的正确性。牛顿则证明，他的

是围绕地球飞行，最终回到山顶。同样道理，如果人造卫星以合适的速度被发射到轨道中，它将持续地围绕地球运转。因为地球的引力，卫星会不断加速。卫星之所以围绕地球运转而不会沿直线飞向太空，是因为它以恒定的速率运行，但方向时刻在变。在这种情况下，地球引力改变的仅仅是卫星运行速度的

方向，而非速率。

公之于众

1684年，罗伯特·胡克向他的朋友埃德蒙多·哈雷和克里斯托弗·列恩（Christopher Wren）夸耀，自己发现了行星运动定律。哈雷是牛顿的朋友，于是向牛顿询问此事。牛顿表示，自己已经解

牛顿定律为计算哈雷彗星等天体的轨道提供了工具，左图为巴约挂毯所描绘的1066年彗星出现的情景。

制中力的单位就是以牛顿命名的。

公式的应用

埃德蒙多·哈雷运用牛顿公式计算了1682年出现的一颗彗星的轨道，并证明这颗彗星与1531年和1607年观测到的彗星是同一颗，这颗彗星被称为"哈雷彗星"。哈雷预言，这颗彗星将于1758年回归，而预言得到证实之时他已经离世16年了。这是历史上第一次证明彗星围绕太阳运转。哈雷彗星每隔75~76年经过一次地球，这颗彗星就是1066年英格兰南部黑斯廷斯战役之前出现的那颗。

牛顿的公式还帮助天文学家发现了一颗新的行星。1781年，威廉·赫歇尔（William Herschel）观测夜空时，偶然发现了一颗行星，这就是距离太阳第七远的行星——天王星。天文学家通过进一步观测，计算出了天王星的轨道，并编制星表预测了它未来出现的位置。这些预测并非完全准确，但天文学家由此想到，天王星之外肯定还有一颗行星，它的引力影响了天王星的轨道。1845年，天文学家计算出第八颗行星在天空中的位置，并于1846年发现了海王星。

万有引力定律可以从数学角度描述行星和彗星的轨道，并且这些描述与观测结果相符。

将信将疑

牛顿的万有引力定律并没有被所有人接受。牛顿虽然提出了万有引力的"超距作用"，却未能解释背后的原因，因此他的理论被视为"神秘的"。牛顿本人并不愿意思考引力的本质，因为对他而言，自己提出了引力与距离的平方成反比的定律，该定律既然能够解释行星运动，就证明其运用的数学方法是

正确的，这就足够了。没过多久，牛顿定律就被广为接受，因为它可以解释很多现象。如今，国际单位

为什么苹果总是垂直落到地面？他内心思考着……

——威廉·斯蒂克利

理论之瑕

对于一颗沿椭圆轨道运行的

行星而言，离太阳最近的点被称为"近日点"。如果只有一颗行星围绕太阳运转，那么其轨道的近日点将保持不变。但是，太阳系的所有行星都会互相影响，因此它们的近日点会围绕太阳进动（旋进）。像所有其他行星一样，水星的近日点也会出现进动现象，但用牛顿公式却无法做出全面的解释。1859年，这一问题尚未得到解决。50多年后，爱因斯坦的广义相对论指出，引力引起了时空弯曲。以这一理论为基础的计算解释了水星轨道的进动现象，以及牛顿定律无法解释的其他观测现象。

今天的牛顿定律

牛顿定律构成了经典力学的基础，经典力学的公式可以用来计算力和运动。虽然这些公式已被爱因斯坦相对论中的公式所取代，但只要所涉速度远小于光速，这两套

> 自然与自然的法则都隐藏在黑暗之中，上帝说'让牛顿出世吧'，于是一切豁然开朗。
>
> ——亚历山大·蒲柏

定律就并不矛盾。因此，设计飞机或汽车、计算摩天大楼各组成部分的强度时，经典力学的公式不仅足够精确，而且十分简单。严格来讲，牛顿力学可能并非百分之百准确，但仍可被广泛使用。■

水星轨道的进动（转轴的运动）现象是第一个无法用牛顿定律解释的现象。

艾萨克·牛顿

艾萨克·牛顿出生于1642年的圣诞节，在格兰瑟姆上学，后进入剑桥大学的三一学院，并于1665年毕业。牛顿一生拥有很多头衔：剑桥大学的数学教授、皇家铸币厂的监管、国会议员及皇家学会会长。除了与胡克的争吵外，牛顿还因为谁先发明了微积分与德国数学家戈特弗里德·莱布尼茨发生争执。

除科学研究外，牛顿还在炼金术和释经学方面倾注了大量时间。他担任的某些职位规定，履行者必须为正式任命的牧师，但作为一位虔诚的非正统基督徒，牛顿成功地绕过了牧师的任命。

主要作品

1684年 《物体在轨道中之运动》
1687年 《自然哲学的数学原理》
1704年 《光学》

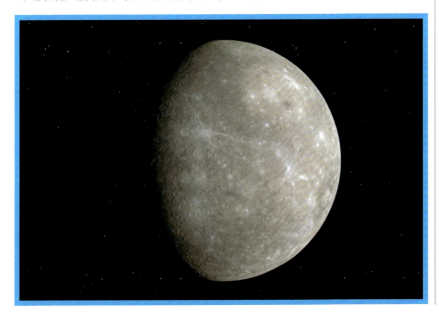

EXPANDING HORIZONS
1700–1800

开拓领域
1700年—1800年

英国牧师斯蒂芬·黑尔斯出版《植物志》，证明了**根压**的存在。

乔治·哈得来在一篇短论文中解释了**信风**的变化，但这篇论文几十年后才为人所知。

乔治–路易·勒克莱尔，即后来的**蒲丰伯爵**，出版了《自然通史》的第一卷。

亨利·卡文迪许用酸与锌反应制得氢气，即**"可燃空气"**。

1727年　　**1735**年　　**1749**年　　**1766**年

1735年　　**1738**年　　**1754**年　　**1770**年

瑞典植物学家卡尔·林奈出版《自然系统》，开启了**动植物分类**的新纪元。

丹尼尔·伯努利出版《流体动力学》，为后来的气体分子运动论奠定了基础。

约瑟夫·布莱克有关碳酸盐的博士论文是**定量化学分析**的开创性研究。

美国外交家、科学家本杰明·富兰克林绘制墨西哥湾海流图。

17世纪末，艾萨克·牛顿提出运动定律和万有引力定律，科学从此变得更为精确，数学也在其中扮演了更为重要的角色。不同领域的科学家提出了解释宇宙运行的各种基本原理，不同的科学分支也细分为更多的专业方向。

流体动力学

18世纪20年代，英国牧师斯蒂芬·黑尔斯（Stephen Hales）做了一系列植物实验，发现了根压。因为根压，树液得以在植物体内流动。黑尔斯还发明了集气槽，这种用来收集气体的实验仪器对后来确定空气成分的实验至关重要。丹尼尔·伯努利（Daniel Bernoulli）是伯努利家族中最杰出的一位数学家，他提出了伯努利原理：流体的流速越大，压强越小。伯努利利用这一原理测量了人体血压。飞机能够飞行也与此原理有关。

1754年，苏格兰化学家约瑟夫·布莱克（Joseph Black）完成了一篇优秀的博士论文，研究了石灰石分解放出气体"固定空气"（二氧化碳）的过程。他的研究引发了一系列的连锁效应，各种化学研究和发现纷纷涌现。布莱克后来还提出了潜热理论。在英国，有一位深居简出的天才，名为亨利·卡文迪许（Henry Cavendish）。他分离了氢气，并证明水中氢氧比为2∶1。约瑟夫·普里斯特利（Jo-seph　Priestley）是一位不信奉国教的牧师，他分离了氧气及其他几种新的气体。荷兰人简·英格豪斯在普里斯特利研究的基础上，解释了绿色植物在阳光下释放氧气、在黑暗中释放二氧化碳的原因。同一时期，法国的安托万·拉瓦锡证明，碳、硫、磷等元素与氧结合，会生成我们现在所称的氧化物，从而推翻了燃素说，即可燃物含有一种名为燃素的物质。不幸的是，法国大革命将拉瓦锡送上了断头台。

1793年，法国化学家约瑟夫·普鲁斯特（Joseph Proust）发现，对于某种化合物而言，各元素的比例是一定的。这是确定简单化合物分子式的重要一步。

约瑟夫·普里斯特利用阳光和放大镜加热氧化汞制得氧气，他称之为"脱燃素空气"。

内维尔·马斯基林通过测量一座山的万有引力，计算出地球的密度。

詹姆斯·赫顿发表了有关地球年龄的理论。

托马斯·马尔萨撰写了第一篇有关人口的论文，影响了后来的查尔斯·达尔文和阿尔弗雷德·拉塞尔·华莱士。

1774年　　**1774**年　　**1788**年　　**1798**年

1774年　　**1779**年　　**1793**年　　**1799**年

安托万·拉瓦锡从普利斯特利那里学习了实验方法后，自己也制出了同样的气体，并称之为"氧气"。

简·英格豪斯发现，绿色植物在阳光下会释放氧气，这就是光合作用。

克里斯蒂安·施普伦格尔在他关于授粉的书籍中描述了植物交配。

亚历山德罗·伏打发明电池。

地球科学

另一方面，人们对地球的理解也进一步加深。在美国，本杰明·富兰克林（Benjamin Franklin）通过一个危险的实验，证明闪电是一种放电现象。除此之外，他还通过观察墨西哥湾暖流证明了洋流的存在。英国律师和业余气象学家乔治·哈得来（George Hadley）发表了一篇短论文，解释了信风和地球自转的关系。内维尔·马斯基林（Nevil Maskelyne）受到牛顿定律的启发，在极其恶劣的天气下野营数个月，测量了苏格兰一座高山的万有引力，并因此计算出地球的密度。詹姆斯·赫顿（James Hutton）继承了苏格兰的一个农场后，对地质学产生兴趣。他发现，地球形成的年代比我们之前认为的更为久远。

生命科学

科学家知道地球年代极为久远的同时，新的生命起源和进化理论也开始浮现。法国著名作家、自然学家和数学家乔治-路易·勒克莱尔（Georges-Louis Leclerc），即蒲丰伯爵，迈出了进化论的第一步。德国神学家克里斯蒂安·施普伦格尔（Chirstian Sprengel）倾注一生的大部分时间研究植物和昆虫的关系。他发现，两性花会在不同的时期开出雄花和雌花。英国牧师托马斯·马尔萨斯（Thomas Malthus）将注意力转向人口学，撰写了《人口论》一书，预言人口的增长会带来灾难。马尔萨斯的悲观主义虽然目前来看没有任何根据，但是他认为，如果放任人口增长，资源会供不应求，这一观点深深地影响了查尔斯·达尔文。

18世纪末，意大利物理学家亚历山德罗·伏打发明了电池，开辟了一个新世界，加速了随后几十年的科技发展。正是因为18世纪的这些进步，威廉·休厄尔（William Whewell）提出，应该创造一个新的职业，以区别哲学家。他说："我们非常需要一个名字来称呼那些致力于科学研究的人，我倾向于称他们为科学家。"■

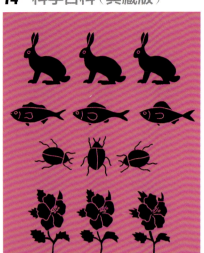

大自然不会快速向前发展
卡尔·林奈（1707—1778年）

背景介绍

科学分支
生物学

此前
约公元前320年 亚里士多德将类似的生物分为一类，不同的类别从低到高复杂程度越来越高。

1686年 约翰·雷在《植物史》一书中给生物物种下了定义。

此后
1817年 法国动物学家乔治·居维叶将林奈的分类法应用到化石和动物的研究中。

1859年 查尔斯·达尔文在《物种起源》中用进化论解释了物种起源及物种之间的关系。

1866年 德国生物学家恩斯特·黑克尔开启了种系进化的研究，即我们所说的系统发生学。

1950年 维利·亨尼希建立了支序分类学，这种新的分类系统旨在寻找进化联系。

对自然界的生物进行命名、描述，并将其清晰地分为不同层次的种类，这构成了生物学的基石。不同的组群有助于我们理解生物多样性，能够帮助科学家对比并发现种类繁多的生物。现代分类学开始于瑞典自然学家卡尔·林奈，这是一门发现生物、为其命名并进行分类的科学。林奈根据自己对动植物生理特性广泛而细致的研究，发明了第一个系统的分类方法。此外，他发明的命名方法一直沿用至今。

早期的分类方法中，最具影响力的来自古希腊哲学家亚里士多德。他在《生物志》一书中将类似的动物分为不同的属，区分每一个属中的不同物种，再将其分为11个级别。在这11个级别中，最低的是植物，最高的是人类，并且从低到高生物的结构和技能越来越复杂。

在接下来的几百年里，出现了各种各样的动植物命名和描述方法，局面颇为混乱。到了17世纪，科学家试图建立一个清晰、一致的体系。1686年，英国植物学家约翰·雷提出了动物物种的概念，并在定义中强调了动植物交配并繁衍后代的能力，这仍是当今广为接受的定义。

1735年，林奈将自己的分类法写成了一本12页的小册子。到1778年，这本小册子已变为一部多

界
动物界
门
脊索动物门
纲
哺乳纲
目
食肉目
科
猫科
属
豹属

种
虎

林奈发明的体系根据生物的共同特性对其进行分类。老虎是猫科动物，猫科属于食肉目，而食肉目又属于哺乳纲。

参见: 简·施旺麦丹 53页, 约翰·雷 60~61页, 让-巴普蒂斯特·拉马克 118页, 查尔斯·达尔文 142~149页。

卷本的著作, 出版至第12版。林奈还根据生物共同的生理特性从原来"属"的概念发展为层次清晰的分类谱系。谱系的最上方是三界: 动物界、植物界和矿物界。界下面依次是门、纲、目、科、属、种。另外, 他还将物种名称统一成两个单词的拉丁文名称, 一个是属名, 一个是种加词, 比如Homo sapiens (智人) 是由Homo (属名) 和sapiens (种加词) 两部分组成的。林奈是第一个将人类定义为动物的人。

```
┌─────────────────────┐        ┌─────────────────────┐
│  林奈的分类方法将类似的  │        │  支序分类学将拥有共同   │
│     生物归为一类。      │        │   祖先的生物归为一类。   │
└─────────────────────┘        └─────────────────────┘
           │                              │
           ▼                              ▼
┌─────────────────────┐        ┌─────────────────────┐
│  林奈认为, 不同级别的   │        │  不同级别的生命是随    │
│   生命源自上帝的创造。   │        │    时间进化的结果。     │
└─────────────────────┘        └─────────────────────┘
           │                              │
           ▼                              ▼
┌─────────────────────┐        ┌─────────────────────┐
│  大自然不会快速向前发展。 │        │   用DNA确定进化关系。   │
└─────────────────────┘        └─────────────────────┘
```

上帝的创造

　　林奈认为, 生物可以分为不同种类, 这表明"大自然不会向前快速发展", 而是按照上帝的创造而存在。他遍访欧洲, 寻找新的物种, 最终收获了累累硕果。他的分类体系为查尔斯·达尔文的研究铺平了道路。达尔文发现了"自然层级"的进化意义, 同一属或科的所有物种都源自共同的祖先, 或沿袭相同的血统, 或发生了变异。在达尔文之后一百年, 德国生物学家维利·亨尼希发明了"支序分类学"。为了反映物种间的进化关联, 他将生物分为不同的"分支"。每一个分支的生物具有一个或多个共同的独特特征, 这些特征是它们从最近的共同祖先那里遗传来的, 而更远的祖先并没有这些特征。支序分类学一直沿用至今, 但因为新证据的发现 (往往是遗传证据), 物种会被重新归为其他分支。■

卡尔·林奈

　　1707年, 卡尔·林奈出生于瑞典南部的一个乡村, 后在隆德大学和乌普萨拉大学学习医学和植物学, 于1735年在荷兰取得医学学位。同年晚些时候他出版了12页的小册子, 名为《自然系统》, 其中描述了一种生物分类体系。几番游历欧洲之后, 林奈于1738年回到瑞典, 开始行医, 后来被任命为乌普萨拉大学医学和植物学教授。他的学生到全球各地收集植物, 其中最著名的是丹尼尔·索兰德 (Deniel Solander)。在大量样本研究的基础上, 林奈将原来的《自然系统》扩展为一部多卷本著作, 共1000多页, 内含6000多种植物和4000多种动物, 出版至第12版。1778年, 林奈与世长辞, 成为欧洲备受赞誉的科学家。

主要作品

1753年 《植物种志》

1778年 《自然系统》(第12版)

水汽化吸收的热量并没有消失

约瑟夫·布莱克（1728—1799年）

背景介绍

科学分支
化学和物理学

此前
1661年 罗伯特·玻意耳第一次成功分离气体。

18世纪50年代 约瑟夫·布莱克称量了化学反应前后物质的质量，发现二氧化碳，并创造了定量化学分析法。

此后
1766年 亨利·卡文迪许分离出氢气。

1774年 约瑟夫·普里斯特利分离出氧气和其他气体。

1798年 英籍美国人本杰明·汤普森提出，热是由分子运动产生的。

1845年 詹姆斯·焦耳研究了动能如何转化为热能，测定了热和机械能之间的当量关系，提出机械能会转化为等量的热能。

加热会使水温上升。

当水沸腾后，水温不再上升。

要想将液体变为蒸汽，需要不断加热。潜热会使蒸汽具有可怕的烫伤能力。

水汽化吸收的热量并没有消失。

约瑟夫·布莱克是格拉斯哥大学的医学教授，后移居爱丁堡，同时开授化学课。虽然他是一位知名的研究型科学家，却很少正式发表研究成果。他一般会在讲课时宣读这些成果，所以他的学生接触的都是最前沿的科学。

布莱克有几位来自苏格兰的学生，家中开着威士忌蒸馏厂，所以很关心工厂的成本问题。他们问布莱克：为什么蒸馏威士忌这么昂贵呢？工人们不就是将酒煮沸，然后冷却蒸汽吗？

沸腾的灵感

1761年，布莱克开始研究液体加热后会有什么反应。他发现，如果将一锅水放在火炉上加热，水温会稳步上升，直到100℃（212°F）。这时，水开始沸腾，

参见： 罗伯特·玻意耳 46~49页，约瑟夫·普里斯特利 82~83页，安托万·拉瓦锡 84页，约翰·道尔顿 112~113页，詹姆斯·焦耳 138页。

即使继续加热，温度也保持不变。布莱克意识到，加热才能使水变为蒸汽，用现在的话说，水分子需要加热才能有足够的能量挣脱水中其他水分子的束缚。这部分热量并没有改变温度，似乎凭空消失了，所以布莱克称之为潜热，更确切地说是水汽化潜热。这一发现标志着热力学的开端，这门科学研究热能、热能与其他能量的关系，以及热能转化为动能同时对外做机械功的过程。

通常来说，水的潜热很大，也就是说液态水沸腾很长时间后才会全部变为水蒸气。因此，蒸汽才会很快将蔬菜蒸熟，才具有可怕的烫伤能力，才可用于供暖。

冰的融化

正如水变为蒸汽需要吸热，冰化为水也是一样。冰的融化潜热是冰可以冰镇饮料的原因。把冰放到饮料中，因为冰融化会从饮料中吸收热量，所以它可以起到冰镇饮料的效果。

虽然布莱克并不能帮助酿酒工厂节省成本，但还是将其中的道理告诉了他们。此外，他还告诉了自己的同行詹姆斯·瓦特（James Watt）。瓦特当时正在思考蒸汽机的效率为什么如此之低。后来，瓦特想到可以设计一个分离冷凝器，只压缩蒸汽而无须冷却活塞和气缸。这一发明大大地提高了蒸汽机的效率，瓦特也因此变得十分富有。■

下图中，布莱克正在拜访工程师詹姆斯·瓦特。瓦特在他位于格拉斯哥的工作室中演示他的蒸汽设备。

约瑟夫·布莱克

约瑟夫·布莱克出生于法国波尔多市，在格拉斯哥大学和爱丁堡大学学医期间，曾在老师的实验室中做化学实验。1754年，布莱克完成博士论文。文中指出，在白垩（碳酸钙）煅烧变成生石灰（氧化钙）的过程中，并没有像人们普遍认为的那样获得燃素，而是质量减轻。布莱克意识到，该反应过程中并没有生成任何液体或固体，所以一定是释放出了某种气体。布莱克称之为"固定空气"，因为这种气体之前被固定在白垩之中。他还指出，我们呼出的气体中也含有这种固定空气（也就是我们现在所说的二氧化碳）。

布莱克于1756年开始在格拉斯哥担任医学教授，并开启里程碑式的热学研究。虽然他并没有发表自己的研究结果，却将之在学生中传阅。1766年，布莱克迁至爱丁堡后，将工作重心从研究转为教学。当时工业革命迅速发展，布莱克还为苏格兰工农业领域的化学创新提供咨询。

可燃气体
亨利·卡文迪许（1731—1810年）

背景介绍

科学分支
化学

此前

1661年 罗伯特·玻意耳确定了元素的定义，为现代化学奠定了基础。

1754年 约瑟夫·布莱克分离出一种气体，即二氧化碳，当时他称之为"固定空气"。

此后

1772—1775年 约瑟夫·普里斯特利和瑞典的卡尔·谢勒分别分离出氧气，后来安托万·拉瓦锡将这种气体正式命名为氧气。普里斯特利还发现了一氧化氮、氯化氢，并做了吸入氧气和制作苏打水的实验。

1799年 汉弗莱·戴维提出，一氧化二氮可以用作手术中的麻醉剂。

1844年 美国牙医霍勒斯·威尔士首次将一氧化二氮用作麻醉剂。

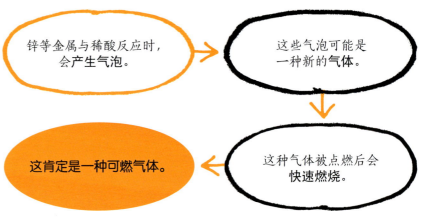

锌等金属与稀酸反应时，会产生气泡。

这些气泡可能是一种新的气体。

这种气体被点燃后会**快速燃烧**。

这肯定是一种可燃气体。

1754年，约瑟夫·布莱克描述了一种"固定空气"，即我们现在所说的二氧化碳。他不仅是第一个分离气体的科学家，还证明了多种气体的存在。

12年后，英国科学家亨利·卡文迪许向英国皇家学会汇报：锌、铁和锡"与酸反应会生成气体"。因为这种气体与普通气体或"固定空气"不同，容易燃烧，所以他称其为"可燃气体"，也就是我们现在所说的氢气（ H_2 ）。这是人们确定的第二种气体。卡文迪许收集了部分气体样本，开始测

量气体的重量。他首先让锌和酸反应，同时用气袋收集气体，然后称量气袋充满和放空的质量。在气袋容积已知的情况下，他可以计算出这种气体的密度。卡文迪许发现，这种可燃气体的密度是普通空气的1/12。

正是因为低密度气体的发现，人们得以制作比空气轻的航天气球。1783年，法国发明家雅克·查理（Jacques Charles）发明了第一个氢气球。两周后，蒙戈尔菲耶兄弟乘坐热气球进行了世界上第一次载人空中航行。

参见: 恩培多克勒 21页, 罗伯特·玻意耳 46~49页, 约瑟夫·布莱克 76~77页, 约瑟夫·普里斯特利 82~83页, 安托万·拉瓦锡 84页, 汉弗莱·戴维 114页。

> 从这些实验中似乎可以看出，这种气体与其他易燃物一样，在没有普通空气的环境中是不会燃烧的。
>
> ——亨利·卡文迪许

气体的爆炸

卡文迪许在瓶子中混合一定量的氢气与空气，打开瓶盖后，用烧着的纸点燃混合气体。他发现，当空气与氢气的体积比为9:1时，燃烧缓慢，较为安静。如果增加氢气的体积，混合物爆炸的力度会越来越强。但是，如果是100%的纯氢气，则无法被点燃。卡文迪许当时仍受到炼金术中陈腐思想的束缚。这种思想认为，物质燃烧时会释放出像火一样的元素（燃素）。尽管如此，卡文迪许在实验和报告中却十分严谨："423体积的可燃气体足以与1000体积的普通空气化合，爆炸后剩余的空气是所使用空气体积的4/5多一点。我们可以得出……全部可燃气体与大约1/5的普通空气反应，会凝结成水滴，挂在玻璃上。"

水的组成

虽然卡文迪许使用了"phlo-gisticate"（意为与燃素化合）一词，却证明新生成的唯一物质是水，并推论出可燃气体与氧气会以2:1的体积化合。换句话说，他指出了水的组成应该是H_2O。虽然他将研究结果报告给了约瑟夫·普里斯特利，却缺乏信心，未将结果发表。后来他的朋友苏格兰工程师詹姆斯·瓦特在1783年首次公布这一化学式。

卡文迪许对科学做出了诸多贡献，他还计算出空气是由"1体积的脱燃素空气（氧气）和4体积的燃素空气（氮气）混合"组成的。我们现在知道，这两种气体在地球大气中的含量高达99%。■

在卡文迪许的启发下，第一个氢气球问世，人们观看时欢呼雀跃。因为氢气很容易发生爆炸，我们现在一般用氦气代替氢气。

亨利·卡文迪许是18世纪最古怪、最杰出的化学家和物理学家。1731年，卡文迪许在法国尼斯出生，他的祖父和外祖父都是公爵，所以家里十分富有。在剑桥大学求学数年后，卡文迪许搬到自己在伦敦的住所，独自工作生活。他少言寡语，在女士面前十分羞涩。据说，他一般会留下字条告诉仆人自己要吃什么。

40多年来，卡文迪许一直坚持参加英国皇家学会的会议，还在皇家研究院给汉弗莱·戴维提供帮助。卡文迪许在化学和电学领域进行了很多重要的原创性研究，精确地描述了热的本质。或者正如人们所说的，他是称量地球的第一人。1810年，卡文迪许与世长辞。1874年，剑桥大学用他的名字命名了新的物理实验室。

主要作品

1766年 《三篇文章：包含对人工空气的实验》

1784年 《关于空气的实验》（英国皇家学会《哲学学报》）

赤道附近风向偏东

乔治·哈得来（1685—1768年）

背景介绍

科学分支
气象学

此前

1616年 伽利略·伽利雷指出，信风是地球自转的证据。

1686年 埃德蒙多·哈雷指出，太阳东升西落，释放的热量使空气上升，形成东风。

此后

1793年 约翰·道尔顿出版了《气象观察与随笔》，以支持乔治·哈得来的理论。

1835年 古斯塔夫·科里奥利在乔治·哈得来理论的基础上，描述了使风向发生偏转的"复合离心力"。

1856年 美国气象学家威廉·费雷尔指出，中纬度（30°～60°）地区的空气向低气压地区流动，盛行西风，形成了一个环流圈。

1700 年，人们已经知道，赤道与北纬30°之间常年吹来自东北方向的地面风，即"信风"。伽利略曾指出，因为地球自西向东转，赤道地区的空气流动速度更快，所以风向偏东。后来，英国天文学家埃德蒙多·哈雷发现，赤道附近受太阳辐射热量最多，空气受热上升，流向高纬度地带，形成风。

1735年，英国物理学家乔治·哈得来发表了信风理论。他也认同太阳的热量使空气上升，但是上升的空气在赤道附近只能形成北风和南风，而不是东风。因为空气随地球自西向东流动，空气从北纬30°吹向赤道时，动量方向朝东。但是，赤道转动的速度快于高纬度地区，所以地表转动的速度快于空气的速度，并且在越接近赤道的地方，风就越像是从东面刮来的。

哈得来的理论对正确理解风的类型又近了一步，但仍有错误。其实，风向发生变化的关键在于风的角动量（使之转动的动量），而非线动量（直线中的动量）。■

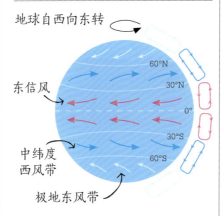

热空气上升、冷却，并流向极地环流圈（灰色）、费雷尔环流圈（蓝色）和哈得来环流圈（粉色）。在环流圈和地球自转的作用下，形成了不同类型的风。

参见：伽利略·伽利雷 42~43页，约翰·道尔顿 112~113页，古斯塔夫·科里奥利 126页，罗伯特·菲茨罗伊 150~155页。

佛罗里达湾
强大的洋流

本杰明·富兰克林（1706—1790年）

背景介绍

科学分支

海洋学

此前

约公元前2000年 波利尼西亚航海者利用洋流往返于太平洋岛屿之间。

1513年 胡安·庞塞·德莱昂首次描述了大西洋湾流的强大威力。

此后

1847年 美国海军军官马修·莫里研究了大量航海图和航海日志，并绘制出风浪图。

1881年 摩纳哥王子阿尔伯特一世发现，湾流是一个环流，分为两支，北分支流往不列颠群岛，南分支流往西班牙和非洲。

1942年 挪威海洋学家哈拉尔德·斯韦德鲁普（Harald Sverdrup）提出海洋总环流理论。

向东流经北大西洋的墨西哥湾暖流是世界大洋中最强大的暖流。在盛行的西风影响下，墨西哥湾暖流向东流，成为大环流的一部分，然后再次经过大西洋到达加勒比海。1513年，人们就知道了这条湾流。当时，西班牙探险家胡安·庞塞·德莱昂（Juan Ponce de León）发现，虽然风向南吹，但是他的船却行驶到了佛罗里达海岸的北部。但是直到1770年，美国政治家、科学家本杰明·富兰克林才正确地绘制了墨西哥湾流图。

当地的优势

作为英属北美殖民地邮局副局长，富兰克林很好奇，为什么英国邮船要比美国商船穿过大西洋的时间慢两周。当时，富兰克林已经因为避雷针的发明闻名遐迩。他咨询了楠塔基特岛的捕鲸船船长蒂莫西·福尔杰。福尔杰解释说，美国

1770年，富兰克林的墨西哥湾流图在英国发表，但是英国船长数年后才学会利用墨西哥湾流来减少航行时间。

船长知道那条从西向东的洋流。他们会根据鲸鱼的迁徙、海水温度和颜色的变化及海浪的速度，辨认出洋流的位置，然后避开它。但是，英国的游船向西航行，一路上都在逆行。

在福尔杰的帮助下，富兰克林绘制了这条洋流的路线：从墨西哥湾沿美国东海岸行至加拿大纽芬兰省，再向东横越大西洋。富兰克林将此洋流命名为墨西哥湾流。■

参见：乔治·哈得来 80页，古斯塔夫·科里奥利 126页，罗伯特·菲茨罗伊 150~155页。

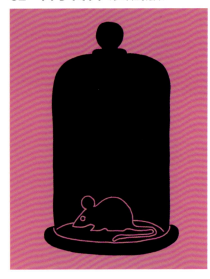

脱燃素空气
约瑟夫·普里斯特利（1733—1804年）

背景介绍

科学分支
化学

此前

1754年 约瑟夫·布莱克首次分离出一种气体"二氧化碳"。

1766年 亨利·卡文迪许制得氢气。

1772年 卡尔·谢勒早于普里斯特利两年分离出第三种气体"氧气"，但直到1777年才将研究结果发表。

此后

1774年 普里斯特利在巴黎将自己的方法演示给安托万·拉瓦锡。拉瓦锡随后制得新的气体（氧气），并于1775年5月发表了研究结果。

1779年 拉瓦锡将这种气体命名为"氧气"。

1783年 日内瓦的史威士公司开始生产普里斯特利发明的苏打水。

1877年 瑞士化学家拉乌尔·皮克泰制出液态氧，后被用作火箭燃料，并用于工业和医学领域。

在约瑟夫·布莱克率先发现"固定空气"二氧化碳之后，英国牧师约瑟夫·普里斯特利燃起了研究各种气体的兴趣。他发现了多种气体，其中最著名的当属氧气。

普里斯特利在英国利兹市当牧师时，曾参观过住所附近的啤酒厂。当时人们已经知道，啤酒桶上方的那层空气是固定空气。普里斯特利把蜡烛逐渐放低，他发现，到酒桶泡沫上方30厘米处时，蜡烛就会熄灭，这时蜡烛进入了固定空气。蜡烛的烟在固定气体层上方漂浮，两种气体之间的边界显而易见。普里斯特利还发现，飘浮在酒桶旁边的固定空气会落向地面，因为它的密度比普通空气大。普里斯特利在实验中将固定空气溶解于冷水中，在容器中晃动，并从一个容器倒入另一个容器。他发现，由此得到的液体喝起来十分清爽，后来

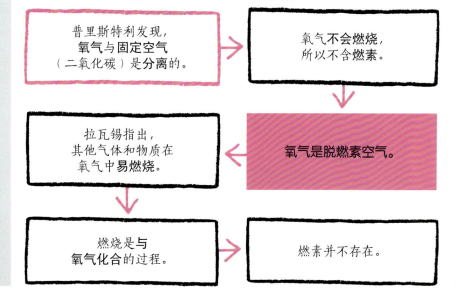

普里斯特利发现，氧气与固定空气（二氧化碳）是分离的。 → 氧气不会燃烧，所以不含燃素。

↓

拉瓦锡指出，其他气体和物质在氧气中易燃烧。 ← 氧气是脱燃素空气。

↓

燃烧是与氧气化合的过程。 → 燃素并不存在。

参见：约瑟夫·布莱克 76~77页，亨利·卡文迪许 78~79页，安托万·拉瓦锡 84页，约翰·道尔顿 112~113页，汉弗莱·戴维 114页。

流行的苏打水便源于此。

释放氧气

1774年8月1日，普里斯特利把氧化汞放在密封的玻璃烧瓶中，用放大镜将阳光聚焦在烧瓶上，第一次成功分离出一种气体，即我们所说的氧气（O_2）。普里斯特利后来发现，老鼠在这种新的气体中比在普通气体中存活的时间长；吸入这种气体比普通空气更令人神清气爽；将不同的物质当作燃料燃烧时，这种气体会起到助燃的作用。普里斯特利还证明，植物在阳光下会产生这种气体，这就是我们所说的光合作用的第一步。当时，人们认为燃烧就是燃料释放神秘物质"燃素"的过程。因为这种新的气体本身无法燃烧，所以肯定不含燃素，所以普里斯特利称之为"脱燃素空气"。

同一时期，普里斯特利还分离出其他几种气体，但随后就去欧洲旅行，直到第二年末才将实验结果发表。瑞典化学家卡尔·谢勒制得氧气的时间比普里斯特利早两

> 在我所发现的所有气体中，最好的那种吸起来要比普通空气舒服五六倍。
>
> ——约瑟夫·普里斯特利

年，但直到1777年才将结果发表。安托万·拉瓦锡在巴黎听说了谢勒的实验，普里斯特利还给他做了演示，所以他也很快制得氧气。他的燃烧和呼吸实验证明，燃烧是与氧气化合的过程，而不是释放燃素的过程。在呼吸过程中，空气中的氧气被吸入，与葡萄糖反应生成二氧化碳、水和能量。拉瓦锡发现，这种新气体与硫、磷和氮等物质反应时会生成酸，所以他将其命名为"氧气"，就是"成酸元素"的意思。

拉瓦锡的研究使很多科学家放弃了燃素说，但普里斯特利虽是一位伟大的实验家，却坚持用燃素理论解释自己的发现，因此他几乎没有对化学界做出更多的贡献。■

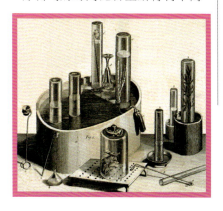

普里斯特利在自己的书中展示了自己做气体实验所使用的装置。左图最前方的广口瓶中装有一只老鼠，里面充满了氧气；右边的试管中有一株植物在释放氧气。

约瑟夫·普里斯特利

约瑟夫·普里斯特利出生于英国约克郡的一个农场，从小就是个不信奉英国国教的基督徒，一生都拥有强烈的宗教和政治热情。

18世纪70年代初，普里斯特利住在利兹的时候，对气体产生了兴趣。他最杰出的研究都是在搬到威尔特郡给谢尔本勋爵做图书管理员时完成的。那时，他有足够的时间进行研究。后来，因为政治观点过于偏激，他与勋爵发生争执，并于1780年搬至伯明翰。他在这里加入了月光社。这是一个由自由思想家、工程师和工业家组成的团体，虽然并不正式，但颇具影响力。

普里斯特利因为支持法国大革命而受人排斥。1791年，他的房子和实验室被烧毁，他不得不搬到伦敦，后来又逃奔美国。

主要作品

1767年 《电学的历史与现状》

1774—1777年 《各种空气的实验和观察》

自然界中，物质不会凭空产生或消失，而会相互转化

安托万·拉瓦锡（1743—1794年）

背景介绍

科学分支
化学

此前

1667年 德国炼金术士约翰·约阿希姆·贝歇尔提出，一切可燃物都含有一种火元素。

1703年 德国化学家格奥尔格·施塔尔将这种物质重新命名为"燃素"。

1772年 瑞典物理学家卡尔·谢勒发现"火气"（氧气），但直到1777年才将研究结果发表。

1774年 约瑟夫·普里斯特利分离出"脱燃素空气"（氧气），并将实验结果告诉了拉瓦锡。

此后

1783年 拉瓦锡通过氢气、氧气和水的实验，确定了自己的燃烧学说。

1789年 拉瓦锡在《化学基本论述》一书中列出了33种元素。

法国化学家安托万·拉瓦锡命名了氧气，并且量化了燃烧过程中消耗的氧气，使科学的精确度又上了一个台阶。他通过物质燃烧实验，仔细测量了化学反应中的质量，提出了质量守恒定律——在化学反应中，参加反应的各物质的质量总和等于反应后生成的各物质的质量总和。

拉瓦锡在密封的容器内加热不同的物质，发现金属受热时增加的质量与空气减少的质量相等。他还发现，当空气中"纯净"的成分（氧气）耗尽时，燃烧就会停止，剩下的空气（主要是氮气）不支持燃烧。拉瓦锡因此意识到，燃烧是热量、燃料（燃烧的物质）和氧气化合的过程。

1778年，拉瓦锡发表了自己的研究结果，其中不仅证明了质量守恒定律，还确定了氧气在燃烧过程中的作用，从而推翻了燃素说。

在拉瓦锡之前的一个世纪里，科学家一直认为可燃物含有燃素，燃烧就是释放燃素的过程。这个理论可以解释木头等物质燃烧时为何质量会减轻，却无法说明镁等其他物质燃烧时为何质量会增加。拉瓦锡的精确实验证明，氧气才是关键所在，燃烧过程中什么也没有增加，什么也没有减少，只是物质在相互转化罢了。■

在我看来，自然界就是一个巨大的化学实验室，其中发生着各种化合和分解反应。

——安托万·拉瓦锡

参见：约瑟夫·布莱克 76~77页，亨利·卡文迪许 78~79页，约瑟夫·普里斯特利 82~83页，扬·英根豪斯 85页，约翰·道尔顿 112~113页。

植物的重量来自空气

扬·英根豪斯（1730—1799年）

背景介绍

科学分支
生物学

此前
17世纪40年代 比利时化学家海尔蒙特指出，盆栽树会从土壤中吸收水分，使自身重量增加。

1699年 英国自然学家约翰·伍德沃德指出，植物既吸收水分，也释放水分，所以它们重量的增加一定源于另一种物质。

1754年 瑞士自然学家查尔斯·邦尼特发现，将植物的树叶浸在水中，光照后水中会有气泡产生。

此后
1796年 瑞士植物学家谢伯尼指出，释放氧气并吸收二氧化碳的是植物中的绿色成分。

1882年 德国科学家泰奥多尔·恩格尔曼明确指出，叶绿体是植物细胞中产生氧气的细胞器。

早期的科学家发现，植物会增加重量。18世纪70年代，荷兰科学家扬·英根豪斯开始研究这一现象。搬到英国后，英根豪斯开始在国家别墅做研究。1774年，约瑟夫·普里斯特利曾在这里分离出氧气，而英根豪斯也将在这里找到光合作用的根源：阳光和氧气。

会冒泡的水草

英根豪斯知道植物在水中会产生气泡，但是并不清楚气泡的组成和来源。经过一系列实验，英根豪斯发现，阳光照耀下的树叶会比在黑暗中的树叶释放出更多的气泡。他收集了在阳光下产生的气体，发现这种气体可以将带火星的木条复燃（这是氧气），而植物在黑暗中产生的气体会将火焰熄灭（这是二氧化碳）。

英根豪斯发现植物增加重量的同时所吸取养分的土壤的重量几

水池草在晚上会产生气泡，这说明植物会进行呼吸作用，即吸收氧气，将葡萄糖转化为能量，同时释放二氧化碳。

乎不变。1779年，英根豪斯正确推论出，与大气进行气体交换，尤其吸入二氧化碳，是植物的有机物质不断增多的来源之一。

我们现在知道，植物通过光合作用为自己提供能量，把二氧化碳和水转化成葡萄糖，同时释放氧气，所以植物既能提供氧气，也能作为食物为其他生物提供能量。与光合作用相对的是呼吸作用，即植物昼夜不停地分解葡萄糖为自己提供能量，同时释放二氧化碳。■

参见：约瑟夫·布莱克 76~77页，亨利·卡文迪许 78~79页，约瑟夫·普里斯特利 82~83页，约瑟夫·傅里叶 122~123页。

新行星的发现

威廉·赫歇尔（1738—1822年）

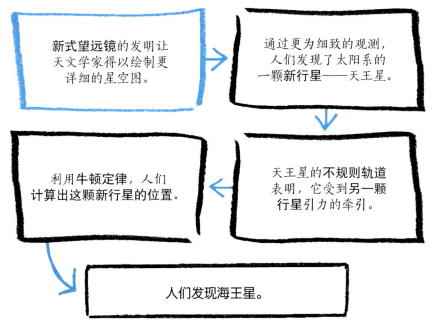

新式望远镜的发明让天文学家得以绘制更详细的星空图。

通过更为细致的观测，人们发现了太阳系的一颗新行星——天王星。

天王星的不规则轨道表明，它受到另一颗行星引力的牵引。

利用牛顿定律，人们计算出这颗新行星的位置。

人们发现海王星。

1781年，德国科学家威廉·赫歇尔发现了来自远古的一颗新行星，但他最初认为这是一颗彗星。他在这颗行星的基础上，用牛顿定律加以预测，发现了另外一颗行星。

到18世纪末，天文仪器的发展十分迅速，尤其是反射望远镜的发明。这种望远镜使用平面镜而非透镜聚集光线，避免了当时透镜的很多问题。这是天文观测的第一个鼎盛时期，天文学家搜寻天空，发现了大量"非恒星"天体，包括星团和星云等，它们看似一团无规则的气体或密密麻麻的光球。

在妹妹卡罗琳的帮助下，赫歇尔将天空系统地分为四部分，记录了各种不同寻常的现象，比如大

参见: 奥勒·罗默 58~59页, 艾萨克·牛顿 62~69页, 内维尔·马斯基林 102~103页, 杰弗里·马西 327页。

18世纪80年代，赫歇尔制造了一架镜筒长达12米的望远镜，主镜口径为1.2米，焦距为12米。这是当时世界上最大的天文望远镜，半个世纪内未被超越。

量的双星和聚星。他其至试图根据自己在不同方向记录的星体数量绘制一张银河系的星图。

1781年3月13日，赫歇尔观察双子星座时，发现了一个模糊的绿色圆盘，他怀疑这是一颗彗星。几天后，他再次观察这颗星时，发现它的位置发生了变化，所以他确定这不是一颗恒星。内维尔·马斯基林通过观察发现，这颗新星运行速度远低于彗星，很可能是遥远轨道上的一颗行星。出生于瑞典的俄国天文学家安德斯·约翰·莱克塞尔和德国天文学家约翰·埃勒特·波得分别计算出这颗星的轨道，确定这是一颗行星，比土星的距离还要远大约1倍。土星是用古希腊神话的农神命名的，波得建议用农神父亲"天神"的名字命名这颗新星，也就是我们现在所说的天王星。

不规则轨道

1821年，法国天文学家亚历克西斯·布瓦尔发表了详细的星表，其中描述了他根据牛顿定律计算出的天王星轨道。但是，他很快发现自己的实际观测结果与星表的预测存在很大的差异。天王星轨道的不规则性表明，它受到了另外一颗星的引力作用，这颗星就是更远的太阳系第八大行星。

到1845年，法国天文学家勒威耶和英国科学家约翰·库奇·亚当斯分别利用布瓦尔的数据计算出太阳系第八大行星的位置。1846年9月23日，望远镜对准了预测地点，人们如期地看到海王星，其位置与勒威耶的预测仅差1°。海王星的发现不仅证实了布瓦尔的理论，还成为牛顿定律具有普适性的有力证据。■

我在寻找那颗彗星或云星，发现它是一颗行星，因为它的位置发生了变化。

——威廉·赫歇尔

威廉·赫歇尔

威廉·赫歇尔出生在德国汉诺威市，19岁时移居英国，开始自己的音乐生涯。他对和声和数学的研究激发了他对光学和天文学的兴趣。他开始研制望远镜。

赫歇尔发现天王星后，又发现了土星的两颗卫星及天王星最大的两颗卫星。他还证明，太阳系在银河系中也是运动着的。1800年，赫歇尔研究太阳时发现了一种新的辐射形式。赫歇尔做了一个实验，他用棱镜和温度计测量太阳光不同颜色的温度，结果发现可见红光的外侧区域温度持续上升。他因此得出结论：太阳发射出一种不可见的光，他称之为"热射线"，也就是我们现在所说的红外线。

主要作品

1781年 《彗星的发现》
1786年 《一千个星云和星团表》

光速变慢

约翰·米歇尔（1724—1793年）

背景介绍

科学分支
宇宙学

此前

1686年 艾萨克·牛顿提出万有引力定律，指出物体之间的万有引力与它们的质量成正比。

此后

1796年 皮埃尔-西蒙·拉普拉斯从理论上说明了黑洞存在的可能性。

1915年 阿尔伯特·爱因斯坦提出，引力是一个弯曲的时空，无质量的可见光子会受到引力的影响。

1916年 卡尔·史瓦西提出"事件视界"的概念。事件视界是黑洞最外层的边界。对于黑洞中的任何信息，外界无从而知。

1974年 史蒂芬·霍金预言，根据量子效应理论，事件视界内会发出红外辐射。

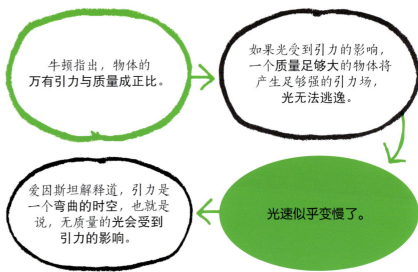

1783 年，英国博学家约翰·米歇尔（John Michell）给英国皇家学会的亨利·卡文迪许写了一封信，信中写明了他对引力作用的看法。20世纪70年代，人们再次找到了这封信，发现他在其中对黑洞做出了惊人的描述。牛顿的万有引力定律表示，质量越大，物体的引力越大。米歇尔思考：如果光受到引力的作用会出现什么情况呢？他在信中写道：

"如果有一个天体的密度和太阳一样，半径是太阳的500倍，那么一个落体从无限高处落向这个天体，到达其表面时的速度会超过光速。所以，假设光受到这种力的吸引……这个落体发出的光将会返回到落体上。"1796年，法国数学家皮埃尔-西蒙·拉普拉斯（Pierre-Simon Laplace）在《宇宙体系论》中提出了类似的观点。

不过，黑洞的概念再无人提

参见：亨利·卡文迪许 78~79页，艾萨克·牛顿 62~69页，阿尔伯特·爱因斯坦 214~221页，苏布拉马尼扬·钱德拉塞卡 248页，斯蒂芬·霍金 314页。

物质在黑洞周围旋转，形成一个环形的吸积盘，而后被吸入黑洞。吸积盘中的热量会使黑洞释放能量，就像窄束X射线一样。

黑洞并非真的很黑。

——史蒂芬·霍金

及，直到1915年阿尔伯特·爱因斯坦发表广义相对论的文章时才再次浮出水面。广义相对论指出，引力是时空发生弯曲的结果。爱因斯坦解释了物质如何使周围的时空发生弯曲，在史瓦西半径或事件视界形成黑洞。包括光在内的任何物质都可以进入黑洞，但无法逃脱。在这种情况下，光速不变，发生变化的是光所穿过的空间。虽然如此，米歇尔的猜想此时也有了理论支持，至少看起来光速变慢了。

从理论到现实

　　爱因斯坦自己也怀疑黑洞是否真实存在。直到20世纪60年代，随着证明黑洞存在的间接证据不断增多，这一概念才被广泛接受。现在，大多数宇宙学家认为，黑洞是质量足够大的恒星发生引力坍缩产生的，黑洞通过不断吸收物质而逐渐增大，并且每一个星系的中央都有一个黑洞。物质可以进入黑洞，却无法逃脱，而只会辐射微弱的红外线。该理论是物理学家史蒂芬·霍金（Stephen Hawking）提出的，所以被称为霍金辐射。如果

宇航员掉进黑洞，他在接近视界的过程中不会有什么特别的感觉，也不会看到什么特别的事情。但是，如果他将一个时钟扔向黑洞，时钟看起来速度会变慢，它只会不断接近视界，却永远无法到达，然后慢慢地从我们的视线中消失。

　　这一理论仍然存在问题。2012年，物理学家约瑟夫·波尔钦斯基指出，按照量子效应，事件视界会形成一道火墙，掉进去的宇航员会被烧焦。2014年，霍金改变了想法，认为黑洞根本不存在。■

约翰·米歇尔

　　约翰·米歇尔是一位名副其实的博学家。1760年，他成为剑桥大学的地质学教授，同时教授算数、几何学、神学、哲学、希伯来语和希腊语。1767年，他退休成为一名牧师，并投身于科学研究。

　　米歇尔思考恒星的性质，研究地震和磁力，发明测量地球密度的新方法。他制作了"测量地球重量"的装置——一个精致的扭秤。他于1793年去世，未能亲自使用这个装置。他把装置留给了他的朋友亨利·卡文迪许，后者于1798年完成实验，测量结果与现在的数据十分接近。该实验被称为"卡文迪许扭秤实验"，实际上很大一部分功劳应归于米歇尔。

主要作品

1767年　《探讨恒星的可能视差和星等》

流动的电荷

亚历山德罗·伏打（1745—1827年）

背景介绍

科学分支
物理学

此前

1754年 本杰明·富兰克林在其著名的风筝实验中证明，闪电是一种自然的放电现象。

1767年 约瑟夫·普里斯特利出版著作，综合地阐述了静电。

1780年 路易吉·伽伐尼通过青蛙腿的实验发现了"动物电"。

此后

1800年 英国化学家威廉·尼科尔森和安东尼·卡莱尔用伏打电堆将水分解为氢和氧两种元素。

1807年 汉弗莱·戴维用电分离出钾和钠。

1820年 汉斯·克里斯蒂安·奥斯特揭示了电与磁之间的关系。

左图为路易吉·伽伐尼的画像。图中，伽伐尼正在做著名的青蛙腿实验。他认为，动物体内存在着某种电，他称之为"动物电"。

百年来，哲学家一直惊讶于闪电的巨大力量，也很好奇为什么用丝绸摩擦琥珀等固体会产生火花。古希腊人称琥珀为"electron"，即"带电"的意思，火花则被认为是静电。

1754年，本杰明·富兰克林做了一个实验，他在有雷电的天气情况下放飞了一只风筝，证明了这两种现象是紧密相连的。他看到风筝线上的铜钥匙发出了火花，因而证明云是带电的，并且闪电也是一种电。在富兰克林实验的启发下，约瑟夫·普里斯特利于1767年出版了一部综合性的著作，即《电学的历史与现状》。1780年，意大利博洛尼亚大学解剖学讲师路易吉·伽伐尼（Luigi Galvani）发现，死青蛙的腿在一定的情况下会发生抽搐，这是人类向理解电学迈出的一大步。

当时，伽伐尼正在研究动物体内是否贮有"动物电"，他希望通过解剖青蛙寻找相关证据。伽伐尼发现，如果工作台上的青蛙旁边有一个能产生静电的机器，那么即使青蛙已经死亡很久，腿部还会突然发生抽搐。如果把青蛙腿挂在铜钩上，当它接触铁丝网时，也会发生抽搐。伽伐尼认为，这些证据支撑了他的理论，即电来自青蛙体内。

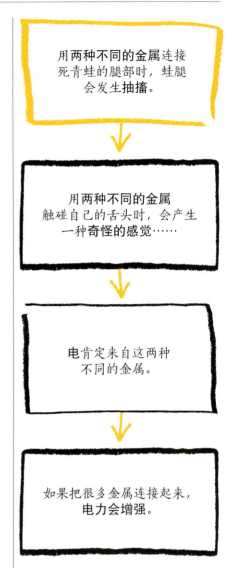

用两种不同的金属连接死青蛙的腿部时，蛙腿会发生抽搐。

↓

用两种不同的金属触碰自己的舌头时，会产生一种奇怪的感觉……

↓

电肯定来自这两种不同的金属。

↓

如果把很多金属连接起来，电力会增强。

伏打的突破

伽伐尼有一位年轻的同事，他就是自然哲学教授亚历山德罗·伏打。伏打被伽伐尼的发现所吸引，并且开始对他的理论深信不疑。

伏打本人的电学研究背景十分雄厚。他早在1775年就发明了起电盘，这种装置可以充当实验的即

参见: 亨利·卡文迪许 78~79页, 本杰明·富兰克林 81页, 约瑟夫·普里斯特利 82~83页, 汉弗莱·戴维 114页, 汉斯·克里斯蒂安·奥斯特 120页, 迈克尔·法拉第 121页。

时电源（相当于现代的电容器）。起电盘包括一个由树脂制成的圆盘，用猫毛摩擦会产生静电。将一个金属盘放在树脂上面时，电荷会发生转移，金属盘会因此带电。

伏打曾表示，伽伐尼发现的"动物电"是"经过证明的真理"，但是他很快便起了疑心。伏打认为，挂在铜钩上的蛙腿会发生抽搐，这其中的电来源于它所触碰的两种金属（铜和铁）。他于1792年和1793年发表了自己的理论，并开始研究这一现象。

伏打发现，将两种不同的金属连接起来，产生的电虽然能够使他的舌头有一种奇怪的感觉，但实际上产生不了多少电。随后，他想到了一个绝妙的点子，即用盐水连接很多金属盘，以增加电量。他先拿来一个小铜盘，上面放一个锌盘，锌盘上放一个浸透盐水的硬纸盘，然后再放一个铜盘、锌盘、

硬纸盘，如此循环，直到堆积成圆柱体，即摆成了一摞。换句话说，他制作了一个电堆，即"电池"。浸透盐水的硬纸盘在这里起的作用是导电，同时将两个金属盘分离开来。

实验的结果是产生了电。伏打制作的简易电池可能仅有几伏特（电压的单位是以伏打命名的）的

电，但用电线连接两端时，足以产生微弱的电火花，足以让他感受到轻微的电击。

消息传开

1799年，伏打发明了电堆，消息迅速传开。1801年，伏打向拿破仑·波拿巴做了演示。但更为重要的是，在1800年3月，他写

每种金属都具有一定的能力让电流动起来，不同的金属能力各异。

——亚历山德罗·伏打

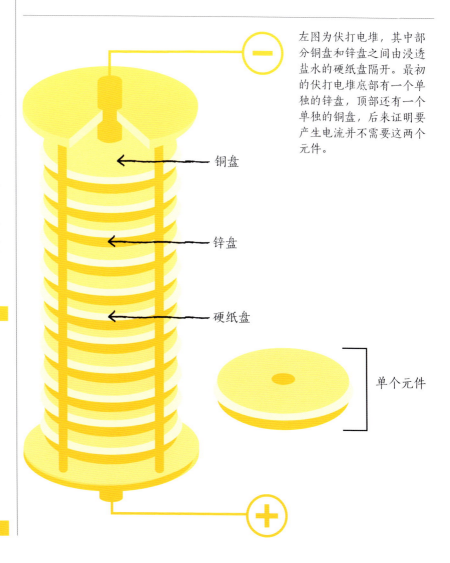

左图为伏打电堆，其中部分铜盘和锌盘之间由浸透盐水的硬纸盘隔开。最初的伏打电堆底部有一个单独的锌盘，顶部还有一个单独的铜盘，后来证明要产生电流并不需要这两个元件。

铜盘

锌盘

硬纸盘

单个元件

了一封长信，将自己的研究结果汇报给了英国皇家学会会长约瑟夫·班克斯（Joseph Banks）。这封信的标题是"论不同导电物质接触产生的电"。伏打在这封信中描述了自己的实验装置："我在一个桌子或任何台面上平放了一个金属盘，比如银盘，银盘上面放了一个锌盘，锌盘上面放了一个湿透的纸盘，上面再放一个银盘，紧接着再放一个锌盘……以此类推……直到摆成的圆柱体快要倒塌为止。"

当时并没有蜂鸣器或半导体来检测电压，于是伏打用自己的身体来检验，他似乎并不担心自己会遭到电击："一个由20组金属盘组成的电堆，会让我的整根手指剧烈疼痛。"后来，他又描述了一个更为精致的装置，由一组玻璃杯组成。杯子中盛有盐水，排成一排或一圈。将一根金属丝的两端浸入相邻的两杯盐水，以此将其连接。金属的一端是银，另一端是锌。金属丝可用任意一种金属焊接或连接起来，只要保证浸入一个杯子的只有金属银，浸入另一个杯子的只有金属锌即可。伏打解释说，这种方法虽然更复杂，但从某种程度上说比做电堆更方便。

伏打将一只手放入一头的杯子，用自己的额头、眼睑或鼻尖通过一根电线与另一头的杯子相连。他详细地描述了各种不舒服的感觉："开始我没有什么感觉，不过后来与电线相连的部位有了另一种感觉，那是一种刺痛（我没有休克），疼痛仅限于接触点，还出现了颤抖。颤抖不仅持续不停，还不断加快。我在很短的时间内就变得无法忍受，并且直到连接中断才停止这种感觉。"

电池热潮

当时正是拿破仑战争期间，伏打的信能够到达班克斯手中简直是一个奇迹。班克斯随即将信的内

1801年，伏打在位于巴黎的法兰西国家研究院向拿破仑·波拿巴演示电堆实验。拿破仑对此十分赞赏，同年封伏打为伯爵。

> 实验比任何推理都更权威：事实能够摧毁我们的推论（逻辑论证），反之则不然。

——亚历山德罗·伏打

容告诉了可能感兴趣的人。没过几周，英国全民都在制作电池，并研究电流的性质。1800年以前，科学家只能依靠静电做研究，既不方便，用处也不大。有了伏打的发明，科学家得以弄清楚液体、固体、气体等一系列材料与电流的反应。

第一批使用电池的科学家包括威廉·尼科尔森（William Nicholson）、安东尼·卡莱尔（Anthony Carlisle）和威廉·克鲁克香克（William Cruickshank）。1800年5月，他们"制作了一个由36个半克朗硬币和锌片组成的电堆"，并用铂丝将电流导入一管水中。水中出现的气泡经验证为氢气和氧气，体积比为2∶1。虽然亨利·卡文迪许已经指出水的分子式为H_2O，但这是第一次将水分解为氢和氧两种元素。

伏打电堆可谓现代电池的始祖。从助听器到卡车和飞机，几乎所有的事物都要用到电池。没有电池，我们日常生活中的很多设备都无法工作。

重新给金属分类

伏打电堆的发明推动了电流的研究，从而开创了一个新的物理学分支，并且促进了现代科技的发展。除此之外，伏打尝试使用不同的金属组合制作电堆，结果发现有些组合的效果更佳，由此发明了全新的化学分类方法对金属进行分类。银和锌是一对很好的组合，铜和锡也是，但是银和银，或者锡和锡却没有电流产生，所以必须是不同的金属才能生电。伏打指出，排列金属时应该保证每片金属与其下的金属接触时会带正电。这对化学研究产生了极为重要的影响。

孰是孰非

颇具讽刺意味的是，伏打是因为怀疑伽伐尼的假说，才开始研究不同金属接触会产生什么效果的。但是，伽伐尼并非完全错误，我们的神经的确会向全身发射电脉冲，而伏打的理论也并非完全正确。他认为，两种不同的金属接触便会产生电，但汉弗莱·戴维后来指出，无中不能生有，产生电的同时，肯定有其他物质被消耗了。戴维认为，这一过程中发生了某种化学反应，这促使他在电学领域有了更多重大发现。■

亚历山德罗·伏打

伏打全名为亚历山德罗·朱塞佩·安东尼奥·安纳塔西欧·伏打，1745年出生于意大利北部科摩一个虔诚的贵族家庭。家人希望伏打将来可以成为一名牧师，伏打却对静电产生了兴趣，并于1775年改装了一个能够产生静电的装置，即起电盘。1776年，伏打在马焦雷湖发现了沼气。他在密封的玻璃器皿中用电火花点燃这种气体，通过这种新颖的方法研究了这种气体的燃烧。

1779年，伏打被任命为帕维亚大学物理学教授，他因此留任40年。伏打晚年的时候发明了一支远程操作式手枪，电流从科摩经过50公里到达米兰启动一支手枪，这就是电报的前身。电压的单位"伏特"正是用伏打的名字命名的。

主要作品

1769年 《论电的吸引》

看不到开始，
也望不到终点

詹姆斯·赫顿（1726—1797年）

背景介绍

科学分支
地质学

此前

10世纪　比鲁尼利用化石证据说明陆地曾位于海底。

1687年　艾萨克·牛顿指出，可以用科学的方法计算地球的年龄。

1779年　蒲丰伯爵的实验证明地球的年龄为74832年。

此后

1860年　约翰·菲利普斯计算出地球的年龄为9600万年。

1862年　卡尔文勋爵通过计算地球冷却的时间，得出地球的年龄为2000万年到4亿年，后来确定为2000万年到4000万年。

1905年　欧内斯特·卢瑟福用放射性元素计算矿石的年龄。

1953年　克莱尔·彼得森测定地球的年龄为45.5亿年。

千年来，人们一直在思考地球的年龄。现代科学出现之前，人们主要根据信仰而非证据估计地球的年龄，直到17世纪随着人们越来越了解地球的地质结构，地球的年龄才得以确定。

圣经的推论

在犹太教和基督教的世界里，关于地球年龄的推论主要基于《圣经·旧约》的描述。但是，因为其中只是简要讲述了创世纪的过程，所以需要大量的解读，尤其是要厘清亚当和夏娃出现之后的复杂族谱年表。

在利用《圣经》推算地球年龄的人中，最著名的当属爱尔兰大主教詹姆斯·厄谢尔（James Ussher）。1654年，厄谢尔精确指出，上帝创造地球的时间是公元前4004年10月23日周日的前一天晚上。这一天作为《圣经·旧约》年表的一部分被印在《圣经》中，因此基督教文化将其奉为神圣的一天。

从世界诞生至今共有5698年。

——安条克的狄奥菲鲁斯

科学方法

公元10世纪，波斯的学者开始从经验的角度思考地球的年龄问题。比鲁尼（Al-Biruni）是实验科学的一位先驱，他推论说，如果在干燥的陆地上发现了海洋生物化石，那么这块土地以前一定位于海底。他总结道，地球一定经历了漫长的演变。另一位波斯学者阿维琴纳（Avicenna）提出，岩石是一层一层叠置起来的。

1687年，艾萨克·牛顿提出了一种可以解决这个问题的科学方法。他表示，一个像地球那么大的物体，如果由熔铁组成，大约需要5万年的时间才能冷却。他将一个"直径为1英寸的赤热铁球至于户外"，计算它的冷却时间，然后按比例得出类似地球大小的物体冷却所需的时间。牛顿向之前的地球形成理论发出了科学挑战。

在牛顿的启发下，法国自然学家乔治-路易·勒克莱尔，即蒲丰伯爵，用一个很大的炽热铁球做了一个实验。他证明，如果地球由熔铁组成，需要74832年才能冷

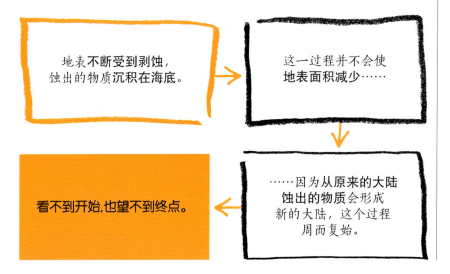

地表不断受到剥蚀，蚀出的物质沉积在海底。

→

这一过程并不会使地表面积减少……

↓

……因为从原来的大陆蚀出的物质会形成新的大陆，这个过程周而复始。

←

看不到开始，也望不到终点。

参见: 艾萨克·牛顿 62~69页, 路易斯·阿加西斯 128~129页, 查尔斯·达尔文 142~149页, 玛丽·居里 190~195页, 欧内斯特·卢瑟福 206~213页。

却。蒲丰伯爵私下认为, 地球的实际年龄肯定更为久远, 因为海洋生物化石要形成白垩山还需极为漫长的时间。但是, 蒲丰伯爵并不想在没有证据的情况下将自己的观点发表。

岩石的秘密

在苏格兰, 詹姆斯·赫顿正用一种截然不同的方法研究地球的年龄。赫顿是苏格兰启蒙运动中一位杰出的自然哲学家。他开创了野外地质考察的先河, 并于1785年向爱丁堡皇家学会提交了一篇论文, 其中用野外证据证明了自己的学说。

地表受到剥蚀, 蚀出的物质沉积在海底, 这一过程显然是连续不断的, 赫顿对此十分好奇。但是, 正如我们预料的, 地表面积并不会因此减少。可能因为想到了朋友詹姆斯·瓦特闻名天下的蒸汽机, 赫顿便将地球看成"一个所有零件都在运行的材料机器", 不断回收旧世界的废弃物, 同时不断重塑新的世界。

赫顿提出了"地球-机器"理论, 但当时还没有找到支撑证据。1787年, 他发现了自己正在寻找的"不整合面", 即沉积岩的岩层出现中断。赫顿认为, 大部分陆地都曾经位于海底, 一层层的沉积物不断堆积、压缩。很多地方的岩层升高, 位于海平面之上。岩层也常常发生变形, 所以它看起来并不是水平的。赫顿多次发现, 年代较为久远的岩层上部侵入了其上较新岩层的底部。

不整合面说明, 地球的历史经历了很多幕: 岩石的侵蚀、搬运及沉积, 这一序列不断重复着, 同时火山活动也会改变岩层, 这就是地质循环。根据这一证据, 赫顿宣称, 所有的新大陆都是由原来的大陆蚀出的物质组成的, 这一过程周而复始, 现在仍在进行。他写下了一句名言: "因此, 现在这个问题的答案是: 既看不到开始, 也望不到终点。"

赫顿有关"深时"(deep time)的理论能够普及开来, 主要得益于两个人。一位是苏格兰科学家约翰·普莱费尔(John Playfair), 他将赫顿的观察结果写成了一本带有插图的图书; 另一位是英国地质学家查尔斯·莱尔

1770年, 赫顿在苏格兰爱丁堡建了一座房子, 用来观察索尔兹伯里的峭壁。他在这些峭壁中发现了火山岩侵入沉积岩的证据。

（Charles Lyell），他将赫顿的理论发展为"均变论"。均变论认为，自然规律永远不变，现在是通往过去的一把钥匙。不过，虽然地质学家都相信赫顿的理论，但还是没有令人满意的确定地球年龄的方法。

实验方法

到18世纪末，科学家已经知道地核由连续的沉积岩层组成。地质勘探显示，经过日积月累，这些岩层已经变得很厚，很多都含有各种生物化石，这些生物也有各自的沉积环境。到19世纪50年代，地层柱状图已或多或少列出了八个系，每个系都根据岩层和化石命名，代表一个地质年代。

岩层的总厚度为25~112千米，地质学家对此产生了兴趣。他们观察发现，岩屑堆积成岩层所经历的侵蚀和沉积过程十分漫长，

> 朝时间的深渊远远望去，我们会变得头晕目眩。
> ——约翰·普莱费尔

大约每100年才增加几厘米。1858年，查尔斯·达尔文也加入了这场争辩，他指出，在英国东南部威尔德地区，需要3亿年的侵蚀作用，第三纪和白垩纪的岩石才会被穿透。这一判断其实并不符合实际情况。1860年，牛津大学地质学家约翰·菲利普斯（John Phillips）估计，地球的年龄大约为9600万年。

1862年，威廉·汤姆孙（开尔文勋爵）却将这一切斥为不科学的计算。开尔文勋爵严格使用实验观察法，他表示自己可以用物理学的方法确定地球的实际年龄。他认为，地球的年龄受制于太阳的年龄。这一时期，人们对地球岩石、岩石熔点及传导性的理解已经比蒲丰伯爵那个年代有了很大的进步。开尔文勋爵采用的地球初始温度为3900°C。他还通过观察发现，越接近地心，温度越高，大约每15米

1897年，开尔文勋爵宣称，地球的年龄为近4000万年，同年放射性元素被发现。开尔文勋爵并不知道地壳中放射性物质的衰变会产生热量，这大大地减慢了地球冷却的速度。

温度升高0.5°C。他通过这两点计算出地球冷却到当前状态的时间为近9800万年，后来他又将之改为近4000万年。

放射性"计时器"

因为开尔文的威望，大多数科学家都接受了他的测量方法。然而，地质学家却感觉，就他们观察到的地质作用的速度、岩层沉积的速度及地质史而言，4000万年的时间根本不够。但是，他们也想不出用什么科学方法来反驳开尔文勋爵。

19世纪90年代，科学家在地球的矿石和岩石中发现了天然放射性物质，原子衰变的速度成为一个可靠的计时器，开尔文勋爵与地质学家之间的僵局由此打破。1903年，欧内斯特·卢瑟福预测了放射性元素衰变的速率，并提出放射性元素可以作为计时器来计算含有这种元素的矿石的形成年代。

1905年，卢瑟福第一次运用放射性测量法计算出美国康涅狄格州格拉斯顿伯里一块矿石的形成年代为4.97亿到5亿年前。他提醒说，这只是其形成年代的下限。1907年，美国放射化学家伯特伦·博尔特伍德（Bertram Bolt-wood）改进了卢瑟福的方法，第一次用放射性测量法计算出地质背景已知的岩石中矿物质的年龄。其中包括斯里兰卡一块22亿年的岩石，这一年龄比之前的估计值上升了一个数量级。到1946年，英国地质学家阿瑟·霍尔姆斯（Ar-

不整合面埋藏在岩石内部，它是将上下两层不同年代的岩层分开的界面。下图为角度不整合面，与詹姆斯·赫顿在苏格兰东海岸发现的类似。此图中，地壳的火山运动使岩层发生倾斜，使之与上面更年轻的岩层间形成一个角度不整合面。

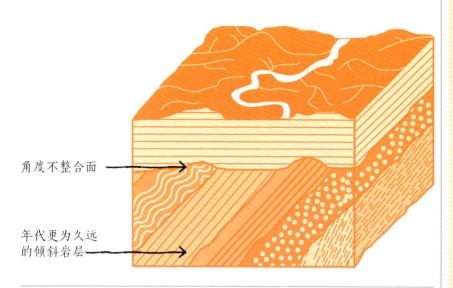

角度不整合面 →

年代更为久远
的倾斜岩层 →

thur Holms）用同位素测定法测量了格陵兰岛的含铅岩石，得出这些岩石的年龄为30.15亿年。这是第一个可信的地球年龄下限。铅是铀衰变的产物，霍尔姆斯又计算了岩石中铀的年龄为44.6亿年，但是他认为这一定是地球形成前气体云的年龄。

最终，美国地球化学家克莱尔·帕特森（Clair Patterson）用放射性测量法得出地球是在45.5亿年前形成的，这是第一个广为接受的地球年龄。我们并不知道哪些矿石或岩石形成于地球诞生之初，但是很多陨石都被认为源自太阳系的同一事件。帕特森用放射性测量法计算得出，坎宁迪亚布洛铁陨石中铅的年龄为45.1亿年。用放射性测量法可以测得地壳中花岗岩和玄武

岩这两种火成岩的平均年龄为45.6亿年。帕特森对比两个年龄之后总结道，两者年龄相似，说明地球形成于这一时期。到1956年，帕特森又进一步做了多次测量，他坚定地认为地球的精确年龄为45.5亿年。这是当今科学家广泛接受的一个数值。■

地球过去的历史一定
可以用现在发生的一切来
解释。

——詹姆斯·赫顿

詹姆斯·赫顿

1726年，詹姆斯·赫顿出生在苏格兰爱丁堡一个受人尊敬的商人家庭。他曾在爱丁堡大学学习人文科学，后来相继对化学和医学产生了兴趣。不过，他并没有成为一名医生，而是开始研究英国东安格利亚使用的农业技术。在那里，他常常与土壤和岩石打交道，这燃起了他对地质学的兴趣。于是，他走遍英格兰和苏格兰，开展野外考察。

1768年，赫顿回到爱丁堡，与苏格兰启蒙运动的几位重要人物相识，其中包括工程师詹姆斯·瓦特和道德哲学家亚当·斯密。在接下来的20年里，赫顿建立了计算地球年龄的著名理论，并同朋友们探讨，于1788年发表了长篇概论。他后来于1795年出版了一本更完善的著作，并于1797年逝世。

主要作品

1795年 《地球学说：证据和说明》

高山的引力

内维尔·马斯基林（1732—1811年）

背景介绍

科学分支
地球科学和物理学

此前
1687年 艾萨克·牛顿出版《原理》一书，其中提到可以用实验计算地球的密度。

1692年 为了解释地球的磁场，埃德蒙多·哈雷提出，地球由三个同心的空心球组成。

1738年 皮埃尔·布给试图在厄瓜多尔钦博拉索火山完成牛顿提到的实验，但未获成功。

此后
1798年 亨利·卡文迪许采用另外一种方法计算出地球的密度，结果为5448kg/m³。

1854年 乔治·艾里在矿井中用钟摆测定地球的密度。

高山的引力会吸引铅锤。

铅垂线会出现偏角，偏角的大小取决于高山和地球的相对密度。

测量偏角，就可以计算出地球的质量。

17世纪，艾萨克·牛顿提出了几种"测量地球重量"或计算地球密度的方法。其中一种方法是在一座高山的两侧分别测量铅垂线偏离垂直方向的角度，进而计算高山对铅垂的引力。铅垂线偏离垂直方向的角度可以用天文学方法测出。如果可以确定高山的密度和体积，就可以推算出地球的密度。然而，牛顿当时打消了这个念头，因为他认为偏角太小，用当时的仪器无法测出。

1738年，法国天文学家皮埃尔·布给（Pierre Bouguer）试图在厄瓜多尔钦博拉索火山完成牛顿提到的实验。但是，天气和海拔引发了很多问题，布给认为自己的测量并不准确。

1772年，内维尔·马斯基林向英国皇家学会提出，他可以在英国做这项实验。英国皇家学会表示应允，并派一位测量员负责选择合适的高山。他最终选中了苏格兰榭赫伦山。马斯基林在这里待了将近

参见: 艾萨克·牛顿 62~69页, 亨利·卡文迪许 78~79页, 约翰·米歇尔 88~89页。

4个月, 不断地在山的两侧进行观测。

岩石的密度

即使没有任何引力的作用, 因为纬度不同, 以恒星为参照点, 在不同地点测量铅垂线的偏离角度也会不同。但是, 即使将这个因素考虑在内, 还是有11.6角秒 (略大于0.003°) 的差别。马斯基林通过

榭赫伦山被选为实验地点, 因为此山形状对称, 比较孤立 (受到其他山峰的引力影响较小)。

勘测山的形状及岩石的密度, 计算出榭赫伦山的质量。他假设整个地球的密度与榭赫伦山的密度相同, 但是实际的铅垂线偏角只是预期的一半。马斯基林意识到, 一定是假设的地球密度存在问题, 地球的实际密度显然要比地表岩石大很多。他推论, 地核可能是由金属组成的。马斯基林根据测得的实际偏角, 计算出地球的整体密度大约是榭赫伦山岩石密度的两倍。

当时流行的一种说法是地球是空心的, 埃德蒙多·哈德就是该理论的支持者。马斯基林的实验结果不仅推翻了这一理论, 他还根据地球的体积和平均密度计算出地球的质量。马斯基林得出的地球平

……地球的平均密度至少是地表的两倍……地球内部的密度远大于地表。

——内维尔·马斯基林

均密度为4500kg/m³, 与现在广为接受的5515kg/m³相比, 误差不到20%。此外, 这也再次证明了牛顿万有引力定律的正确性。■

内维尔·马斯基林

内维尔·马斯基林于1732年出生在伦敦, 大学期间迷上了天文学。他从剑桥大学毕业后被授予牧师一职, 于1758年成为英国皇家学会成员, 于1765年开始担任皇家天文学家, 直至去世。

1761年, 英国皇家学会派马斯基林去大西洋的圣赫勒拿岛观测金星凌日。通过观测金星从日面经过的过程, 天文学家可以计算出太阳与地球之间的距离。马斯基林还倾注了大量时间

解决了当时的一个重要问题, 即测量海上的经度。他采用的方法是测量月球和某恒星的距离, 并参考当时已公布的星表。

主要作品

1764年 《圣赫勒拿岛的天文观测》
1775年 《榭赫伦山的引力及观测》

自然之谜：花的结构和受精
克里斯蒂安·施普伦格尔（1750—1816年）

背景介绍

科学分支
生物学

此前

1694年 德国植物学家鲁道夫·卡梅拉留斯发现，花是植物的繁殖器官。

1753年 卡尔·林奈出版《植物种志》，提出根据花的结构对植物进行分类的方法。

18世纪60年代 德国植物学家约瑟夫·戈特利布·克尔罗伊特证明，花需要花粉粒才能受精。

此后

1831年 苏格兰植物学家罗伯特·布朗描述了花粉粒在柱头（雌蕊的一部分）上的生长过程。

1862年 查尔斯·达尔文出版《兰花的传粉》，详细地描述了花和传粉昆虫的关系。

18世纪中叶，瑞典植物学家卡尔·林奈发现，植物的花相当于动物的生殖器官。40年后，德国植物学家克里斯蒂安·施普伦格尔（Christian Sprengel）研究了昆虫在被子植物授粉及受精过程中的重要作用。

互惠互利

1787年夏天，施普伦格尔发现昆虫会飞到盛开的花朵上吸食花蜜。他开始思考，花瓣是不是在用自己特殊的颜色和样式为花蜜"打广告"。他推断，昆虫之所以被吸引到花朵上，是因为只有这样花朵雄蕊上的花粉才能粘到昆虫身上，并由昆虫将其传递到另一朵花的雌蕊上。昆虫得到的报酬就是可以吸食能量很高的花蜜。

施普伦格尔发现，某些被子植物既不鲜艳，也没有香味，它们依靠风传播花粉。他还观察到，很多花既有雄蕊，也有雌蕊，但两者成熟的时间并不相同，以免自花受精。

1793年，施普伦格尔将自己的研究著书出版，但他的研究在他有生之年都未受到重视，直到达尔文时期才得以正名。达尔文以这本著作作为起点，研究了被子植物和某种昆虫的协同进化。这种昆虫会为被子植物授粉，并保证异花传粉，两者的关系是互惠互利的。■

一只蜜蜂落在鲜艳花瓣中央的繁殖器官上。在所有的虫媒传粉中，蜜蜂占了60%，约1/3的粮食作物均靠蜜蜂授粉。

参见：卡尔·林奈 74~75页，查尔斯·达尔文 142~149页，格雷戈尔·孟德尔 166~171页，托马斯·亨特·摩尔根 224~225页。

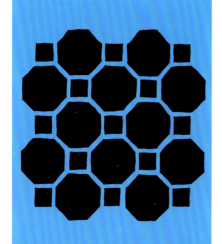

元素总是以一定比例化合

约瑟夫·普鲁斯特（1754—1836年）

法国化学家约瑟夫·普鲁斯特于1794年提出的定比定律指出，不论元素以何种方式化合，化合物中每种元素的比例都是一定的。这是在当时已知元素的基础上创立的一条基本理论，为现代化学奠定了基础。

在发现这条定律的过程中，普鲁斯特利用的正是以安托万·拉瓦锡为首的法国化学家所倡导的方法。拉瓦锡提倡仔细测量重量、比例和百分比。普鲁斯特研究了金属氧化物中金属和氧气的比例，他总结道，金属氧化物形成时，金属和氧气的比例是恒定的。如果同一种金属按不同比例与氧气化合，将得到性质不同的另外一种物质。

当时，并非所有人都认同普鲁斯特的看法。但是，1811年，瑞典化学家约恩斯·雅各布·贝尔塞柳斯（Jöns Jakob Berzelius）发现，普鲁斯特的理论与约翰·道尔

> 铁和很多其他金属一样，也要遵循所有物质化合的自然规律。也就是说，铁和氧永远按照1∶2的比例化合。
>
> ——约瑟夫·普鲁斯特

顿新提出的原子论相吻合。道尔顿指出，每种元素都由单一的原子构成。如果原子总是以同样的结合方式形成化合物，那么普鲁斯特认为元素总是以一定比例化合也一定是正确的。现在，这一理论被视为化学领域的一条重要定律。■

A CENTURY OF PROGRESS

1800–1900

百年进步
1800年—1900年

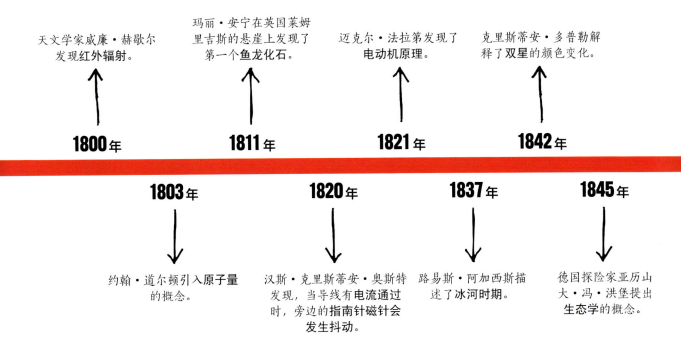

天文学家威廉·赫歇尔发现**红外辐射**。

玛丽·安宁在英国莱姆里吉斯的悬崖上发现了第一个**鱼龙化石**。

迈克尔·法拉第发现了**电动机原理**。

克里斯蒂安·多普勒解释了**双星的颜色变化**。

1800年

1811年

1821年

1842年

1803年

1820年

1837年

1845年

约翰·道尔顿引入**原子量**的概念。

汉斯·克里斯蒂安·奥斯特发现，当导线有**电流通过**时，旁边的指南针磁针会发生抖动。

路易斯·阿加西斯描述了**冰河时期**。

德国探险家亚历山大·冯·洪堡提出**生态学**的概念。

1799年电池的发明开辟了新的科学研究领域。丹麦的汉斯·克里斯蒂安·奥斯特偶然发现了电与磁的关系。在伦敦皇家研究院工作的迈克尔·法拉第设想了磁场的形状，发明了世界上第一台电动机。苏格兰的詹姆斯·克拉克·麦克斯韦在法拉第理论的基础上，用复杂的数学方式描述了各种电磁现象。

变不可见为可见

人们发现不可见的电磁波之后，便展开研究，发现了电磁波的各种规律。在英国巴斯工作的威廉·赫歇尔用棱镜将太阳光分解成不同颜色的光，并测量它们的温度。赫歇尔发现，在可见光谱最末端的红光之外，温度计显示了更高的温度。他碰巧发现了红外线辐射，次年又发现了紫外线辐射，这说明可见光谱之外还存在着看不见的光线。之后，德国的威廉·伦琴在实验室中偶然发现X射线。英国医生托马斯·杨设计了巧妙的双缝实验，以确定光究竟是一种粒子还是一种波。他发现的光波干涉现象成功地解决了这一争论。在布拉格，奥地利物理学家克里斯蒂安·多普勒用光波的频率会发生变化这一理论解释了双星的颜色变化，这种现象就是我们现在所说的多普勒效应。同一时期，法国物理学家伊波利特·斐索和莱昂·傅科在巴黎测量了光速，并指出光在水中的传播速度远低于在空气中的传播速度。

化学变化

英国气象学家约翰·道尔顿初步提出，对化学家来说，原子量可能是一个十分有用的概念，他尝试计算了几种元素的原子量。15年后，瑞典化学家约恩斯·雅各布·贝尔塞柳斯列出了更完整的原子量表。贝尔塞柳斯的学生弗里德里希·维勒用一种有机盐合成了一种有机化合物，从而打破了有机化合

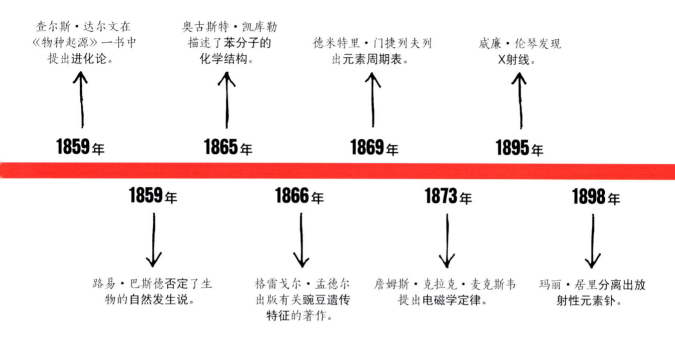

查尔斯·达尔文在《物种起源》一书中提出**进化论**。

1859年

奥古斯特·凯库勒描述了**苯分子**的化学结构。

1865年

德米特里·门捷列夫列出**元素周期表**。

1869年

威廉·伦琴发现**X射线**。

1895年

1859年

路易·巴斯德否定了生物的**自然发生说**。

1866年

格雷戈尔·孟德尔出版有关**豌豆遗传特征**的著作。

1873年

詹姆斯·克拉克·麦克斯韦提出**电磁学定律**。

1898年

玛丽·居里分离出**放射性元素钋**。

物的生命力学说，即有机物只能从动植物体获得的观点。在巴黎，路易·巴斯德进一步证明，生命不可能自然发生。各方人士纷纷为新的理论提供灵感。德国化学家奥古斯特·凯库勒在即将进入梦乡之际想出了苯的分子结构。俄国化学家德米特里·门捷列夫用一副纸牌解决了元素周期表的问题。玛丽·居里分离出钋和镭，成为唯一一名摘得诺贝尔物理学奖和诺贝尔化学奖两项桂冠的科学家。

历史的遗迹

在这一百年中，人们对生命的理解也发生了重大变革。在英国南海岸，玛丽·安宁通过在悬崖上的挖掘工作，记录了一系列灭绝生物的化石。不久，理查德·欧文创造了"恐龙"一词，用来描述曾自由活动在地球上的"可怕蜥蜴"。瑞士地质学家路易斯·阿加西斯指出，地球的大部分都曾被冰覆盖，并进一步拓展了自己的想法，认为地球经历了一次又一次的环境变迁。亚历山大·冯·洪堡通过跨学科研究发现了自然界中的各种关联，建立了生态学这门学科。法国的让-巴普蒂斯特·拉马克提出进化论，但误认为获得性状的遗传是进化的动力。到了19世纪50年代，英国自然学家阿尔弗雷德·拉塞尔·华莱士和达尔文同时提出了自然选择进化论。托马斯·亨利·赫胥黎指出，鸟类很可能起源于恐龙。支持进化论的证据不断增多。同时，西里西亚修士格雷戈尔·孟德尔通过研究数千株豌豆苗，提出了遗传学的基本定律。虽然孟德尔的遗传学定律被淹没了数十年，但最终又被重新发现，从而为自然选择提供了遗传机制。

据说，英国物理学家开尔文勋爵在1900年曾说过一句话："物理学不会再有什么新发现了，剩下的只是更精确的测量而已。"他肯定没有想到，惊人的发现近在咫尺。■

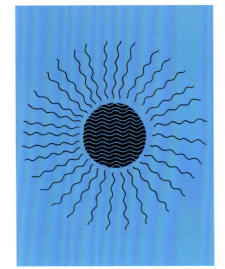

阳光下极易操作的实验

托马斯·杨（1773—1829年）

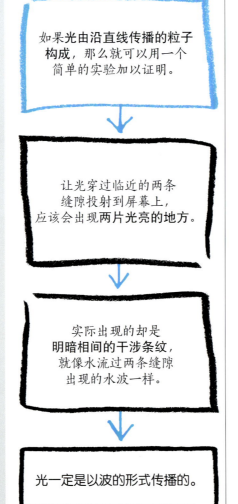

如果光由沿直线传播的粒子构成，那么就可以用一个简单的实验加以证明。

↓

让光穿过临近的两条缝隙投射到屏幕上，应该会出现两片光亮的地方。

↓

实际出现的却是明暗相间的干涉条纹，就像水流过两条缝隙出现的水波一样。

↓

光一定是以波的形式传播的。

18 和19世纪之交，在光的性质这个问题上，科学界出现了分歧。牛顿认为，一束光由无数快速移动的"颗粒"组成。他表示，如果光由快如子弹的颗粒组成，就可以解释为什么光沿直线传播，并且还会产生影子。

但是，牛顿的粒子说并不能解释光为什么会发生折射（比如进入玻璃时传播方向发生改变），以及为什么会分解为彩虹一样多彩的颜色（也是一种折射现象）。克里斯蒂安·惠更斯曾指出，光并不是由粒子构成的，而是一种波。惠更斯说，如果光以波的形式传播，这些现象就会很容易解释。但是，因为牛顿在学界的崇高地位，大多数科学家都支持光的粒子说。

1801年，英国医生及物理学家托马斯·杨突然想到了一个简单而又巧妙的实验，他认为可以解决这种分歧。这个实验是托马斯·杨在观察蜡烛在水雾中呈现的图像时想到的，他发现烛火的四周出现了五颜六色的光环。托马斯·杨认参见：克里斯蒂安·惠更斯 50~51页，艾萨克·牛顿 62~69页，莱昂·傅科 136~137页，阿尔伯特·爱因斯坦 214~221页。

为，光环可能是由光波干涉形成的。

双缝实验

托马斯·杨在一张纸板上裁开两条狭缝，用一束光照射纸板，并在纸板后面放置一张纸。这张纸上所呈现的图像证明，光是一种波。如果按照牛顿所说，光是由一束束粒子构成的，那么每条缝隙后面只应该出现一道光，但是托马斯·杨看到的却是明暗相间的条纹，就像一个模糊不清的条形码。他提出，光波通过狭缝时发生了干涉现象。如果两个波的波峰或波谷相遇，波的强度会加倍（相长干涉），产生的就是明亮条纹。如果一个波的波峰与另一个波的波谷相遇，两者相互抵消（相消干涉），产生的就是黑暗条纹。这说明，光的颜色取决于波长。一个世纪以来，因为托马斯·杨的双缝实验，

> 科学研究就是一场战争，对手包括所有同时代的人及前辈们。
> ——托马斯·杨

很多科学家相信光是一种波，而不是粒子。直到1905年，阿尔伯特·爱因斯坦指出，光既是一种粒子，也是一种波。因为双缝实验极易操作，1961年德国物理学家克劳斯·约恩松用其证明电子这种亚原子粒子也会产生类似的干涉现象，所以电子肯定也是一种波。■

托马斯·杨

托马斯·杨出生于英国萨默塞特郡一个贵格会教徒家庭，家中有10个孩子，他是长子。他天资聪颖，是个不折不扣的神童，绰号为"奇人杨"。13岁时，他已熟练掌握5种语言，长大后成为翻译埃及象形文字的第一人。

托马斯·杨在苏格兰学习医学，1799年开始在伦敦行医。他博学多才，利用业余时间研究各门科学，包括乐器的定弦理论和语言学等，其中最著名的当属光学研究。他不仅建立了光的干涉原理，还提出了第一个有关彩色视觉的现代科学理论。他指出，我们看到的颜色都是红、绿、蓝三原色按不同比例混合而成的。

主要作品

1804年 《物理光学的实验和计算》
1807年 《自然哲学与机械工艺课程》

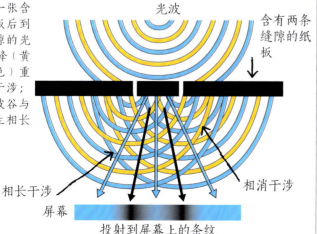

右图中，光穿过一张含有两条缝隙的纸板后到达屏幕。穿过缝隙的光波发生干涉，当波峰（黄色）与波谷（蓝色）重叠时，发生相消干涉；当波峰与波峰或波谷与波谷重叠时，发生相长干涉。

光波

含有两条缝隙的纸板

相长干涉　相消干涉

屏幕

投射到屏幕上的条纹

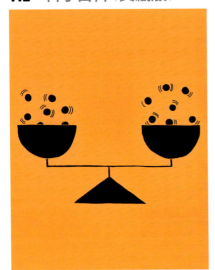

确定基本
粒子的相对质量

约翰·道尔顿（1766—1844年）

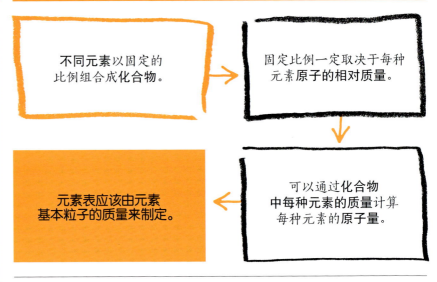

不同元素以固定的比例组合成化合物。

固定比例一定取决于每种元素原子的相对质量。

可以通过化合物中每种元素的质量计算每种元素的原子量。

元素表应该由元素基本粒子的质量来制定。

18世纪接近尾声之时，科学家开始意识到，世界由一系列基本物质或化学元素组成，但是没有人知道元素究竟是什么。英国气象学家约翰·道尔顿通过对天气的研究，发现每种元素都由同一种原子构成。正是这种独特的原子将各种元素区分开来，并且决定了元素的性质。道尔顿提出的原子论为化学理论奠定了基础。原子的概念可以追溯到古希腊，但是一直以来人们都认为所有原子都是一模一样的。道尔顿的突破在于，他指出构成每种元素的原子是不同的。当时发现的元素包括氢、氧、氮等，道尔顿将构成这些元素的原子描述成"固态的、有质量的、坚硬的、不能穿透的、运动的粒子"。

道尔顿的这一理论源于他对空气的研究。他发现，气压会影响空气吸收水分的量，因此他坚信空气由不同的气体混合而成。道尔顿参见: 约瑟夫·普鲁斯特 105页, 德米特里·门捷列夫 174~179页。

> 据我所知，研究物体基本粒子的相对质量是一个全新的课题。
>
> ——约翰·道尔顿

通过实验观察发现，一定量的纯氧气吸收的水蒸气要少于同体积的纯氮气。他由此提出这是因为氧原子比氮原子更大更沉。这一结论在当时看来尤为惊人。

有重量的物质

道尔顿灵光一现，意识到不同元素的原子可以用它们的质量进行区分。他发现，由两种或两种以上元素组成的化合物中，原子或"基本粒子"是以简单比例化合的，因此可以通过计算化合物中每种元素的质量来得出每个原子的质量。道尔顿很快算出了当时已知元素的原子量。

道尔顿意识到，氢气是最轻的气体，所以他将氢的原子量定为1。根据氧和氢化合生成水所需的氧气质量，得出氧的原子量为7。不过，道尔顿的计算方法存在一定的瑕疵，因为他没有意识到同种元素的原子也会结合。相反，他一直认为，相同原子构成的化合物，也就是分子，仅含有一个该元素的原子。尽管如此，道尔顿的研究还是将科学家领上了正确的轨道。不到十年的时间，意大利物理学家

道尔顿的元素表列出了不同元素的符号和原子量。他曾思考为什么空气和水的粒子可以相互混合，由此通过气象学的研究转到了原子理论。

阿莫迪欧·阿伏伽德罗（Amedeo Avogadro）用自己提出的分子学说正确地计算出原子量。但是道尔顿理论的基本思想，即每种元素都由大小不同的原子构成，依然是正确的。■

约翰·道尔顿

1766年，约翰·道尔顿出生于英国湖区一个贵格会教徒家庭。15岁时，道尔顿开始定期观测天气，这一经历给他提供了很多重要的灵感，比如大气中的水分遇冷会变成雨。除了气象学研究，道尔顿还对色盲症很感兴趣。他和哥哥都是色盲，道尔顿发表了关于这种疾病的科学论文，由此成为曼彻斯特文学哲学会会员，并于1817年当选为会长。他为曼彻斯特文学哲学会撰写了数百篇科学论文，其中包括多篇论述原子论的文章。人们很快接受了原子论，道尔顿因此备受赞誉。道尔顿于1844年卒于曼彻斯特，共有4万多人参加了他的葬礼。

主要作品

1805年 《大气中的几种气体/弹性流体比例的实验》

1808—1827年 《化学哲学新体系》

电流的化学效应

汉弗莱·戴维(1778—1829年)

背景介绍

科学分支
化学

此前

1735年 瑞典化学家乔治斯·布兰特发现钴，之后的一百年里又有很多新的金属元素被发现。

1772年 意大利医生路易吉·伽伐尼发现青蛙对电的反应，由此认为生物能够产生电。

1799年 亚历山德罗·伏打证明，两种金属接触时能够产生电，并发明了第一个电池。

此后

1834年 戴维之前的助手迈克尔·法拉第发表电解定律。

1869年 德米特里·门捷列夫将当时已知的元素列入元素周期表，其中包含戴维在1807年率先发现的一组柔软的碱金属。

1800年，亚历山德罗·伏打发明了电堆，这是世界上第一个电池。很快，很多科学家便开始用电池做实验。

英国化学家汉弗莱·戴维意识到，电池产生的电来自化学反应。当电堆中两种不同的金属（电极）通过中间浸透盐水的纸板相互反应时，电荷会流动起来。1807年，戴维率先发现，可以用电堆中的电荷分解化合物，这就是后来所说的电解作用。

新金属的发现

戴维将两个电极插入干燥的氢氧化钾（钾碱），并将其暴露在实验室潮湿的空气中，使之受潮，以便能够导电。他高兴地发现，阴极上出现了很多金属颗粒。这些颗粒就是新的物质——金属钾。几个星期后，他以同样的方式电解了氢氧化钠（苛性钠），制出了

上图中的装置与戴维在伦敦皇家研究院讲课时使用的类似。他用这种装置证明如何通过电解作用将水分解为氢和氧两种元素。

金属钠。1808年，他用电解法发现了四种新的金属元素钙、钡、锶和镁，以及非金属元素硼。和电解法一样，这些元素的商业应用价值极高。■

参见: 亚历山德罗·伏打 90~95页, 恩斯·雅各布·贝尔塞柳斯 119页, 汉斯·克里斯蒂安·奥斯特 120页, 迈克尔·法拉第 121页, 德米特里·门捷列夫 174~179页。

绘制国家地质图

威廉·史密斯（**1769—1839年**）

18世纪中期和后期，正值欧洲工业革命风起云涌之时，对燃料和矿石的需求急剧增加，由此燃起了人们绘制地质图的热情。德国矿物学者约翰·莱曼和格奥尔格·菲克塞尔绘制了详细的鸟瞰图来展示地貌和岩层。很多地质图随后出现，但只是侧重不同种类的岩石在地表的分布。直到法国的乔治·居维叶和亚历山大·布隆尼亚尔，以及英国的威廉·史密斯，才出现开创性的研究。1811年，居维叶和布隆尼亚尔绘制了巴黎盆地的地质图。

第一张国家地质图

史密斯是一位自学成才的工程师及测量员，于1815年绘制了第一张国家地质图，涵盖英格兰、威尔士及苏格兰部分地区。史密斯从矿山、采石场、悬崖、运河、公路和铁路路堑收集了大量岩石样本。他运用斯丹诺的地层学定律，并根据岩层的独特化石确定了岩层的年代，由此建立了地层顺序。此外，他还绘制了地层的垂直剖面图及地壳运动后形成的地质结构图。

接下来的几十年里，第一批国家地质调查局相继建立，开始系统地绘制覆盖全国的地质图。19世纪下半叶，随着国际标准的建立，对比不同国家年代类似的地层得以实现。■

排列有序的化石之于自然学家，犹如钱币之于古董收藏家。

——威廉·史密斯

参见： 尼古拉斯·斯丹诺 55页，詹姆斯·赫顿 96~101页，玛丽·安宁 116~117页，路易斯·阿加西斯 128~129页。

她知道骨化石属于哪一族

玛丽·安宁（1799—1847年）

化石是存留下来的动植物遗体。

→ 人们发现了当今并不存在的**大型动物**的化石。

过去，地球上生存着**完全不同**的动物。

到18世纪末，人们已经普遍认为化石是古代生物的残骸。随着周围的沉积物固结成坚硬的岩石，这些残骸也发生了石化。瑞典分类学家卡尔·林奈等自然学家首次将化石和生物共同纳入分类体系，将它们分为科、属、种等层级。然而，化石研究并没有与其周围的生物环境结合起来。

19世纪初，古生物学家发现了大型骨化石，这些化石与当时的任何动物都不相同，因此出现了很多新问题：它们应该被分为哪一类呢？它们是何时灭绝的？在西方犹太教与基督教的文化中，人们相信全能的上帝不会让他创造的任何生物灭绝。

海洋深处的巨兽

住在英国南海岸莱姆里吉斯的安宁一家世世代代都是化石收集者。这里的峭壁常年受到海水侵蚀，侏罗纪时代的石灰岩和页岩岩层已显露出来，里面藏有大量古代海洋生物的残骸。最初的几具最大的独特化石都是这家人发现的。1811年，约瑟夫·安宁（Joseph Anning）发现了一个1.2米长的头骨，嘴部奇长，长满牙齿。他的妹妹玛丽·安宁找到这具骨架的

参见: 卡尔·林奈 74~75页, 查尔斯·达尔文 142~149页,
托马斯·亨利·赫胥黎 172~173页。

剩余部分, 总共卖了23英镑。这就是史上第一个已灭绝的"海洋巨兽"的完整化石。在伦敦展出后, 这个化石备受关注, 后被确定为一种已灭绝的海洋爬行动物的化石。该动物被命名为"鱼龙", 意思是"鱼类蜥蜴"。

安宁一家人后来又发现了更多的鱼龙, 以及第一个完整的蛇颈龙化石。蛇颈龙也是一种海洋爬行动物。他们还发现了英国第一个完整的翼龙化石及新的鱼类和甲壳类动物化石。在他们发现的鱼类化石中, 一部分是头足类动物箭石, 有些箭石的墨囊也被保存下来。安宁家族, 尤其是玛丽·安宁, 极具寻找化石的天赋。虽然生活贫苦, 但玛丽·安宁能读书识字, 还自学了地质学和分类学, 这使她成为一名效率更高的化石收集者。正如哈丽雅特·西尔韦斯特夫人 (Lady Harriet Sylvester) 于1824年所言, 玛丽·安宁"对这门科学了如指掌, 她发现骨化石的那一刻, 就知道它属于哪一族"。她因此成为辨别化石的权威人士, 尤其是辨别粪化石。

玛丽·安宁发现的化石展现了英国多塞特郡史前的生物景象, 这里曾是一片热带海岸, 生活着各种各样的动物, 但现在均已灭绝。1854年, 雕塑家便雅悯·瓦特豪斯·郝金斯 (Benjamin Waterhouse Hawkins) 和古生物学家理查德·欧文以这些化石为原型, 为伦敦水晶宫公园制作了一个原大小的鱼龙模型。虽然欧文创造了"恐龙"一词, 但正是因为玛丽·安宁, 我们才得以一睹侏罗纪时代的海洋生物。■

1830年, 贝施根据玛丽·安宁发现的化石创作了一幅画, 描述了多塞特郡侏罗纪时代的海洋生物。

玛丽·安宁

玛丽·安宁是一位自学成才的化石收集者。关于她的一生, 坊间可以找到数本传记和小说。她出生于英国多塞特郡一个贫穷的新教徒家庭, 她的母亲共生了10个孩子, 但仅有两个存活下来。他们一家人住在多赛特郡的一个海滨村庄, 名为莱姆里吉斯。当时, 很多游客到这里观光, 玛丽一家人靠挖掘化石卖给游客勉强维持生活。正是玛丽发现并出售了其中最重要的一些化石, 即生活在1.45亿~2.01亿年前侏罗纪时代爬行动物的化石。

因为玛丽是一名女性, 社会地位卑微, 并且不信奉国教, 所以她在有生之年并没有受到正式的认可。她曾在一封信中写道: "上天对我太刻薄了, 我担心这会让我不相信任何人。"但是, 她在地质学界广为人知, 很多科学家都因为她渊博的化石知识而向她寻求帮助。

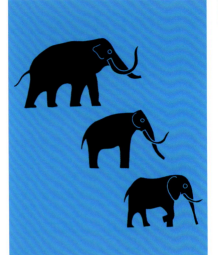

获得性状的遗传

让-巴普蒂斯特·拉马克（1744—1829年）

背景介绍

科学分支
生物学

此前

约1495年 列昂纳多·达·芬奇在笔记本中写道，化石是古代生物的残骸。

1796年 乔治·居维叶证明，新发现的化石属于灭绝的乳齿象。

1799年 威廉·史密斯指出化石在不同年代的岩层中的次序。

此后

1858年 查尔斯·达尔文提出自然选择进化论。

1942年 "现代综合论"将格雷戈尔·孟德尔的遗传学、达尔文的自然选择学说、古生物学和生态学综合在一起，试图解释新物种产生的原因。

2005年 埃娃·雅布隆卡和玛丽昂·兰布提出，环境和行为等非遗传性变化可能会影响进化。

1809年，法国自然学家让-巴普蒂斯特·拉马克最先提出了一个重要理论，即地球上的生物随时间不断进化。他提出这一理论的依据是人们已经发现了与现存生物完全不同的生物化石。1796年，法国自然学家乔治·居维叶已经指出，从解剖学的角度讲，当时发现的类似大象的骨化石与现代大象截然不同，一定属于某种灭绝的生物，我们现在称之为猛犸象和乳齿象。

居维叶解释，古代的生物因为大灾难而灭绝。拉马克对此表示怀疑，他认为，生物进化的过程是渐进的、持续的，是从最简单的生物进化为最复杂的生物。拉马克指出，环境变化可以促进生物性状的变化。这些变化通过繁殖遗传给下一代。有用的性状会不断发展，没用的可能会消失。

拉马克认为，生物获得某种

我们每天都会突然改变某种植物的生长环境，而自然界要经过漫长的时期才会做到。

——让-巴普蒂斯特·拉马克

性状后，会将这种性状遗传给后代。后来，达尔文指出，受孕期间发生的突变会通过自然选择传递给后代，这才是变化的根源。拉马克的获得性遗传理论因此遭到排斥。但是近年来，科学家指出，化学品、光、温度和食物等环境因素确实能够改变基因及基因的表现形式。■

参见：威廉·史密斯 115页，玛丽·安宁 116~117页，查尔斯·达尔文 142~149页，格雷戈尔·孟德尔 166~171页，托马斯·亨特·摩尔根 224~225页，迈克尔·叙韦宁 318~319页。

每种化合物都由两部分构成

约恩斯·雅各布·贝尔塞柳斯

（1779—1848年）

亚历山德罗·伏打发明电池，给新一代的化学家带来了灵感，约恩斯·雅各布·贝尔塞柳斯就是其中的一位重要人物。贝尔塞柳斯做了一系列实验，研究电对化学物质的影响。他提出了电化二元论，并于1819年发表。该理论指出，化合物由带有正负电荷的元素组成。

> 习惯了一种观点之后，人们往往会对其深信不疑，这会让我们无法接受反对这种观点的证据。
>
> ——约恩斯·雅各布·贝尔塞柳斯

1803年，贝尔塞柳斯与一位矿主共同制作了一个伏打电堆，想弄清楚电究竟是如何分解盐的。碱金属和碱土会向电堆的负极移动，而氧、酸和氧化物则会向电堆的正极移动。他总结道，盐这种化合物由一个带正电的碱性氧化物和一个带负电的酸性氧化物组成。

贝尔塞柳斯提出了电化二元论。该理论表示，化合物由其组成成分之间正负电荷的吸引而结合。虽然后来证明该理论并不准确，却引发了人们对化学键的进一步探索。1916年，科学家发现化合物是以离子键的形式结合的，其中原子失去或得到电子，形成相互吸引的原子，即离子。其实，这只是化合物中原子相互作用的一种方式。另一种方式则是通过共价键结合，即原子间形成共用电子对。■

参见：艾萨克·牛顿 62~69页，亚历山德罗·伏打 90~95页，约瑟夫·普鲁斯特 105页，汉弗莱·戴维 114页，奥古斯特·凯库勒 160~165页，莱纳斯·鲍林 254~259页。

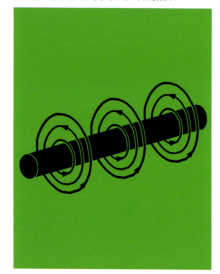

电流的作用并不限于导线内

汉斯·克里斯蒂安·奥斯特（1777—1851年）

背景介绍

科学分支
物理学

此前
1600年 威廉·吉尔伯特做了第一个有关电和磁的科学实验。

1800年 亚历山德罗·伏打发明了第一个电池。

此后
1820年 安德烈·玛丽·安培提出了电磁学的数学理论。

1821年 迈克尔·法拉第制造了第一台电动机，演示了电磁旋转现象。

1831年 迈克尔·法拉第和美国科学家约瑟夫·亨利分别发现了电磁感应现象。迈克尔·法拉第利用电磁感应发明了第一台发电机，将动能转化为电能。

1864年 詹姆斯·克拉克·麦克斯韦用一系列方程式来描述电磁波，也包括光波。

科学诞生之初，人们便开始寻找所有力和物质的潜在统一性，但是直到1820年才迎来了第一个重大突破。这一年，丹麦哲学家汉斯·克里斯蒂安·奥斯特发现了电与磁的关系。早在1801年奥斯特见到德国化学家及物理学家约翰·威廉·里特尔（Johann Wilhelm Ritter）时，就听他提起过电与磁的关系。奥斯特还曾受到哲学家伊曼努尔·康德（Immanuel Kant）的"自然具有统一性"这一思想的影响。此时，奥斯特正式开始研究这个问题。

偶然的发现

奥斯特在哥本哈根大学教书时，有一天想向学生展示伏打电堆产生的电流能够使导线变热、发红。他发现，每次接通电源时，导线旁边指南针的指针都会抖动一下。这是电磁关系的第一个证据。通过进一步研究，奥斯特确信，电流通过导线时产生了一个环形磁场。

奥斯特的发现促使欧洲的科学家迅速加入研究电磁学的队伍。同年晚些时候，法国物理学家安德烈·玛丽·安培（André-Marie Ampère）提出了有关这一新现象的数学理论。1821年，迈克尔·法拉第证明电磁力能够将电能转化为机械能。■

电流的作用似乎不仅限于导线内部，而是扩展到了导线周围的领域。

——汉斯·克里斯蒂安·奥斯特

参见：威廉·吉尔伯特 44页，亚历山德罗·伏打 90~95页，迈克尔·法拉第 121页，詹姆斯·克拉克·麦克斯韦 180~185页。

有一天，你会对此征税的

迈克尔·法拉第（1791—1867年）

英国科学家迈克尔·法拉第发现的电动机和发电机原理为电学革命铺平了道路。这场革命彻底地改变了现代世界，灯泡、电信等各种发明纷纷出现。法拉第本人曾预言，他的发现极具价值，可以为政府带来税收。

1821年，在听说汉斯·克里斯蒂安·奥斯特发现电磁关系之后几个月，法拉第解释了磁铁在载流导线周围及载流导线在磁铁周围的运动方式。载流导线周围会产生环形磁场，磁场会对磁铁产生切线方向的力，因此磁铁会做圆周运动。这就是电动机的原理。改变电流方向，载流导线的磁场方向也会随之改变，磁铁将做旋转运动。

发电

十年后，法拉第有了更为重要的发现，即运动的磁场能够产生感应电流。大约同一时期，美国物

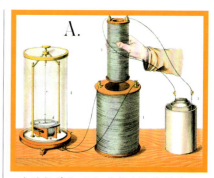

在法拉第证明电磁感应的装置中，电流在较小的电磁线圈中流动，而当该线圈在较大的电磁线圈中上下移动时，大线圈中也会产生电流。

理学家约瑟夫·亨利（Joseph Henry）也发现了这一现象。这就是发电的根本原理，即电磁感应将旋转涡轮产生的动能转化为电能。■

参见: 亚历山德罗·伏打 90~95页，汉斯·克里斯蒂安·奥斯特 120页，詹姆斯·克拉克·麦克斯韦 180~185页。

热量能够穿透宇宙中的一切物质

约瑟夫·傅里叶（1777—1831年）

背景介绍

科学分支
物理学

此前
1761年 约瑟夫·布莱克发现潜热，即在温度不变的情况下冰融化和水沸腾时所吸收的热量。他还研究了比热，这是物质升高温度所需要的一种特性。

1783年 安托万·拉瓦锡和皮埃尔-西蒙·拉普拉斯测定了一些物质的潜热和比热。

此后
1824年 尼古拉·萨迪·卡诺提出热能可以转化为机械能的热机定理，为热力学定律奠定了基础。

1834年 埃米尔·克拉佩龙指出，热能会不断扩散，由此建立了热力学第二定律。

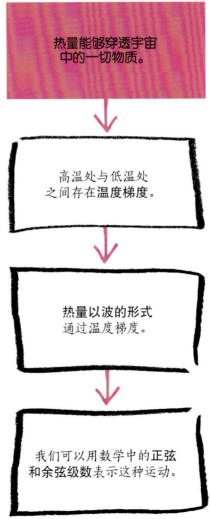

热量能够穿透宇宙中的一切物质。

↓

高温处与低温处之间存在**温度梯度**。

↓

热量以波的形式通过温度梯度。

↓

我们可以用数学中的**正弦和余弦级数**表示这种运动。

能量守恒定律是目前最基本的物理学定律之一，其表述如下：能量既不会凭空产生，也不会凭空消失，它只能从一种形式转化为另一种形式，或者从一个物体转移到别的物体，在转化和转移过程中其总量保持不变。法国数学家约瑟夫·傅里叶（Joseph Fourier）率先研究了热及热量如何从高温处传到低温处。

傅里叶对固体中的热传导及物体冷却放热十分感兴趣。此前，让-巴普蒂斯特·毕奥（Jean-Baptiste Biot）曾设想，热传播这一现象属于"超距作用"，在此过程中热量从高温处传到低温处。毕奥将固体中的热流划分为不同的部分，热传播的过程可以视为热量从一部分跳跃至另一部分，这样就可以利用传统公式对其加以研究。

温度梯度

傅里叶研究热流的方式完全不同，他关注的是温度梯度，即高温处与低温处之间的连续梯度。因

参见：艾萨克·牛顿 62~69页，约瑟夫·布莱克 76~77页，安托万·拉瓦锡 84页，查尔斯·基林 294~295页。

> 我们可以用数学对比各种各样的现象，并发现连接这些现象的隐藏的类比关系。
>
> ——约瑟夫·傅里叶

为温度梯度无法用传统公式量化，所以傅里叶发明了新的数学方法。

傅里叶的研究重点在于波，他试图用数学方法来表示。傅里叶发现，不管什么波形，每一次类似于波的运动，即温度梯度，都可以用数学方法将简单的波叠加起来估算。这些叠加的波就是三角函数中的正弦波和余弦波，可以用级数来表示。

这些波的运动方式一致，都是从波峰到波谷。叠加在一起的简单波越多，形成的波越复杂，并且可以用这种叠加方法估算任何一种波形。这种无穷的级数现被称为傅里叶级数。

1807年，傅里叶发表了自己的观点，却遭到批评，直到1822年才被人们接受。傅里叶并没有停止对热的研究，他在1824年又研究了地球从太阳那里吸收的热量及散失到太空中的热量之间的区别。他发现，考虑到日地距离，地球之所以温度适宜是因为大气中的气体将热量罩住，使其无法辐射到太空中，这一现象我们现在称为温室效应。

如今，傅里叶分析不仅应用在热传导领域，还可用于解决声学、电气工程、光学及量子力学等很多前沿科学中的问题。∎

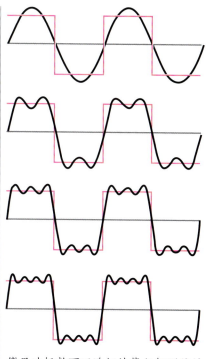

傅里叶级数可以近似计算任何形状的波，甚至包括方波在内（粉色所示）。在级数中增加越多的正弦波，结果就越接近于方波。级数中最开始的四个近似值（黑色所示）中，每一个都比前一个多了一个正弦波。

约瑟夫·傅里叶

约瑟夫·傅里叶出生在法国欧塞尔的一个裁缝家庭，十岁时父母双亡，被当地的修道院收养，后来进入军校学习。在军校里，他表现出独特的数学天赋。当时，法国正处于大革命的动荡之中。1794年，傅里叶与其他革命者争吵后被捕入狱，但很快又得到释放。

法国大革命结束后，傅里叶于1798年跟随拿破仑远征埃及。傅里叶受命担任埃及长官，负责研究古埃及文物。1801年，傅里叶回到法国，任阿尔卑斯大区伊泽尔的省地方长官。在此期间，他负责监管道路和排水系统建设，发表了自己对古埃及的开创性研究，并开始对热进行探索。1831年，傅里叶被绊倒后跌落楼梯，最终不治身亡。

主要作品

1807年　《热在固体中的传播》
1822年　《热的解析理论》

无机物人工合成有机物

弗里德里希·维勒（1800—1882年）

1807年，瑞典化学家约恩斯·雅各布·贝尔塞柳斯提出，生物体内的化学物与其他化学物存在本质的区别。贝尔塞柳斯指出，这些独特的"有机"化学物只能由生物合成，一旦分解，就无法用人工的方式再次合成。他的思想与当时盛行的"生命力学说"正好吻合。生命力学说认为，生命具有特殊性，生物被赋予了化学家所无法参透的"生命力"。所以，当德国化学家弗里德里希·维勒通过开创性的实验证明有机物根本没有什么特别之处，而是和所有化学物都遵循一样的基本规则时，世界一片哗然。

我们现在知道，有机物由很多以碳元素为主的分子构成。这些分子确实是生命不可缺少的组成成分，但正如维勒发现的那样，很多都能用无机物合成。

尿素富含氮，广泛用于化肥中，因为氮是植物生长必需的原料。维勒是合成尿素的第一人。

化学领域的竞争对手

维勒的突破其实源于一次科学的较量。19世纪20年代初，维勒和另一位化学家尤斯图斯·冯·李比希（Justus von Liebig）分析两种截然不同的物质后却得出了相同的化学式。这两种物质一种是极具爆炸性的雷酸银，一种是较为稳定的氰酸银。这两位化学家都认为对方的结论是错误的，但是互通信件后，他们发现彼此都是正确的。这

参见: 安托万·拉瓦斯 84页, 约翰·道尔顿 112~113页, 约恩斯·雅各布·贝尔塞柳斯 119页, 利奥·贝克兰 140~141页, 奥古斯特·凯库勒 160~165页。

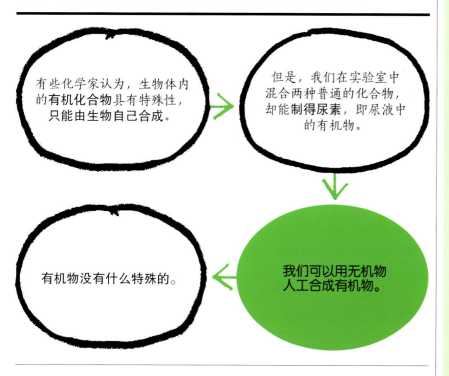

有些化学家认为, 生物体内的有机化合物具有特殊性, 只能由生物自己合成。

但是, 我们在实验室中混合两种普通的化合物, 却能**制得尿素**, 即尿液中的有机物。

我们可以用无机物人工合成有机物。

有机物没有什么特殊的。

弗里德里希·维勒

弗里德里希·维勒出生于德国法兰克福附近的埃申海默尔, 曾在海德堡大学学习产科学, 但化学才是他的兴趣所在。1823年, 维勒来到斯德哥尔摩跟随约恩斯·雅各布·贝尔塞柳斯学习。回到德国后, 维勒走上了化学研究和创新之路, 开启了自己辉煌的职业生涯。

维勒首次人工合成了有机物, 除此之外, 他还提炼出了铝、铍、钇、钛、硅等其他元素, 这些大多是与尤斯图斯·冯·李比希共同努力的结果。他还在"化学基"这一概念的提出上扮演了重要角色。化学基是指构成其他物质的基本分子团。虽然这一理论后来被推翻了, 却为今天我们对分子构成方式的理解奠定了基础。晚年时, 维勒成为陨石化学研究的权威人士, 他还帮助建立了一家纯化镍的工厂。

主要作品

1830年 《无机化学概论》
1840年 《有机化学概论》

一组化合物让化学家意识到, 物质的性质不仅由分子中原子的数量和种类决定, 还与原子的分布有关。同样的化学式可能代表性质不同、化学结构也不同的化合物。贝尔塞柳斯后来将这种化学式相同而结构不同的化合物称为同分异构体。

维勒的合成实验

维勒将氰酸银和氯化铵混合在一起, 本以为会得到氰酸铵, 结果却生成了一种与氰酸铵性质不同的白色物质。当他将氰化铅和氢氧化铵混合时, 也得到了这种白色粉末。经分析, 这种物质是尿素, 这种有机物是尿液的重要成分, 与氰酸铵化学式相同。根据贝尔塞柳斯的理论, 尿素只能在生物体内产生, 但维勒却用无机物合成了这种有机物。维勒给贝尔塞柳斯写了一封信, 信中写道: "我必须告诉您, 我不用肾脏也能制出尿素。" 他还解释, 尿素实际上是氰酸铵的同分异构体。

虽然人们很多年后才意识到维勒这一发现的重要性, 但它还是为现代有机化学的发展指明了方向。有机化学不仅揭示了所有生物对化学过程的依赖, 还实现了珍贵有机物的规模化生产。1907年, 酚醛塑料面世, 这是一种由两种有机物合成的聚合物, 从此人们进入了"塑料时代", 现代世界也因此塑造成形。■

风从不直着吹

古斯塔夫·加斯帕尔·科里奥利

（1792—1843年）

背景介绍

科学分支
气象学

此前

1684年 艾萨克·牛顿提出向心力的概念，指出做曲线运动的物体一定受到了外力的作用。

1735年 乔治·哈得来指出，信风是吹向赤道的风，原因是地球自转改变了气流方向。

此后

1851年 莱昂·傅科证明，地球自转改变了钟摆的摆动方向。

1856年 美国气象学家威廉·费雷尔指出，风的方向与等压线平行。等压线是指将气压相等的点连接起来形成的线。

1857年 荷兰气象学家白贝罗提出一条定律：如果北半球的人背风而立，那么低气压区位于人的左侧。

气流和洋流的运动方向并非直线。随着气流和洋流的运动，它们在北半球会向右偏转，在南半球会向左偏转。19世纪30年代，法国科学家古斯塔夫·加斯帕尔·科里奥利发现了这种现象背后的原理，也就是我们现在所说的科里奥利效应。

地转偏向力

科里奥利在研究转动的水轮时发现了这种现象，不过气象学家后来意识到，这种效应也适用于气流和洋流的运动方式。

科里奥利指出，当物体穿过一个旋转表面时，它获得的动量会使其做曲线运动。假设在一个旋转平台的中心向外抛一个球，这个球也会做曲线运动，虽然在平台之外的人看来，它做的其实是直线运动。

同理，在不断自转的地球表面，风向也会发生偏转。如果没

地球自转使得风在北半球向右偏转，在南半球向左偏转。

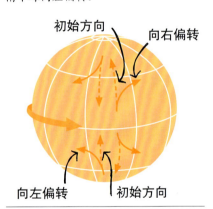

初始方向　向右偏转
向左偏转　初始方向

有科里奥利效应，风只会从高气压区沿直线吹向低气压区。事实上，风向是低气压对风的拉力及科里奥利力平衡后的结果。因此，在北半球，风以顺时针方向流向低气压区，在南半球则是逆时针方向。同样，洋流在北半球以顺时针方向流动，在南半球以逆时针方向流动，进而形成一个巨大的回环。■

参见：乔治·哈得来 80页，罗伯特·菲茨罗伊 150~155页。

论双星的颜色
克里斯蒂安·多普勒（1803—1853年）

背景介绍

科学分支
物理学

此前

1677年　奥勒·罗默通过研究木星的卫星估算出光的速度。

此后

19世纪40年代　荷兰气象学家白贝罗将多普勒频移应用于声波，法国物理学家伊波利特·斐索将多普勒频移应用于电磁波。

1868年　美国天文学家威廉·哈金斯利用红移计算出一颗恒星的运行速度。

1929年　埃德温·哈勃指出星系红移与星系和地球之间的距离有关，从而证明了宇宙在不断膨胀。

1988年　人们利用恒星的多普勒频移现象发现了绕其运转的行星（历史上第一次发现系外行星）。因为行星的引力影响了恒星的旋转，所以这颗恒星看起来摇摇晃晃。

光的颜色取决于光的频率，而频率的数值与每秒钟波源发出的波的数量相等。如果一个波源正接近我们，那么第二个波比第一个波距离我们更近，到达我们的时间与波源保持不动时更短。所以，如果波源和观察者相互接近，波的频率会增大；如果二者远离，频率会减小。这种现象适用于所有类型的波，包括声波在内，例如可以解释救护车通过时警笛的声调会由高变低。

用肉眼来看，大多数星星都是白色的，但是如果用望远镜观察，很多星星会呈现出红色、黄色或蓝色。1842年，奥地利物理学家克里斯蒂安·多普勒指出，有些星体之所以呈现红色，是因为它们正远离地球，在此过程中光波会越来越长。因为可见光中波长最长的是红光，所以这种现象被称为红移。

现在我们知道，星体的颜色主要取决于它的温度（温度越高，呈现的颜色越蓝），有些星体的运动可以通过多普勒频移探知。双星是相互环绕转动的两颗星，它们在旋转时会产生不断变化的谱线蓝移和谱线红移。■

天空呈现出一片奇妙的景观，我正后方的所有星星都是深红色的，而我正前方的星星都是紫色的，就像红宝石在我的后方，紫水晶在我的前方。
——奥拉夫·斯特普尔顿，《造星者》（1937）

参见：奥勒·罗默 58~59页，埃德温·哈勃 236~241页，杰弗里·马西 327页。

冰川是上帝的伟大工具

路易斯·阿加西斯（1807—1873年）

> 冰川后退会在途经的地表留下**特殊的印记**。

> 人们在**没有冰川**的地方发现了这些印记。

> 这些地方**过去**肯定被**冰川覆盖**。

冰川流经地表后会留下独特的印记。冰川能够使岩石变得平坦、圆滑，往往还会在其上留下条痕，这些条痕可以说明冰川的流动方向。此外，冰川还会从遥远的地方带来大小不一的石块，也就是漂砾。一般来说，漂砾容易辨认，因为它们的组成成分与下面的岩石有所不同。地表的岩石通常由河流搬运至别处，但很多漂砾十分巨大，河流是搬不动的。因此，如果众多岩石中存在与众不同的成员，那么它将是冰川曾经流经此地的明显标志。谷底的冰碛也是冰川作用的结果。冰碛由碎石堆积而成，冰川流过时，碎石被推向两侧，冰川消退时，它们就留在了那里。

岩石之谜

19世纪，地质学家将条痕、漂砾和冰碛等特征看作冰川流过的证据，但他们无法解释在地球上没有冰川的区域为何也会出现这种遗迹。当时，一种理论认为，岩石被

参见: 威廉·史密斯 115页，阿尔弗雷德·魏格纳 222~223页。

一次又一次的洪水搬运至此。洪水可以解释欧洲大部分基岩上方覆盖的"漂砾"（当时指泥沙及包括我们现在所说的漂砾在内的砂石）。当最后一次洪水消退时，这种物质便沉积下来。那些最大的漂砾原来可能在冰山里，而冰山消融后，它们便沉积下来。但是，这一理论无法解释所有的冰川遗迹。

冰河世纪

19世纪30年代，瑞士地质学家路易斯·阿加西斯（Louis Agassiz）用了几个假期的时间，在欧洲阿尔卑斯山研究冰川和峡谷。他发现，冰山遗迹到处都是，而不仅限于阿尔卑斯山上。如果地球曾经被更多的冰层覆盖，这种现象就可以得到解释。曾几何时，地球绝大部分都被冰盖覆盖着，而现在的冰川肯定是剩下的冰盖。不过，阿加西斯想先说服其他人再发表自己的理论。阿加西斯在阿尔卑斯山的老红砂岩中挖掘鱼化石时，曾见到了英国著名的地质学家威廉·巴克兰（William Buckland）。他给巴克兰看了有关冰河世纪理论的证据，巴克兰对此深信不疑。1840年，二人前往苏格兰，在那里寻找冰河作用的证据。此行结束后，阿加西斯在伦敦地质学会发表了自己的理论。虽然当时顶尖的地质学家巴克兰和查尔斯·莱尔都支持他的理论，但学会的其他成员却无动于衷。起初，地球曾几乎被冰层覆盖的说法还不如大洪水可信。不过，冰河世纪的理论后来逐渐得到人们的认可。如今，地质学有很多证据表明，地球在历史上曾多次被冰层覆盖。∎

阿加西斯首次提出，巨大的漂砾，比如爱尔兰凯尔谷中的漂砾，是古代冰川消退沉积下来的。

路易斯·阿加西斯

1807年，路易斯·阿加西斯出生在瑞士的一个小村庄。他学的是医学，却成为纳沙泰尔大学的自然历史学教授。他最初的科学研究是在法国自然学家乔治·居维叶手下完成的，其中包括给巴西的淡水鱼分类。此外，阿加西斯还承担了研究鱼化石的各种工作。19世纪30年代末，他的研究兴趣扩展至冰川和动物分类。1847年，他开始供职于哈佛大学。

阿加西斯自始至终都未接受达尔文的进化论，他认为物种是"上帝心里的想法"，所有物种都是由其生存环境专门设计的。他支持"多祖论"，这种理论认为不同人种拥有不同的祖先，但都是上帝创造的。由于他曾经的种族主义思想，他在现代的声誉已经严重受损。

主要作品

1840年 《冰川研究》
1842—1846年 《动物命名法》

自然界是一个统一的整体

亚历山大·冯·洪堡（1769—1859年）

背景介绍

科学分支
生物学

此前
公元前5世纪—公元前4世纪 古希腊作家发现，动植物及其周围环境之间存在着一种关系网。

此后
1866年 恩斯特·黑克尔创造了"生态学"一词。

1895年 欧根纽斯·瓦明出版第一本有关生态学的大学教科书。

1935年 阿瑟·坦斯利创造了"生态系统"一词。

1962年 蕾切尔·卡森在《寂静的春天》一书中，对杀虫剂的危害提出了警告。

1969年 "地球之友"组织成立。

1972年 詹姆斯·洛夫洛克在盖亚假说中将地球视为一个有机体。

生态学是研究有生命的世界与无生命的世界之间相互关系的科学。经过150多年的时间，它才成为一门重视科学研究的严谨的、系统的学科。1866年，德国进化生物学家恩斯特·黑克尔（Ernst Haeckel）创造了"生态学"（Ecology）一词。这个词源于希腊语"Oikos"，意为房子、居所、理念、学习、话语。不过，在他之前的德国博物学家亚历山大·冯·洪堡才被视为现代生态学思想的先驱。

通过大量的考察和写作，洪堡提出了一种新的科学方法。他将所有自然科学联系在一起，运用最新的科学仪器，不断地观察，并严谨地分析数据，以这种史无前例的方式试图将自然看成一个统一的整体。

鳄鱼的牙齿

虽然洪堡的整体观很新，但生态学的概念最早是从古希腊作家

> 引领我前行的主要动力是竭尽全力弄清楚物体之间的普遍联系，并将自然界描绘成一个由内力驱动并注入生机的统一整体。

——亚历山大·冯·洪堡

对自然历史的研究中发展而来的。公元前5世纪的希罗多德（Herodotus）就是其中一位作家。在他最早的一部有关"相互依赖"（也就是"互利共生"）的论述中，希罗多德描述，埃及尼罗河的鳄鱼会张开嘴让鸟儿为它清理牙齿。

百年过后，古希腊哲学家亚里士多德和他的学生泰奥弗拉斯托斯（Theophrastus）通过观察物种的迁徙、分布和行为，首先提出了"生态位"这一概念。生态位是指大自然中的一个特定地点，与物种生活方式之间是相互塑造的关系。泰奥弗拉斯托斯广泛地研究植

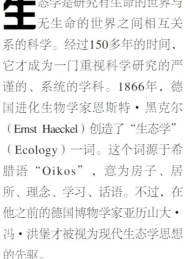

1803年，洪堡带领一行人登上了墨西哥的华鲁罗火山，此时该火山刚刚形成44年。洪堡通过研究不同植物的生长地点，将地质学、气象学和生物学联系起来。

参见: 让-巴普蒂斯特·拉马克 118页, 查尔斯·达尔文 142~149页, 詹姆斯·洛夫洛克 315页。

物, 撰写了大量的相关文章。他发现气候和土壤对植物生长和分布具有重要作用。他们师徒二人的观点影响了之后2000多年的自然哲学。

自然界的统一力量

洪堡的自然观继承了18世纪末的浪漫主义思想。浪漫主义强调感觉、观察和经验对理解世界统一性的价值, 与理性主义正好相反。与同时代的诗人约翰·沃尔夫冈·冯·歌德 (Johann Wolfgang von Goethe) 和弗里德里希·席勒 (Friedrich Schiller) 一样, 洪堡也倡导自然统一论及自然哲学和人文主义的观点。他的研究十分广泛, 包括解剖学、天文学、矿物学、植物学、商业和语言学, 这为他探索欧洲以外的自然世界提供了必要的广博知识。

正如洪堡所说: "看到外来植物, 即使是集中收藏的植物标本, 也会燃起我的想象力, 我真希望可以亲眼看到南半球的热带植物。" 洪堡与法国植物学家艾梅·邦普朗 (Aimé Bonpland) 在美洲进行了长达五年的考察, 这也是他最重要的一次探索。1799年6月出发时, 洪堡说: "我要收集植物和化石, 我要用最好的仪器进行天文学观测, 但这并不是我此行的主要目的。我要努力找寻自然力之间的相互作用, 以及地理环境对动植物的影响。简言之, 我必须弄清楚自然的和谐统一。" 最终, 洪

堡行如其言。

洪堡还在很多其他领域取得了成就。比如, 他测量了海水的温度, 并提出用 "等温线" 将温度相同的地点连接起来, 以此描述全球环境, 尤其是气候的特点, 并绘制等温线图, 然后对比不同国家的气候条件。

洪堡还是第一个研究气候、高度、纬度和土壤等物理条件对生物分布影响的科学家。在邦普朗的帮助下, 洪堡绘制了安第斯山脉从海平面到高海拔地区的动植物变化图。1805年, 也就是从美洲回来的那年, 洪堡发表了自己对美洲地

理的研究, 总结了自然的内部关联性, 并绘制了垂直植被带分布图。多年后, 通过对比安第斯山脉、阿尔卑斯山脉、比利牛斯山脉、拉普兰德地区、特内里费岛及喜马拉雅山脉的植被带, 洪堡于1851年描述了全球的植被带分布规律。

定义生态学

黑克尔创造 "生态学" 一词时, 遵循的也是生物和环境相统一的传统观点。作为一位充满热情的进化论者, 黑克尔受到了查尔斯·达尔文的启发。达尔文于1859年出版

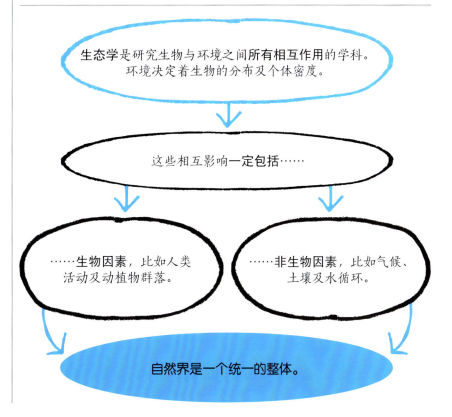

《物种起源》一书，推翻了世界保持不变的观点。黑克尔对自然选择的作用表示怀疑，但相信环境在进化和生态学中扮演着重要角色。

19世纪末，丹麦植物学家欧根纽斯·瓦明（Eugenius Warming）在大学开设了第一门生态学课程，他还于1895年出版了第一本生态学教材《植物生态学》。在洪堡的开创性研究的基础上，瓦明根据动物与环境尤其是气候之间的相互关系，进一步划分了全球植物的地理分布，即生物群落，比如热带雨林生物群落。

个体与群落

20世纪初，生态学的现代定义发展为研究生物与其周围环境相互关系的科学。这种相互关系决定着生物的分布及个体密度，包括生物的环境在内。环境则涵盖了影响生物的所有因素，既有生物因素，又有非生物因素（比如土壤、水、空气、温度和光照等）。现代生态学的范围很广，有个体生物、同种个体生物组成的生物种群，还有生活在一定环境中的各种生物组成的生物群落。

在这些基本的生态学术语和概念中，很多都是在20世纪最初几十年由几位走在前列的生态学家提出的。1916年，美国植物学家弗雷德里克·克莱门茨（Frederic Clements）首次提出了生物群落的

这一连串的中毒似乎取决于最先积聚毒性的微小植物。

——蕾切尔·卡森

概念。他认为，随着时间的推移，某一特定区域的植物会经历一系列的生态演替，从最开始的先锋群落发展为最理想的顶级群落。在此期间，不同物种组成的群落不断相互适应，形成一个联系紧密、互利共生的单位，就像人体的器官一样。克莱门茨将生物群落比作"复杂的生物体"，起初遭到了批评，却影响了后来的思想。

1935年，英国植物学家阿瑟·坦斯利（Arthur Tansley）提出了"生态系统"的概念，其生态整合程度要高于生物群落。一个生态系统既包括生物因素，也包括非生物因素，二者的相互作用形成了一个稳定的体系，能量（通过食物链）持续地从环境中流到生物体内。生态系统的规模可大可小，它可以小到一个水洼，大到海洋甚至整个地球。

通过对动物群落的研究，英国生物学家查尔斯·埃尔顿（Charles Elton）于1927年提出了"食物链"

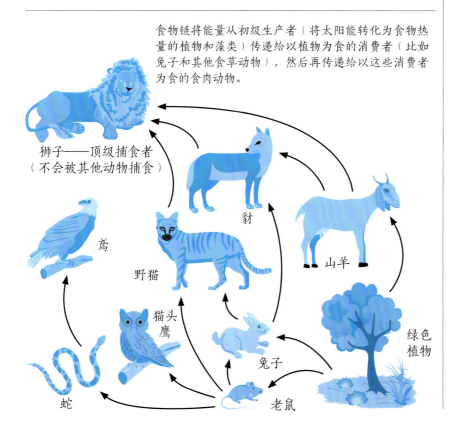

食物链将能量从初级生产者（将太阳能转化为食物热量的植物和藻类）传递给以植物为食的消费者（比如兔子和其他食草动物），然后再传递给以这些消费者为食的食肉动物。

狮子——顶级捕食者（不会被其他动物捕食）

豺

山羊

鸢

野猫

猫头鹰

兔子

绿色植物

蛇

老鼠

蕾切尔·卡森（右）促使人们开始关注环境污染的破坏性影响，为科学及公众对生态学的了解做出了重大贡献。

和"食物循环"的概念。能量通过生态系统从初级生产者（比如陆地上的绿色植物）传递给一系列的消费者，形成食物链。埃尔顿还发现，某些生物群会长期在食物链中占据一定的位置。埃尔顿所谓的生态位不仅包括环境，还包括这些生物赖以生存的资源。美国生态学家雷蒙德·林德曼（Raymond Linde-man）和罗伯特·麦克阿瑟（Rob-ert MacArthur）研究了能量通过营养级的传递方式。他们的数学模型使生态学从一门以描述为主的科学变为一门实验科学。

绿色运动

20世纪60年代和70年代，公众及学界对生态学的兴趣迅速提高，在多方关注及强有力的倡导者的推动下，环境运动发展起来。

美国海洋生物学家蕾切尔·卡森（Rachel Carson）就是其中的一位倡导者。她在1962年出版的《寂静的春天》（*Silent Spring*）一书中，描述了杀虫剂DDT等人造化学品对环境造成的有害影响。1968年，阿波罗8号的宇航员在太空中拍摄了第一张地球照片，公众由此意识到地球多么脆弱。1969年，"地球之友"建立，这个组织的宗旨是

"确保地球能够养育各种各样的生物"。环保、清洁和可再生能源、有机食品、资源回收利用，以及可持续发展都列入了北美和欧洲的政治议程，各国纷纷根据生态学建立环保机构。近几十年来，人们越来越关注全球气候变化及其对环境和生态系统的影响，但是很多地方的生态系统仍因为人类活动而受到威胁。■

亚历山大·冯·洪堡

亚历山大·冯·洪堡生于柏林一个富裕的名门之家，曾在法兰克福大学学习金融，在哥廷根大学学习自然历史学和语言学，在汉堡大学学习语言和商业，在弗赖堡大学学习地质学，在耶拿大学学习解剖学。1796年母亲去世，洪堡继承了一笔可观的财产，遂得以游历美洲。1799年至1804年，洪堡在植物学家艾梅·邦普朗的陪伴下到美洲探险。他使用最新的科学仪器测量了很多数据，涵盖植物、人口、矿物、气象学等诸多方面。回来后，洪堡的声誉传

遍欧洲。他定居巴黎，用了21年的时间处理收集到的数据，并将其发表，共成卷30册。后来，他又将自己的理论进一步综合，写成四卷本的《宇宙》。洪堡于1859年卒于柏林。《宇宙》的第五卷本在其死后由他人完成。达尔文称洪堡为"有史以来最伟大的旅行科学家"。

主要作品

1825年 《新大陆热带区域旅行记》
1845—1862年 《宇宙》

光在水中的速度小于在空气中的速度

莱昂·傅科（1819—1868年）

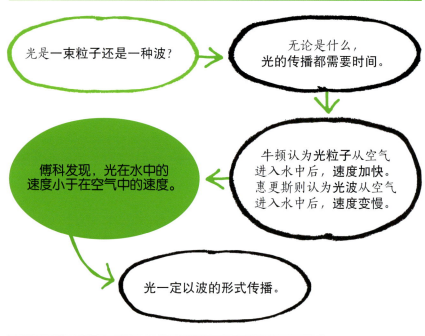

光是一束粒子还是一种波？

无论是什么，光的传播都需要时间。

牛顿认为光粒子从空气进入水中后，速度加快。惠更斯则认为光波从空气进入水中后，速度变慢。

傅科发现，光在水中的速度小于在空气中的速度。

光一定以波的形式传播。

17 世纪，科学家开始对光的研究，并且试图弄清楚光的速度是否有限，是否可测。1690年，克里斯蒂安·惠更斯提出光是一种压力波，在一种被叫作"以太"的神奇流体中传播。惠更斯认为光是一种纵波，并预测这种波在玻璃或水中的传播速度小于在空气中的传播速度。1704年，艾萨克·牛顿

发表光学理论，认为光是一束"颗粒"或微粒。光的折射是指光从一种透明介质斜射入另一种介质时传播方向发生改变的现象。牛顿对此的解释是，光从空气进入水中后，传播速度变快。

当时，光速的计算主要依靠天文现象，得出的是光在天空中的传播速度。第一次在地球上测量光

参见: 克里斯蒂安·惠更斯 50~51页, 奥勒·罗默 58~59页, 艾萨克·牛顿 62~69页, 托马斯·杨 110~111页, 詹姆斯·克拉克·麦克斯韦 180~185页, 阿尔伯特·爱因斯坦 214~221页, 理查德·费曼 272~273页。

> 最重要的是，我们必须做到精确，这是我们要认真履行的一项义务。

——莱昂·傅科

速是由法国物理学家伊波利特·斐索于1849年完成的。他将一束光线从旋转齿轮的一个齿槽射出，光线被放置在8千米以外的镜子反射回来。通过调整齿轮的旋转速度，返回的光线恰好穿过齿轮的下一个齿槽。通过精确计算齿轮旋转的速度、时间和距离，斐索计算出的光速为313000km/s。

反驳牛顿

1850年，斐索与同是物理学家的莱昂·傅科共同测量光速。傅科改装了斐索的装置，使之变得更小。他用一面转动的镜子来反射光线，而不是让光线通过齿轮。当转动的镜子处于某一角度时，射向它的光线恰好会被反射到远处一面固定的镜子上。从这面镜子上反射回来的光线会再次被转动的镜子反射回去，但是因为镜子转动的同时光在传播，所以光不会直接返回至光源。通过测量光源射出光线与转动镜子反射回来的光线之间的角度，以及镜子的转动速度，就可以计算出光速。

在上述装置中的转动镜子与固定镜子中间放置一管水，就可以测量光在水中的传播速度。傅科利用这个装置证明了光在水中的传播速度小于在空气中的传播速度。因

此，他指出光不可能是一种粒子。这个实验被视为对牛顿粒子说的一种反驳。傅科进一步完善装置，于1862年计算出光在空气中的传播速度为298000 km/s，这与目前测定的光速299792 km/s非常接近。∎

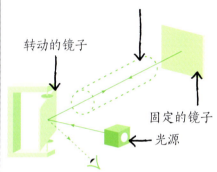

一管水（用于测量光在水中的传播速度）

转动的镜子

固定的镜子

光源

反射回来的光线

在傅科的实验中，通过测量一束光线在转动镜子和固定镜子中间来回反射后的夹角，就可以计算出光速。

莱昂·傅科

莱昂·傅科生于法国巴黎，主要在家中接受教育，后来到医学院读书，同时跟随细菌学家阿尔弗雷德·多内（Alfred Donné）做研究。因为晕血，傅科很快放弃了医学，成为多内的实验助手。他发明了一种用显微镜拍摄照片的方法，后来与伊波利特·斐索一起拍摄了史上第一张太阳的照片。除测量光速以外，傅科还因证明地球自转而闻名。傅科在1851年使用钟摆证明地球的自转，后又用回转仪进行证明。

虽然他在科学方面并没有受过正规教育，巴黎皇家天文台却为他提供了一个职位。他还是多个科学学会的会员。他的名字与其他71位法国科学家共同被刻在了埃菲尔铁塔上。

主要作品

1851年 《用钟摆实验证明地球自转》

1853年 《论光在空气和水中的相对传播速度》

生命力也许可以转化为热量

詹姆斯·焦耳（1818—1889年）

能量守恒定律指出，能量不会凭空消失，只会从一种形式转化为另一种形式。不过，在19世纪40年代，科学家对于能量是什么只有一个模糊的概念。改变这一现状的是英国一个酿酒厂厂主的儿子，他证明了热量、机械运动和电是可以相互转化的能量，并指出一种能量转化为另一种能量时，总量保持不变。这个人就是詹姆斯·焦耳。

能量转换

焦耳的实验开始于自己家中的实验室。1841年，他计算出一定量的电流能够产生多少热量。焦耳还研究了机械运动转化为热能的问题。他设计了一个实验，实验中一个重物落下使水中的叶轮转动起来，水温因此升高。通过测量水温升高的度数，焦耳计算出一定量的机械运动能够生成多少热量。他进而断言，转化过程中没有能量消失。他的理论一开始基本没有引起任何重视，直到1847年德国物理学家亥姆霍兹（Hermann Helmholtz）在发表的论文中总结了能量守恒定律，后来焦耳又在牛津的英国学会上展示了自己的研究。能量的国际单位焦耳就是以他命名的。■

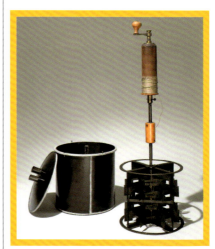

在焦耳的实验中，落体驱动叶轮在一桶水中转动，动能因此转化为热能。

参见: 艾萨克·牛顿 62~69页, 约瑟夫·布莱克 76~77页, 约瑟夫·傅里叶 122~123页。

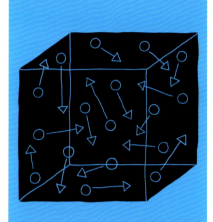

分子运动的
统计分析
路德维希·玻尔兹曼（1844—1906年）

背景介绍

科学分支
物理学

此前

1738年　丹尼尔·伯努利提出，气体由运动的分子组成。

1827年　苏格兰植物学家罗伯特·布朗发现花粉会在水中运动，后来这一现象被称为布朗运动。

1845年　苏格兰物理学家约翰·沃特森运用统计方法描述了气体分子间能量的分布。

1857年　詹姆斯·克拉克·麦克斯韦计算出分子的平均速率及分子间的平均距离。

此后

1905年　阿尔伯特·爱因斯坦用数学方法分析了布朗运动，证明该运动是分子作用的结果。

19世纪中叶，原子和分子占据化学领域的核心地位，大多数科学家都知道，它们是确定元素和化合物性质的关键所在。几乎所有人都认为，分子和原子不会与物理有什么关系。但是，到了19世纪80年代，奥地利物理学家路德维希·玻尔兹曼（Ludwig Boltzmann）提出气体分子运动论，将原子和分子推到了物理学的核心。

在人类为了生存和进化而斗争的过程中，可用能源变得岌岌可危。
——路德维希·玻尔兹曼

早在18世纪初，瑞士物理学家丹尼尔·伯努利就提出，气体由大量运动的分子构成。正是由于分子的作用，产生了气压和分子动能（分子运动所具有的能量），进而产生了热能。19世纪40年代和50年代，科学家开始意识到，气体的性质反映了无数粒子的平均运动。1859年，詹姆斯·克拉克·麦克斯韦计算出分子的平均速率，以及分子间的平均距离，并证明温度可以用来衡量分子的平均速率。

统计学的中心地位

玻尔兹曼揭示了统计学的重要性。他指出，物质的性质只是基本的运动定律和概率统计的结合。根据这一原理，他计算出玻尔兹曼常数，用公式将气压和气体体积与分子的数量和能量联系起来。■

参见：约翰·道尔顿 112~113页，詹姆斯·焦耳 138页，詹姆斯·克拉克·麦克斯韦 180~185页，阿尔伯特·爱因斯坦 214~221页。

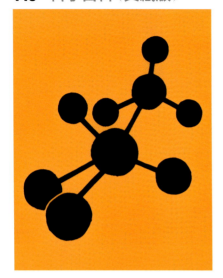

发明塑料并非我的本意

列奥·贝克兰（1863—1944年）

19世纪合成塑料的发明为制造新材料打开了大门。各种各样的固体材料纷纷涌现，它们与以往的材料迥然不同——质轻、耐腐蚀、几乎可以做成人们想要的任何形状。虽然自然界中存在着天然塑料，但是我们现在广泛使用的塑料完全是合成的。1907年，美籍比利时人列奥·贝克兰（Leo Baekeland）制造出第一种获得商业成功的塑料，也就是酚醛塑料。

塑料的特殊性能得益于分子的形状。除极少数情况以外，塑料都是由高分子化合物即聚合物组成的，聚合物又由很多小分子即单体组成。自然界中只有几种天然聚合物，比如植物中主要的木质成分纤维素。

虽然在19世纪最初十年，过于复杂的天然聚合物分子还无人参

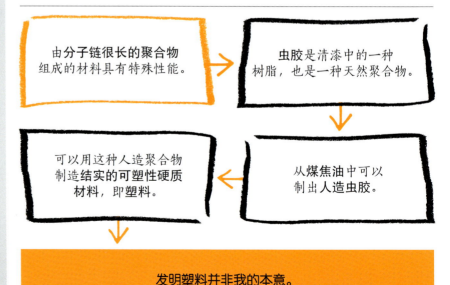

由分子链很长的聚合物组成的材料具有特殊性能。

虫胶是清漆中的一种树脂，也是一种天然聚合物。

可以用这种人造聚合物制造**结实的可塑性硬质材料**，即**塑料**。

从煤焦油中可以制出人造虫胶。

发明塑料并非我的本意。

参见: 弗里德里希·维勒 124~125页, 奥古斯特·凯库勒 160~165页, 莱纳斯·鲍林 254~259页, 哈里·克罗托 320~321页。

> 我正试着做一种硬质材料, 但随后我认为还是应该做一种软质材料, 一种可以被塑造成各种形状的材料, 于是我就想到了塑料。
>
> ——列奥·贝克兰

透, 但有些科学家已经开始探索如何通过化学反应合成聚合物。1862年, 英国化学家亚历山大·帕克斯 (Alexander Parkes) 合成了一种纤维素, 他将其命名为"帕克辛"。几年后, 美国人约翰·海厄特 (John Hyatt) 制出了另一种纤维素, 后来被称为"赛璐珞"。

模仿大自然

19世纪90年代, 贝克兰发明了世界上第一种照相纸后, 将其卖给了柯达公司, 然后购买了一座带有实验室的房子。贝克兰开始在这个实验室里合成虫胶。虫胶是由雌性甲虫分泌的一种树脂。它是一种天然聚合物, 家具等物体涂上它后表面会变得坚固光亮。贝克兰发现, 用煤焦油制得的酚树脂和甲醛混合后可以制出一种虫胶。1907年, 贝克兰在树脂中加入各种粉末, 制成了一种非同寻常的可塑性硬质塑料。

这种塑料的化学结构十分复杂, 贝克兰简单地称其为酚醛塑料。酚醛塑料是一种热固性塑料, 即在受热的条件下可以固化的塑料。因为它具有绝缘、耐热的特性, 所以很快便被用于制造收音机、电话及绝缘体, 其他更多的用途也随之出现。

我们现在拥有数千种合成塑料, 比如普列克斯玻璃、聚乙烯、低密度聚乙烯、赛璐玢等, 每种塑料都有其各自的性能和用途。绝大多数塑料的主要成分是石油或从天然气中提炼出的碳氢化合物 (由碳和氢两种元素组成的有机化合物)。近几十年来, 人们在塑料中加入碳纤维、纳米管及其他物质可以制成超轻、超高强度的塑料, 比如凯夫拉。∎

耐热绝缘的酚醛塑料是制造电话、收音机等电器设备外壳的理想材料。

列奥·贝克兰

列奥·贝克兰出生于比利时的根特市, 在当地完成了大学学业。1889年, 他受聘为化学副教授, 娶塞莉娜·斯瓦茨为妻。在纽约度蜜月时, 贝克兰见到了当时一家著名摄影公司的老板理查德·安东尼。贝克兰对照相的研究深深地吸引了安东尼, 于是安东尼请他做化学顾问。贝克兰因此搬到美国, 很快做起了生意。

贝克兰发明了第一种照相纸, 名为维洛克斯 (Velox), 之后又发明了酚醛塑料, 这给他带来了巨额财富。除塑料外, 贝克兰还拥有多项发明, 总共注册了50多项专利。晚年的时候, 贝克兰过着古怪的隐居生活, 只吃罐装食品。1944年, 贝克兰去世, 被葬于纽约的睡谷公墓。

主要作品

1909年《宣读于美国化学学会上有关酚醛塑料的论文》

自然选择

查尔斯·达尔文（1809—1882年）

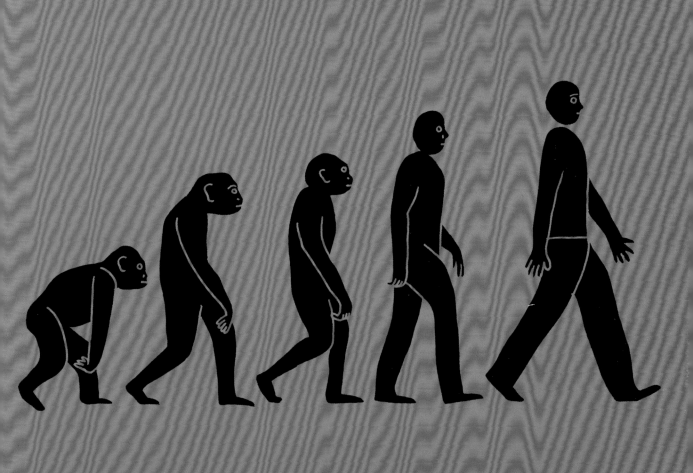

背景介绍

科学分支
生物学

此前

1794年 伊拉斯谟·达尔文（达尔文的祖父）在《生物学》一书中对进化论曾有表述。

1809年 让-巴普蒂斯特·拉马克提出一种进化论观点，认为生物通过获得性状的遗传不断进化。

此后

1937年 特奥多修斯·多布然斯基公开实验证据，证明了生物进化的遗传基础。

1942年 恩斯特·迈尔将物种定义为物种是由种群组成的，种群之间可以相互配育。

1972年 奈尔斯·埃尔德雷德和史蒂芬·杰伊·古尔德提出，生物的进化是一个长期稳定与短暂剧变交替的过程。

因为食物和生活空间等是有限的，所以大多数生物的后代并**不能完全存活**。

后代在很多方面彼此不同。

这里的不同指的是**有些后代更加适应生存竞争**。

如果这些个体**将有利的特征传递给自己的后代**，那么这些后代也能够生存下来。

我将这一过程称为"自然选择"。

英国自然学家查尔斯·达尔文绝对不是第一个提出以下说法的科学家：动植物及其他生物并非固定不变的，或者并非"永恒不变的"。与很多前人一样，达尔文也认为生物物种是随时间不断变化或演变的。他的伟大贡献在于描述了生物的进化过程，也就是他所说的"自然选择"。在1859年出版的《物种起源》一书中，达尔文提出了进化论的中心思想。他把这本书称为"一部长篇争辩"。

"供认一桩谋杀案"

《物种起源》一开始便遭到学界及大众的非议。这本书没有提到宗教教义，当时人们大多认为物种是上帝创造的。达尔文在书中的思想逐渐改变了人们看待自然世界的角度。他的核心思想是现代生物学的基础，为过去及现在的生命形态提供了一种简单却极有力的解释。

达尔文在几十年的著书过程中深知自己的著作可能会亵渎神灵。在《物种起源》出版15年前，达尔文向他的挚友植物学家约瑟夫·胡克坦言，他的理论根本不需要上帝，也不需要永恒不变的物种，"光明最终到来，我几乎确信（与我最初的想法截然不同）物种并非永恒不变的（这就像在供认一桩谋杀案）"。

达尔文在博物学领域的研究可谓十分广泛，研究方法也十分谨慎和仔细，他对进化论的研究也是如此。他一步一个脚印，在研究过

参见: 詹姆斯·赫顿 96~101页,让-巴普蒂斯特·拉马克 118页,格雷戈尔·孟德尔 166~171页,托马斯·亨利·赫胥黎 172~173页,托马斯·亨特·摩尔根 224~225页,芭芭拉·麦克林托克 271页,詹姆斯·沃森与弗朗西斯·克里克 276~283页,迈克尔·叙韦宁 318~319页。

> 地球并不是在公元前4004年一次性创造而成的,而是始于大约100亿年前,并且现在仍在进行中。
>
> ——特奥多修斯·多布然斯基

程中收集了大量证据。在将近30年的时间里,达尔文综合了自己在化石、地质学、动植物和选择育种方面的广博知识,以及对人类学、经济学等诸多领域的了解,最终提出了自然选择进化论,这是历史上最重大的科学进步之一。

上帝的角色

在19世纪初的维多利亚时代,化石是学界广泛讨论的一个话题。有些人认为,它们是天然形成的具有某种形状的岩石,与生物没有任何关系。还有些人要么认为它们是造物主的杰作,被放在地球上用来试炼信徒,要么认为它们是生物的躯体,这些生物还存活在世界上的某个地方,因为上帝造物是完美的。

1796年,法国自然学家乔治·居维叶发现,猛犸、巨型树懒等化石是动物的遗迹,而这些动物已经灭绝。为了让这一观点与自己的宗教信仰相一致,居维叶提出,这种现象源于灾难,比如《圣经》中描述的大洪水。每次灾难会清除所有生物,然后上帝创造出新的物种置于地球。两次灾难之间,物种保持固定不变。这一理论被称为"灾变说",居维叶于1813年出版《研究导论》(*Preliminary Discourse*)后,这一学说变得广为人知。

不过,在居维叶著书立说之时,有关进化论的各种观点也已经开始流传。查尔斯·达尔文的祖父伊拉斯谟·达尔文(Erasmus Darwin)是一位自由思想家,他提出了有关进化论的早期版本。更具影响力的理论来自法国国家自然历史博物馆动物学教授让-巴普蒂斯特·拉马克。在1809年出版的《动物哲学》(*Philosophie Zoologique*)一书中,拉马克首次充

分地论述了进化论的观点。他从理论上阐明了生物在"复杂力"的作用下从简单到复杂的进化过程。生物的身体形态受到环境的影响,拉马克由此提出了用进废退学说:"经常使用的器官逐渐发达增大……不用的器官在不知不觉中逐渐退化……直到最后消失。"而后,这一更为发达的器官的性状会传递给后代,这一现象被称为获得性状的遗传。

虽然拉马克的理论基本上不可信,但后来达尔文却给予了他高度的评价,因为拉马克的理论表明,生物的变化可能并不是因为"超自然的干涉"。

小猎犬号航行

1831年到1836年,达尔文乘坐英国皇家海军舰艇小猎犬号进行环球旅行。在这艘勘探船上,达尔文有充足的时间思考物种的不变性。作为这次勘探的科学家,达尔文的任务是收集各种各样的化石及动植物标本,并在停靠港将其寄回英国。

这次漫长而艰巨的航行开拓了达尔文的视野,这位年仅20多岁的年轻人看到了数量惊人的各种生物。每当小猎犬号停靠时,达尔文都会仔细观察那里的自然

通过研究化石记录,乔治·居维叶证实,有些物种已经灭绝。但是,他认为这源于一系列的灾变事件,而非逐渐变化而来。

环境。1835年，他在加拉帕戈斯群岛收集了一群普通小鸟的标本，并对其进行描述。加拉帕戈斯群岛是太平洋的一个群岛，位于厄瓜多尔以西900千米左右。达尔文认为，这群鸟共有9个品种，其中6种是雀。

回到英国后，达尔文开始整理大量的数据，并负责组织人员撰写一份多卷本的报告，即《皇家海军舰艇小猎犬号航行之动物学》。在鸟类那一卷中，著名的鸟类学家约翰·古尔德（John Gould）指出，在达尔文收集的鸟类标本中，共有13个品种，都属于雀形目。但是，每种鸟的喙形状有所不同，可以适应不同的食物。

在他自己的畅销书《小猎犬号环球航行记》（*The Voyage of the Beagle*）中，达尔文写道："看到这些体型小巧、密切相关的鸟类在构造上的级进和多样性之后，人们确实会推想，这个群岛最初没有什么雀鸟，后来飞来一个物种，这个物种因为各种不同的原因发生了变异。"这是达尔文第一次公开提出进化论的最初想法。

对比物种

在加拉帕戈斯群岛发现的雀鸟物种后来被称为"达尔文雀"，但这并不是触发达尔文提出进化论的唯一因素。事实上，他的进化论思想是在小猎犬号航行期间不断加深的，尤其是在加拉帕戈斯群岛勘察期间。达尔文在这里发现了巨型陆龟，而每个岛屿上陆龟龟壳的形状都有细微差别，达尔文对此极感兴趣。此外，这里的嘲鸫也吸引了达尔文的注意。这种鸟也因岛屿不同而存在差异，但是它们的共性并不仅限于加拉帕戈斯群岛上，它们还与南美洲大陆上的物种类似。

达尔文指出，不同种类的嘲鸫可能由同一祖先进化而来。最初，这种鸟从南美洲大陆飞过太平洋到达加拉帕戈斯群岛，它们为了适应每个岛屿的环境和食物而不断

> 自然选择描述了这样一个原则：如果（某一特征的）微小变异有用，它就会被保留下来。
>
> ——查尔斯·达尔文

进化。对巨型陆龟、福克兰群岛的狐狸及其他物种的观察支撑了达尔文早期的结论。但是，达尔文十分清楚这种亵渎上帝的理论会导致什么样的结果，正如他所说："这些事实会动摇关于物种稳定性的说法。"

灵感的来源

1831年，在去南美洲的途中，达尔文读到了查尔斯·莱尔的《地质学原理》的第一卷。莱尔反对居维叶的灾变说和化石形成理论，而是将詹姆斯·赫顿的地质更新理论发展为"均变说"。他认为，在漫长的岁月里，地球不断地在波浪侵蚀和火山喷发等自然现象的作用下形成、改变、重新组成，这一过程如今仍在继续，没有必要援引上帝创造的灾难来解释这种现象。

在莱尔的影响下，达尔文从

这种巨型陆龟只发现于加拉帕戈斯群岛。在这个群岛的每个岛屿上，都有这种陆龟的独特亚种。达尔文在这里收集了支撑进化论的证据。

加拉帕戈斯群岛的雀鸟为了适应特定的食物，它们的喙进化成不同的形状。

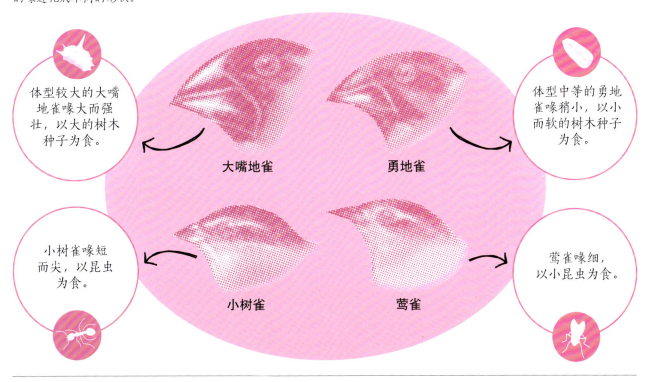

体型较大的大嘴地雀喙大而强壮，以大的树木种子为食。

大嘴地雀

勇地雀

体型中等的勇地雀喙稍小，以小而软的树木种子为食。

小树雀喙短而尖，以昆虫为食。

小树雀

莺雀

莺雀喙细，以小昆虫为食。

新的角度解读了地貌形成、岩石及他在航行过程中收集的化石，此时他正"通过莱尔的双眼"看待一切。不过，当他到达南美洲时，他读到了《地质学原理》的第二卷。在这一卷中，莱尔否定了动植物逐渐进化的思想，其中也包括拉马克的理论。他提出"创造中心"的概念来解释物种的多样性及分布。虽然达尔文很敬仰地质学家莱尔，但随着支撑进化论的证据越来越多，他不得不对莱尔的最新观点表示质疑。

1838年，达尔文读到了英国人口学家托马斯·马尔萨斯在40年前出版的《人口论》一书，从中得到了一些启示。马尔萨斯指出，人口数量呈指数式增长，25年后会翻一番，再过25年还会翻一番，以此类推。然而，食品供应的增长却没有这么快，所以会出现生存竞争。马尔萨斯的理论对达尔文的进化论起到了重要的启发作用。

默默无闻的岁月

在小猎犬号回到英国之前，达尔文就已出名，因为他寄回的标本引起了人们很大的兴趣。达尔文回国之后，他对这次航行既科学又通俗的描述更加提升了他的名气。但是，他的健康每况愈下，他渐渐地退出了公众视野。

1842年，达尔文搬至肯特郡平静安宁的唐恩小筑（Down House），继续收集支持进化论的证据。世界各地的很多科学家都给他寄来标本和数据。达尔文研究了动植物驯化及选择育种的作用，研究对象以鸽子为主。1855年，他开始饲养各种原鸽，《物种起源》前两章的主要内容都以此为基础。

通过对鸽子的研究，达尔文明白了个体间变异的程度与关联。当时普遍接受的观点是，环境因素是变异的主要原因，但达尔文反对这种观点，坚持认为繁殖才是主因，变异从某种程度上说是从父母那里遗传而来的。他将这一理论与马尔萨斯的理论结合起来，应用到自然界中。

多年后，达尔文在自传中回忆了1838年初次读到马尔萨斯《人口论》时的反应："我已经做好准备接受生存竞争的概念……我突然想到，在这种情况下，有利的变异可能会被保存下来，不利的变异会逐渐消失，结果就会产生新的物种……最后我终于找到了一个可以研究的理论。"

随着对变异的了解越来越深，到1856年，养鸽者达尔文认为，做出选择的不是人类而是自然界。他从"人工选择"一词想到了"自然选择"。

猛然醒悟

1858年6月18日，达尔文收到了英国年轻自然学家阿尔弗雷德·拉塞尔·华莱士写的一篇小论文。华莱士描述了自己的一个闪念，解释自己如何突然明白了进化论的过程，并询问达尔文的意见。达尔文惊奇地发现，华莱士的观点与自己研究了20多年的理论几乎不谋而

阿尔弗雷德·拉塞尔·华莱士和达尔文一样，通过广泛的野外考察提出了进化论。他先在亚马孙河盆地，后来在马来群岛进行勘察。

合。因为担心优先权的问题，达尔文找查尔斯·莱尔商量了一番。他们决定于1858年7月1日在伦敦林奈学会上同时发表达尔文和华莱士的论文。两位当事人都没有到场，与会者的反应也比较客气，并没有因为文章亵渎上帝而强烈反对。达尔文此时已经完成了自己的著作，因为论文并没有遭到非议，达尔文受到鼓舞，于1859年11月24日出版《物种起源》一书，上市第一天即售罄。

达尔文的理论

达尔文指出，物种并非永恒不变，而是不断进化的，促进这一变化的主要机制是自然选择。自然选择的过程基于两个因素。第一，因为气候、食物供给、竞争、捕食者和疾病的因素，生物的后代在出生后并不能全部存活，这就会导

致生存竞争。第二，某一物种的后代会发生变异，虽然有时变异很小，但是仍会出现。要达到进化的结果，变异必须满足两个条件。首先，变异必须对生存竞争和繁殖产生一定的影响，也就是说，它们必须促进繁殖的成功。其次，它们应该遗传给后代，使之具有这种进化优势。

达尔文表示，进化是一个缓慢渐进的过程。一种生物在适应新环境的过程中，会变成一个新的物

查尔斯·达尔文

1809年，查尔斯·达尔文出生于英国什鲁斯伯里，开始时他注定要继承祖业做一名医生。达尔文小时候有各种各样的爱好，比如收集甲虫。因为无心当医生，达尔文开始学习神学。1831年，他偶然得到一个机会，可以作为探险科学家跟随英国皇家海军舰艇小猎犬号进行环球航行。

航行结束后，达尔文在科学领域备受关注，他作为敏锐的观察者、可靠的实验家，以及才华横溢的作家而闻

名。他的著作涵盖珊瑚礁的形成及海洋无脊椎动物的研究，他还研究了近十年的藤壶，以及兰花的受精、吃昆虫的植物、植物的运动、家养动植物的变异等。晚年时，他还研究了人类的起源。

主要作品

1839年 《小猎犬号环球航行记》

1859年 《物种起源》

1871年 《人类起源和性选择》

> 我想我发现了（这是一种假设）物种巧妙地适应各种目的的简单方式。
>
> ——查尔斯·达尔文

种，与自己的祖先有所不同。与此同时，这些原先的物种可能会保持不变，也可能会因环境的变化而发生变异，抑或在生存竞争中失利，从而灭绝。

争论

　　自然选择进化论的阐述周密、详尽，且以事实为据，所以大多数科学家都接受了达尔文"适者生存"的观点。达尔文在著作中尽量避免提到人和进化的关系，他只写了这样一句话："人类的起源与历史终将得以阐明。"这句话的含义十分清晰，即人类是从其他动物进化而来的，这遭到了教会的抗议，以及多方的奚落。

　　达尔文像之前一样，从不想引人注目，他继续在唐恩小筑潜心研究。随着争论的升级，很多科学家都开始为达尔文辩护。生物学家托马斯·亨利·赫胥黎赞同人类从猿猴进化而来的观点，并极力支持达尔文的理论，他自称是"达尔文的斗犬"。但是，为什么有些特

征会传递给后代，有些则不会，以及特征是如何传递的，有关遗传机制的问题仍是一个谜。巧合的是，在达尔文出版图书之时，一位名为格雷戈尔·孟德尔的修士正在布鲁（现属捷克共和国）做豌豆实验。1865年，孟德尔发表了有关遗传性状的研究，为遗传学奠定了基础。但是，孟德尔的理论在当时并没有引起主流科学的重视，直到20

世纪遗传学的新发现与进化论结合，才形成了遗传机制。达尔文的自然选择学说仍是理解这一过程的关键所在。■

此幅讽刺漫画作于1871年，达尔文在这一年将进化论应用于人类，而这一点是他在早期研究过程中所竭力避免的。

天气预报

罗伯特·菲茨罗伊（1805—1865年）

背景介绍

科学分支
气象学

此前

1643年 埃万杰利斯塔·托里拆利发明了气压计。

1805年 弗朗西斯·蒲福制定了蒲福风力等级。

此后

1847年 约瑟夫·亨利提出，可以用电报提醒美国东海岸暴风雨正从西海岸袭来。

此外

1870年 美军通信兵团开始绘制全美气象图。

1917年 挪威卑尔根气象学派提出了锋面的概念。

2001年 统一表面分析系统运用功能强大的计算机极为细致地预测当地的天气。

150年前，预测天气仿佛是天方夜谭。英国海军军官及科学家罗伯特·菲茨罗伊船长改变了这种状况，给我们带来了现代天气预报。

其实，我们现在更为熟知的是菲茨罗伊曾担任过小猎犬号的船长，达尔文就是乘坐这艘船进行了环球航行，从而提出了自然选择进化论。但是，菲茨罗伊本人也是一位杰出的科学家。

1831年菲茨罗伊率领小猎犬号离开英国时，年仅26岁。不过，他此时已经拥有十多年的航海经验。他曾在格林尼治皇家海军学院学习，他是第一个以优异成绩通过中尉考试的学生。他甚至更早的时候曾带领小猎犬号到南美洲进行考察。因为没有注意到船上气压计的读数降低，他的船险些在巴塔哥尼亚海岸的暴风中遇难，他也因此认识到了研究天气的重要性。

> 拿一个气压计，两三个温度计，加上一些简单的操作和细心的观察（一边观察仪器，一边观察天空和大气），这就是在做气象学研究了。
>
> ——罗伯特·菲茨罗伊

海军中的气象先驱

天气预报领域的很多突破都源自海军军官，这并非偶然。在帆船时代，提前知道即将到来的天气状况十分重要。错过一场有利的风可能会造成巨大的经济损失，而在海上遇到风暴可能会人财两空。

有两位海军军官曾为气象学

罗伯特·菲茨罗伊

1805年，罗伯特·菲茨罗伊出生于英国萨福克郡一个贵族家庭。菲茨罗伊年仅12岁就加入海军，后来成为一名杰出的船长，在海上服役多年。他曾带领小猎犬号到南美洲进行两次重要的考察，其中一次环球航行就有查尔斯·达尔文同行。但是，菲茨罗伊是一位虔诚的基督徒，他反对达尔文的进化论。从海军退役后，菲茨罗伊被任命为新西兰总督，但因为他主张毛利人与英国移民享有同等的权利而遭到英国移民的强烈反对。1848年，菲茨罗伊回到英国，掌管英国海军的第一艘螺旋桨船，并在1854年英国气象局落成时被任命为局长。菲茨罗伊发明的很多方法为科学的天气预报奠定了基础。

主要作品

1839年 《小猎犬号航海记事》

1860年 《气压计手册》

1863年 《天气手册》

参见: 罗伯特・玻意耳 46~49页, 乔治・哈得来 80页, 古斯塔夫・科里奥利 126页, 查尔斯・达尔文 142~149页。

领域做出过重大贡献,其中一位是爱尔兰航海者弗朗西斯・蒲福(Francis Beaufort)。他制定了标准的风级,将风速或者说风力与海上及陆地上的特定情形联系起来。在此基础上,记录风暴强度得以实现,人们第一次系统地对比了风力。风力等级共分为12级,即从1级到12级。1级代表"软风",12级代表"飓风"。菲茨罗伊在小猎犬号航行过程中首次使用了蒲福风级,后来蒲福风级成为所有海军航行日志的标准。

另外一位海军气象先驱是美国人马修・莫里(Matthew Maury)。他绘制了北大西洋的风向和洋流图,帮助人们大大地缩短了航行时间,并且提高了航行的稳定性。他还提倡建立国际海洋及陆地气象服

菲茨罗伊发明天气预报系统之前,船员已经发现,飓风到来时会形成气旋,并且可以根据风向预测风暴的路径。

务系统,并且于1853年在布鲁塞尔召开会议,开始整理全球各地观察到的海上天气类型。

气象局

1854年,菲茨罗伊在蒲福的鼓励下,接受了建立英国气象局的任务。菲茨罗伊生性热情,并且极富洞察力,他比自己设想的走得更远。菲茨罗伊发现,在世界各地同时观察气象,不仅能够记录未曾发现的天气类型,实际上还可以预测天气。

当时,气象观测员已经知

不同**类型**的天气会**重复**出现。

每种天气在形成的过程中都会出现一定的迹象,比如体现在气压、风向和云型上。

不同类型的天气是**重复**的,人们可以**预测**其未来走向。

在**多个**位置进行观察,可以形成一张覆盖**大片地区**的天气类型"快照"。

通过这张"快照",气象学家可以预测天气。

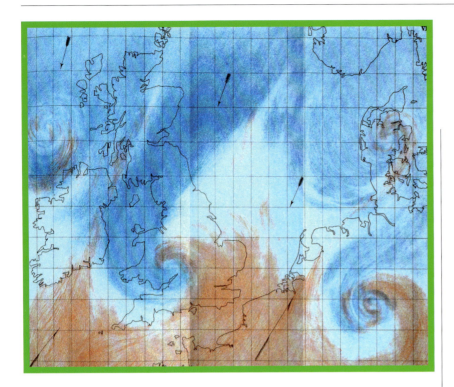

菲茨罗伊用蜡笔绘制每日气象图。左图绘于1863年，其中锋面气旋正将风暴带往北部地区，右下角显示飓风正在形成。

每个气象区以往的数据对天气做出预测。菲茨罗伊在各地雇用观测员，尤其在不列颠群岛的海上及港口。他还向法国和西班牙索取数据，持续观测天气在当时正是这两个国家盛行的做法。通过几年的努力，菲茨罗伊的观测员网络运行十分高效，他每天都可以收到一份西欧的气象图，其中的天气类型绘制得十分清晰，菲茨罗伊至少可以据此预测次日的天气变化。第一次全国性的天气预报由此诞生。

每日天气预报

当时，西欧建立了很多气象站。每天早上，气象站会将天气报告送到菲茨罗伊的办公室。一小时后，气象图便绘成了。这份天气预

道，在热带飓风中，风围绕低气压区旋转，形成气旋。他们很快发现，中纬度地带的大型风暴大多属于这种气旋类型。所以，人们可以通过风向辨别风暴正袭来还是在消退。

19世纪50年代，天气事件的记录更为完善，新的电报系统可以实现远距离通信，人们随即发现陆地上形成的气旋风暴向东移动，而海上形成的飓风（北大西洋热带风暴）向西移动。所以，如果北美的内陆地区出现风暴，人们可以发电报警告东部地区风暴即将到来。气象观测员已经知道，气压降低是风暴来袭的信号。如果用电报将气压降低的消息迅速通知相关地区，预警就可以更加提前。

气象图

菲茨罗伊明白，在广泛区域内定时系统地观测气压、温度、风速和风向是预测天气的关键。当这些观测数据用电报即刻发往他在伦敦的协调中心时，他就可以绘制出一张覆盖广阔区域的气象图。

这种全景式呈现气象条件的气象图，不仅能够大范围地显示当前的天气类型，还能对其进行追踪。菲茨罗伊意识到，天气类型是重复出现的，所以他知道自己可以根据以往的历史记录，判断天气类型在较短的时间内会如何变化。这为第一次详细的天气预报奠定了基础。

菲茨罗伊的一个重要举措就是将不列颠群岛划分为不同的气象区，收集当时的气象条件，并根据

我试图通过判断是否会出现糟糕天气来避免船只遇难。

——罗伯特·菲茨罗伊

报会立即发往《泰晤士报》，印刷后供人们阅读。第一次正式的天气预报于1861年8月1日面世。

菲茨罗伊在港口最显眼的位置建立了信号预警系统，通知人们是否有风暴来袭，并且来自什么方向。该系统效果显著，挽救了无数生命。

但是，有些船主对该系统十分反感，因为船长收到风暴预警后需要推迟起航时间。另外，天气预报的及时性也存在问题。报纸发行需要24小时时间，所以菲茨罗伊不能只提前预报一天的天气，而要提前两天，否则人们看到天气预报时已经没有用处了。他意识到，天气预报时间跨度越长，就越不可靠，所以他常常遭到奚落，尤其是《泰晤士报》会将预报错误撇得一干二净。

菲茨罗伊的遗产

面对既得利益者不断的讽刺挖苦，天气预报被叫停，菲茨罗伊也于1865年自杀身亡。英国政府发现他将自己的钱用于气象局的研究后，给他的家人做了补偿。但是，没过几年，面对船员的压力，菲茨罗伊的风暴预警系统再次广泛启用。如今，收听某一航海区域的详细天气情况及风暴预警是船员每天的重要职责之一。

随着通信技术的发展和气象数据的精细化，菲茨罗伊天气预报系统的价值在20世纪得以体现。

现代的预测技术

如今，全球各地分布着超过11000个气象站，还有无数的卫星、飞机和轮船不断向全球气象数据库发送信息。至少就短期而言，功能强大的超级计算机做出的天气预报是极为精确的。从乘坐飞机到运动赛事等各种活动都离不开天气预报。■

> 整理好爱尔兰（或其他任何气象区）发来的电报，经过适当思考后，做出第一次预测……立刻发出，以便迅速刊登发布。
>
> ——罗伯特·菲茨罗伊

右图中的气象站位于乌克兰的偏远山区，由卫星将温度、湿度和风向数据发送给预测天气的超级计算机。

一切生命均来自生命

路易·巴斯德（1822—1895年）

现代生物学告诉我们，生物只能通过繁殖产生生物。现在看来，这似乎不言自明，但是在生物学的基本原理还处于雏形阶段时，很多科学家都相信自然发生说，即生命可以自然生成。亚里士多德曾宣称，生物可以从腐烂的物质中生成。很多年以后，甚至有人相信可以从无生命的物质中创造出生物。例如在17世纪，比利时人扬·巴普蒂斯塔·范·海尔蒙特（Jan Baptista von Helmont）曾写道，把被汗浸湿的内衣和小麦放参见: 罗伯特·胡克 54页, 安东尼·范·列文虎克 56~57页, 托马斯·亨利·赫胥黎 172~173页, 斯坦利·米勒和哈罗德·尤里 274~275页。

很多生物只有在显微镜下才能被看到，它们悬浮在我们周围的空气中。

→

在这些微生物中，有的会使食物变坏或导致传染病。

→

有效地防止微生物侵染物体，防止微生物滋生，就不会使食物发生变化或导致传染病。

微生物不可能自然发生。一切生命均来自生命。

在一口缸里，敞开盖，就会产生老鼠。直到19世纪，自然发生说依然不乏支持者。不过，1859年法国微生物学家路易·巴斯德设计了一个巧妙的实验，推翻了自然发生说。巴斯德在研究过程中还证明了细菌这种微生物是传染病的根源。

在巴斯德之前，人们曾怀疑疾病或腐物与有机物存在一定的关系，但从未得到证实。在显微镜发明之前，认为自然界中存在肉眼看不到的微小生物似乎是一种怪

诞的想法。1546年，意大利医生吉罗拉摩·法兰卡斯特罗（Girolamo Fracastoro）描述了"传染病的种子"，已接近真相。但是，他并没有清晰地解释这些种子是可以繁殖的生物，所以其理论影响甚微。当时，人们认为传染病是腐物散发出的臭气造成的。因为对细菌这种微生物的本质没有一个清晰的认识，所以没有人能够正确理解传染病的传播与生命的繁殖其实是一枚硬币的正反两面。

第一次科学观察

17世纪，科学家试图通过繁殖研究较大生物的起源。1661年，英国医生威廉·哈维（因发现血液循环而闻名）解剖了一只怀孕的鹿，试图找到鹿胎的起源。他宣称，一切生命皆来自卵。他并没有找到鹿的卵，但这至少为后来的研究埋下了伏笔。

意大利医生弗朗切斯科·雷迪（Francesco Redi）是第一个找到实

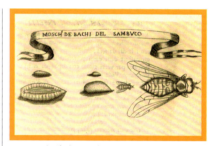

上图由弗朗切斯科·雷迪所作，旨在表明蛆变为蝇的过程。他通过研究证明，蛆不仅会变为蝇，蛆也是由蝇产生的。

验证据推翻自然发生说的人，至少就肉眼能看到的生物而言，自然发生说不可能成立。1668年，他研究了肉生满蛆的过程。他准备了两块肉，一块用牛皮纸包好，一块暴露在空气中，而只有后者生出了蛆，因为肉会引来苍蝇，苍蝇将卵产在了肉上。雷迪用棉布重复了上述实验，这块棉布沾染了肉的味道，也会引来苍蝇。他发现，这块棉布上的蝇卵可以使干净的肉生蛆。雷迪表示，蛆只能源自苍蝇，不可能自然生成。然而，雷迪的实验并没有

> "
>
> **在实验领域，机会只青睐那些准备好的人。**
> ——路易·巴斯德
>
> "

引起重视，甚至雷迪自己也不完全反对自然发生说。他认为在某些情况下，生物会自然发生。

很多人开始制造显微镜，并将其用于细致的科学研究，其中一位便是荷兰科学家安东尼·范·列文虎克。他发现，有些微小的生物用肉眼是看不见的，并且较大的生物繁殖所依靠的生物只有在显微镜下才能看到，比如精子。

当时，自然发生说已经在科学家的大脑中根深蒂固，很多人仍然认为这些微生物太小，不可能长有生殖器官，它们肯定是自然生成的。1745年，英国自然学家约翰·尼达姆（John Needham）开始证明自然发生说。他知道加热能够杀死微生物，所以他将羊肉汤倒入烧瓶中进行加热，以杀灭微生物，然后让其冷却。观察一段时间后，他发现微生物又出现了。因此他总结道，微生物是从无菌肉汤中自然生

> **我想说，自然发生说过去从未发生过，将来也绝不可能发生。**
> ——托马斯·亨利·赫胥黎

成的。20年后，意大利心理学家拉扎罗·斯帕兰扎尼（Lazzaro Spallanzani）重复了尼达姆的实验，但是他发现如果将空气从烧瓶中抽出，微生物就不会再次出现。斯帕兰扎尼认为，空气给肉汤"撒下了种子"，但是反对他的人认为空气实际上是新生成的微生物的"活力"。

从现代生物学的角度来看，尼达姆和斯帕兰扎尼的实验很容易解释。虽然加热可以杀灭大多数微生物，但是有些细菌可以变成休眠的耐热孢子，从而幸存下来。另外，大多数微生物与很多生物一样，需要从空气中获取氧气，生成营养所需的能量。不过，最重要的是这些实验很容易受到污染，即使刚刚接触新的环境，空气中的微生物也很容易在这种生长介质中滋生。所以，这些实验实际上都没有从根本上否定自然发生说。

确凿的证据

一个世纪以后，显微镜和微生物学已经有了十足的进步，以往实验存在的问题现在似乎可以解决了。路易·巴斯德的实验证明，空气中悬浮着各种微生物，可以侵染任何暴露在空气中的物体。他先用棉布过滤空气，然后分析了这块已

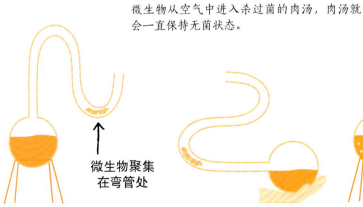

巴斯德的鹅颈瓶实验证明，只要有效地防止微生物从空气中进入杀过菌的肉汤，肉汤就会一直保持无菌状态。

空气可以进入管中

微生物聚集在弯管处

煮沸肉汤，杀灭其中的所有微生物。

肉汤冷却后，其中已没有微生物。

管子歪斜后，微生物回到肉汤中。

微生物很快又滋生起来。

经不再干净的过滤棉布。他用显微镜观察棉布中沾染的灰尘，发现其中满是微生物，与导致食物腐烂变质的微生物一样。疾病的传染似乎由微生物从空气中坠落所致。这一信息对巴斯德下一步实验的成功至关重要。他接受了法国科学院的任务，要彻底地推翻自然发生说。

正如100年前尼达姆和斯帕兰扎尼的实验一样，巴斯德也加热了一份营养丰富的肉汤，但是他对烧瓶做了重要的改进。他加热烧瓶的瓶颈，待玻璃软化后将其向下拉成鹅颈状的弯管。仪器冷却后，弯管的中间处会向下弯曲，这样即使温度适宜微生物的生长，或者弯管因为与外界空气相通而拥有充足的氧气，微生物也不可能落到肉汤中。微生物唯一的出现方式就是自然发生，而肉汤中并未再次出现微生物。

为了证明微生物需要通过空气污染肉汤，巴斯德重新做了一次实验。这次他折断了鹅颈状的弯管，结果肉汤受到了污染。他最终推翻了自然发生说，证明一切生命均来自生命。微生物不会在烧瓶的肉汤中自然产生，正如老鼠不会自然出现在肮脏的缸中一样。

自然发生说的回归

1870年，英国生物学家托马斯·亨利·赫胥黎发表了"生源论和自然发生说"的演讲，支持了巴斯德的研究成果。这是对自然发生说残余支持者的一次毁灭性打击，

标志着一门生物学科的诞生，这门学科稳固地建立在细胞学说、生物化学和遗传学理论的基础上。到19世纪80年代，德国医生罗伯特·科赫（Robert Koch）证明，炭疽热是通过细菌传播的。

然而，在赫胥黎演讲近百年之后，科学家开始研究地球的生命起源时，自然发生说再次成为焦点。1953年，美国化学家斯坦利·米勒（Stanley Miller）和哈罗德·尤里（Harold Urey）模拟了原始地球的大气条件，甲烷、氨、氢和水蒸气的混合物经过几个星期的火花放电后，生成了多种氨基酸。氨基酸是组成蛋白质的基本单位，也是活细胞的重要化学成分。米勒和尤里的实验再次掀起了证明生物产生于无生命物质的研究风潮，不过这一次科学家不仅配备了研究生物化学的仪器，还对数十亿年前生命的形成过程有了更深入的了解。■

我只观察事实，我只寻求让生命显现的科学条件。

——路易·巴斯德

路易·巴斯德

1822年，路易·巴斯德出生在法国的一户穷人家庭，后来成为科学界的泰斗。去世时，法国为他举行了国葬。

学习化学和医学之后，巴斯德开始了自己的职业生涯。他曾在法国斯特拉斯堡大学和里尔大学担任学术职务。

巴斯德首先研究的是化学晶体，但是他在微生物学领域更为著名。巴斯德发现，微生物会使酒和牛奶变酸。他发明了杀灭微生物的加热方法，即巴氏消毒法。他的微生物研究有助于建立现代的细菌理论。他在职业生涯后期发明了多种疫苗，并建立了专门研究微生物的巴斯德研究所。该研究所至今仍蓬勃发展。

主要作品

1866年《葡萄酒研究》

1868年《醋的研究》

1878年《微生物及其在发酵、腐化和传染中的作用》

蛇咬住了
自己的尾巴

奥古斯特·凯库勒（1829—1896年）

背景介绍

科学分支
化学

此前

1852年 爱德华·弗兰克兰提出化合价的概念。化合价是指一种元素的一个原子与其他元素的原子构成的化学键的数量。

1858年 阿奇博尔德·库珀指出，碳原子可以互相结合形成碳链。

此后

1858年 意大利化学家斯塔尼斯劳·坎尼扎罗解释了原子和分子的区别，并公布了原子量和分子量。

1869年 德米特里·门捷列夫列出元素周期表。

1931年 莱纳斯·鲍林利用量子力学的理论从整体上阐述了化学键的结构，尤其是苯分子的结构。

19世纪初期，化学的巨大进步从根本上改变了科学物质观。1803年，约翰·道尔顿指出，元素是由同一种原子构成的，并用原子量的概念解释为什么不同元素化合时，原子以整数比例结合。约恩斯·雅各布·贝尔塞柳斯研究了大约2000种化合物的化合比例，他发明的命名系统一直沿用至今，例如H代表氢，C代表碳。他还为当时已知的40种元素制定了原子量表，并创造了"有机化学"一词，用来表示研究有机物的化学，后来也泛指研究碳化合物的化学。1809年，法国化学家约瑟夫·路易·盖-吕萨克（Joseph Louis Gay-Lussac）指出，几种气体形成化合物时，是按体积比化合的，而体积比可以用很小的整数比表示。两年后，意大利人阿莫迪欧·阿伏伽德罗指出，相同体积的不同气体含有相同的粒子数。很显然，元素化合遵循着严格的规律。虽然原子

> 晚上我花了些时间，至少先把我的想法画在了纸上，结构理论就是这么产生的。
>
> ——奥古斯特·凯库勒

和分子仍然是人们无法直接看到的理论上的概念，它们却能够解释越来越多的现象。

化合价

1852年，英国化学家爱德华·弗兰克兰（Edward Frankland）提出了化合价的概念，即某种元素的一个原子能够结合其他原子的数量，迈出了理解原子化合方式的第一步。1858年，英国化学家阿奇博

每种元素的原子与其他元素的原子化合时构成的化学键的数量，被称为**化合价**。

在苯分子中，**碳原子**相互结合形成**苯环**，每个碳原子还分别与氢原子结合。

碳原子的化合价是4。

凯库勒在幻象中看到一条蛇咬住了自己的尾巴，由此想到了苯分子的结构。

参见: 罗伯特·玻意耳 46~49页, 约瑟夫·布莱克 76~77页, 亨利·卡文迪许 78~79页, 约瑟夫·普里斯特利 82~83页, 安托万·拉瓦锡 84页, 约翰·道尔顿 112~113页, 汉弗莱·戴维 114页, 莱纳斯·鲍林 254~259页, 哈里·克罗托 320~321页。

尔德·库珀（Archibald Couper）指出，碳原子可以互相结合形成碳链，分子就是原子结合而成的链状结构。因此，已知水由两部分氢和一部分氧组成，那么水的化学式就为H_2O，或H—O—H，其中"—"表示化学键。碳为四价，因此一个碳原子可以形成4条化学键，例如在甲烷（CH_4）中，氢原子在碳原子周围形成一个四面体。（现在，化学家用一条化学键表示两个原子之间的一个共用电子对，H、O和C分别代表相应原子的中心部分。）

库珀在巴黎实验室工作的同时，奥古斯特·凯库勒在德国海德堡也提出了相同的观点，并于1857年宣称碳为四价，于1858年提出碳原子可以相互结合。因为库珀的论文没有及时发表，凯库勒在他之前一个月发表了自己的理论，成为碳原子自相连接学说的创立者。凯库勒将原子间的化学键称为"亲和力"，并在《有机化学教程》（*Textbook of Organic Chemistry*）一书中进行了颇为详细的解释。这本书出版于1859年。

碳化合物

凯库勒根据化学反应得出了碳化合物的理论模型，并指出四价碳原子相互连接形成"碳架"，具有各种化合价的其他原子（比如氢原子、氧原子和氯原子）再与碳原

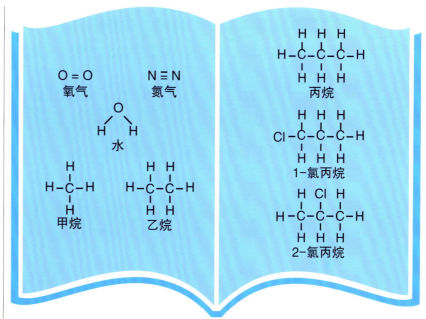

凯库勒用化合价来描述原子结合为不同分子时所形成的化学键。上图中，每条化学键用短线表示。

子相连。突然间，有机化学开始为人所理解，化学家为各种分子绘制了结构式。

当时，化学家已经知道甲烷（CH_4）、乙烷（C_2H_6）和丙烷（C_3H_8）等简单碳氢化合物的结构，即碳原子自相结合成链，剩余的化合键与氢原子结合。氯气（Cl_2）与此类化合物反应，化合物中的一个或多个氢原子会被氯原子取代，生成氯甲烷、氯乙烷等化合物。这种取代反应的一个特点是氯丙烷会出现两种形式，即1-氯丙烷和2-氯丙烷，具体取决于氯原子与中间的碳原子结合，还是与两边的碳原子结合（如上图所示）。有

化合物需要双键才能满足原子的化合价，比如氧分子（O_2）和乙烯分子（C_2H_4）。乙烯与氯气反应并不是取代反应，而是加成反应。乙烯的双键会断裂，两个氯原子分别与两个碳原子结合，生成1，2-二氯乙烷（$C_2H_4Cl_2$）。有些化合物甚至含有三键，比如氮气（N_2）和乙炔（C_2H_2），化学性质较为活泼，可以用作氧乙炔焊炬。

但是，苯的结构仍是一个谜。苯的分子式为C_6H_6，虽然碳氢比与乙炔相同，但其活泼性远低于乙炔。如何设计一个化学性质不活泼的线性结构的确是个难题。显然，苯分子中一定含有双

键，但是究竟如何排列仍是个谜。

另外，苯与氯气的反应不像乙烯那样是加成反应，而是取代反应，即一个氯原子取代一个氢原子。当苯分子的一个氢原子被氯原子取代时，只会生成一种化合物氯苯（C_6H_5Cl）。这似乎表明，碳原子间的化学键完全相同，因为氯原子可以与任何一个碳原子结合。

苯环

1865年，凯库勒在似梦非梦中解开了苯结构之谜。苯分子是一个由碳原子组成的环状结构，六个碳原子相同，每个碳原子连接一个氢原子。这就是说，氯苯中的氯原子可以位于苯环的任意位置。

用两个氯原子取代氢原子制成二氯苯（$C_6H_4Cl_2$）的实验进一步支撑了苯环结构。如果苯分子的确是由六个相同的碳原子组成的苯环结构，那么生成的化合物应该有三种结构，即同分异构体。两个氯原子可以连接在相邻的碳原子上，可以之间间隔一个碳原子，也可以位于相对的碳原子上。结果正是如

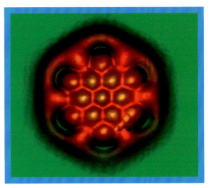

上图为用原子力显微镜观察到的六苯并蔻分子，该分子直径为1.4纳米，碳碳键键长不等。

此，这三个同分异构体分别被命名为邻二氯苯、间二氯苯和对二氯苯。

苯环的对称性

苯环的对称性还有未解开的谜团。要满足四价，每个碳原子需要与其他原子形成四条化学键。这就是说，每个碳原子会有一个多余的化学键。起初，凯库勒绘制的苯环结构单双键交替出现，但实验证明苯环必须是对称的。于是凯库勒提出，苯分子在两种结构之间摇摆不定。

直到1896年，电子才被发现。1916年，美国化学家吉尔伯特·路易斯（Gilbert Lewis）首次提出共用电子对形成化学键。20世纪30年代，莱纳斯·鲍林用量子力学解释了苯的结构，苯环中多余的六个电子并没有形成双键，而是游离在苯环的周围，由所有碳原子共享，所以碳碳键既不是单键也不是双键，而是介于二者之间。最

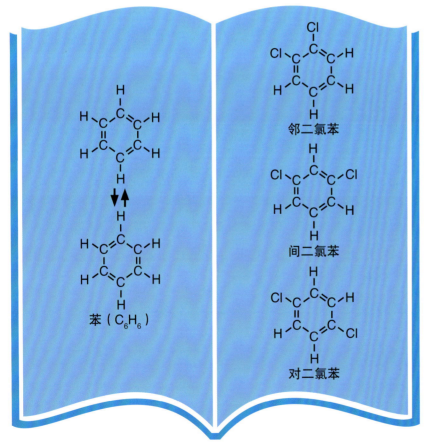

苯（C_6H_6）

邻二氯苯

间二氯苯

对二氯苯

凯库勒指出，苯环中的碳原子单双键交替出现（如上面左图所示），两个氯原子有三种取代氢原子的方式（如上面右图所示）。

凯库勒表示，自己在似梦非梦中看到一条蛇咬住了自己的尾巴，就像古代的衔尾蛇标志一样，他由此想到了苯环的结构。右图中用龙代替了衔尾蛇。

终，人们正是通过物理学的新概念解开了苯分子结构之谜。

梦中的灵感

凯库勒从梦中得到灵感这件事在整个科学界广为传颂。他当时似乎处于一种即将入睡的状态，即现实与想象相互糅杂的状态。凯库勒称之为半睡半醒的状态。事实上，凯库勒曾描述过两次类似的经历。

第一次大概是在1855年，他当时在伦敦南部，正坐在一辆开往克拉珀姆路的公交车上。"原子在我的眼前飘动。我总是能看到这些微小的粒子在不停地运动，但是我从未想象出它们的运动方式。今天，我看到两个较小的原子结合为一对，较大的原子吞并了两个较小的原子，更大的原子与三个甚至四个较小的原子结合在一起。"

第二次是在比利时根特的书房中，凯库勒当时可能受到了古代衔尾蛇标志的启发。"苯环理论也是这样被发现的……我把椅子转向壁炉，打起了瞌睡……一排排长长的队伍，快速连接起来，越来越密，一切都动了起来，像很多条蛇一样不停地旋转。天哪，那是什么？其中一条蛇咬住了自己的尾巴，这一图像在我眼前不停地转动。" ■

奥古斯特·凯库勒

1829年9月7日，弗里德里希·奥古斯特·凯库勒出生于达姆施塔特（现位于德国黑森州），他给自己取了个名字"奥古斯特"。凯库勒在吉森大学上学期间，曾听过尤斯图斯·冯·李比希的讲座，并因此放弃了建筑学，改学化学，最终成为波恩大学的化学教授。

1857年以后，凯库勒发表了一系列论文，论述碳的四价键、简单有机分子的结构及苯的结构，他因此成为分子结构理论的主要创造者。1895年，凯库勒被德皇威廉二世封为贵族，在其名字之后加上了"冯·斯特拉多尼茨"的名号。最初三届诺贝尔化学奖得主均为他的学生。

主要作品

1859年 《有机化学教程》
1887年 《苯衍生物或芳香族化学》

3：1的性状分离比

格雷戈尔·孟德尔（1822—1884年）

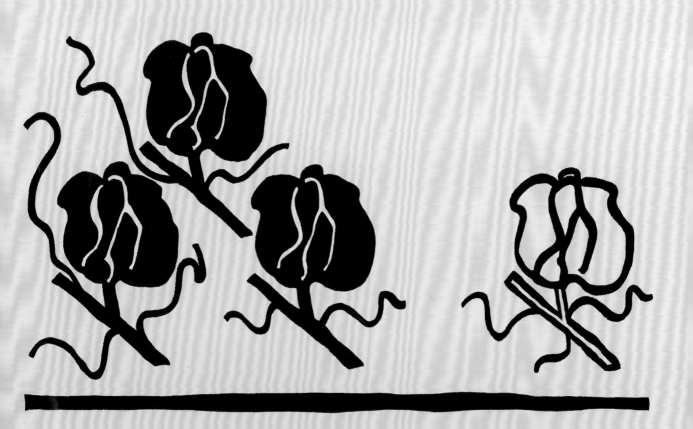

背景介绍

科学分支
生物学

此前

1760年 德国植物学家约瑟夫·克尔罗伊特完成烟草杂交实验，但未能对实验结果做出正确的解释。

1842年 瑞士植物学家卡尔·冯·内格利研究细胞分裂时发现丝状物体，即后来所说的染色体。

1859年 查尔斯·达尔文发表自然选择进化论。

此后

1900年 植物学家雨果·德弗里斯、卡尔·科伦斯和威廉·贝特森同时"再次发现"了孟德尔遗传定律。

1910年 托马斯·亨特·摩尔根证实了孟德尔遗传定律，并创立了染色体遗传学说。

在了解科学的漫长过程中，遗传学机制可谓所有自然奥秘中最大的一个谜团。从发现家庭成员长相相似时起，人们就知道了遗传的作用。遗传的实际应用到处可见，比如农业上粮食作物和牲畜的杂交。人们还知道血友病等疾病会遗传给后代。但是，没有人知道这些现象发生的原因。

古希腊哲学家认为，某种要素或物质"成分"会由父母传递给后代。父母在性交过程中将这种成分传给下一代。这种成分应该从血液中产生，父亲和母亲的成分相互混合后造出了一个新人。这种思想持续了几百年，主要是因为没有人提出更好的理论。

到查尔斯·达尔文时期，这一学说的根本缺点显露无遗。达尔文的自然选择进化论指出，物种在世世代代的繁衍过程中，会不断进化，因此会使生物产生多样性。但是，如果遗传依靠的是化学成分的

在孟德尔之前几千年，人们就已经知道遗传性状的存在，但是这种现象背后的生物机制却不为人知，比如同卵双胞胎如何产生。

混合，那么生物多样性一定会被冲淡，进而消失殆尽。这就像将不同颜色的颜料混在一起，结果得到灰色一样。达尔文理论中的适应性和新物种也将不复存在。

孟德尔的发现

达尔文出版《物种起源》之

格雷戈尔·孟德尔

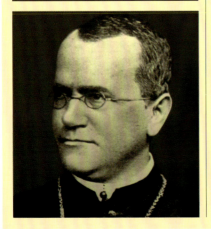

1822年，格雷戈尔·孟德尔出生于奥地利西里西亚，原名约翰·孟德尔。他起初学习数学和哲学，而后为了接受更多的教育开始担任神职。他将名字改为格雷戈尔·孟德尔，成为奥古斯丁修会的修士。他在维也纳大学完成学业后，回到布尔诺（现捷克共和国境内）的修道院教课。在这里，他对生物遗传产生了兴趣，并经常研究老鼠、蜜蜂和豌豆。在教皇的施压下，他放弃了动物研究，专事豌豆杂交实验，提出了

遗传学定律及一个重要的理论，即遗传性状由离散的颗粒控制，这些颗粒后来被称为"基因"。1868年，孟德尔升为修道院院长后停止了科学研究。孟德尔死后，他的科学论文被他的继承者焚毁。

主要作品

1866年 《植物杂交实验》

参见: 让-巴普蒂斯特·拉马克 118页，查尔斯·达尔文 142~149页，托马斯·亨特·摩尔根 224~225页，詹姆斯·沃森与弗朗西斯·克里克 276~283页，迈克尔·叙韦宁 318~319页，威廉·弗伦奇·安德森 322~323页。

后不到十年，遗传学就取得了重大突破，而后近百年的时间，人们才确定了DNA的化学结构。布尔诺有一位修士，名为格雷戈尔·孟德尔。他既是教师，又是科学家和数学家，在很多更有名气的自然学家都屡屡失败的领域取得了巨大成就。也许是孟德尔在数学方面的优势使他最终脱颖而出。

孟德尔的实验对象是普通的豌豆。这种植物具有多个可以相互区分的性状，比如高度、花的颜色、子叶的颜色及种子的形状。孟德尔一次研究一种性状的遗传，并运用自己的数学才能计算结果。在修道院的院子里种豌豆很方便，孟德尔做了一系列豌豆实验，获得了颇具价值的数据。

孟德尔在实验中采取了重要的预防措施。他意识到，有些性状可以几代都不显现，所以他开始时使用的都是纯种豌豆，比如只能产生白花后代的白花豌豆。他让纯种的紫花豌豆与纯种的白花豌豆进行杂交，让纯种的高茎豌豆与矮茎豌豆杂交，等等。在每种情况下，他都严格控制受精过程。他用镊子从未开放的花蕾中取下花粉，以防止花粉随意散播。他重复了很多次实验，并记录子一代和子二代植物的性状及数量。

孟德尔发现，一对相对性状（比如紫花和白花）的遗传比例是固定的。在子一代中，只有一种性状出现，比如紫花。在子二代中，这种性状所占的比例为3/4。孟德尔称这种性状为显性性状，另外一种为隐性性状。在紫花与白花的实验中，白花为隐性性状，在子二代中占比为1/4。根据这一比例，他可以确定高茎与矮茎、子叶颜色、花的颜色、种子形状中哪种为显性性状，哪种为隐性性状。

重要的结论

孟德尔做了进一步研究，他同时测试了两种性状的遗传，比如花的颜色和子叶的颜色。他发现，后代中会出现不同的性状组合，当然这些组合出现的比例也是一定的。在子一代中，所有的植物都是显性性状（紫花和黄色子叶），但在子二代中则出现了各种组合。比如，1/16的植株同时具有两种隐形性状（白花和绿色子叶）。孟德尔得出结论：两对相对性状是独立遗传的。换句话说，花色的遗传不会影响子叶颜

豌豆有白花和紫花之分。

纯种的紫花豌豆与纯种的白花豌豆杂交，子一代全部为紫花。

子一代紫花豌豆自交后产生的子二代豌豆中紫花和白花的比例为3：1。

紫花为显性性状，白花为隐性性状。

如果遗传性状由遗传自父母的一对对粒子决定，那么上述现象就可以得到解释。

色的遗传，反之亦然。

孟德尔根据遗传性状的这种精确比例推论，遗传根本不是模糊的化学成分的混合，而是由不相关联的"遗传因子"导致的。有控制花色的遗传因子，还有控制子叶颜色的遗传因子，不一而足。这些遗传因子完好无损地从亲代传到子代。这就是为什么隐性性状不会表现出来，而会跳过一代。一株植物只有遗传了两个同样的隐性遗传因子，才会表现出隐性性状。如今，我们将这些遗传因子称为基因。

实至名归

1866年，孟德尔在一本博物学杂志上发表了自己的研究结果，但并未在科学界引起关注。他的论文题目为"植物杂交实验"，这个题目本身就限制了读者群。但是不管怎样，30多年后孟德尔的成就还是受到了学界的认可。1900年，荷兰植物学家雨果·德弗里斯（Hugo de Vries）发表了自己的植物杂交实验结果。他的研究与孟德尔的十分相似，也得出了3∶1的性状分离比。德弗里斯随后承认，孟德尔首先发现了这条遗传定律。几个月后，德国植物学家卡尔·科伦斯（Carl Correns）清晰地描述了孟德尔的遗传定律。同时，英国剑桥的植物学家威廉·贝特森（William Bateson）看到德弗里斯和科伦斯的论文后，第一次阅读了孟德

> 在杂交物种中，某些性状会完全消失，但是还会在后代中再次出现。
> ——格雷戈尔·孟德尔

尔发表的论文，并立刻认识到这篇文章的重要性。贝特森可谓孟德尔遗传定律的拥护者，他最后创造了"遗传学"一词，用来指代这门新的生物学科。最终，孟德尔死后获得了应有的赞誉。

此时，细胞学和生物化学领域正进行着另一种研究，带领生物学家进入新的研究领域。科学家开始在细胞内部寻找遗传线索，显微镜随之替代了植物杂交实验。19世纪，生物学家有种预感，遗传的关键线索位于细胞核内。1878年，德国人瓦尔特·弗莱明（Walther Flemming）发现，细胞分裂时细胞核内有一种丝状结构在游动，他称之为染色体，意为"带颜色的物体"，此时他并没有听说孟德尔的研究。重新发现孟德尔遗传定律几年后，生物学家证实，孟德尔提出的"遗传因子"的确存在，而且位于染色体上。

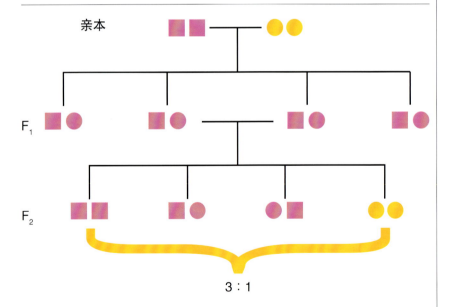

纯种白花豌豆与纯种紫花豌豆杂交产生的子一代（F_1）中，遗传因子一个来自父本，一个来自母本。紫色是显性性状，所以子一代的花都是紫色的。在子二代（F_2）中，四棵植株中有一个遗传了两个"白色"的遗传因子，因此长出白花。

图例
◯ 白花遗传因子
☐ 紫花遗传因子

19世纪90年代，雨果·德弗里斯通过实验发现很多植物都满足3∶1的分离性状比。他后来承认，孟德尔是这一发现的第一人。

的。孟德尔研究的每对豌豆性状，都由不同染色体上的基因控制。如果这些基因都在同一条染色体上，研究结果将更为复杂，也更难解读。

20世纪的研究发现，有些遗传现象并不符合孟德尔遗传定律。随着基因和染色体行为的研究不断深入，科学家证实遗传问题要比孟德尔的研究结果复杂得多。但是，孟德尔的遗传定律为现代遗传学奠定了基础，后来的发现只是完善了孟德尔遗传定律，而非与之背道而驰。■

遗传定律的完善

孟德尔提出了两条遗传定律。

第一条是，后代的性状分离比是固定的，孟德尔由此推断遗传因子是成对的。例如，有一对控制花色的遗传因子，还有一对控制子叶颜色的遗传因子。成对的遗传因子在受精过程中形成，一个遗传因子来自父本，一个来自母本，这对遗传因子在下一代形成生殖细胞时发生分离。如果结合到一起的遗传因子是不同的（比如紫花遗传因子和白花遗传因子），那么只有显性性状会表现出来。

用现在的话说，这种控制相对性状的基因被称为等位基因。孟德尔的第一条遗传定律现在被称为分离定律，因为等位基因在形成生殖细胞的过程中会发生分离。

孟德尔在研究两对相对性状时提出了第二条定律，即自由组合定律。该定律指出，控制每对性状的基因是独立遗传的。

孟德尔在选择植物种类上其实只是一种巧合。我们现在知道，豌豆的性状遵循最简单的遗传形式。每对性状，比如花的颜色，都由一对等位基因控制。不过，很多生物性状都是由不同基因共同作用的结果，比如人的身高。

此外，孟德尔研究的基因是独立遗传的。后来的研究表明，基因在同一条染色体上一个挨着一个排列。每条染色体上载有数万个基因，排列在DNA链上。染色体配对形成生殖细胞，然后传给下一代。这就是说，同一条染色体上不同基因控制的性状遗传并非独立

我认为……'遗传学'这个术语足以表明我们所致力于阐明的遗传及变异现象。

——威廉·贝特森

鸟与恐龙的
进化关系
托马斯·亨利·赫胥黎（1825—1895年）

1859年，查尔斯·达尔文提出了自然选择进化论。在随后的一次激辩中，托马斯·亨利·赫胥黎成为达尔文理论最坚定的支持者，并自称为"达尔文的斗犬"。更为重要的是，这位英国植物学家率先发现了一个重要理论，即鸟和恐龙拥有很近的亲缘关系，为达尔文的学说提供了证据。

达尔文提出，一个物种会逐渐进化为其他物种，如果这一理论属实，那么化石应该记录着截然不同的物种是如何从类似的祖先演变而来的。1860年，人们在德国一处采石场的石灰石中发现了一个重要的化石。该化石可以追溯到侏罗纪时期，被命名为印石板始祖鸟。始祖鸟像鸟一样拥有羽毛和翅膀，存在于恐龙时代。达尔文进化论曾预测，进化过程中会出现过渡物种，而始祖鸟似乎就是过渡物种的一个例证。

但是，仅此一个证据不足以

目前，人们已经发现11个始祖鸟化石。这种像鸟一样的恐龙生活在侏罗纪晚期，大约1.5亿年前，地点为现今德国南部。

证明鸟类和恐龙的关联。另外，始祖鸟也可能是一种早期的鸟类，而非有羽毛的恐龙。赫胥黎开始研究鸟类和恐龙的结构，他认为自己发现了令人信服的证据。

过渡化石

赫胥黎对比了始祖鸟和各种恐龙，发现始祖鸟与体型较小的棱齿龙和秀颌龙十分相似。1875年，人们发现了一具更为完整的始祖鸟化石，这个化石拥有恐龙一样的牙齿，似乎证实了鸟类和恐龙的关系。

参见: 玛丽·安宁 116~117页, 查尔斯·达尔文 142~149页。

对**小型恐龙化石**的详细研究发现，恐龙与鸟类有很多共同的特征。

始祖鸟化石体型像鸟，却拥有恐龙一样的牙齿。

鸟类和恐龙的结构十分相似，不可能是一种巧合。

鸟类和恐龙之间存在着一种进化关系。

赫胥黎开始相信，鸟类和恐龙之间存在着进化关系，但是他认为根本无法找到它们共同的祖先。赫胥黎认为，最重要的是两者之间的明显相似性。鸟类和爬行动物一样具有鳞片，羽毛就是从鳞片演变而来的，并且鸟也下蛋。它们的骨骼也有很多相似之处。

尽管如此，关于鸟类和恐龙关系的争论还是持续了一个世纪。20世纪60年代，通过研究外皮光滑、行动敏捷的恐爪龙（迅猛龙的近亲），很多古生物学家开始相信鸟类与这些体型较小的食肉恐龙有一定的关联。近年来，中国发现了一系列古代鸟类及与鸟类很像的恐龙化石，其中包括2005年发现的足羽龙化石，进一步证实了鸟类与恐龙的关系。同样在2005年，科学家从一个拥有软组织的雷克斯霸王龙化石中提取了DNA，经研究发现，比起其他爬行动物，恐龙与鸟类的基因更为相似。∎

> 从本质上说，鸟类与爬行动物十分相似……可以说鸟类只是一种发生重大改变的异常爬行动物。
> ——托马斯·亨利·赫胥黎

托马斯·亨利·赫胥黎

托马斯·亨利·赫胥黎出生于伦敦，13岁时开始给外科医生当学徒，21岁以外科医生的身份随英国皇家海军军舰赴澳洲和新几内亚进行海洋考察。在航行期间，赫胥黎收集了海洋无脊椎动物，并撰写相关论文。因受到英国皇家学会的肯定，他于1851年当选为英国皇家学会院士。1854年，赫胥黎随船回到英国，成为英国皇家海军学院博物学讲师。

1856年，赫胥黎见到查尔斯·达尔文，成为达尔文理论的坚定支持者。1860年，在一场有关进化论的辩论会上，赫胥黎打败了主张上帝创造论的牛津主教塞缪尔·威尔伯福斯。赫胥黎证明了鸟类和恐龙的相似之处，同时收集了人类起源的证据。

主要作品

1858年 《颅椎说》
1863年 《人在自然界中的地位》
1880年 《物种起源学说时代的到来》

元素性质的
周期性变化

德米特里·门捷列夫（1834—1907年）

背景介绍

科学分支
化学

此前

1803年 约翰·道尔顿提出原子量的概念。

1828年 约翰·德贝赖纳首次尝试对元素进行分类。

1860年 斯塔尼斯劳·坎尼扎罗在一份图表中列出了很多元素的原子量和分子量。

此后

1870年 洛塔尔·迈耶尔描绘了元素的原子体积随原子量递增而发生的周期性变化。

1913年 亨利·莫斯莱用原子序数重新绘制了周期表，原子序数即原子核的质子数。

1913年 尼尔斯·玻尔建立了原子结构模型，用核外电子解释了不同族元素的相对活性。

1661年，英裔爱尔兰人罗伯特·玻意耳给元素下了一个定义："原始的简单物质，或者说完全没有掺杂的物质；它们既不能由其他任何物质混合而成，也不能由自身相互混合而成；它们只能是我们所说的完全结合物的组分，它们直接复合成完全结合物，而完全结合物最终也将分解为它们。"换句话说，元素不可能通过化学方法分解为更简单的物质。1803年，英国化学家约翰·道尔顿引入了原子量（现被称为相对原子质量）的概念。氢是最轻的元素，道尔顿将氢的原子量定为1，此法一直沿用至今。

八音律

19世纪上半叶，化学家渐渐地分离出更多的元素。很显然，有些元素的化学性质十分相近。例如，钠和钾是银白色的固体，属于碱金属，遇水会发生剧烈反应，释放出氢气。钠和钾如此相近，英国化学家汉弗莱·戴维最初发现这两种元素时，甚至没有对其进行区分。同样，虽然氯是气体而溴是液体，但它们都是卤族元素，具有刺激性气味、有毒，并且可作为氧化剂。英国化学家约翰·纽兰兹

第一个对化学元素进行分类的人是德国化学家约翰·德贝赖纳。到1828年时，他已经发现三个元素组，每组元素具有相似的化学性质。

可以**根据元素的原子量将元素**排列在一个图表中。

这些缺失元素的发现表明，周期表解释了**原子结构的重要特性**。

假设元素性质具有周期性，根据周期表中的空位可以**发现缺失的元素**。

周期表可以用来指导实验。

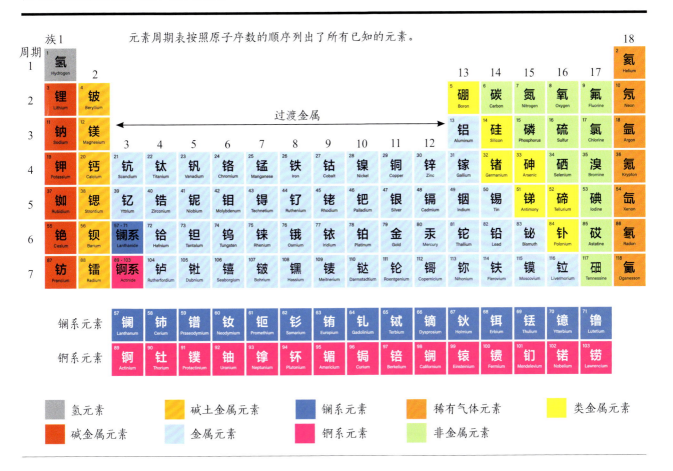

参见: 罗伯特·玻意耳 46~49页, 约翰·道尔顿 112~113页, 汉弗莱·戴维 114页, 玛丽·居里 190~195页, 欧内斯特·卢瑟福 206~213页, 莱纳斯·鲍林 254~259页。

（John Newlands）发现，如果按原子量递增顺序排列已知元素，从任意一种元素算起，每排到第八种元素就会出现性质跟第一个元素相似的情况。纽兰兹于1864年发表了自己的研究结果。

纽兰兹在《化学报》上写道："同一组元素水平排为一行，每隔7种元素便出现性质相似的元素……我将这种特殊的关系称为元素八音律。"但这一规律仅适用于钙以前的元素，再往后则不符合这一规律。1865年3月1日，纽兰兹遭到了英国皇家化学学会的奚落，有人讽刺道还不如按照字母顺序排列元素，并拒绝发表他的论文。

纽兰兹理论的重要性直到20多年后才被承认。与此同时，法国矿物学家德尚寇斯也发现了这一规律，并于1862年将其发表，但几乎无人关注。

纸牌之谜

大约同一时期，德米特里·门捷列夫正在俄国圣彼得堡撰写《化学原理》一书，他也碰到了同样的问题。1863年，已经有56种已知元素，新元素以每年一种的趋势增加。门捷列夫坚信，元素肯定存在某种规律。为了解决这个问题，他制作了一套56张的纸牌，每张上面标有一种元素的名称和主要性质。

据说，门捷列夫在1868年冬天正准备旅行时取得了研究突破。出发之前，门捷列夫将纸牌摆在桌子上，陷入了思考，仿佛在进行一场耐心的较量。当车夫进来取行李时，门捷列夫摆摆手，说他正忙着。他来回移动纸牌，直到最后摆出了自己满意的排列方式，同一族元素被排成竖排。次年，门捷列夫在俄国化学学会上宣读了自己的论文。"如果按照原子量的顺序排列元素，会发现其性质具有明显的周期性变化。"他解释道，具有相似化学性质的元素要么具有相近的原子量（比如铂、铱、锇），要么原子量按照一定的规律增加（比如钾、铷、铯）。他进一步解释，按照原子量的顺序排列元素，与化合价也是相对应的。化合价是指一种元素的一个原子与其他元素的原子构成化学键的数量。

> 科学的用途就是发现自然界的普遍规律，并找到掌控这一规律的原因。
>
> ——德米特里·门捷列夫

预言新的元素

门捷列夫在这篇论文中做出了一个大胆的预测："我们一定会发现很多未知的元素，例如分别与铝和硅十分相似的两种元素，原子量在65到75之间。"

门捷列夫的排列方式比纽兰兹的八音律有了重要改进。纽兰兹把铬排在了硼和铝的下方，这是没有任何意义的。门捷列夫推断，肯定还有一个尚未发现的元素，并预测该元素的原子量大约为68，可以形成氧化物（一种元素与氧元素组成的化合物），化学式为 M_2O_3，其中M代表新的元素。这个化学式表示这种新元素的两个原子可以与三个氧原子组成氧化物。他还预测了两种元素：一种原子量约为45，可以形成氧化物 M_2O_3；另一种原子量约为72，可以形成氧化物 MO_2。

有人对此表示怀疑，但是门捷列夫的预言非常明确，而支持某个科学理论的最有利证据就是预言成真。人们在1875年发现元素镓（原子量为70，氧化物为 Ga_2O_3），

六种碱金属质地柔软，十分活泼。上图为一块纯净的钠，外层与空气中的氧气发生反应，生成了一层氧化钠。

在1879年发现钪（原子量为45，氧化物为 Sc_2O_3），在1886年发现锗（原子量为73，氧化物为 GeO_2）。这些发现为门捷列夫建立了声誉。

周期表的错误

门捷列夫并非没有错误。1869年，他在一篇论文中断言，碲的原子量一定存在问题，应该在123～126之间，因为碘的原子量为127，而由碘的性质判断，它在周期表中的位置显然应该在碲的后面。门

六种天然存在的稀有气体元素（周期表中第18列）包括氦、氖、氩、氪、氙和氡，它们的化学性质极不活泼，因为它们拥有饱和的电子层结构，每层电子围绕原子核排布。氦只有一个电子层，含有两个电子，而其他元素都有包含8个电子的电子层。氡具有放射性，十分不稳定。

氦

氖

氩

氪

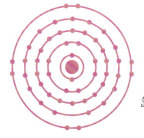
氙

● 原子核 ● 电子

捷列夫错了，碲的原子量实际上大于碘，为127.6。另一种类似的异常现象发生在钾（原子量为39）和氩（原子量为40）之间，钾显然应该在氩的后面，但是门捷列夫在1869年时并没有意识到这些错误，因为氩直到1894年才被发现。氩气是一种稀有气体，无色无味，几乎不与任何元素发生反应。因为难以发现，当时稀有气体还属于未知元素，因此也没有出现在门捷列夫的周期表中。发现氩气之后，周期表中有了更多的空位需要填充。到1898年，苏格兰化学家威廉·拉姆赛（William Ramsay）分离出氦气、氖气、氪气和氙气。1902年，门捷列夫将稀有气体作为第18族加入自己的周期表，此时的周期表为我们现在所用的周期表奠定了基础。

1913年，英国物理学家亨利·莫斯莱（Henry Moseley）用X射线确定了每种元素原子核的质子

> 我们一定会发现很多未知的元素，例如分别与铝和硅十分相似的两种元素，原子量在65到75之间。
>
> ——德米特里·门捷列夫

数，并称其为元素的原子序数。原子序数决定了元素在周期表中的位置，由此解决了根据原子量排序的异常现象。对于较轻的元素而言，原子量大约（而非正好）是原子序数的两倍，所以用原子量排序和用原子序数排序结果十分相似。

周期表的使用

元素周期表看起来只是一份目录，是一种整齐排列元素的方式，但是它对化学和物理学却十分重要。化学家可以据此预测元素的性质，并做出不同的尝试。比如，如果铬不会发生某种反应，也许周期表中铬下方的钼则会发生此类反应。

元素周期表对确定原子结构也十分重要。为什么元素的化学性质会呈现出规律性变化？为什么第18族元素是惰性的，而旁边两组元素却是最活泼的？这些问题直接引发了人们对原子结构的探索，而原子结构图一直为人们所接受。

从某种程度上说，门捷列夫因元素周期表而闻名于世是很幸运的。他发表元素周期表的时间不仅晚于德尚寇特斯和纽兰兹，而且没过多久洛塔尔·迈耶尔（Lothar Meyer）就发现原子体积会随原子量递增而发生周期性变化，并于1870年发表了自己的元素周期表。在科学领域，当某一发现的时机成熟时，往往会有多个人在不知道其他人研究的情况下，分别得出同样的结论。■

德米特里·门捷列夫

1834年，德米特里·门捷列夫出生在西伯利亚的一个农村，家中至少有12个孩子，他是最小的一个。门捷列夫的父亲双目失明后，母亲靠一个玻璃厂养家糊口。后来玻璃厂在一次大火中烧毁，她带着15岁的儿子门捷列夫来到圣彼得堡，让其接受高等教育。

1862年，门捷列夫与费奥兹娃·尼基季奇娜·列谢瓦结为连理，但1876年门捷列夫又爱上了安娜·伊万诺娃·波波娃，在没有与第一任妻子离婚的前提下便与波波娃结婚。

19世纪90年代，门捷列夫制定了生产伏特加酒的新标准。他还研究了石油化学，并帮助建立了俄国第一家炼油厂。1905年，门捷列夫当选为瑞典皇家科学院院士，该学院推荐他参选诺贝尔奖，但可能因为重婚罪，他的候选资格被取消。101号放射性元素钔就是以门捷列夫的名字命名的。

主要作品

1870年 《化学原理》

光和磁是
同一种物质的
不同表现

詹姆斯·克拉克·麦克斯韦（1831—1879年）

背景介绍

科学分支
物理学

此前

1803年 托马斯·杨的双缝实验证明光是一种波。

1820年 汉斯·克里斯蒂安·奥斯特证明电与磁之间的关系。

1831年 迈克尔·法拉第证明，变化的磁场可以产生电流。

此后

1900年 马克斯·普朗克提出，在某些情况下，光可以看成由"波包"（量子）构成。

1905年 阿尔伯特·爱因斯坦证明，光量子，即我们现在所说的光子，是真实存在的。

20世纪40年代 理查德·费曼等人提出量子电动力学，来解释各种光现象。

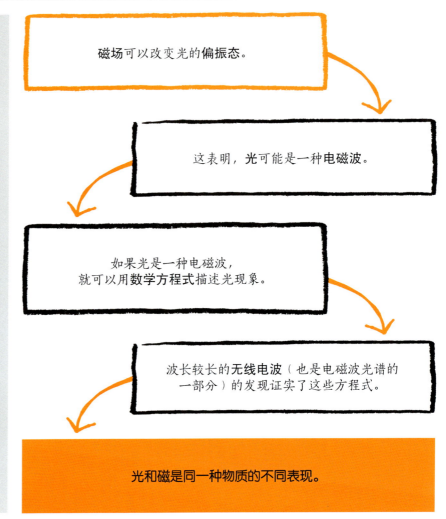

磁场可以改变光的**偏振态**。

这表明，光可能是一种**电磁波**。

如果光是一种电磁波，
就可以用**数学方程式**描述光现象。

波长较长的**无线电波**（也是电磁波光谱的一部分）的发现证实了这些方程式。

光和磁是同一种物质的不同表现。

19世纪60年代和70年代，苏格兰物理学家詹姆斯·克拉克·麦克斯韦（James Clerk Maxwell）建立的一组描述电磁场的微分方程可谓物理学历史上的杰出成就。这个方程组极具变革能力，不仅彻底改变了科学家对电、光、磁的看法，还为全新的数学物理学建立了基本规则。这一发现不仅在20世纪产生了深远影响，也为我们今天建立理解宇宙的统一理论"万有

理论"带来了希望。

法拉第效应

1820年，丹麦物理学家汉斯·克里斯蒂安·奥斯特发现了电与磁之间的关系，不仅开启了透过看似无关的现象探索其内在联系的百年历程，还为迈克尔·法拉第的重大突破提供了灵感。如今，法拉第最著名的也许是电动机的发明及发现电磁感应现象，但这只是麦克

斯韦伟大成就的一个起点。

20多年来，法拉第一直在断断续续地探索光和电磁学之间的关系。1845年，他设计了一个巧妙的实验，一次性地解答了这个问题。实验中，法拉第将一束偏振光（指沿固定方向振荡的光波，让一束光照射到光滑表面反射回来就可以产生偏振光）通过强磁场，用一个特殊的目镜在另一侧观察偏振角。法拉第发现，转动磁场的方向可以影

参见: 亚历山德罗·伏打 90~95页, 汉斯·克里斯蒂安·奥斯特 120页, 迈克尔·法拉第 121页, 马克斯·普朗克 202~205页, 阿尔伯特·爱因斯坦 214~221页, 理查德·费曼 272~273页, 谢尔登·格拉肖 292~293页。

> 狭义相对论起源于麦克斯韦的电磁场方程。

——阿尔伯特·爱因斯坦

响偏振角。根据这一现象，法拉第首次提出光波是力线的一种振动，并以此解释了各种电磁现象。

电磁学理论

不过，虽然法拉第是一位杰出的实验学家，但为这一直观现象建立坚实理论基础的却是麦克斯韦。麦克斯韦研究这一问题的角度与法拉第相反，他偶然地发现了电、磁、光三者之间的关系。

当时，麦克斯韦主要想解释法拉第的电磁感应等现象中的电磁力究竟是如何起作用的。电磁感应是指移动的磁铁会产生电流的现象。法拉第曾创造"力线"这一独创性的概念，力线在电流周围或在磁铁的两极以同心圆的形式分布。当导体通过力线时，内部就会产生电流。力线的疏密及导体的速度都会影响电流强度。

虽然力线有助于理解这一现象，但实际上它们并不存在。在电场和磁场的影响范围内，随处都可以感受到它们的存在，并非只有在力线被切割时才感受得到。当时，试图描述物理电磁学的科学家一般分为两派：一派认为电磁现象是一种"超距作用"，类似于牛顿的引力模型；另一派认为电磁波以波的形式在空间传播。总之，超距作用的支持者来自欧洲大陆，遵循电学先驱安德烈·玛丽·安培的理论，而电磁波的支持者一般来自英国。有一种方法可以将这两种基本理论清晰地区分开来，即超距作用是瞬时发生的，而波显然需要一定的时间在空间传播。

麦克斯韦模型

麦克斯韦在1855年和1856年的两篇论文中开始论述他的电磁学理论。

他试图用（假想的）不可压缩流体为法拉第的力线建立几何模型，但他并没有获得显著的成功。在后来的论文中他又采用了另外一种方法，建立了分子涡流模型。通过类比，麦克斯韦证明

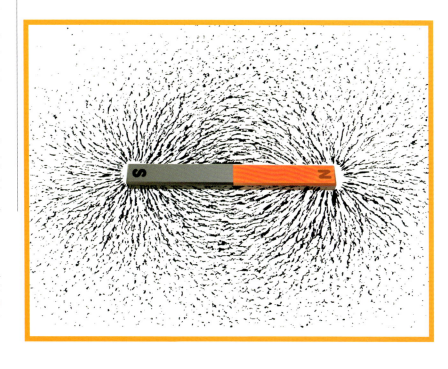

铁屑在磁铁周围的分布似乎可以表示法拉第提出的力线。事实上，它们表示的是电磁场中某一点电荷的受力方向，正如麦克斯韦方程组中描述的一样。

了安培环路定理，该定理描述了通过闭合电路的电流与周围磁场之间的关系。他还根据这个模型证明了电磁波的传播速度即使很快，也是有限的。

麦克斯韦计算出电磁波的传播速度大约为310700km/s，这一数值与很多实验中测定的光速十分接近。

麦克斯韦立刻意识到，法拉第关于光的本质的想法正确无疑。在这一系列论文的最后一篇中，麦克斯韦描述了法拉第效应中磁场改变电磁波的原理。

建立方程组

麦克斯韦确信，他的理论的核心部分都是正确的，于是在1864年开始为理论建立坚实的数学根基。麦克斯韦在《电磁场的动力学理论》一文中写道，光是由一对横

纵观人类历史……19世纪最重要的成就无疑是麦克斯韦提出电动力学定律。

——理查德·费曼

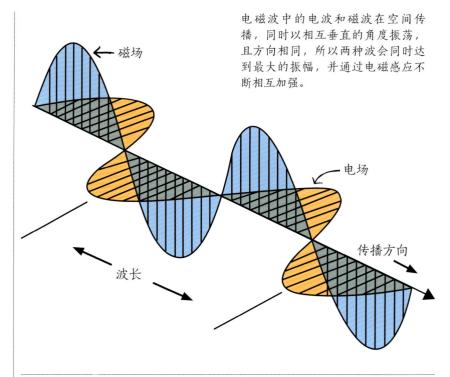

电磁波中的电波和磁波在空间传播，同时以相互垂直的角度振荡，且方向相同，所以两种波会同时达到最大的振幅，并通过电磁感应不断相互加强。

波组成的，即电波和磁波，这两种波相互垂直，振动同步，电场的改变会加强磁场，反之亦然（电波的方向基本决定了波的整体偏振）。麦克斯韦在这篇论文的结尾列出了20个方程，用数学方法完整地描述了电磁现象，其中使用了电势和磁势的概念，换句话说就是点电荷在电磁场中特定位置的电势能和磁势能。

麦克斯韦继而解释了如何从方程组中轻而易举地推论出电磁波以光速传播的结论，一次性地解决了有关电磁波本质的争论。

1873年，麦克斯韦在《论电和磁》一书中总结了自己在电磁波方面的研究。虽然他的理论十分令人信服，但在麦克斯韦去世

时仍未得到证明，因为光波波长短，频率高，其性质无法测量。不过，1887年，也就是麦克斯韦去世八年后，德国物理学家海因里希·赫兹（Heinrich Hertz）取得了巨大的技术突破，为这一问题提供了最后的佐证。当时，赫兹发现了另外一种电磁波，这种电磁波频率低，波长长，但传播速度却相同，我们现在称之为无线电波。

亥维赛的加入

除赫兹发现无线电波以外，还有另外一项重大成就是人们将麦克斯韦方程组重新表述成我们现在所熟悉的样式。

这项成就归功于英国电气工

麦克斯韦方程组对人类历史的贡献超过了任意十位总统。

——卡尔·萨根

程师、数学家和物理学家奥利弗·亥维赛（Oliver Heaviside）。亥维赛是一位自学成才的天才，取得了同轴电缆的专利权，这一专利大大地加快了电信号的传播速度。

1884年，亥维赛将麦克斯韦方程组中的势能改为向量。这里的向量是指电荷在电磁场中任何一点的受力大小和方向。亥维赛描述了电荷在电磁场中的方向，而非仅仅关注某一点的受力大小，从而将麦克斯韦最初的20个方程减为4个，使其在实际应用过程中更为有用。如今，亥维赛的功劳已基本被遗忘，但我们现在所说的麦克斯韦方程组正是他改进后的4个简练的方程式。

麦克斯韦的研究虽然解决了有关电、磁、光本质的诸多问题，但也使很多未解的谜团显露出来。其中最重要的一个也许是电磁波传播介质的本质问题。光波及其他各种波一定需要介质才能传播？19

世纪末，测定这种被称为"以太"的介质成为物理学的主流，不少巧妙的实验应运而生。但是，人们一直未能发现这种介质，这给物理学带来了重大挑战，同时也为20世纪量子理论和相对论的发展铺平了道路。■

虽然麦克斯韦-亥维赛方程组是用深奥的微分方程表示的，实际上却简明地描述了电场和磁场的结构和作用。

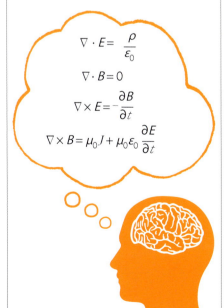

$$\nabla \cdot E = \frac{\rho}{\varepsilon_0}$$

$$\nabla \cdot B = 0$$

$$\nabla \times E = -\frac{\partial B}{\partial t}$$

$$\nabla \times B = \mu_0 J + \mu_0 \varepsilon_0 \frac{\partial E}{\partial t}$$

詹姆斯·克拉克·麦克斯韦

1831年，詹姆斯·克拉克·麦克斯韦出生于苏格兰爱丁堡，小时候就展现出过人的天赋。他14岁时发表了一篇几何学论文，后来就读于爱丁堡大学和剑桥大学，25岁时成为苏格兰阿伯丁马里沙尔学院的教授。正是在这所学院，麦克斯韦开始了电磁学研究。

麦克斯韦的兴趣十分广泛，涵盖当时的很多科学难题。1859年，他首先解释了土星环的结构；1855到1872年，他对色觉理论做出了重要贡献；1859到1866年，他建立了气体分子速度分布的数学模型。

麦克斯韦生性腼腆，也很喜欢作诗，一生非常虔诚。麦克斯韦死于癌症，时年48岁。

主要作品

1861年《论物理的力线》

1864年《电磁场的动力学理论》

1872年《热理论》

1873年《论电和磁》

管中射出了射线

威廉·伦琴（1845—1923年）

背景介绍

科学分支
物理学

此前

1838年 迈克尔·法拉第让电流通过充满稀薄空气的玻璃管，产生了发光的电弧。

1869年 约翰·希托夫观察到阴极射线。

此后

1896年 X射线首次用于临床诊断，人们拍摄了一张骨折的照片。

1896年 X射线首次用于癌症治疗。

1897年 约瑟夫·约翰·汤姆孙发现，阴极射线实际上是一束束电子。一束电子打在金属靶上就会产生X射线。

1953年 罗莎琳德·富兰克林用X射线确定了DNA的结构。

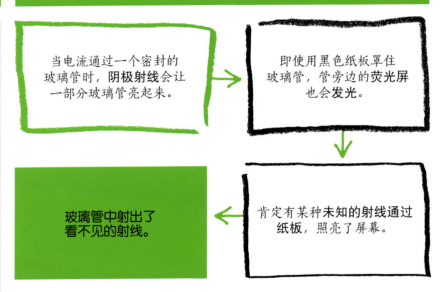

当电流通过一个密封的玻璃管时，**阴极射线**会让一部分玻璃管亮起来。

即使用黑色纸板罩住玻璃管，管旁边的**荧光屏**也会发光。

肯定有某种未知的射线通过纸板，照亮了屏幕。

玻璃管中射出了看不见的射线。

很多科学发现都是科学家在做其他研究时观察到的，X射线也是一样，它是科学家研究电时发现的。1838年，迈克尔·法拉第首次观察到了人造电弧（两个电极之间的发光放电现象）。法拉第让电流通过充满稀薄空气的玻璃管，负电极（阴极）和正电极（阳极）之间出现了电弧。

阴极射线

将电极置入封闭的器皿可以制成放电管。到19世纪60年代，英国物理学家威廉·克鲁克斯（William Crookes）研制出一种高真空放电管。德国物理学家约翰·希托夫（Johann Hittorf）用这种放电管测量了原子和分子的带电能力。希托夫的放电管中两个电极之间没有发光的电弧，但玻璃管本身却在参见：迈克尔·法拉第 121页，欧内斯特·卢瑟福 206~213页，詹姆斯·沃森与弗朗西斯·克里克 276~283页。

发光。希托夫总结道，"射线"一定源自阴极。希托夫的同事欧根·戈尔德施泰因（Eugen Goldstein）将其命名为阴极射线。但是，1897年，英国物理学家约瑟夫·约翰·汤姆孙（Joseph John Thompson）发现，阴极射线实际上是一束束电子。

发现X射线

希托夫在实验中发现，同一房间内的照相底片产生了灰雾，但他并没有进一步研究这种现象。还

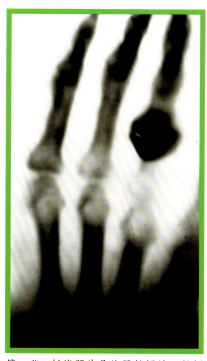

第一张X射线照片是伦琴拍摄的，拍摄对象是妻子安娜的手。图中有一处黑色的圆圈，那是安娜的结婚戒指。据说安娜看到这张照片时，她惊叹道："我看到了我死后的样子。"

有人也观察到了类似的效应，但第一个研究其中原因的是威廉·伦琴。他发现，有一种射线可以通过不透明的物质。伦琴要求在他死后烧毁他的实验记录，所以我们现在不能确定他如何发现了X射线。他很可能注意到，即使用黑色纸板罩住放电管，管旁边的屏幕仍会发光，他从而发现了X射线。于是他暂时放弃了之前的实验，用两个月的时间研究了这种看不见的射线的性质。很多国家称这种射线为"伦琴射线"。我们现在知道，X射线是一种波长很短的电磁辐射，波长为0.01 ~ 10纳米（1纳米=10^{-9}米），而可见光的波长为400 ~ 700纳米。

X射线的用途

如今，我们将一束电子打在金属靶上，可以产生X射线。X射线的穿透性强，可以用来拍摄人体内的结构，或是探测密闭容器内的金属。在CT扫描中，计算机可以将一系列人体的X射线图合成为3D图像。

X射线还可以用来拍摄微小物体的照片。20世纪40年代，X射线显微镜问世，它可以清晰地拍摄光学显微镜受可见光波长限制所无法拍摄的照片。X射线波长更短，可用于拍摄微小物体。X射线的衍射可用于研究晶体内原子的分布，这种技术在探索DNA结构时十分重要。■

威廉·伦琴

威廉·伦琴出生于德国，但在荷兰度过了童年的大部分时光。他曾在苏黎世学习机械工程，1874年成为斯特拉斯堡大学的物理学讲师，两年后升为教授。在他的职业生涯中，伦琴曾在多所大学担任要职。

伦琴对物理学的很多领域都有所涉猎，比如流体、热传递和光。不过，他最著名的还是X射线的研究，他于1901年荣获第一届诺贝尔物理学奖。他拒绝为X射线申请专利，不希望限制这一发明的潜在用途。他表示，他的发现属于整个人类，并将诺贝尔奖奖金予以捐赠。伦琴与同时代的很多科学家不同，他在实验中用铅制品来防辐射。伦琴死于与放射性无关的癌症，享年77岁。

主要作品

1895年 《一种新射线》
1897年 《关于X射线性质的进一步观察》

窥探地球的内部

理查德·狄克逊·奥尔德姆（1858—1936年）

地震时会产生不同类型的**地震波**。

↓

在地震的某一地段无法检测到P波……

↓

……地球内部的岩石一定改变了波的传播路径。

↓

地核的性质与其外面各层的性质是不同的。

地震产生的震动以地震波的形式向四周辐射，我们可以用地震仪检测到地震波。1879到1903年，理查德·狄克逊·奥尔德姆（Richard Dixon Oldham）在印度地质调查所工作期间，撰写了一篇调查报告，记录了1897年阿萨姆邦大地震。在这份报告中，奥尔德姆为板块构造学说做出了巨大贡献。他发现，地震可分为三个阶段，可以用三种不同的波表示。其中两种波是体波，在地球岩层内部传播，而第三种波在地球表面传播。

地震波效应

奥尔德姆所说的体波我们现在称为P波和S波（即初波和次波，以到达地震仪的时间先后为序）。P波是纵波，通过时岩石会上下振动，且振动方向与波的传播方向相同。S波是横波（就像水面的波纹一样），通过时岩石会前后左右晃动。P波的传播速度大于S波，并且在固体、液体和气体中参见: 詹姆斯·赫顿 96~101页, 内维尔·马斯基林 102~103页, 阿尔弗雷德·魏格纳 222~223页。

都可以传播, 而S波只能在固体中传播。

阴影区

后来, 奥尔德姆研究了世界各地很多次地震的地震仪记录, 他发现震区的某一部分会出现P波阴影区, 在这一区域基本无法检测到P波。奥尔德姆知道, 地震波在地球内部的传播速度取决于岩石的密度。他推论, 岩石的性质随深度变化而变化, 由此引起的速度变化会导致折射现象(波的路径发生偏转)。因为地球内部岩石性质的突然改变, 便出现了阴影区。

现在我们知道, S波的阴影区更大, 覆盖了正对震源这一半球的大部分区域。这表明, 地核与地幔的性质截然不同。1926年, 美国地球物理学家哈罗德·杰弗里斯(Harold Jeffreys)根据S波的

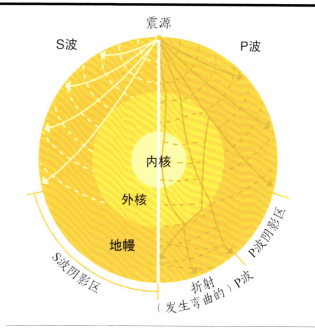

图中的地震模型标注了穿过地球的地震波及P波和S波的阴影区。

这一特点证明地核是液体的, 因为S波无法通过液体。P波阴影区其实并非完全被阴影覆盖, 因为这里能够检测到一些P波。1936年, 丹麦地震学家英厄·莱曼(Inge Lehmann)解释道, 这些P波是波通过固体内核时折射产生的。我们现在所使用的地球模型是这样的: 固体内核之外是液体外核, 然后是地幔, 最后是由岩石构成的地壳。■

理查德·狄克逊·奥尔德姆

1858年, 理查德·狄克逊·奥尔德姆出生于爱尔兰的都柏林, 父亲是印度地质调查所所长。奥尔德姆就读于英国皇家矿业学校, 后来供职于印度地质调查所, 并成为调查所所长。

印度地质调查所的主要工作是绘制地层图, 但也会撰写有关印度地震的详细报告, 奥尔德姆最著名的正是他的地震报告。1903年, 奥尔德姆因为健康状况辞去工作, 回到英国, 并于1906年发表了有关地核的理论。奥尔德姆曾获得伦敦地质学会颁发的莱尔奖章, 并当选为英国皇家学会院士。

主要作品

1899年 《1897年6月12日大地震报告》

1900年 《论地震运动的远距离传播》

1906年 《地球内部的构造》

地震仪可以记录我们感觉不到的远震的运动, 让我们得以窥探地球的内部并确定地球的特性。

——理查德·狄克逊·奥尔德姆

放射性是元素的一种原子性质

玛丽·居里(1867—1934年)

背景介绍

科学分支
物理学

此前

1895年 威廉·伦琴研究了X射线的性质。

1896年 亨利·贝克勒尔发现，铀盐存在贯穿辐射。

1897年 约瑟夫·约翰·汤姆孙在研究阴极射线的性质时发现了电子。

此后

1904年 汤姆孙提出"葡萄干蛋糕模型"。

1911年 欧内斯特·卢瑟福和欧内斯特·马斯登提出"有核原子模型"。

1932年 英国物理学家詹姆斯·查德威克发现中子。

正如很多重大科学发现一样，放射性的发现也是偶然的。1896年，法国物理学家亨利·贝克勒尔（Henri Becquerel）正在研究磷光现象，这一现象是指当照射某物体的光源被撤去后，物体会发出另外一种颜色的光。贝克勒尔想知道能够产生磷光的矿石是否也会释放X射线，即威廉·伦琴在一年前发现的那种射线。为了解答自己的疑问，他用黑色的厚纸包封照相底片，在上面放一种磷光矿石，然后将二者放置在阳光下。实验成功了，照相底片被曝光了，说明这种物质能够释放出X射线。贝克勒尔还指出，金属能够阻挡这种让底片感光的射线。

实验的第二天是一个阴天，贝克勒尔无法重复之前的实验，所以他将磷光矿石和照相底片放到了抽屉里。他发现，即使在没有阳光的情况下，照相底片还是曝光了。贝克勒尔意识到，这种矿石内部

现在有必要找一个新的术语来定义铀和钍元素表现出来的新特性，我建议用'放射性'这个词。
——玛丽·居里

一定能够产生能量，结果证明他所使用的铀矿中的原子会分解释放能量。贝克勒尔因此发现了放射性。

射线来自原子

继贝克勒尔的发现之后，他的波兰博士生玛丽·居里决定研究这种新的"射线"。她利用"静电计"（一种测量电流的仪器）发现

玛丽·居里

玛丽·居里原名玛丽亚·斯克沃多夫斯卡，1867年生于华沙。当时，波兰在沙皇俄国的统治下，女性不可以接受高等教育。为了支持姐姐在法国巴黎学医，玛丽曾工作过一段时间。1891年，玛丽也来到巴黎，学习数学、物理和化学。1895年，她嫁给了自己的同事皮埃尔·居里。1897年女儿诞生后，玛丽开始教书以帮助养家，但仍与皮埃尔在一间改建的房屋里继续做研究。皮埃尔去世后，她接替了皮埃尔在巴黎大学的工作，成为第一个担此职务的女性。她还是第一个获得诺贝尔奖的女性，也是第一个两次获得诺贝尔奖的人。第一次世界大战期间，玛丽建立了一批放射中心。1934年，玛丽·居里死于白血病，这可能与她长期接触放射性物质有关。

主要作品

1898年 《铀和钍的化合物放出射线》
1935年 《放射性》

参见: 威廉・伦琴 186~187页, 欧内斯特・卢瑟福 206~213页, 罗伯特・奥本海默 260~265页。

铀矿样本周围的空气是导电的，而导电能力仅与铀含量有关，与矿石（除铀外还含有其他元素）的总质量无关。这一实验让玛丽・居里相信，放射性来自铀原子，而非铀与其他元素的任何反应。

　　玛丽・居里很快发现，有些铀矿的放射性比铀本身的放射性更强。这引起了她的思考：这些矿石中肯定含有另外一种物质，一种比铀放射性更强的物质。1898年，玛丽・居里发现了另一种放射性元素钍。她立刻写了一篇论文呈交法国科学院，但是已有论文论述了钍的放射性。

> 即使在没有光的情况下，铀矿释放出的射线也能够使照相底片曝光。

⬇

> 铀矿的放射强度仅取决于矿石中所含的铀量。

⬇

> 射线一定来自铀原子。

⬇

> **放射性是元素的一种原子性质。**

两获诺贝尔奖

　　居里夫妇在富含铀的沥青铀矿和铜铀云母中发现了其他放射性元素。到1898年末，他们已经发现了两种新的元素，一种被命名为钋，以纪念玛丽・居里的祖国波兰，另一种是镭。他们试图通过提取纯钋和纯镭样本证明自己的发现，但直到1902年他们才从一吨沥青铀矿中提取了0.1g的氯化镭。

　　在此期间，居里夫妇发表了数十篇科学论文，其中一篇指出镭的发现可用于破坏肿瘤。他们并没有为这些发现申请专利，但在1903年与贝克勒尔共同获得了诺贝尔物理学奖。皮埃尔・居里于1906年去世后，玛丽并没有停止科研工作，她于1910年成功地分离出

纯镭。1911年，她获得了诺贝尔化学奖，成为两次获诺贝尔奖的第一人。

新的原子模型

　　在居里夫妇发现镭的基础上，新西兰物理学家欧内斯特・卢瑟福和欧内斯特・马斯登（Ernest Marsden）于1911年建立了新的原子模型，但直到1932年英国物理学家詹姆斯・查德威克（James Chadwick）发现中子，放射性才得到了完整的解释。

　　中子和带有正电荷的质子是构成原子核的亚原子粒子，带有负电荷的电子在原子核外旋转。原子的质量基本由质子和中子构成。

某种元素的原子质子数相同，但中子数可能不同。具有不同中子数的同一元素的原子被称为同位素。例如，铀原子的原子核有92个质子，但中子数可能在140~146个之间。这些同位素以质子数和中

玛丽・居里和皮埃尔・居里没有专用的实验室，他们的实验大多完成于巴黎大学物理化工学院附近一间漏水的房子。

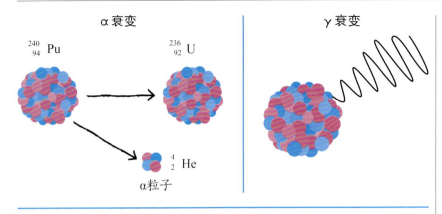

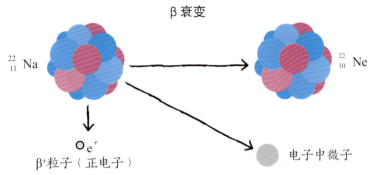

放射性衰变共有三种方式。钚-240（左上角）衰变成铀，并释放出一个α粒子，这就是α衰变的例子。在β衰变中，钠-22变为氖，释放出一个β粒子（此例中为一个正电子）。在γ衰变中，高能量的原子核会释放出γ射线，但并不释放粒子。

子数之和命名，所以铀最常见的同位素是中子数为146的铀238。

包括铀在内的很多种元素的原子核都十分不稳定，会自发地进行放射性衰变。卢瑟福将放射性元素的射线命名为α射线、β射线和γ射线。α粒子含有两个质子和两个中子。β粒子可以是电子或正电子，质子变为中子时会释放正电子，而中子变为质子时会释放电子。α衰变和β衰变都会改变衰变原子核的质子数，使其变为另外一种元素的原子。γ射线其实是一种高能量、波长短的电磁辐射，并不

会改变元素的性质。

放射性衰变与核反应堆中的裂变不同，与太阳的能量来源核聚变也不同。在核裂变过程中，不稳定的原子核，比如铀-235，在中子的轰击下，会分裂为更小的原子，同时释放出能量。在核聚变过程中，两个较小的原子会合成一个较大的原子。聚变也会释放能量，但需要极高的温度和压强才能实现，所以科学家只能在核武器中使用核聚变。到目前为止，用核聚变发电仍会消耗更多的能量。

半衰期

一种放射性物质发生衰变时，其元素的原子变为其他元素的原子，所以不稳定原子的数目会随时间不断减少。不稳定原子的数目越少，放射强度就越低。放射性同位素放射强度的减少可以用半衰期来表示。半衰期是指放射性强度达到原值一半所需要的时间，也是不稳定原子半数发生衰变所需要的时间。以广泛用于药品中的同位素锝-99m为例，其半衰期为6小时，这意味着当药剂注入患者体内6小时后，其强度将减为原来的一半，12小时后变为原来的1/4，并以此类推。铀-235的半衰期则超过7亿年。

放射性年代测定

半衰期可用于测量矿石或其他物质的年代。很多半衰期已知的放射性元素都可以用于年代测定，但最著名的当属碳。

碳最常见的同位素为碳-12，其原子含有6个质子和6个中子，原子核稳定。地球上99%的碳都是碳-12。还有一小部分碳是碳-14，比碳-12多两个中子，半衰期为5730年。大气外层的氮原子受到宇宙射线的撞击，会不断产生碳-14，也就是说大气中碳-12和碳-14的比值是相对恒定的。绿色植物通过光合作用从大气中摄入二氧化碳，而我们的食物包括植物和以这些植物为食的动物在内，即使碳-14一直在衰变，但在植物和动物存活

期间，碳-12和碳-14的比值也是相对恒定的。生物死后不会再摄入碳-14，体内的碳-14会继续衰变。通过测量生物体内碳-12和碳-14的比值，科学家可以计算出生物的死亡时间。

这种放射性年代测定法可用于测量木材、煤、骨头及贝壳的年代。虽然碳同位素的比值存在自然差异，但我们可以用树木年轮测定年代法等其他年代测定法进行反复核实，校准数值也可以用于同一时代的物体。

奇妙疗法

玛丽·居里发现，放射性具有医疗用途。第一次世界大战期间，她用自己提取的少量镭制成氡气（镭衰变时产生的一种放射性气

> 居里夫人的实验室……既是一个牛棚，也是一个装马铃薯的地窖。如果不是看到工作台及上面的仪器，我肯定会认为这是在开玩笑。
>
> ——威廉·奥斯特瓦尔德

体）。氡气被密封于玻璃管中注入患者体内可以杀死某些病变细胞。这是一种神奇的疗法，甚至可以被用于美容，以收紧老化的肌肤。直到后来，人们才意识到半衰期很短

的物质有很多重要用途。

放射性同位素还被广泛用于医学照影，以诊断疾病，并用来治疗癌症。γ射线可用于手术器械消毒，甚至还可用于食品杀菌，以延长食品的保质期。γ射线发射器可以检测金属物体的内部，查看是否存在裂缝，或是检查集装箱内是否有走私物品。■

瑞典阿莱石阵的建造时间为公元600年，这是用同位素年代测定法测量该遗址的木器得出的，而建造石阵所用石头的年龄高达亿万年。

传染活液

马丁努斯·拜耶林克（1851—1931年）

烟草花叶病具有**传染性**，但是……

……能够过滤细菌的**滤菌器**无法滤出并移除这种致病因子，所以它肯定不是细菌。

这种**致病因子**还有一点与细菌不同，那就是它只能寄生于活体中，不可能在实验室凝胶或液体培养基中生长。

这种致病因子与细菌不同，它们更小，应该给它们取一个新名字——**病毒**。

如今，"病毒"是人们非常熟悉的一个医学术语，很多人都将病毒理解为最小的病菌，人、动植物和真菌的传染病可以归因于此。

但是，19世纪末，"病毒"一词才刚刚进入科学和医学领域。这一术语是荷兰微生物学家马丁努斯·拜耶林克（Martinus Beijerinck）于1898年提出的，用来定义一种新的传染病致病因子。拜耶林克不仅对植物特别感兴趣，在显微镜学方面也具有极高的天分和技能。他研究了患有花叶病的烟草植株。花叶病会使烟叶长斑、褪色，使烟草业造成极大的损失。当时

参见: 弗里德里希·维勒 124~125页, 路易·巴斯德 156~159页, 琳·马古利斯 300~301页, 克雷格·文特尔 324~325页。

"病毒"一词会偶尔出现,用来指代有毒的物质。拜耶林克做完烟草花叶病实验后,用"病毒"一词指代导致花叶病的致病因子。

当时,与拜耶林克一样致力于科学和医学研究的人注重的还是细菌。19世纪70年代,路易·巴斯德和德国医生罗伯特·科赫率先分离出细菌,并确定它是一种致病因子,而后更多的细菌相继被发现。

当时,检测细菌的常用方法是让疑似含有致病因子的液体通过不同的过滤器。当时最著名的是张伯兰细菌滤器,由巴斯德的同事查尔斯·张伯兰(Charles Chamberland)于1884年发明。这种过滤器通过素陶的微孔可以滤出小如细菌的颗粒。

无法滤出的微小颗粒

此前,已经有研究人员怀疑,有一种比细菌还小的致病因子可以传播疾病。1892年,俄国植物学家迪米特里·伊凡诺夫斯基(Dmitri Ivanovsky)通过实验研究了烟草花叶病,证明其致病因子可以通过细菌过滤器。他坚信,这种致病因子不可能是细菌,但他并没有进一步研究这种因子究竟为何物。

拜耶林克重复了伊凡诺夫斯基的实验。他也发现,患病烟草植株的叶片汁液经细菌过滤器过滤后,还是能使健康的烟草植株感染花叶病。起初,拜耶林克认为致病原因在于汁液本身,他将其称为"传染活液"。通过进一步研究,拜耶林克发现,汁液中的致病因子无法在实验室凝胶或液体培养基中生长,也无法在寄助物体内生长,只能在感染的宿主细胞内繁殖,并传播疾病。

虽然当时的光学显微镜无法观察到病毒,但是通过实验室培养法和微生物学检测技术,拜耶林克证明病毒的确存在。他坚称,病毒可以导致疾病,从而带领微生物学和医学进入了一个新的时代。直到1939年,在电子显微镜的帮助下,烟草花叶病毒才被发现,并成为拍摄显微镜照片的第一种病毒。■

此张电子显微镜照片显示的是烟草花叶病毒颗粒,放大倍率为16万倍。为了提高可视性,这些颗粒已被染色。

马丁努斯·拜耶林克

马丁努斯·拜耶林克可以说是一位隐士,大多数时间都奉献给了实验室。拜耶林克于1851年出生于荷兰阿姆斯特丹,曾在代尔夫特学习化学和生物学,1872年毕业于莱顿大学。19世纪90年代,拜耶林克在达尔福特研究土壤和植物微生物学,并在此期间完成了著名的烟草花叶病毒过滤实验。他还研究了植物如何从空气中获取氮,并将之融入自己的组织,这是使土壤变肥沃的一种天然施肥系统。此外,拜耶林克还研究了植物虫瘿、酵母和其他微生物的发酵作用,以及硫磺细菌。拜耶林克在去世前已成为世界闻名的微生物学家。1965年,拜耶林克病毒学奖设立,每两年评定一次。

主要作品

1895年 《论脱硫螺菌的磷酸盐还原》
1898年 《烟叶斑病的根源:传染活液》

A PARADIGM SHIFT

1900–1945

巨大的转变
1900年—1945年

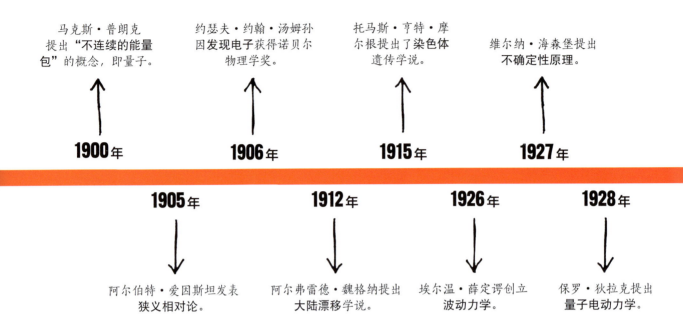

马克斯·普朗克提出"不连续的能量包"的概念，即量子。

约瑟夫·约翰·汤姆孙因发现电子获得诺贝尔物理学奖。

托马斯·亨特·摩尔根提出了**染色体**遗传学说。

维尔纳·海森堡提出**不确定性原理**。

1900年　　**1906**年　　**1915**年　　**1927**年

1905年　　**1912**年　　**1926**年　　**1928**年

阿尔伯特·爱因斯坦发表**狭义相对论**。

阿尔弗雷德·魏格纳提出**大陆漂移学说**。

埃尔温·薛定谔创立**波动力学**。

保罗·狄拉克提出**量子电动力学**。

19 世纪，科学家对生命进程的看法发生了根本改变，但20世纪上半叶的科学发展更加令人震惊。经典力学历史悠久，从牛顿以来基本未曾改变，但是到了20世纪，经典力学的确定性退出舞台，完全被一种新的时空观和物质观所取代。到1930年，"宇宙可以预测"这一古老思想已被击得粉碎。

现代物理学

此时的物理学家发现，经典力学公式会得出荒谬的结果，其中显然存在着根本性的错误。1900年，马克斯·普朗克（Max Planck）提出电磁辐射不是以连续波的形式传播的，而是以不连续的能量包即量子的形式传播的，由此解决了黑体光谱辐射与经典力学公式相违背的问题。五年后，正在瑞士专利局工作的阿尔伯特·爱因斯坦发表有关狭义相对论的论文，指出光速是恒定的，与光源或观察者的运动无关。1916年，爱因斯坦提出广义相对论后发现，独立于观察者的绝对时空的概念已不复存在，取而代之的是弯曲的单一时空，物体的质量会使空间发生弯曲，并由此产生万有引力。爱因斯坦进一步证明，物质和能量应该是同一现象的不同侧面，可以相互转化。他用 $E=mc^2$ 来描述这一关系，暗示原子内部隐藏着巨大的潜在能量。

波粒二象性

古老的宇宙观受到了更为严重的冲击。英国物理学家约瑟夫·约翰·汤姆孙发现电子，并指出电子带有负电荷，体积和重量还不到原子的千分之一。对电子的研究引发了新的谜团。不仅光具有粒子的特性，粒子也具有波的特性。奥地利的埃尔温·薛定谔用方程组描述了粒子在某一个特定空间和状态下出现的概率。薛定谔的德国同事维尔纳·海森堡提出，位置和动量的数值有一种内在的不确定性，起初这被视为一个测量问题，但后来发

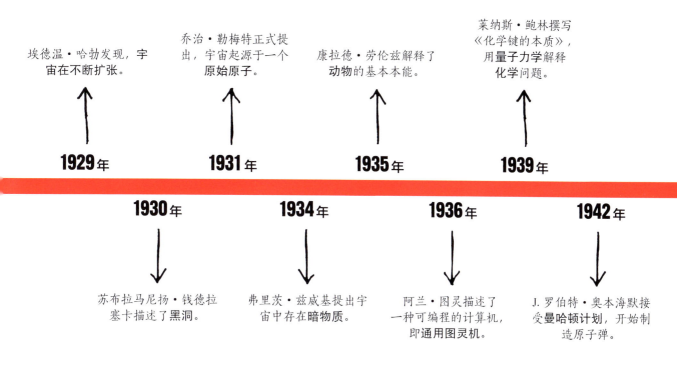

埃德温·哈勃发现，宇宙在不断扩张。

乔治·勒梅特正式提出，宇宙起源于一个原始原子。

康拉德·劳伦兹解释了**动物**的基本本能。

莱纳斯·鲍林撰写《化学键的本质》，用**量子力学**解释化学问题。

1929年　　**1931**年　　**1935**年　　**1939**年

1930年　　**1934**年　　**1936**年　　**1942**年

苏布拉马尼扬·钱德拉塞卡描述了黑洞。

弗里茨·兹威基提出宇宙中存在**暗物质**。

阿兰·图灵描述了一种可编程的计算机，即通用图灵机。

J. 罗伯特·奥本海默接受曼哈顿计划，开始制造原子弹。

现这对解释宇宙结构至关重要。至此，一幅奇怪的图像浮现出来：在一个弯曲的相对时空中，物质的粒子以概率波的形式划过。

原子分裂

　　新西兰的欧内斯特·卢瑟福率先指出，原子的大部分体积是空的，质量几乎全部集中在直径很小的核心区域，即原子核，电子在原子核外绕核运动。他解释说，核裂变具有放射性。化学家莱纳斯·鲍林（Linus Pauling）接受了卢瑟福提出的新原子模型，并用量子力学的概念解释了原子是如何结合在一起的。在此过程中，他证明化学

这门学科其实是物理学的一部分。到20世纪30年代，物理学家已经开始研究释放原子能的方法。在美国，J. 罗伯特·奥本海默（J. Robert Oppenheimer）领导曼哈顿计划，开始制造第一个核武器。

宇宙膨胀

　　到20世纪20年代，人们仍然认为星云是银河系内的气体尘埃云，而我们所在的银河系就是宇宙的全部。后来，美国天文学家埃德温·哈勃（Edwin Hubble）发现，这些星云其实是遥远的星系。突然间，宇宙的范围变得超出我们的想象。哈勃还发现，宇宙正向各个方

向膨胀。比利时神父、物理学家乔治·勒梅特（Georges Lemaître）提出，宇宙是从一个"原始原子"膨胀而成的，这就是后来的大爆炸理论。天文学家弗里茨·兹威基（Fritz Zwicky）创造了"暗物质"一词，用来解释根据引力计算出的后发座星系团的质量为何是实际观察到的400倍，从而又解开了一个谜团。物质不仅与我们想象的大相径庭，还有很多物质我们甚至无法直接检测到。显然，当时人们对科学的理解还存在很大的缺陷。■

量子是不连续的能量包

马克斯·普朗克（1858—1947年）

背景介绍

科学分支
物理学

此前

1860年 从理论模型得出的黑体辐射分布与实际不符。

19世纪70年代 奥地利物理学家路德维希·玻尔兹曼在熵分析中用概率解释了量子力学。

此后

1905年 阿尔伯特·爱因斯坦提出，量子是真实存在的，并在普朗克光量子的基础上提出了光子的概念。

1924年 路易·德布罗意证明，一切物质都具有波粒二象性。

1926年 埃尔温·薛定谔用波动方程描述了粒子的运动。

1900年12月，德国理论物理学家马克斯·普朗克发表了一篇论文，用自己的方法解决了一个长期存在的理论冲突，这是物理学史上最重要的一次概念性的突破。普朗克的这篇论文标志着从牛顿经典力学向量子力学的转变。此后，牛顿力学的确定性和精确性逐渐被带有不确定性的概率取代。

量子理论源自热辐射的研究。热辐射可以解释为什么我们与火之间的空气是凉的，我们却依然

参见: 路德维希·玻尔兹曼 139页, 阿尔伯特·爱因斯坦 214~221页, 埃尔温·薛定谔 226~233页。

经典力学认为,能量辐射是**连续的**。

在这种假设下得出的**黑体辐射分布与实际结果完全不符**。

如果将辐射能量看成是**不连续的"量子"**,这个问题就解决了。

辐射能量不是连续的,而是以不连续的"量子"形式发射的。

黑体辐射分布的研究表明,辐射仅取决于物体的温度,与物体的具体形状或化学组成无关。基尔霍夫的观点带来了一项新的挑战——如何找到可以描述黑体辐射的理论框架。

熵与黑体

因为经典力学无法解释黑体辐射分布的实验结果,所以普朗克提出了新的量子理论。普朗克的研究大多集中于热力学第二定律,他称之为"绝对真理"。该定律指出,孤立系统会逐渐趋于热平衡状态(系统中所有部分的温度相等)。普朗克试图用孤立系统的熵解释黑体的热辐射方式。虽然严格来讲,熵测量的是系统有多少种组织方式,但简单地说,熵就是指系统的

能够感受到热度。任何物体都具有吸收和发射电磁波的本领。温度升高,辐射频率会增强,波长会变短。例如,一块煤在室温下的辐射频率低于可见光,属于红外光谱。我们看不到辐射的电磁波,因此煤看起来是黑色的。不过,一旦将煤点燃,它就会释放频率更高的波。这些波进入可见光谱的范围,使煤呈现暗红色,然后变为白炽,最后变为亮蓝色。炙热的物体,比如恒星,会辐射波长很短的不可见的紫外线和X射线。物体辐射电磁波的同时,也会反射电磁波。正因为反射光,物体即使在不发光的情况下

也会呈现出颜色。

1860年,德国物理学家古斯塔夫·基尔霍夫(Gustav Kirchhoff)提出"绝对黑体"的概念。绝对黑体是一种理想化的表面,当达到热平衡(温度既不升高也不降低)时,投射到该表面上的所有频率的电磁波会被全部吸收,同时该表面不会反射任何电磁波。黑体的热辐射光谱因为不掺杂任何反射光,所以是"纯净的",光谱反应的就是黑体本身的温度。基尔霍夫认为,这种黑体辐射是自然界存在的基础。例如,太阳就近似于一个黑体,它的辐射光谱基本是其温度的体现。

一个新的科学真理取得胜利并不是通过让它的反对者们信服并看到真理的光明,而是通过……让熟悉它的新一代成长起来。

——马克斯·普朗克

混乱度。一个系统的熵越大，最终达到平衡的组织方式就越多。例如，假设在一个房间里，空气分子最开始集中于屋顶的一个角落，要想最终达到每立方厘米具有相同数量的空气分子，组织方式是非常多的。在此过程中，系统的熵逐渐增大，空气分子的分布逐渐均匀。热力学第二定律的基础是，熵只朝着一个方向演化。在达到热平衡的过程中，系统的熵总是不断增大，然后保持不变。普朗克推论，这一原则在任何一个理论黑体模型中都应该显而易见。

维恩-普朗克定律

到19世纪90年代，柏林科学家在实验中使用的"空腔辐射"与基尔霍夫提出的绝对黑体非常接

近。在常温下，一个开有小洞的盒子近似于黑体，因为进入盒子的任何辐射都会被困在盒内，盒子辐射的能量完全取决于自身的温度。

普朗克的同事威廉·维恩（Wilhelm Wien）深受实验结果的困扰，因为记录到的低频率辐射与他的黑体辐射公式不符。1899年，普朗克修改了公式，试图更好地解释黑体热辐射波谱，从而得出了维恩-普朗克定律。

紫外灾难

一年后，又一个挑战接踵而来。当时，英国物理学家瑞利勋爵（Lord Rayleigh）和詹姆斯·金斯爵士（Sir James Jeans）发现，黑体辐射分布与经典物理学的预测大相径庭。瑞利-金斯定律指出，随着辐射频率不断增大，黑体释放的能量将呈指数式增长，但这与实验结果完全不符，这一现象被称为"紫外灾难"。由此可见经典理论一定存在严重的错误。如果经典理论是正确的，那么每当灯泡亮起时，它都会释放出致命剂量的紫外线。

普朗克并没有因瑞利-金斯定律而困扰，他更关心的是维恩-普朗克定律。维恩-普朗克定律即使被修正后，还是与实验数据不符。该定律能够正确地描述黑体热辐射的短波（高频）波谱，但不适用于长波（低频）波谱。就在这时，普朗克打破传统，利用路德维希·玻耳兹曼（Ludwig Boltzmann）的概率方法得出了一个新的辐射定律。

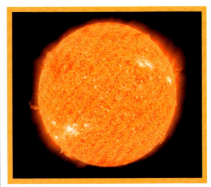

真实世界中并不存在绝对黑体。不过，太阳、黑天鹅绒及煤焦油等表面乌黑的物体都近似于黑体。

玻耳兹曼曾重新定义熵的概念，他将系统看成由大量独立的原子和分子构成。虽然热力学第二定律仍有效，但玻耳兹曼用概率学而非绝对化的方式对其进行了阐述。因此，引入熵的概念仅仅是因为它强调的是最大可能性而非另一种选择。盘子破碎后无法还原，但是并没有绝对的规律阻止其恢复原样，

科学不能解决自然界最终的谜团，这是因为在最后的分析中，我们自身也是这个待解之谜的一部分。

——马克斯·普朗克

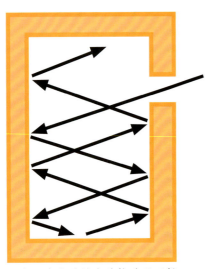

开有一个小孔的空腔接近于理想的黑体，进入小孔的辐射基本都被困在空腔内。

只是说这种事情发生的可能性几乎为零。

普朗克常数

　　普朗克运用玻耳兹曼对熵的统计性解读，得出了一个新的辐射定律。假设热辐射是由一个个"振子"发出的，他需要测量的是一定的能量在振子之间有多少种分布方式。

　　要得出这一数值，普朗克将能量分为一份份不连续的能量块，但数量是有限的，这一过程被称为量子化。普朗克不仅是物理学家，还是一位杰出的大提琴演奏家和钢琴家，他可能将这些"量子"想象成了乐器振动的琴弦，并且和声的数量是一定的。普朗克最后得到的公式十分简单，并且与实验数据相吻合。引入能量子的概念减少了系统能量状态的数量，同时普朗克也解决了"紫外灾难"的难题，虽然这并非他的初衷。普朗克认为，

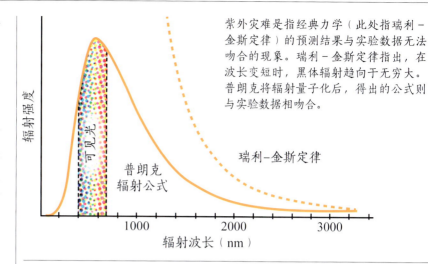

紫外灾难是指经典力学（此处指瑞利－金斯定律）的预测结果与实验数据无法吻合的现象。瑞利－金斯定律指出，在波长变短时，黑体辐射趋向于无穷大。普朗克将辐射量子化后，得出的公式则与实验数据相吻合。

量子只是因为数学需要而引入的概念，是一种"把戏"，而非真实存在的。但是，当1905年阿尔伯特·爱因斯坦用这一概念解释光电效应时，他坚称量子是光的一种真实属性。

　　正如很多量子力学的先驱人物，普朗克此后一直在努力接受自己的研究结果。虽然普朗克从不怀疑自己的研究结果的重大影响，但正如历史学家詹姆斯·弗兰克（James Franck）所言，他也是一个"反驳自己的理论的革命家"。普朗克发现，自己发明的公式所得出的结果往往与日常生活中的事实不符，所以这很难令他满意。但是不管怎样，在马克斯·普朗克之后，物理界又发生了翻天覆地的变化。■

马克斯·普朗克

　　1858年，马克斯·普朗克出生于德国北部的城市基尔。他上学时就是一个才华出众的学生，17岁高中毕业进入慕尼黑大学学习物理学，并很快成为量子力学的开创者。1918年，普朗克因能量子的发现获诺贝尔物理学奖，虽然他并未充分阐释量子是一种物理现实。

　　普朗克的个人生活充满了悲剧色彩。他的第一任妻子死于1909年，长子在第一次世界大战中丧生，两个双胞胎女儿在出生时死去。第二次世界大战期间，盟军的炸弹摧毁了他在柏林的住所，他的论文也付之一炬。战争接近尾声时，他唯一的儿子因参与暗杀希特勒未遂而被纳粹杀害。战争结束不久，普朗克便离开了人世。

主要作品

1900年《辐射热的熵与温度》
1901年《论正常光谱中的能量分布定律》

原子的结构

欧内斯特·卢瑟福（1871—1937年）

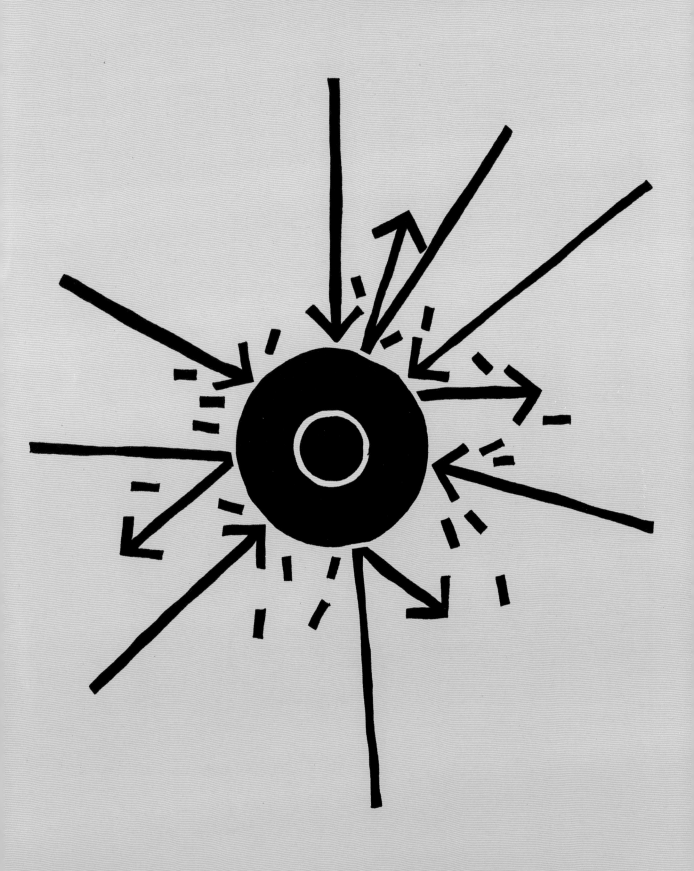

19世纪与20世纪之交，科学家发现，物质的基本组成成分原子可以分解为更小的粒子，这一时刻成为物理学的一个分水岭。这个令人震惊的突破彻底地改变了科学家的观点，使他们重新审视物质结构及物质和宇宙间的相互作用力。科学家发现了一个崭新的亚原子世界，这个极小的领域充满了无数微小的颗粒，他们需要一种新的物理学来描述这些粒子间的作用力。

原子理论历史悠久。古希腊哲学家德谟克利特是早期思想家的代表，他提出所有物质都是由原子构成的。德谟克利特创造了"原子"一词，这个词在希腊语中意为"看不见的"，用来指代物质的基本组成单位。德谟克利特认为，物质一定会反映出其组成原子的特性，比如铁原子是固态且坚硬的，而水原子则是光滑的。

18世纪和19世纪之交，英国自然哲学家约翰·道尔顿在倍比定律的基础上提出了新的原子论。倍比定律指出，化合物中不同元素（简单的游离物质）的质量总是互成简单的整数比。道尔顿认为，这意味着两种物质间的化学反应其实就是不同原子的结合，并且这一过程将不断重复。这就是现代第一个原子理论。

稳定的科学

19世纪末，物理学界被一种自满的氛围所笼罩。有些著名的物理学家骄傲地宣称，物理学这门学科已大功告成，重要的理论均已建立，之后的工作就是将已知的数值精确到"小数点后第六位"。然而，当时很多研究型物理学家却更为理智，他们认为自己显然面临着种种无法解释的奇怪现象。

1896年，威廉·伦琴率先发现了神秘的X射线，紧接着第二年，亨利·贝克勒尔就发现了当时

用α粒子撞击原子，有时α粒子会顺利通过，有时会改变路线，有时会被弹回。

这说明，原子中央肯定有一个体积很小但密度很大的核。

实验发现，电子在特定的轨道上绕原子核旋转。

原子由体积很小而质量很大的原子核及围绕原子核运动的核外电子组成。

这就是原子的结构。

参见：约翰•道尔顿 112~113页，奥古斯特•凯库勒 160~165页，威廉•伦琴 186~187页，玛丽•居里 190~195页，马克斯•普朗克 202~205页，阿尔伯特•爱因斯坦 214~221，莱纳斯•鲍林 254~259页，默里•盖尔曼 302~307页。

无法解释的放射性现象。这些新的射线是什么？源自哪里？贝克勒尔推测，射线产生于铀盐中。他的推测是对的。当皮埃尔•居里和玛丽•居里研究镭衰变时发现，放射性物质内部似乎隐藏着源源不断、永不枯竭的能量。如果事实果真如此，那么物理学的几条重要定律都将被打破。不管这些射线究竟为何物，当时的模型显然存在较大的空白。

电子的发现

1897年，英国物理学家约瑟夫•约翰•汤姆孙证明，他可以从原子中分离出其他粒子，这引起了巨大轰动。他在研究高压阴极（带有负电的电极）射线时发现，这种射线是由"粒子"构成的，因为射线打在荧光屏上时，会出现一闪即灭的光点。这些粒子带有负电，原因是电场可以改变粒子束的方向；粒子也很轻，还不到最轻的氢原子质量的1/1000。另外，不管以何种元素的原子当作粒子源，释放出的粒子的质量都是相同的。汤姆孙发现的就是电子。从理论上讲，这一结果完全在意料之外。如果原子含有

上图为约瑟夫•约翰•汤姆孙在剑桥大学实验室工作的场景。汤姆孙将刚刚发现的电子加入原子模型，建立了葡萄干蛋糕模型。

带电粒子，那么为什么带正电和带负电的粒子质量不同呢？之前的原子理论认为，原子是固态的。作为物质最基本的组成成分，原子是完整的、完美的、不可分割的。但是根据汤姆孙的发现，原子显然是可分的。总而言之，这些新发现的射线让科学家开始怀疑当时的科学并未探明物质及能量的重要组成成分。

葡萄干蛋糕模型

1906年，汤姆孙因电子的发现荣获诺贝尔物理学奖。汤姆孙是一个不折不扣的理论家，他知道他应该为自己的研究结果建立一个全新的原子模型，于是他在1904年建立了葡萄干蛋糕模型。原子里面充满了均匀分布的带正电的流体。原子整体并不带电，而电子的质量又很小，所以汤姆孙假设，一个更大的带正电的球体占据了原子的大部分质量，电子镶嵌其中，就像葡萄干点缀在一块蛋糕中一样。因为人们并没有证据对此做出反驳，所以假设点电荷像蛋糕中的葡萄干一样在原子中任意分布在当时被认为是合理的。

卢瑟福革命

然而，原子中带正电的那部分粒子一直不显踪迹，科学家不得不继续寻找这一缺失的粒子。

科学研究，除了物理就是集邮。

——欧内斯特·卢瑟福

最终的发现呈现给人们一幅完全不同的原子内部结构图。

欧内斯特·卢瑟福在曼彻斯特大学物理实验室设计并主持了一项实验，以验证汤姆孙的葡萄干蛋糕模型。新西兰人卢瑟福不仅具有超凡魅力，还是一位天赋异禀的实验家，对应该抓住的细节十分敏锐。1908年，卢瑟福就曾因"原子蜕变理论"获得诺贝尔化学奖。

原子蜕变理论指出，放射性物质的辐射源自原子分裂。在化学家弗雷德里克·索迪（Frederick Soddy）的协助下，卢瑟福证明放射性元素会自发地变为另一种元素。他们二人的研究为探索原子的内部结构开辟了新的道路。

放射性

虽然放射性是贝克勒尔和居里夫妇首先发现的，却由卢瑟福确定并命名了三种核辐射，即速度较慢、质量较重、带正电的 α 粒子，速度很快、带负电的 β 粒子，以及能量高、不带电的 γ 射线。卢瑟福根据射线的穿透能力对其进行分类。α 粒子穿透能力最弱，一张薄纸就可以将其挡住，γ 射线则需要厚厚的铅才能挡住。卢瑟福不仅是第一个使用 α 粒子探索原子结构的人，他还率先提出了放射性半衰期的概念，并发现 α 粒子其实就是氦原子核，即原子除去电子的部分。

金箔实验

1909年，卢瑟福开始用 α 粒

欧内斯特·卢瑟福

欧内斯特·卢瑟福在新西兰的乡村长大，当汤姆孙来信通知他获得了剑桥大学的奖学金时，卢瑟福还在田地里干活。1895年，他成为卡文迪许实验室的研究员，并在那里与汤姆孙一起做实验，后来发现了电子。1898年，卢瑟福27岁时，开始在加拿大蒙特利尔的麦吉尔大学担任教授一职，并开始研究放射性。1908年，卢瑟福获得诺贝尔物理学奖。卢瑟福还是一位杰出的管理者，一生管理了三家顶级的物理研究实验室。1907年，他出任曼彻斯特大学物理系系主任，并发现了原子核。1919年，卢瑟福回到卡文迪许实验室担任主任。

主要作品

1902年 《放射性的原因及本质I和本质II》

1909年 《源自放射性物质的 α 粒子的特性》

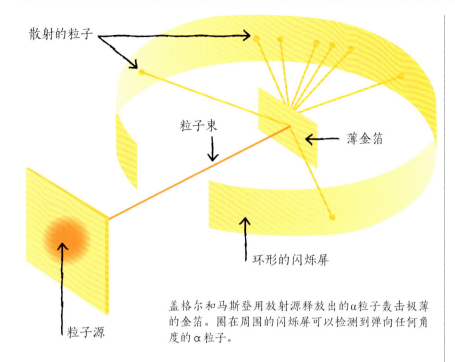

散射的粒子

粒子束

薄金箔

环形的闪烁屏

粒子源

盖格尔和马斯登用放射源释放出的α粒子轰击极薄的金箔。圈在周围的闪烁屏可以检测到弹向任何角度的α粒子。

子探测物质结构。之前一年，他已经与德国人汉斯·盖格尔（Hans Geiger）发明了硫化锌闪烁屏。α粒子打到闪烁屏上时会出现一个闪光点，由此可以计算α粒子的数量。在学生欧内斯特·马斯登的帮助下，盖格尔开始用闪烁屏证明物质是否无限可分，或者说原子内部是否含有更基本的物质单位。

盖格尔与马斯登用源自放射源的一束α粒子轰击金箔。金箔只有1000个原子那么厚，甚至更薄。根据葡萄干蛋糕模型，如果金原子内部均匀分布着带正电的粒子，带负电的点电荷镶嵌其中，那么带正电的α粒子会直接穿过金箔，并且大部分α粒子与金原子碰撞后，运动方向会发生很小的偏转，散射角

度很小。

盖格尔和马斯登坐在黑暗的实验室中，花了很长时间用显微镜计算闪烁屏上出现的亮点。卢瑟福

这是我一生中从未碰到过的最难以置信的事，它的难以置信好比你对一张白纸射出一发15英寸的炮弹，结果却被弹了回来。

——欧内斯特·卢瑟福

按照自己的直觉，指导盖格尔和马斯登放置闪烁屏，使其既能捕获预期中偏角很小的亮点，也能捕获偏角很大的粒子。当闪烁屏就位后，盖格尔和马斯登发现，有些α粒子的偏角大于90°，有些打到金箔上后沿原路反弹回来。卢瑟福曾这样描述这一实验结果：这好比对一张白纸射出一发15英寸的炮弹，结果却被弹了回来。

有核原子

只有原子的正电荷与质量都集中在一个很小的空间内，才能解释α粒子为何被反弹回来或发生很大的偏角。根据实验结果，卢瑟福于1911年发表了原子结构学说。卢瑟福模型就像一个缩小的太阳系，中心有一个带正电荷、密度很大、体积很小的核，电子绕核运动。这个模型最大的创新在于提出了原子具有一个极小的核，从而得出了人们并不愿接受的结论：原子根本不是固态的。原子内部有很大的空间，由能量和力控制着。这与19世纪的原子理论完全不同。

汤姆孙的葡萄干蛋糕模型曾轰动一时，但卢瑟福的模型基本没有引起科学界的关注。这一模型的缺陷显而易见。加速运动的电荷会以电磁辐射的形式释放能量，这在当时已是一个不争的事实。当电子绕核运动时，要做加速圆周运动才能保持自己的轨道，因此它们会不断释放电磁辐射。那么，电子做圆周运动时，会逐渐释放能量，最后

掉进原子核。所以根据卢瑟福的模型，原子应当极不稳定，但事实并非如此。

原子的量子理论

丹麦物理学家尼尔斯·玻尔用量子理论解救了卢瑟福的原子模型。1900年，马克斯·普朗克在研究辐射时提出了量子的概念，这标志着量子革命的开端。但是，到1913年时，这一领域还处于初始阶段，直到20世纪20年代量子力学才有了数学框架。玻尔研究量子理论时，相关理论基本上只有爱因斯坦的光量子学说。量子就是不连续的能量包，我们现在称之为光子。玻尔试图精确地解释原子吸收并释放光的方式。他指出，每一个电子都在原子壳层特定的轨道上，每层轨道的能量是"量子化的"，也就是

说，它们只能取固定的数值。

在这个轨道模型中，每个电子的能量与它离原子核的距离密切相关。离核越近，能量越低，但是它可以通过吸收一定波长的电磁辐射到达更高的能量级。吸收电磁辐射后，电子会跃迁到更高的轨道，也就是外面的轨道。获得更高的能量后，这个电子会立刻回到原来能量较低的轨道，同时释放出一个量子的能量，这恰好等于两层轨道的能量之差。

玻尔并没有解释这个模型，他只是指出电子不可能脱离轨道掉进原子核。虽然这完全是一个理论模型，却与实验结果相符，并巧妙地解决了很多相关问题。电子按照严格的次序填补空缺的电子层，并且离原子核越来越远，这符合元素周期表中随原子序数增加元素呈现

出的不同特性。更令人信服的是，理论上的电子层能量级与实际的光谱系相吻合。光谱系涵盖原子吸收及释放的不同频率的光。一个长期以来存在的问题就此解决，电磁学与物质结构终于结合起来。

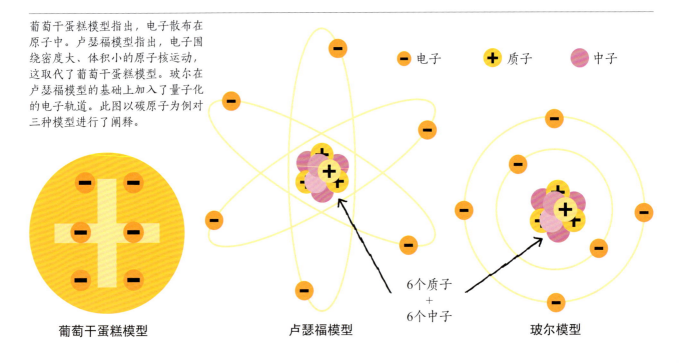

葡萄干蛋糕模型指出，电子散布在原子中。卢瑟福模型指出，电子围绕密度大、体积小的原子核运动，这取代了葡萄干蛋糕模型。玻尔在卢瑟福模型的基础上加入了量子化的电子轨道。此图以碳原子为例对三种模型进行了阐释。

— 电子　＋ 质子　● 中子

6个质子
＋
6个中子

葡萄干蛋糕模型　　　**卢瑟福模型**　　　**玻尔模型**

进入原子核的内部

有核原子模型被广泛接受后，下一步就要探寻原子核的内部结构。1919年，卢瑟福在实验中发现，α粒子可以从很多元素中轰击出氢核。一直以来，氢都被认为是最轻的元素，是其他元素的基本组成单位，卢瑟福因此提出，氢核实际上就是一种基本粒子，即质子。

1932年，詹姆斯·查德威克发现中子，对原子结构的探索得到了进一步的发展。查德威克的发现也包含着卢瑟福的功劳，因为卢瑟福在1920年曾假设中子的存在，以此来抵消微小的原子核内大量带正电的点电荷之间的排斥力。因为同种电荷相互排斥，所以卢瑟福指出，肯定还有一种粒子可以消除电荷，或可以将相互排斥的质子紧紧地聚集在一起。原子中还有一部分质量需要由重于氢核的物质承担，

> 如果射线是由质量为1、电荷为0的粒子，也就是中子组成的，那么问题就解决了。
>
> ——詹姆斯·查德威克

詹姆斯·查德威克用放射性钋释放出的α粒子轰击铍，发现了中子。在α粒子的轰击下，铍释放出中子，中子又从石蜡中分离出质子，最后他在电离室中检测到这些质子。

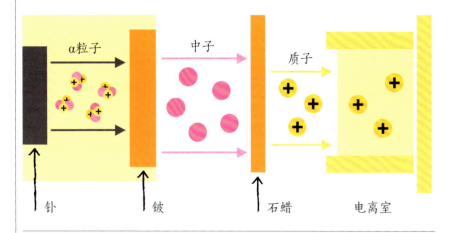

如果存在一种质量吻合的中性亚原子粒子，这一问题就会迎刃而解。

然而，中子的发现之路并不平坦，历时将近十年。当时，查德威克正在卡文迪许实验室工作，卢瑟福任实验室主任。在卢瑟福的指导下，查德威克开始研究一种新的射线。这种射线是由德国物理学家瓦尔特·博特（Walther Bothe）和赫伯特·贝克尔（Herbert Becker）用α粒子轰击铍时发现的。

查德威克通过实验得出了与这两位德国物理学家一样的结果，他意识到这种具有穿透力的辐射就是卢瑟福一直在寻找的中子。中子等中性粒子要比质子等带电粒子的穿透力更强，因为中性粒子穿过物质时不会受到排斥力。中子的质量略大于质子，所以能够轻易地将质子从原子核中轰击出来，这只有能量极高的电磁辐射才能做到。

电子云

电子围绕质量较大的原子核运转，这一原子结构在中子发现后终于完整了。量子力学的新发现让我们对电子轨道的认识臻于完善。现在的原子模型使用了电子云一词，用来表示只有电子的区域，我们可以用电子的波函数来确定电子最可能出现的位置。

后来，科学家发现质子和中子并不是最基本的粒子，而是由更小的粒子夸克构成的，原子模型因此变得更为复杂。至于原子结构究竟是什么样的，目前科学家仍在积极地研究中。■

引力场就是弯曲的时空

阿尔伯特·爱因斯坦（1879—1955年）

背景介绍

科学分支
物理学

此前

17世纪 牛顿物理学对引力和运动进行了描述，日常中的大多数现象都可以得到解释。

1900年 马克斯·普朗克首先提出，光是由一个个的能量包即"量子"构成的。

此后

1917年 爱因斯坦在广义相对论的基础上建立了一个宇宙模型。他假设宇宙是静止的，并为了支持他的理论引入宇宙常数。

1971年 科学家将原子钟放在喷气式飞机中进行环球飞行，从而证明了广义相对论中的时间膨胀。

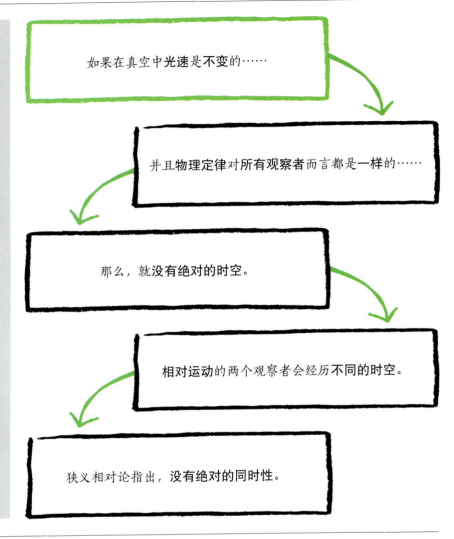

如果在真空中光速是不变的……

并且物理定律对所有观察者而言都是一样的……

那么，就没有绝对的时空。

相对运动的两个观察者会经历不同的时空。

狭义相对论指出，没有绝对的同时性。

1905年，德国科学杂志《物理学年鉴》发表了一位作者的四篇论文，他就是年仅26岁的阿尔伯特·爱因斯坦，一个当时并不知名、后来供职于瑞士专利局的物理学家。这四篇论文为现代物理学奠定了较为全面的基础。

19世纪末，爱因斯坦解决了物理学界的几个根本问题。在他1905年发表的四篇论文中，第一篇改变了人们对光的性质及能量的性质的理解；第二篇巧妙地证明了早已发现的布朗运动可以当作原子存在的证据；第三篇指出宇宙中存在着一种极限速度，这就是狭义相对论；第四篇提出，物质与能量可以相互转换，从而彻底地改变了我们对物质性质的看法。十年后，爱因斯坦发展了他之前在论文中的理论，提出广义相对论，对引力和时空做出了一种更为深刻的全新阐释。

量化分析

爱因斯坦于1905年发表的第一篇论文解决了光电效应长期以来存在的一个问题。光电效应是1887年德国物理学家海因里希·赫兹发现的。这一现象是指，用一定波长的射线（一般为紫外线）照射金属电极，电极间会产生电流，也就是说电极释放出了电子。其背后的原

参见: 克里斯蒂安·惠更斯 50~51页, 艾萨克·牛顿 62~69页, 詹姆斯·克拉克·麦克斯韦 180~185页, 马克斯·普朗克 202~205页, 埃尔温·薛定谔 226~233页, 埃德温·哈勃 236~241页, 乔治·勒梅特 242~245页。

理现在看来很容易解释, 即金属表面原子的最外层电子吸收了射线的能量, 从而挣脱束缚飞出金属表面。问题是, 如果用波长较长的射线照射同一种金属, 不论光源的强度如何, 金属都不会释放出电子。

这成为经典物理学的一个问题, 因为经典物理学认为, 光的强度决定着光的能量。爱因斯坦的论文引入了马克斯·普朗克当时刚刚提出的"光量子"的概念。爱因斯坦指出, 如果将光束分为一个个光量子(我们现在称为光子), 那么每个光量子携带的能量仅取决于它的波长。波长越短, 能量越高。如果光电效应依靠的是一个电子和一个光子间的相互作用, 那么有多少光子轰击金属表面(光源的强度)就无关紧要了。如果光子的能量不够高, 它是无法激发出电子的。

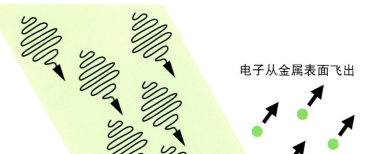

可见光子

电子从金属表面飞出

钠

只有用一定波长的光照射金属钠, 钠表面才会激发出电子。爱因斯坦指出, 如果光由一个个量子即光子组成, 这一现象就可以得到解释。不管有多少光子, 如果波长不符, 也不会激发出电子。

科学最重大的目标是从最少的假设和公理出发, 用逻辑推理的方法, 解释最多的经验事实。

——阿尔伯特·爱因斯坦

当时, 爱因斯坦的理论遭到了普朗克等物理界泰斗的反驳。不过, 1919年美国物理学家罗伯特·密立根(Robert Millikan)用实验证明了爱因斯坦理论的正确性。

狭义相对论

爱因斯坦最伟大的贡献诞生于他在1905年发表的第三篇和第四篇论文, 其中重新定义了光的性质。从19世纪末开始, 物理学家在理解光速方面一直存在一个问题。自17世纪以来, 科学家已经测量出光速的近似值, 并且数值越来越

精确, 但麦克斯韦方程组证明, 可见光只是一种光谱较广的电磁波, 所有的电磁波都以同样的速度在宇宙中穿行。

因为光被看成一种横波, 所以需要一种传播介质, 就像池塘表面的水波一样。当时科学家设想的介质就是"发光以太", 它的性质能够解释观察到的电磁波的特性。因为以太不会因地点不同而发生改变, 所以它可以作为其他一切的绝对标准。

因为以太绝对静止, 所以从远处物体反射来的光的速度取决

于光源和观察者的相对运动。以来自遥远行星的光为例，在地球轨道的一端和另一端观测，光速是截然不同的。因为在轨道的一端，地球以30km/s的速度远离恒星，而在另一端的观察者则以类似的速度接近恒星。

19世纪末，物理学家痴迷于测量地球在以太系中的运动。唯有通过测量，才能证实这种神秘物质的存在，但他们始终没有找到确凿的证据。无论用多么精密的仪器进行测量，光速似乎都是一样的。

1887年，美国物理学家阿尔伯特·迈克尔逊（Albert Michelson）和爱德华·莫雷（Edward Morley）设计了一个巧妙的实验，以精确测量"以太风"的速度，但仍旧没有找到证明以太存在的证据。迈克尔逊-莫雷实验的否定结果动摇了人们认为以太存在的想法。此后几十年，类似的实验结果更加重了物理学家的危机感。

> 质量和能量是同一物质的不同表现形式。
>
> ——阿尔伯特·爱因斯坦

爱因斯坦在1905年发表的第三篇论文《论运动物体的电动力学》直指这一问题。他的狭义相对论建立在两个基本条件上：一是真空中光速是不变的，与光源的运动无关；二是在所有的惯性参照系中，物理定律对不同观察者而言都是一样的，也就是说不受加速度等外力的影响。在此之前，爱因斯坦已经接受光的量子特性，即光量子是微小的、独立的能量包，在真空中传播时既具有粒子的特性，也保持波的特性。毫无疑问，这有助于爱因斯坦接受他的第一个假设。

接受了这两个假设后，爱因斯坦开始思考其对物理学的影响，尤其是对力学的影响。如果物理定律在所有的惯性参照系内都以同样的方式运行，那么不同参照系看起来都是不同的。唯一的影响因素就是相对运动，因为当两个参照系的相对运动接近光速时，就会发生奇怪的事情。

洛伦兹因子

虽然爱因斯坦的论文并没有正式引用其他科学文献，却提到了同时代其他几位科学家的研究。当时以非传统方式解决以太问题的人绝非爱因斯坦一人，其中最重要的也许是荷兰物理学家亨得里克·洛仑兹（Hendrik Lorentz），他的"洛仑兹因子"出现

阿尔伯特·爱因斯坦

1879年，爱因斯坦出生在德国南部的城市乌尔姆。他中学的学习并不顺利，最后进入苏黎世联邦理工学院，准备当一名数学教师。但是，爱因斯坦并未如愿找到教学的工作，于是接受了伯尔尼瑞士专利局的差事。在此期间，他有充足的时间做研究，1905年发表的论文也是在这段时间完成的。他将自己的成功归因于从未失去孩童般的想象力。

广义相对论得到证明后，爱因斯坦成为闻名全球的科学家。他继续探索之前的研究，并为量子理论带来了创新。1933年，因为担心纳粹的迫害，爱因斯坦在一次国外旅行途中决定不回德国，并最终在美国普林斯顿大学定居下来。

主要作品

1905年 《关于光的产生和转化的一个启发性观点》

1915年 《引力场方程》

在爱因斯坦的思想实验中，一位静止的观察者位于M点，两道闪电同时出现在A和B两点。在一列从A驶向B的接近光速的列车上，有一位观察者位于M′点，对他而言，B点的闪电出现在A点之前。

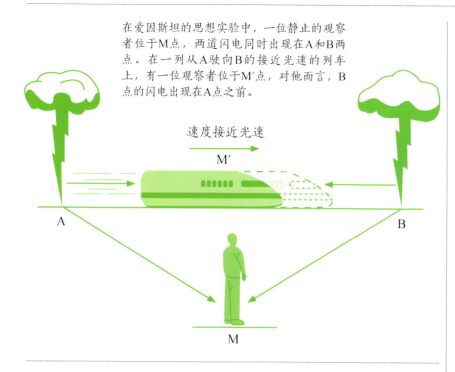

速度接近光速

M′

A

B

M

在爱因斯坦的理论中，其数值接近于光速，公式如下：

$$\frac{1}{\sqrt{1 - v^2/c^2}}$$

洛伦兹用这个公式计算时间膨胀和长度收缩，从而使麦克斯韦方程组与相对论彼此吻合。这个公式对爱因斯坦至关重要，因为它可以表示观察者在不同的惯性参考系中测量物理量时所进行的转换关系。在上述公式中，v表示观察者的相对速度，c代表光速。在大多数情况下，v相对于c而言数值很小，所以v^2/c^2近似于0，因此洛伦兹因子近似于1，也就是说，它对计算基本没有什么影响。

洛伦兹的研究受到了冷遇，因为它并不符合标准的以太理论。

爱因斯坦从另外一个角度研究了这个问题，指出洛伦兹因子是狭义相对论的一个必然结果，并重新研究了时间和距离间隔的真实意义。他的一个重要结论是，在一个参考系中，观察者看到的两件同时发生的事情，对另一个参考系的观察者而言，不一定是同时发生的（这种现象被称为同时性的相对性）。爱因斯坦还指出，对于一个远处的观察者而言，物体以接近光速的速度运动时，他看到的长度会收缩。更奇怪的是，观察者参照系内的时间似乎也变慢了。

解释相对论

爱因斯坦用两个相对运动的参照系解释狭义相对论：一个是行驶的火车，一个是铁路的路堤。一位观察者站在路堤的M点，离A和B的距离相等，出现在A和B的两道闪电对于这位观察者而言是同时的。位于火车上M′点的观察者处于另外一个参考系内，当闪电出现时，他刚好通过M点。不过，当火车上的观察者看到闪电时，火车已经朝B点行驶了一段距离。正如爱因斯坦所说，这位观察者的速度快于来自A点的光束。对于火车上的观察者而言，闪电B先于闪电A出现。爱因斯坦因此得出结论："除非具体说明参照系，否则谈论事件发生的时间是没有意义的。"爱因斯坦认为，时间和位置都是相对的概念。

质量和能量是等同的

爱因斯坦在1905年发表的最后一篇论文的题目是"物体的惯性同它所含的能量有关吗？"这篇短短三页的论文进一步阐述了前一篇论文中的一个观点，即物体的质量是其能量的衡量标准。在这篇新论文中，爱因斯坦指出，如果物体以电磁波的形式辐射一定的能量（E），它的质量会减少E/c^2。这个公式可以写为$E=mc^2$，表示在某个参照系内一个静止粒子所具有的能量。质量等同于能量这一原则成为20世纪科学界的重要基石，在宇宙学和核物理等诸多方面都有重要应用。

引力场

1905年被称为"爱因斯坦奇迹年"。虽然爱因斯坦在这一年发表的论文看似晦涩难懂，起初并没有在物理界以外产生什么反响，却树立了他在本领域的地位。

之后的几年内，很多科学家发现，狭义相对论对宇宙的描述比以太论更具说服力，他们设计实验以证明相对论的正确性。与此同时，爱因斯坦已经朝新的方向进发，进一步扩展他已经建立的理论，将非惯性系包含在内。非惯性系是指涉及加速和减速的情形。

早在1907年，爱因斯坦就想到，没有引力影响的"自由落体"参照系相当于一个惯性系，即等效原理。1911年，他发现，引力场作用下的静止参照系相当于一个匀加速运动参照系。

爱因斯坦这样解释他的理论：假设一个人站在一个处于真空中的密封电梯内，电梯在火箭的作用下朝一个方向做加速运动，这个人脚下会感受到一个向上的力，而根据牛顿第三定律他会给电梯底部一个大小相同、方向相反的作用力。爱因斯坦指出，这个人站在电梯中的感觉和他在引力场中一动不动是一样的。

在一个匀加速行驶的电梯中，与加速度垂直方向射来的光束，路径会发生弯曲。爱因斯坦推论，引力场也是一样。这种引力效应被称为引力透镜效应，它首次证明了广义相对论。

爱因斯坦开始思考引力的本质。爱因斯坦预言，在强引力场中会发生时间膨胀等相对性效应。钟表离引力源越近，走得越慢。多年来，这一效应只是一种纯理论的说法，但现在人们已通过原子钟证实了。

我们在**引力场**与在**匀加速参照系**中的感觉是一样的。

加速度可以用**时空流形**的弯曲来解释。

如果**质量很大的物体**使时空发生弯曲，那么它就可以解释物体的引力。

广义相对论指出，引力场就是弯曲的时空。

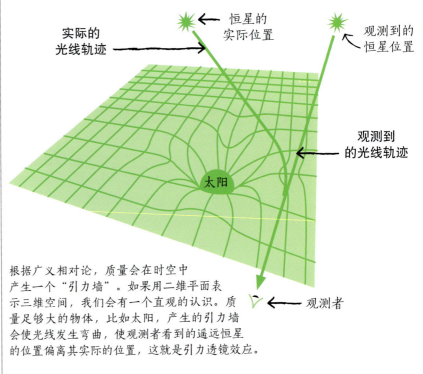

根据广义相对论，质量会在时空中产生一个"引力墙"。如果用二维平面表示三维空间，我们会有一个直观的认识。质量足够大的物体，比如太阳，产生的引力墙会使光线发生弯曲，使观测者看到的遥远恒星的位置偏离其实际的位置，这就是引力透镜效应。

右图为亚瑟·爱丁顿于1919年拍摄到的日食图片，首次验证了广义相对论。正如爱因斯坦预测的那样，太阳周围的恒星会发生外移。

时空流形

1907年，曾经做过爱因斯坦老师的赫尔曼·闵可夫斯基（Hermann Minkowski）解决了另外一个难题。考虑到狭义相对论中的时空维度间的有效平衡，闵可夫斯基提出将三维空间与时间维度结合到一起，形成时空流形。用闵可夫斯基的话解释，相对性可以用几何术语来描述，时空弯曲就像相对运动的观察者在另外一个参照系看到的那样。

1915年，爱因斯坦发表了完整的广义相对论，对时空、物质和引力的性质进行了全新的阐述。爱因斯坦采用了闵可夫斯基的理论，将宇宙看成一个时空流形，会因为相对运动而发生弯曲，同时也会因恒星、行星等质量很大的物体而发生弯曲，就像我们感受到的重力一样。

描述质量、弯曲和引力关系的公式异常复杂，但是爱因斯坦却用近似的方法解决了一个长期存在的谜团，即水星近日点的进动值要远远大于牛顿力学的预测值。广义相对论成功地解释了这一谜团。

引力透镜效应

爱因斯坦发表论文时，全世界正陷入第一次世界大战的阴霾中，很多科学家无法集中精力做研究。广义相对论十分复杂，如果不是因为亚瑟·爱丁顿（Arthur Eddington），它可能会被埋没很多年。爱丁顿是一位积极的反战人士，时任英国皇家天文学会秘书，对相对论很感兴趣。

爱丁顿在与荷兰物理学家威廉·德西特（Willem de Sitter）通信的过程中，听说了爱因斯坦的研究，并很快成为爱因斯坦理论在英国的主要支持者。

1919年，第一次世界大战结束刚刚几个月，爱丁顿为了验证广义相对论及其预言的引力透镜效应，带领一支考察队远赴非洲西海岸的普林西比岛，观察自然界最壮观的现象之一。早在1911年，爱因斯坦就曾预言，全日食出现时可以观察到引力透镜效应，其表现为日食周围的恒星会看起来发生外移。这是因为光通过太阳周围的弯曲时空会发生弯曲。爱丁顿在此次探索之旅中不仅拍摄到壮丽的日食图片，还验证了爱因斯坦的理论。爱丁顿在第二年发表了自己的研究结果，引发了全球的轰动，爱因斯坦也因此成为国际著名的科学家，人们对宇宙性质的了解也将展开全新的一面。■

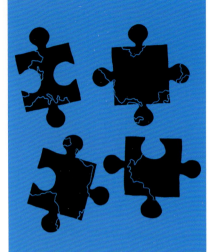

漂移的大陆是一幅不断变化的地球拼图

阿尔弗雷德·魏格纳（1880—1930年）

1912年，德国气象学家阿尔弗雷德·魏格纳（Alfred Wegener）将几种证据综合在一起，提出了大陆漂移学说。该学说认为，地球的大陆最开始是连在一起的，经过几百万年后分离开来。但是，直到科学家找到巨大陆块移动的原因之后，人们才接受了魏格纳的理论。

1620年，弗朗西斯·培根查看最早的新大陆和非洲地图时发现，美洲的东海岸与欧洲和非洲的西海岸几乎是平行的。由此，科学家推测，这些陆块曾经是连在一起的，对地球固定不变的传统学说提出了挑战。

1858年，长居巴黎的地理学家安东尼奥·斯奈德-佩列格里尼（Antonio Snider-Pellegrini）指出，大西洋两岸出现了相似的植物

南美洲东海岸与非洲西海岸的形状十分吻合，仿佛是两大块相邻的拼图图片。

南美洲和非洲出现了相似的**动植物化石**。

南美洲和非洲拥有相似的**岩层**。

地球上所有的大陆以前曾经是**统一的巨大陆块**。

漂移的大陆是一幅不断变化的地球拼图。

参见： 弗朗西斯•培根 45页，尼古拉斯•斯丹诺 96~101页，路易斯•阿加西斯 128~129页，查尔斯•达尔文 142~149页。

化石，可以追溯到2.99亿~3.59亿年前的石炭纪时期。他绘制的地图显示，美洲和非洲大陆过去可能相连，并认为它们之所以分离是由于《圣经》中的大洪水。南美洲、印度及非洲均出现羊齿蕨化石后，奥地利地质学家爱德华•休斯（Eduard Suess）指出，曾几何时，南半球的大陆由跨越海洋的陆桥连接在一起，形成了一个超级大陆，休斯称之为冈瓦纳大陆。

魏格纳不仅在不同的大陆发现了更多相似的生物，还发现了类似的山脉和冰川沉积物。之前的理论认为，超级大陆有一部分沉到了海洋下面，但魏格纳认为超级大陆也许发生了分离。1912—1929年间，他不断扩展自己的理论。他提出的超级大陆，即泛大陆，涵盖休斯的冈瓦纳大陆及北美大陆和欧亚大陆。魏格纳认为，整个陆块的分离始于1.5亿年前的中生代末期，并指出东非大裂谷可以证明大陆仍在移动。

寻找大陆漂移机制

魏格纳的理论遭到了地球物理学家的批评，他们指出魏格纳并没有解释大陆的漂移方式。20世纪50年代，新的地球物理技术揭示了大量的新数据。通过研究地球过去的磁场，人们发现古代大陆相对于地极的位置与当前不同。科学家用声呐设备扫描海床发现，海底出现了较新的地貌，这主要发生在大洋中脊上。熔岩从地壳的裂缝中喷发涌出，凝固后形成新的大洋地壳，继续上升的岩浆又把原先形成的大洋地壳推向两边。

1960年，哈里•赫斯发现，海底扩张可以解释大陆漂移，并提出板块构造学说：地壳由巨大的板块构成，在地幔对流的作用下，地表不断形成新的岩石，板块也处于不断变化中；正是由于海洋地壳的形成和毁坏导致了大陆的移动。这一理论不仅证明了魏格纳是正确的，还成为现代地质学的基石。■

泛大陆，两亿年前

7500万年前

现在

魏格纳的超级大陆就是一整块经历了长时间漂移的大陆。地质学家认为，这些大陆会在2.5亿年后连在一起，形成一个新的超级大陆。

阿尔弗雷德•魏格纳

阿尔弗雷德•魏格纳出生于柏林，于1904年获得柏林大学天文学博士学位，但他很快发现自己对地球科学更感兴趣。1906至1930年间，魏格纳四赴格陵兰探险，研究北极气团，这是他的开创性气象学研究的一部分。他利用探空气球追踪气流循环，并从冰层深处取样证明以往的气候。魏格纳于1912年提出了大陆漂移学说，于1915年出版了一部包括该学说在内的著作，并分别于1920年、1922年和1929年改进并拓展大陆漂移学说，但这些并没有引起业界的关注，他因此颇为沮丧。

1930年，魏格纳第四次到格陵兰探险，希望可以收集到证明大陆漂移学说的证据。当年11月1日，也就是50岁生日那天，他动身回营地取急需的物资，途中遇难身亡。

主要作品

1915年 《海陆的起源》

染色体的遗传作用

托马斯·亨特·摩尔根（1866—1945年）

科学分支
生物学

此前

1866年 格雷戈尔·孟德尔提出遗传定律，指出遗传性状由离散颗粒控制，这种颗粒后来被称为基因。

1900年 荷兰植物学家雨果·德弗里斯再次证实了孟德尔的遗传定律。

1902年 西奥多·博韦里和沃尔特·萨顿分别提出遗传的染色体学说。

此后

1913年 摩尔根的学生阿尔弗雷德·斯特蒂文特绘制了第一张果蝇的遗传"图谱"。

1930年 芭芭拉·麦克林托克发现，基因在染色体上的位置会发生改变。

1953年 詹姆斯·沃森和弗朗西斯·克里克的DNA双螺旋结构解释了遗传信息是如何通过交配传递给后代的。

细胞分裂时，**染色体**通过分裂和复制产生相应的**遗传性状**。

这表明，控制这些性状的**基因在染色体上**。

有些性状取决于**生物的性别**，所以它们肯定由**性染色体**决定。

染色体具有遗传作用。

19世纪，生物学家用显微镜观察细胞分裂时发现，每个细胞核中都有一对丝状的物质。为了便于观察，人们将这些物质进行染色，所以称其为"染色体"，意思是"有色的物体"。生物学家很快开始思考，染色体是否与遗传有关。

1910年，美国遗传学家托马斯·亨特·摩尔根（Thomas Hunt Morgan）通过实验证明了基因和染色体在遗传过程中的作用，从分子层面解释了生物进化。

遗传粒子

到20世纪初，科学家已经很清楚染色体在细胞分裂时的具体变化，并发现不同物种的染色体数目存在差异，但同一物种体细胞的染色体数目一般是相同的。1902

参见: 格雷戈尔·孟德尔 166~171页, 芭芭拉·麦克林托克 271页, 詹姆斯·沃森和弗朗西斯·克里克 276~283页, 迈克尔·叙韦宁 318~319页。

年, 德国生物学家西奥多·博韦里 (Theodor Boveri) 研究海胆的繁殖后得出结论, 生物的染色体必须全部出现, 胚胎才会正常发育。同年晚些时候, 一个名叫沃尔特·萨顿 (Walter Sutton) 的美国学生通过研究蝗虫发现, 染色体甚至可以解释孟德尔于1866年在遗传定律中提出的 "遗传粒子"。

孟德尔做了大量豌豆杂交实验, 于1866年提出遗传性状由离散粒子决定。40年后, 为了验证染色体与孟德尔遗传定律的关系, 摩尔根将杂交实验与现代显微镜学结合起来, 在哥伦比亚大学建立了 "果蝇室", 开始研究果蝇。

从豌豆到果蝇

果蝇是一种小昆虫, 可以用小玻璃瓶饲养, 并能在10天内产生大量后代。基于这些原因, 果蝇是遗传实验的理想研究对象。摩尔根的研究团队将具有不同性状的果蝇分开, 进行杂交, 并分析后代中出现不同性状的果蝇的数量, 这与孟德尔的豌豆杂交实验如出一辙。

摩尔根发现一只雄性果蝇长着白色的眼睛, 而非一般的红色, 从而证实了孟德尔的实验结果。雄性白眼果蝇与雌性红眼果蝇杂交后, 所有后代均为红眼, 这说明红眼为显性基因, 而白眼为隐形基因。这些后代进行杂交后, 子二代中1/4为白眼, 并且全部为雄性。

所以, 白眼基因一定与性别有关。当摩尔根发现其他与性别有关的性状时, 他推论所有的这些性状会同时遗传, 而决定这些性状的基因都存在于性染色体上。雌性具有一对X染色体, 而雄性有一条X染色体和一条Y染色体。繁殖时, 后代从母本继承一条X染色体, 从父本继承一条X染色体或一条Y染色体。白眼基因在X染色体上, Y染色体并没有相应的基因。

通过进一步研究, 摩尔根发现特定的基因不仅存在于特定的染色体上, 并且位于染色体的特定位置。这为科学家绘制基因图谱打开了大门。■

子一代 (F1)

♂ 雄性　　雌性 ♀

子二代 (F2)

果蝇的两代交配显示, 白眼性状只会通过性染色体遗传给某些雄性果蝇。

托马斯·亨特·摩尔根

托马斯·亨特·摩尔根生于美国肯塔基州, 他攻读动物学后, 又开始研究胚胎学。1904年, 摩尔根搬到位于纽约的哥伦比亚大学, 开始专心研究遗传机制。起初, 他对孟德尔的遗传定律, 甚至达尔文的进化论均持怀疑态度。他专注于果蝇交配实验, 以验证自己的遗传理论。果蝇实验成功后, 很多研究者都开始把这种昆虫当作遗传实验的研究对象。

摩尔根发现, 果蝇会发生稳定的遗传变异, 最终意识到达尔文是对的。1915年, 摩尔根出版著作解释了以孟德尔遗传定律为基础的遗传过程。摩尔根继续在加州理工学院做研究。1933年, 他因对遗传学的贡献荣获诺贝尔生理学奖。

主要作品

1910年 《果蝇的性联遗传》

1915年 《孟德尔式遗传的机制》

1926年 《基因论》

粒子具有波的性质

埃尔温·薛定谔（1887—1961年）

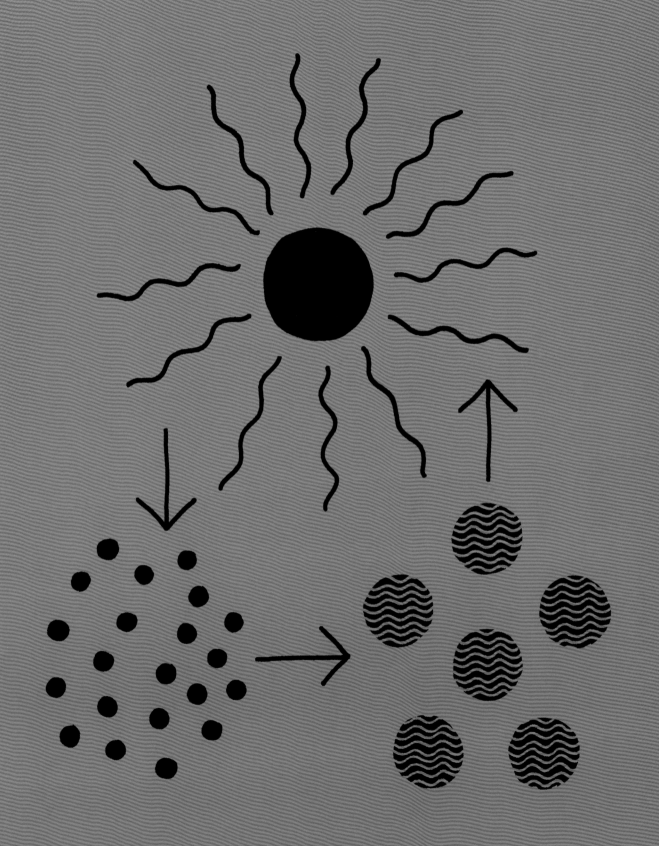

量子物理学是研究最微小的亚原子粒子的一门科学，埃尔温·薛定谔是推动这门科学进步的一位关键人物。他的最大贡献是提出一个著名方程，证明了粒子的波动性，从而蜚声物理学界。薛定谔方程是现代量子力学的基础，彻底地改变了人们看待世界的方式。但是，这场革命的发生并非偶然，整个过程较为漫长，其间涌现出很多先驱人物。

最初，量子理论仅限于解释光的性质。紫外灾难是困扰理论物理学的一个问题。1900年，德国物理学家马克斯·普朗克在试图解决这一问题时提出，可以将光看作不连续的能量包，即量子。后来，阿尔伯特·爱因斯坦进一步提出，光量子实际上是真实存在的。

丹麦物理学家尼尔斯·玻尔深知，爱因斯坦的理论可以说从根本上解释了光和原子的性质。1913年，玻尔用爱因斯坦的理论解决了一个古老的问题，即某些元素受热会释放出一定波长的光。玻尔建立的原子结构模型中，电子在不同的轨道绕核运动，电子与原子核的距离决定了它的能量。通过这个模型，玻尔可以解释原子的发射光谱（波长分布图谱），即当电子跃迁到不同的轨道时，会释放出光子能量。但是，玻尔的模型缺少理论支撑，并且只能预测最简单的氢原子的光谱。

波一样的原子

爱因斯坦为古老的光理论注入了新的生机。一直以来，光都被认为是一束束的粒子，后来托马

1927年，索尔维物理学会议在布鲁塞尔举办，很多著名的物理学家出席了这次会议，其中包括：1.薛定谔；2.泡利；3.海森堡；4.狄拉克；5.德布罗意；6.玻恩；7.玻尔；8.普朗克；9.居里；10.洛伦兹；11.爱因斯坦。

参见: 托马斯·杨 110~111页, 阿尔伯特·爱因斯坦 214~221页, 维尔纳·海森堡 234~235页, 保罗·狄拉克 246~247页, 理查德·费曼 272~273页, 休·艾弗雷特三世 284~285页。

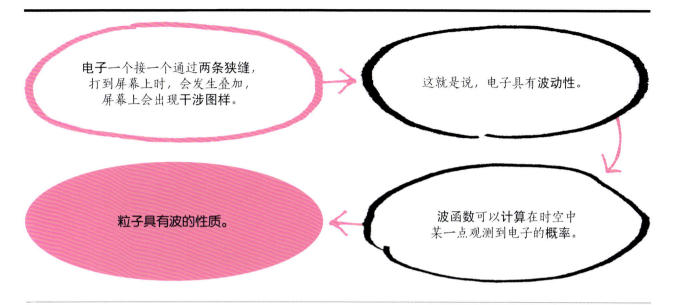

电子一个接一个通过**两条狭缝**，打到屏幕上时，会发生叠加，屏幕上会出现**干涉图样**。

这就是说，电子具有**波动性**。

波函数可以**计算**在时空中某一点观测到电子的**概率**。

粒子具有波的性质。

斯·杨的双缝实验证明光也具有波的性质。可问题是，光怎么可能既具有粒子的性质，又体现出波的性质呢？1924年，这个问题出现了转机，法国博士生路易·德布罗意（Louis de Broglie）的理论使这场量子革命进入了一个全新的阶段。德布罗意用一个简单的公式不仅证明了亚原子粒子也是一种波，还指出，任何物体，不管质量如何，从某种程度上说都具有波的性质。换句话说，如果光波具有粒子的性质，那么电子等粒子也一定具有光的性质。

之前，普朗克已经提出一个用于计算光量子能量的简单方程 $E=hv$，其中E表示电磁辐射的量子的能量，v表示辐射波长，h代表一个常数，也就是我们今天所说的普

朗克常数。德布罗意指出，光量子也具有动量，一般来说只与粒子有关，等于粒子的质量乘以粒子的速度。德布罗意还指出，光量子的动量等于普朗克常数h除以波长。不过，因为速度接近光速时，粒子的能量和质量会受到影响，所以德布罗意将洛伦兹因子引入他的公式。

> 两个看似不相容的概念可以分别代表真理的一个方面。

——路易·德布罗意

由此，德布罗意公式将相对论的影响考虑在内，变得更为复杂。

虽然德布罗意的理论激进而大胆，但很快得到重量级人物的支持，其中包括爱因斯坦在内。另外，德布罗意的假设比较容易验证。到1927年，两个不同实验室的科学家都已证明，电子的衍射和干涉现象与光量子的方式一模一样，德布罗意的假设因此得到了证明。

理论的发展

与此同时，很多理论物理学家在德布罗意假说的启发下，做了进一步研究。玻尔的原子模型提出，氢原子的电子轨道具有不同的能量级。这些科学家尤其想知道物质波的特性与电子能量级的排布有何关系。德布罗意自己曾提出，电子层之所以这样排列，是因为每个

轨道的圆周必须容纳所有波长的物质波。电子的能量级取决于它离带正电的原子核的距离，这就是说电子只有与原子核保持一定的距离，具有一定的能量级，才会稳定。然而，德布罗意的解释建立在一维物质波的基础上，而全面的解释必须从三维角度描述物质波。

波动方程

1925年，三位德国物理学家维尔纳·海森堡、马克斯·玻恩（Max Born）和帕斯夸尔·约尔丹（Pascual Jordan）试图用矩阵力学的方法解释玻尔原子模型中的量子跃迁。矩阵力学用不断变化的数学系统表示原子的性质。不过，这种方法无法解释原子的内部结构。另外，其难懂的数学语言也不会特受欢迎。

一年后，奥地利物理学家埃尔温·薛定谔想到了一个更好的办法。当时，正在苏黎世工作的他进一步研究了德布罗意的波粒二象性，并开始考虑能否用一个波动方程解释亚原子粒子的运动。为了建立波动方程，薛定谔首先从普通力学中的能量和动量定理入手，然后加入了普朗克常数和德布罗意提出的粒子动量和波长的关系。

当薛定谔将最终的公式用于氢原子时，公式预测的能量级与实验数据吻合，这个公式成功了。但是还有一个难解的问题，那就是连薛定谔本人也不确定波动方程描述的究竟是什么。薛定谔试图将其

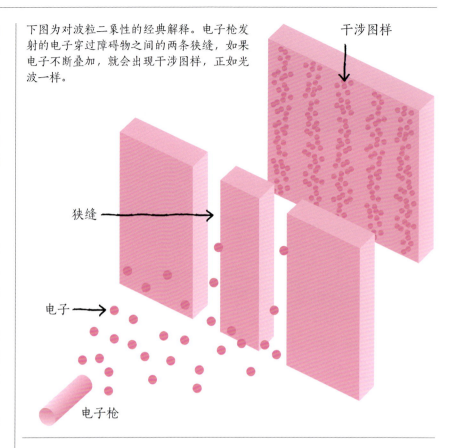

下图为对波粒二象性的经典解释。电子枪发射的电子穿过障碍物之间的两条狭缝，如果电子不断叠加，就会出现干涉图样，正如光波一样。

干涉图样

狭缝

电子

电子枪

解释成电荷的密度，但并不完善。最终解答这一问题的是马克斯·玻恩，他指出这个公式描述的是概率幅。换句话说，它描述了在特定空间发现电子的概率。与矩阵力学不同，薛定谔的波动方程，即波函数，虽然引出了一系列如何正确理解这一公式的问题，但仍然受到了物理学家的欢迎。

泡利不相容原理

1925年，奥地利科学家沃尔夫冈·泡利（Wolfgang Pauli）有了另一重大发现。为了解释原子内的电子不会全部自动变为最低的能量级，泡利提出了不相容原理。泡利指出，一个粒子的所有量子态可以用几个特性来决定，每个特性都有一个固定的离散值。不相容原理指出，同一体系的两个粒子不可能同时处于相同的量子态。

从元素周期表中，我们很容易看出电子核外排布的周期性。为了解释电子层的排布，泡利计算得出电子必须由四个不同的量子数决定。其中三个量子数分别为主量子数、角量子数和磁量子数，它们决定了电子在电子层和电子亚层的精确位置，且后两个量子数的数值由主量子数决定。第四个量子数有两个可能的数值，这样就可以解释为什么两个电子可以存在于能量级相

差甚微的电子亚层上。这四个量子数可以巧妙地解释能容纳2、6、10和14个电子的原子轨道。

如今，第四个量子数被称为自旋量子数，表示粒子自身的角动量（粒子自转产生的动量），数值有正负之分，是整数或半整数。几年后，泡利证明，根据自旋量子数可以将粒子分为两大类：一类是电子等费米子（自旋量子数为半整数），遵循费米-狄拉克统计规律；另一类是光子等玻色子（自旋量子数为零或整数），遵循玻色-爱因斯坦统计规律。只有费米子符合不相容原理，这对理解从坍缩星到组成宇宙的基本粒子等一切事物都具有重要意义。

薛定谔的成功

结合泡利的不相容原理，薛定谔的波动方程可以更为深刻地解释原子内部的轨道、电子层和电子亚层。波动方程并没有将其设想成经典轨道，即电子绕核运转的明确轨道，而是将其描述为概率云，即拥有特定量子数的电子可能出现的圆形或叶状区域。

薛定谔方程的另一大成功是解释了α衰变，即原子核放射α粒子（含有两个质子和两个中子）的过程。根据经典力学理论，原子若想保持不变，必须有十分陡峭的势阱围绕在原子核周围，以防粒子逃逸出去。势阱是一个势能比周围低的区域，粒子可以被限制在内。如果势阱不够陡峭，原子核就会全部

分解。那么，为什么α衰变会间断地释放出粒子，但剩下的原子核却保持不变呢？波动方程解决了这一问题，因为在此方程中，原子核内α粒子的能量是可以发生改变的。在大多数情况下，α粒子的能量很低，不会逃逸出去，但有时α粒子的能量会升高，克服势阱的阻力逃逸出去（现被称为量子隧穿效应）。波动方程的概率预测与捉摸不定的放射性衰变的性质完全一致。

不确定性原理

20世纪中叶，促进量子力学发展的大争论围绕波函数的意义展开，这场论战至今也没有最后的结论。继20年前普朗克与爱因斯坦的论战之后，德布罗意和薛定谔之间也展开了辩论。德布罗意认为，

下图为薛定谔方程的一般形式，描述了一个量子体系随时间的演化，且必须用复数表示。

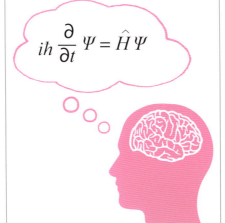

$$ih\frac{\partial}{\partial t}\Psi = \hat{H}\Psi$$

埃尔温·薛定谔

埃尔温·薛定谔于1887年出生在奥地利维也纳。他曾在维也纳大学攻读物理学，并获得该校的助理职位，随后应征入伍，参加第一次世界大战。第一次世界大战结束后，薛定谔先去了德国，然后到瑞士苏黎世大学工作。在苏黎世大学期间，他投身于量子力学这一崭新的领域，并完成了他最重要的研究。1927年，薛定谔回到德国，接任马克斯·普朗克在柏林洪堡大学的职位。

薛定谔坚决反对纳粹，他于1934年离开德国，来到牛津大学。到牛津大学之后，薛定谔才知道自己因波动方程与保罗·狄拉克共同获得了1933年的诺贝尔物理学奖。1936年，薛定谔回到奥地利，但因为德国吞并奥地利而再次背井离乡。薛定谔从此定居在爱尔兰，直到20世纪50年代才回到奥地利。

主要作品

1920年　《色度测量》

1926年　《作为本征值问题的量子化》

他和薛定谔的公式只是用来描述运动的数学工具，而且从本质上说电子就是一种粒子——一种运动和位置受控于波的性质的粒子。然而，对薛定谔而言，波动方程不仅仅是一个基本公式，它还描述了电子在空间的"抹散"方式。对薛定谔理论的反对激发了维尔纳·海森堡的灵感，他提出了20世纪又一伟大的理论，即不确定性原理。该原理认为，波函数表明我们无法既确定粒子的位置，又确定它的波长。位置测定得越准确，波长就越难测定。因此，波函数描述的粒子处于一种不确定的状态。

哥本哈根学派的建立

　　测量量子系统的性质时，我们得出的只是粒子出现在某一位置的概率。根据经典物理学及我们的日常所见，大部分测量都是精确的，且有确定的测量结果，而非各

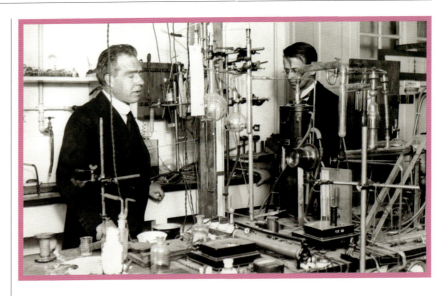

尼尔斯·玻尔（左）与维尔纳·海森堡共同提出哥本哈根诠释，解释了薛定谔的波函数。

种重叠的可能性。如何将量子的不确定性和现实联系起来，这一挑战被称为测量问题，而提出的各种方法被称为诠释。

　　其中最著名的当属1927年尼尔斯·玻尔和维尔纳·海森堡提出的哥本哈根诠释。该诠释指出，量子系统与宏观的外界观测者或测量仪器（遵循经典物理学定律）之间的相互作用导致了波包坍缩，出现了确定的结果。这种诠释虽然并未得到全世界的认可，却是最广为接受的一种解释。另外，电子衍射、光波的双缝实验等都可以对其加以证实。设计一个揭示光或电子波动性的实验是可能的，但要想记录同一仪器中多个粒子的性质则是不可能的。

　　虽然哥本哈根诠释能够解释粒子等微观系统，但它所暗含的"唯有测量出结果才能确定"这一点却困扰了很多物理学家。爱因斯坦有一句名言对此表示否定："上

帝不会掷骰子。"薛定谔通过一个思想实验解释了他认为荒谬的一种情况。

薛定谔的猫

　　按照哥本哈根诠释的逻辑推导，可以得出一个看似荒谬的悖论。薛定谔假设，将一只猫放在一个密封的盒子中，盒子里还有一小瓶与放射性物质连接的毒药。如果放射性物质衰变，它就会释放出辐射粒子，使锤子打碎毒药瓶，猫就会死。根据哥本哈根诠释，如果没有观察到结果，那么放射性物质的状态仍可以用波函数来描述，即两种可能结果的叠加态。但如果事实真如此，那么猫也是一样，处于一种半死不活的叠加态。

　　上帝知道我不喜欢概率论，从我们亲爱的朋友马克斯·玻恩创立概率论的那一刻起，我就一直讨厌它。

——埃尔温·薛定谔

新的诠释

因为哥本哈根诠释导致的矛盾显而易见，比如薛定谔的猫，所以科学家竭力对量子力学做出各种各样的诠释，其中最著名的是1956年美国物理学家休·艾弗雷特三世（Hugh Everett III）提出的"多世界诠释"。

这种诠释指出，在任何一个量子事件中，宇宙会分裂为互不可见的平行世界，每种可能发生的结果处于其中的一个世界。换句话说，薛定谔的猫既死了又活着，分别处于不同的世界，由此解决了哥本哈根诠释的矛盾之处。

一致性历史诠释在解释量子力学时较为保守，它只是用复杂的公式进一步概括了哥本哈根诠释。该诠释绕开了波函数坍缩的问题，而是用量子力学的方法及经典物理学的方法给各种场景或"历史"赋予一定的概率。这种诠释认为，只有一种历史与现实相符，但并不对结果进行预测，只是描述量子力学与我们所看到的不存在波函数坍缩的宇宙的关系。

系综诠释，也称统计诠释，是一种极简主义的数学诠释，深受爱因斯坦的青睐。

还有一种诠释是德布罗意-玻姆理论，它建立在德布罗意最初的波动方程的基础上，遵循的是因果关系，而非概率，并假设宇宙存在着一种隐秩序。

还有一种交易诠释，它提出了顺着时间行进及逆着时间行进的波。

然而，最有意思的也许是与神学相关的诠释。20世纪30年代，匈牙利出生的数学家约翰·冯·诺依曼（John von Neumann）指出，测量问题说明整个宇宙都遵循一个无所不包的波动方程，即通用波函数。另外，当我们测量它的不同侧面时，波函数会不断坍缩。尤金·维格纳（Eugene Wigner）是冯·诺依曼的同事，他支持冯·诺依曼的理论，并进一步指出，波函数坍缩的原因不仅仅在于与宏观系统的相互作用（如哥本哈根诠释所述），还在于意识的存在。■

一只猫被放在一个密封的盒子里，只要盒子里的放射性物质不发生衰变，它就是活的。

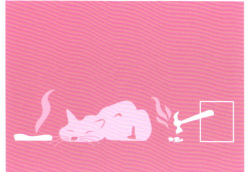

如果放射性物质开始衰变，毒药就会被释放出来，猫就会死掉。

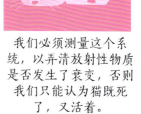

我们必须测量这个系统，以弄清放射性物质是否发生了衰变，否则我们只能认为猫既死了，又活着。

严格遵照哥本哈根诠释，薛定谔的思想实验向我们描述了这样一个场景：一只猫既死了，又活着。

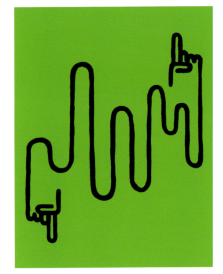

不可避免的不确定性

维尔纳·海森堡(1901—1976年)

1924年,路易·德布罗意提出,亚原子粒子作为物质的最小单位,会表现出波的特性。此后,大批物理学家将注意力转到粒子的物质波上,开始研究物质波的作用与原子的复杂特性之间有何种关系。1925年,德国科学家维尔纳·海森堡、马克斯·玻恩和帕斯夸尔·约尔丹用矩阵力学建立了氢原子的变化模型。这种方法后来被埃尔温·薛定谔的波函数取代。在薛定谔研究的基础上,海森堡与丹麦物理学家尼尔斯·玻尔进一步提出了哥本哈根诠释,解释了遵守概率定律的量子系统与宏观世界的相互作用。不确定性原理是哥本哈根诠释的一个重要部分,限制了量子系统中两种特性的精确度。

不确定性原理是矩阵力学的一个数学结果。海森堡发现,他的数学方法不能同时精确地测定量子系统的两种特性。例如,粒子的位置测量得越准确,其动量的测量结果就越不准确,反之亦然。海森堡发现,单就这两种特性的关系而

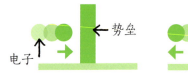
经典力学

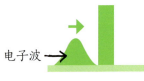
量子力学

电子波 →

海森堡的不确定性原理可以用来解释量子隧穿效应,即电子通过它们本来无法通过的势垒的概率不为零。

参见: 阿尔伯特·爱因斯坦 214~221页,埃尔温·薛定谔 226~233页,保罗·狄拉克 246~247页,理查德·费曼 272~273页,休·艾弗雷特三世 284~285页。

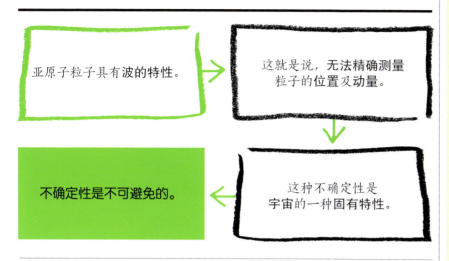

亚原子粒子具有波的特性。

这就是说,**无法精确测量粒子的位置**及**动量**。

这种不确定性是宇宙的一种固有特性。

不确定性是不可避免的。

维尔纳·海森堡

维尔纳·海森堡于1901年出生在德国南部乌兹伯格市。他先后在慕尼黑大学和哥廷根大学学习数学和物理学。海森堡在哥廷根大学的老师是马克斯·玻恩,他还在这里邂逅了他未来的搭档尼尔斯·玻尔。

海森堡最著名的研究是哥本哈根诠释及不确定性原理。他还为量子场的研究做出了重大贡献,并提出了自己的反物质理论。1932年,海森堡获得诺贝尔物理学奖,成为该奖项最年轻的获奖者。1933年纳粹上台,海森堡利用自己的声望反对纳粹。但是,他依然选择留在德国,并在第二次世界大战期间领导了德国的原子能项目。

主要作品

1927年 《运动与机械关系的量子理论重新诠释》

1930年 《量子论的物理原理》

1958年 《物理学和哲学》

言,可以用公式表示为:

$$\Delta x \Delta p \geqslant h/2$$

其中,Δx表示位置的不确定性,Δp表示动量的不确定性,h是约化普朗克常数。

不确定的宇宙

不确定性原理常常被说成是量子测量的结果,例如,有时我们会碰到这样的描述:要确定一个亚原子的位置,需要一种力的作用,也就是说它的动能和动量并不那么确定。这种解释首先由海森堡本人提出,之后包括爱因斯坦在内的许多科学家都开始设计思想实验,希望用某种"花招"同时精确地测量位置和动量的数值。然而,真相更加离奇,结果证明不确定性是量子系统的一个固有特性。

要理解这个问题,可以想一想粒子的物质波。粒子的动量会影响它的总能量,进而影响它的波长。但是,如果粒子的位置越精确,我们获得的相关波函数的信息就越少,波长信息也相应越少。反之,要精确地测量粒子的波长,我们需要考虑更为广阔的空间,就要牺牲粒子的位置信息。

这些想法可能与我们日常生活中的经验不同,但很多实验都证明事实的确如此,这为现代物理学奠定了重要的基础。不确定性原理还解释了看似奇怪的真实现象,比如量子隧穿效应。∎

不断膨胀的宇宙

埃德温·哈勃（1889—1953年）

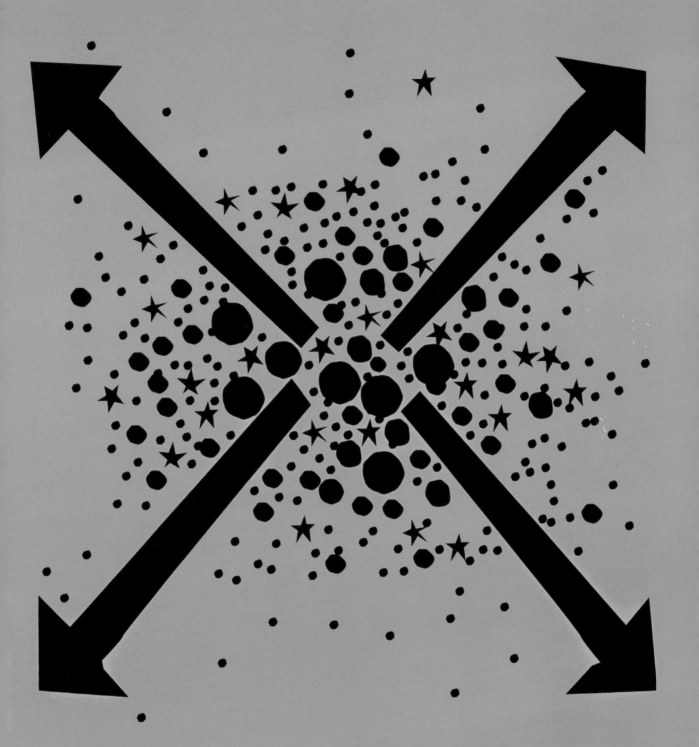

背景介绍

科学分支
宇宙学

此前

1543年 尼古拉斯·哥白尼指出，地球不是宇宙的中心。

17世纪 人们发现从地球轨道的不同位置测得的恒星位置不同，可以用视差法测量恒星的距离。

19世纪 望远镜的不断改进为研究星光和天体物理学铺平了道路。

此后

1927年 乔治·勒梅特首次提出，宇宙的起源可以追溯到一个原始原子。

20世纪90年代 天文学家发现，在一种被称为暗能量的力的作用下，宇宙的膨胀速度正在加快。

20世纪初，天文学家因为对宇宙大小的看法不同而分为两派，一派认为银河系大致上就代表着整个宇宙，而另一派认为银河系只是宇宙中无数星系中的一个。这个问题的解决者是埃德温·哈勃，他指出宇宙比人们想象的要大得多。

两派争论的关键在于"旋涡星云"的性质。现在我们用"星云"一词表示星际间的气体尘埃云，但在当时，这个词可以指代天文上的任何扩散天体，包括银河系之外的星系。

19世纪，望远镜技术取得了显著进步，有些被列为星云的物体表现出独特的旋涡特征。与此同时，光谱学（研究物质与辐射能量相互作用的科学）也得到进一步发展，并表明这些旋涡其实是由无数紧密连在一起的恒星组成的。

这些星云的分布也很有趣。它们并不像银河系的星体那样聚集在银河系的盘面上，而更常见于远离盘面的黑暗天际中。于是，有些天文学家接受了1755年伊曼努尔·康德提出的理论，即星云就是"岛宇宙"，与银河系相似但更为遥远，且只有银河系的物质以某种形式分布，我们能够看到现在所说的星际空间时，才能看到星云。那些仍相信宇宙的大小十分有限的人认为，这些旋涡可能表明绕银河系运转的太阳系正在形成中。

> **变星的亮度与光变周期之间存在着一种很简单的关系。**
>
> ——亨丽埃塔·勒维特

埃德温·哈勃

埃德温·哈勃于1889年出生在美国密苏里州的马什菲尔德，年轻时就是一位极具天赋的运动员，展现出了自己喜欢竞争的本性。尽管哈勃对天文学很感兴趣，但还是遵照父亲的旨意选择了学法律。哈勃25岁时父亲去世，他又重拾了曾经的兴趣。第一次世界大战期间，哈勃的学习被迫中断，开始到军队服役。回到美国后，哈勃在威尔逊山天文台谋到了一个职位，并在那里完成了自己最重要的研究。1924至1925年间，哈勃发表了有关"银河系外星云"的研究，并于1929年发表了宇宙膨胀的证据。后来，他用各种方式建议诺贝尔奖委员会将天文学纳入评奖范围，但直到他于1953年去世后评奖规则才得以改变，所以他本人并未获得诺贝尔奖。

主要作品

1925年 《旋涡星云中的造父变星》
1929年 《河外星云距离与视向速度的关系》

参见: 尼古拉斯·哥白尼 34~39页, 克里斯蒂安·多普勒 127页, 乔治·勒梅特 242~245页。

亨丽埃塔·斯旺·勒维特健在时并没有得到多少关注，但她在造父变星方面的研究发现十分重要，为天文学家测量地球与遥远星系的距离打开了大门。

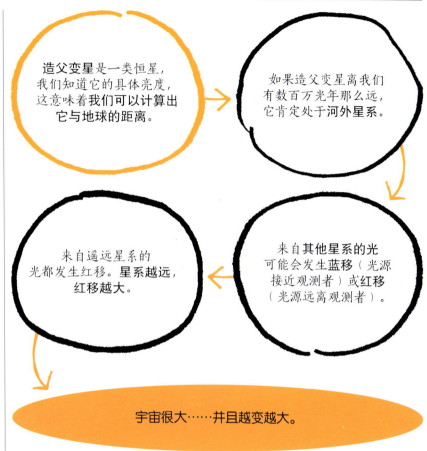

造父变星是一类恒星，我们知道它的具体亮度，这意味着我们可以计算出它与地球的距离。

如果造父变星离我们有数百万光年那么远，它肯定处于河外星系。

来自遥远星系的光都发生红移。星系越远，红移越大。

来自其他星系的光可能会发生蓝移（光源接近观测者）或红移（光源远离观测者）。

宇宙很大……并且越变越大。

亮度变化的恒星

这场旷日持久的争论分为几个阶段才得以解决，其中最重要的也许是找到了测量恒星距离的精确方法。这个突破归功于亨丽埃塔·斯旺·勒维特（Henrietta Swan Leavitt）。当时，哈佛大学有一些女天文学家正在研究星光的特征，勒维特就是其中一员。

勒维特被变星的行为所吸引。因为变星在消失前会发生周期性膨胀和收缩，所以其亮度会发生变化。勒维特开始研究麦哲伦星云的照相底片。麦哲伦星云位于南天星空，看起来是两小片光，像两个独立的银河系。勒维特发现，大麦哲伦星云和小麦哲伦星云由大量变星组成。通过对比不同的照相底片，她不仅发现这些变星的亮度

呈周期性变化，还计算出了光变周期。

勒维特集中精力研究这两个呈云雾状、彼此分离的小型星云，发现可以假设其中的变星离地球的距离大致相同。虽然她当时无法计算出具体的距离，但是她的研究结果表明，变星"视星等"（观察到的亮度）的不同说明其"绝对星等"（实际亮度）也在变化。

1908年，勒维特首次发表研究结果，她在文中提到变星的光变

周期与绝对星等存在一种关系。不过，她又用了四年时间才得出这一关系。就造父变星而言，亮度越大的恒星的光变周期越长。

勒维特的周期-光度定律为解答宇宙大小的问题打开了大门。如果可以根据光变周期得出恒星的绝对星等，再通过视星等就可以计算出这颗恒星与地球之间的距离。那么，第一步就是找到校准的对象，这项工作在1913年已经由瑞典天文学家埃希纳·赫茨普龙

> 我们在太空中探索，距离地球越来越远，直到发现能看到的最小星云……我们才到达已知宇宙的边界。
>
> ——埃德温·哈勃

（Ejnar Hertzsprung）完成。他利用视差法测量了13颗相对较近的造父变星的距离。造父变星的亮度极高，是太阳亮度的几千倍，用现代术语说它们就是黄超巨星。从理论上说，造父变星是理想的"标准烛光"，其亮度可以用来测量宇宙距离。不过，不管天文学家多么努力，旋涡星云中的造父变星仍难以测量。

大辩论

1920年，美国华盛顿特区史密森尼博物馆举办了一场辩论，希望一次性地解决宇宙的尺度问题。

辩论双方是对立的两个宇宙学派。普林斯顿德高望重的天文学家哈罗·沙普利（Harlow Shapley）支持"银河系就是整个宇宙"。他曾率先使用勒维特对造父变星的研究测量球状星团（绕银河系运转的密度很大的星团）的距离，并发现它们一般处于几千光年以外。1918年，他曾用天琴座RR型星（与造父变星类似但亮度较低的变星）大致计算出银河系的大小，并指出太阳距离银河系中心很远。当时很多人对"宇宙十分巨大，包括很多星系"表示怀疑，沙普利的论点不仅吸引了这些人，还引用了具体的证据（后来证明是错误的），比如报告显示，天文学家很多年前就观察到了旋涡星云的旋转。假如果真如此，那么在星云其他部分不超过光速的情况下，旋涡星云必须比较小才行。

"岛宇宙"的支持者以匹兹堡大学阿勒格尼天文台的希伯·柯蒂斯（Heber Curtis）为代表。他对比了遥远旋涡星云与银河系的新星爆炸亮度，并以此作为论据。新星爆炸亮度很高，可以作为"天体距离的指示器"。

柯蒂斯还引用了一个重要因素作为证据，那就是很多旋涡星云都会表现出巨大的红移。1912年，维斯托·斯里弗（Vesto Slipher）曾在美国亚利桑那州弗拉格斯塔夫的天文台观察到过这种现象，星云的谱线明显移向红色光谱一端。斯里弗、柯蒂斯及很多其他天文学家认为，这是由多普勒效应（光源和观察者间的相对运动引起的光波波长变化）引起的。这说明这些星云正以极快的速度离我们而去，速

通过测量来自仙女座星云造父变星的光，哈勃得出仙女座星云距离我们有250万光年，并且其本身也是一个星系。

度之快是银河系的引力所无法阻挡的。

测量宇宙的大小

1922~1923年，美国加利福尼亚州威尔逊山天文台的埃德温·哈勃和米尔顿·赫马森永久地解决了宇宙大小的问题。他们使用天文台最新的2.5米胡克望远镜进行观察，打算找到旋涡星云中闪亮的造父变星。这次，他们在很多最大最亮的星云中成功地找到了这种变星。

之后，哈勃测定了它们的光变周期，得出了绝对星等。这样一来，简单对比一下恒星的视星等就可以得出距离，而距离的具体数值一般都会达到数十万光年。这有效地证明了旋涡星云其实很大，属于独立的星系，远在银河系之外，大小堪比银河系。现在，旋涡星云的正确叫法是螺旋星系。

仿佛这场改变人们对宇宙尺

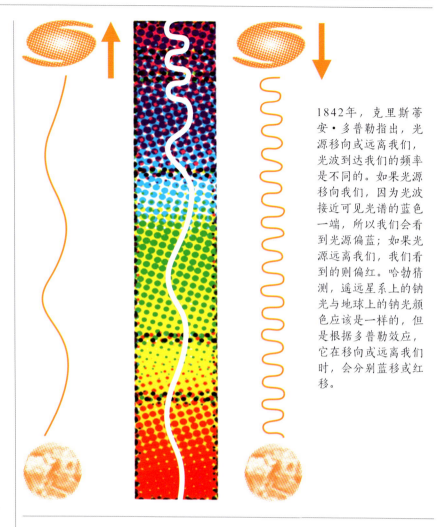

1842年，克里斯蒂安·多普勒指出，光源移向或远离我们，光波到达我们的频率是不同的。如果光源移向我们，因为光波接近可见光谱的蓝色一端，所以我们会看到光源偏蓝；如果光源远离我们，我们看到的则偏红。哈勃猜测，遥远星系上的钠光与地球上的钠光颜色应该是一样的，但是根据多普勒效应，它在移向或远离我们时，会分别蓝移或红移。

凭着天赋五官，人类在环绕其四周的宇宙中探索，并将这种探索称为科学。

——埃德温·哈勃

度看法的革命还不够彻底，哈勃又进一步研究了星系距离与斯里弗发现的红移之间有什么关系，结果有了重大发现。

通过测量40多个星系的距离与红移，哈勃发现了一个大致为线性的关系：星系越远，红移越大，远离地球的速度越快。哈勃立刻意识到，这肯定不是因为我们的银河系太不受欢迎，而是宇宙膨胀的结果。换句话说，太空本身是不断膨胀的，同时携带着各个星系向外扩

张。两个星系之间的距离越远，两者之间的空间膨胀得越快。膨胀速度很快被命名为"哈勃常数"，并于2001年通过哈勃太空望远镜测量了它的最终值。

很早之前，哈勃的宇宙膨胀理论就引出了科学史上最著名的一个学说，即宇宙大爆炸理论。■

宇宙的半径从零开始

乔治·勒梅特（1894—1966年）

背景介绍

科学分支
天文学

此前
1912年 美国天文学家维斯托·斯里弗发现旋涡星云的红移巨大，这表明它们正以极快的速度远离地球。

1923年 埃德温·哈勃确定，旋涡星云是独立的遥远星系。

此后
1980年 美国物理学家艾伦·古思（Alan Guth）提出，宇宙初期经历了短暂的暴胀时期，从而形成了我们今天看到的景象。

1992年 "宇宙背景探测者"在宇宙微波背景辐射中发现了微小的涟漪，这可能是宇宙初期的原始结构。

大爆炸理论指出，宇宙是由密度极大且温度极高的一点不断膨胀演变而来的，该理论是现代宇宙学的基础，人们经常把这一理论的萌芽归结于1929年埃德温·哈勃提出的宇宙膨胀理论。不过，大爆炸理论的先导思想其实早于哈勃若干年，最早可以追溯到阿尔伯特·爱因斯坦的广义相对论，因为该理论适用于整个宇宙。

在建立广义相对论时，爱因斯坦利用当时的时空证据假设宇宙是静止的，既不膨胀，也不收缩。

参见: 艾萨克·牛顿 62~69页, 阿尔伯特·爱因斯坦 214~221页, 埃德温·哈勃 236~241页, 弗雷德·霍伊尔 270页。

从138亿年前的宇宙大爆炸开始, 宇宙膨胀经历了不同阶段。初始阶段被称为暴胀阶段, 之后宇宙膨胀速度减慢, 后来又开始加速。

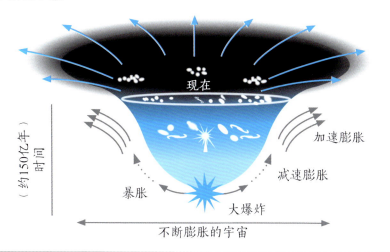

现在

加速膨胀

减速膨胀

（约150亿年）时间

暴胀

大爆炸

不断膨胀的宇宙

广义相对论指出, 在自身引力的作用下, 宇宙本应坍塌, 所以爱因斯坦在方程式中加入了一个他设想的"宇宙常数"。从数学上讲, 爱因斯坦的宇宙常数可以抵消引力的收缩作用, 维持他假设的静止状态。我们都知道, 爱因斯坦后来宣称宇宙常数是他一生最大的错误, 但其实在他提出这一理论时就有人对此质疑。荷兰物理学家威廉·德西特和俄国数学家亚历山大·弗里德曼（Alexander Friedmann）分别提出可以用宇宙膨胀解释广义相对论。1927年, 比利时天文学家和神父乔治·勒梅特也得出了同样的结论。两年后, 哈勃找到了观察性证据。

宇宙膨胀在最初阶段速度极快, 这是由初始原子的质量决定的, 而该原子的质量与目前宇宙的质量基本相同。

——乔治·勒梅特

火中诞生

1931年, 在寄给英国皇家天文学会的信件中, 勒梅特在宇宙膨胀学说的基础上得出了一个符合逻辑的结论。他指出, 宇宙起源于一个点, 他称之为"原始原子"。对于这一激进的想法, 既有支持者, 也有反对者。

当时的天文学权威机构认

乔治·勒梅特

乔治·勒梅特于1894年出生在比利时的沙勒罗瓦。他曾在天主教鲁汶大学学习土木工程, 第一次世界大战期间参军服役, 后来回到学术界, 开始研究物理学、数学和神学。从1923年起, 他开始在英国和美国学习天文学。1925年, 勒梅特回到沙勒罗瓦担任讲师, 并开始研究宇宙膨胀理论, 以解释河外星云的红移现象。

1927年, 勒梅特的理论首次发表在比利时一本不知名的杂志上, 后来在亚瑟·爱丁顿的帮助下翻译成英文发表, 这时勒梅特的理论才受到广泛关注。勒梅特于1966年去世, 在此之前, 宇宙微波背景辐射的发现已经证明其理论是正确的。

主要作品

1927年 《质量恒定、半径增加的均匀宇宙对河外星云径向速度的解释》

1931年 《论宇宙演化》

根据广义相对论，
勒梅特预测宇宙是不断膨胀的。

哈勃证明了宇宙膨胀。

勒梅特的理论指出，宇宙起始于一个原始原子，
该理论后来被称为"大爆炸理论"。

宇宙微波背景辐射的发现证实了宇宙大爆炸理论。

宇宙的半径从零开始。

为，宇宙是永恒的，没有开始也没有结束。他们还认为，宇宙源于一点的看法（并且是由一位天主教神甫提出的）相当于为宇宙学引入了一个不必要的宗教元素。

然而，哈勃的观测结果又是不置可否的，所以需要一种模型来解释宇宙膨胀。于是，20世纪30年代涌现了各种理论，但是到40年代末，只有两种理论尚在角逐之中。一种是勒梅特的原始原子模型，另一种是稳恒态宇宙模型，后者认为宇宙膨胀的过程中会不断产生物质。英国天文学家弗雷德·霍伊尔（Fred Hoyle）是稳恒态宇宙模型

的拥护者。1949年，霍伊尔将对方的理论斥为"大爆炸"，这一名称自此流行开来。

元素的起源

就在霍伊尔无意中为"大爆炸理论"命名时，一条有说服力的

证据已经发表出来。这条证据支持了勒梅特的假设，使宇宙模型的争论开始偏离稳恒态宇宙模型。这篇名为"化学元素起源"的论文发表于1948年，作者是约翰·霍普金斯大学的拉尔夫·阿尔菲（Ralph Alpher）和乔治·伽莫夫（George Gamow）。文中详细地描述了，根据爱因斯坦的方程$E=mc^2$，亚原子粒子和轻量级的化学元素可以由大爆炸时期的原始能量生成。这一理论后来被称为"大爆炸核合成"，所涉及的过程只能形成四种最轻的元素，即氢、氦、锂、铍。直到后来科学家才发现，较重的元素是恒星核合成的产物。恒星核合成发生于恒星内部。具有讽刺意味的是，恒星核合成理论的证据竟源自弗雷德·霍伊尔。

无论怎样，还是没有直接的观察性证据可以证明大爆炸理论或稳恒态宇宙模型孰对孰非。人们验证这两种模型的尝试开始于20世纪50年代，使用的是名为剑桥干涉仪的射电望远镜。这些实验基于一个

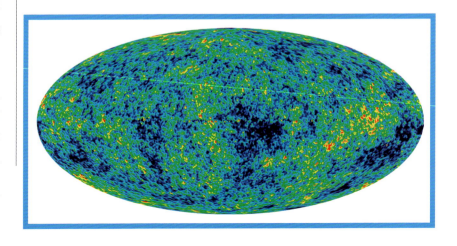

宇宙微波背景辐射中存在微小变化，右图中不同颜色表示的温度差不到四亿分之一开尔文。

阿诺·彭齐亚斯和罗伯特·威尔逊偶然发现了宇宙背景辐射。起初，他们认为这种干扰来自无线电天线上的鸟粪。

简单的原则：如果稳恒态宇宙模型是正确的，那么从本质上讲宇宙在时间和空间上都是均匀的。但是，如果按照大爆炸的理论，宇宙起源于100亿～200亿年前，经历了漫长的演变过程，那么遥远的宇宙电磁辐射要经历几十亿年才能到达地球，我们看到的应该是它几十亿年前的样子。通过测量超过一定亮度的遥远星系的数量，应该可以区别现在和过去两种不同的情景。

剑桥大学最初的实验结果似乎对大爆炸理论提供了有力的支撑，但是结果发现射电望远镜存在一定的问题，所以测量结果不能算数，而后期的结果更加模棱两可。

大爆炸的痕迹

幸运的是，这个问题很快通过其他方式得到了解决。早在1948年，阿尔菲及同事罗伯特·赫曼就曾预测，大爆炸会在宇宙空间中留下一定的热辐射。根据大爆炸理论，宇宙38万年时，温度已经降低，宇宙变得透明，可见光子可以自由穿梭。这些光子一直在太空中传播，随着宇宙不断膨胀，波长越变越长，颜色越来越红。1964年，普林斯顿大学的罗伯特·迪克（Robert Dicke）及同事开始制造能够检测到这种微弱信号的射电望远镜。他们认为这种辐射会是一种

低能量的无线电波，但最终却被阿诺·彭齐亚斯（Arno Penzias）和罗伯特·威尔逊（Robert Wilson）捷足先登。彭齐亚斯和威尔逊当时是普林斯顿大学附近贝尔电话实验室的工程师。他们之前就制造了一台射电望远镜用于卫星通信，但是一直有一种背景信号在发出干扰，他们又无法将其移除。这种信号来自各个方向，相当于一个温度为3.5K（零下269.65℃，接近热力学温度绝对零度）的物体释放出的微波。当贝尔电话实验室联系迪克，请求他帮忙解决这个问题时，迪克意识到他们已经找到了大爆炸的遗迹，现在被称为宇宙微波背景辐射。

宇宙微波背景辐射在宇宙中无处不在，稳恒态宇宙模型无法解释这种现象，于是局势偏向了大爆炸一方。后来的测量显示，宇宙微波背景辐射实际的平均温度为2.73K，高精度的卫星测量发现这种信号存在微小的变化，我们可以

据此研究大爆炸之后宇宙38万年时的情景。

后续发展

尽管人们从理论上证明了大爆炸理论是正确的，但从20世纪60年代开始，随着我们对宇宙了解的加深，该理论也经历了很多变化。其中最重要的是人们引入了暗物质和暗能量的概念，并且提出了大爆炸之后的快速形成期，即暴胀期。对于宇宙大爆炸的原因我们还不得而知，但是利用哈勃太空望远镜等仪器，我们测量了宇宙的膨胀速率，由此可以确定宇宙形成的时间大约是137.98亿年前，误差为0.37亿年。对于宇宙的未来，存在很多理论，但很多科学家都认为宇宙会继续膨胀，直至到达一种热动力平衡状态，即"热寂"状态，并且大约会经历10^{100}年，那时物质会分解为冰冷的亚原子粒子。■

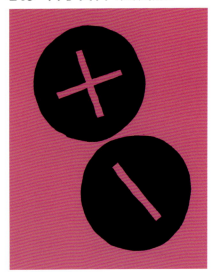

每种粒子都有相应的反粒子

保罗·狄拉克（1902—1984年）

背景介绍

背景介绍

科学分支
物理学

此前

1925年 维尔纳·海森堡、马克斯·玻恩和帕斯夸尔·约尔丹用矩阵力学描述了粒子的波动性。

1926年 埃尔温·薛定谔用波函数描述了电子随时间的变化。

此后

1932年 卡尔·安德森证实了正电子（电子的反粒子）的存在。

20世纪40年代 理查德·费曼、朝永振一郎和朱利安·施温格创立了量子电动力学，用数学方法描述了光与物质间的相互作用，将量子理论与狭义相对论完全结合起来。

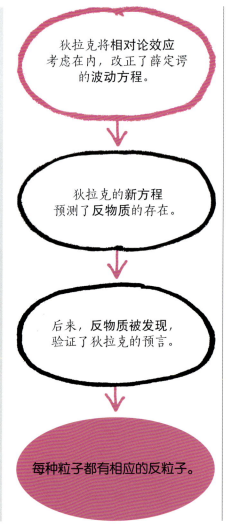

狄拉克将相对论效应考虑在内，改正了薛定谔的**波动方程**。

狄拉克的**新方程**预测了**反物质**的存在。

后来，反物质被发现，验证了狄拉克的预言。

每种粒子都有相应的反粒子。

20世纪20年代，英国物理学家保罗·狄拉克（Paul Dirac）为量子力学的理论框架做出了巨大的贡献，但今天我们最熟知的大概是他通过数学的方法预言了反粒子的存在。

当时，狄拉克正在剑桥大学攻读硕士学位，有一天读到了维尔纳·海森堡有关矩阵力学的论文。这篇论文描述了粒子如何从一种量子态跃迁到另一种量子态，十分具有开创性。当时能够理解其中复杂数学理论的人为数不多，狄拉克发现，海森堡的理论与经典的粒子运动理论"哈密尔顿力学"有相似之处。于是，狄拉克提出了一种在量子级别理解经典系统的方法。

该方法最初的结果源自量子自旋理论。狄拉克建立了一系列规则，即"费米–狄拉克统计"（因为恩里科·费米同时发现了这种方法）。狄拉克用费米的名字命名了自旋为半整数的粒子，比如电子，称其为"费米子"。这些规

参见：詹姆斯·克拉克·麦克斯韦 180~185页，阿尔伯特·爱因斯坦 214~221页，埃尔温·薛定谔 226~233页，维尔纳·海森堡 234~235页，理查德·费曼 272~273页。

则描述了大量费米子之间的相互作用。1926年，狄拉克的博士生导师拉尔夫·福勒（Ralph Fowler）利用狄拉克的统计力学计算了坍缩的恒星内核，解释了密度极大的白矮星的来源。

量子场论

物理教科书一般关注的是单个粒子或物体在力的作用下的性质与动力，但是从场理论的角度会有更深入的了解。场理论描述了力在整个空间所呈现的影响。作为一个独立实体，场的重要性首次获得认可是在19世纪中叶，当时詹姆斯·克拉克·麦克斯韦提出了地磁辐射理论。爱因斯坦的广义相对论也是一种场理论。

狄拉克对量子世界的新诠释催生了量子场论。1928年，狄拉克在量子场论和薛定谔波动方程的基

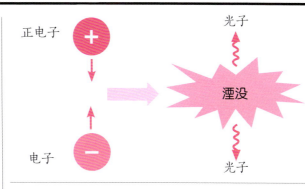

当一个粒子与其反粒子相遇时，会发生湮没。根据方程$E=mc^2$，它们的质量会转化为具有电磁能的光子。

础上，提出了一个电子运动的相对论性量子力学方程，即狄拉克方程（该公式考虑了粒子以接近光速运动的情形，对量子世界的描述比薛定谔不含相对论性的方程更为精确）。狄拉克方程还预测了反粒子的存在。反粒子与其对应的粒子性质相同，电性相反。它们被称为"反物质"（自19世纪末以来，这个术语频繁出现在各种猜测中）。

1932年，美国物理学家卡尔·安德森（Carl Anderson）用实验证实了电子的反粒子，即正电子

的存在。正电子首先被发现于宇宙射线（来自宇宙中的一种高能量粒子流）中，后来人们又在某种放射性衰变中发现了它。从此以后，反物质成为物理界广泛研究的一个课题，同时深受科幻小说作家的喜爱（尤其因为反物质会与正常物质发生湮没，释放出能量）。然而，更为重要的是，狄拉克的量子场论为量子电动力学奠定了基础，接下来的新一代物理学在量子电动力学领域取得了累累硕果。■

保罗·狄拉克

保罗·狄拉克是一个数学天才，为量子力学做出了多项重要贡献。他在1933年与埃尔温·薛定谔共同获得诺贝尔物理学奖。狄拉克出生于英国的布里斯托尔，父亲是瑞士人，母亲是英国人。他在布里斯托尔的大学获得了电气工程学和数学学位，后来到剑桥大学学习。狄拉克到剑桥大学后开始研究他着迷的广义相对论和量子理论。20世纪20年代中期取得了开创性的成果后，狄拉克继续在哥廷根和哥

本哈根大学做研究。后来，剑桥大学授予他卢卡斯数学教授席位，他回到剑桥。狄拉克后期的研究集中于量子电动力学。他还试图将量子理论与广义相对论结合起来，但收获甚微。

主要作品

1930年《量子力学原理》
1966年《量子场论讲义》

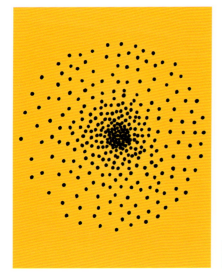

恒星坍缩的极限
苏布拉马尼扬·钱德拉塞卡（1910—1995年）

背景介绍

科学分支
天体物理学

此前
19世纪 天文学家发现了一颗体积很小但质量极大的恒星，即白矮星。

此后
1934年 弗里茨·兹威基和沃尔特·巴德提出，超新星爆炸标志着很多大质量恒星的死亡，其内核坍缩后形成中子星。

1967年 英国天文学家乔瑟琳·贝尔和安东尼·休伊什发现，一个天体会快速发出电磁脉冲信号，我们现在称之为脉冲星，即快速旋转的中子星。

1971年 天雁座X-1会释放出X射线，是由强放射性材料螺旋式进入黑洞产生的。这是最早被认为是黑洞的天体。

20世纪20年代，量子力学的发展对天文学同样产生了影响，天文学家利用量子力学的方法研究密度超大的白矮星。白矮星的前身是一颗类似太阳的恒星。恒星核能源耗尽后，内核由于自身的引力发生坍缩，形成了一个如地球般大小的天体，就是白矮星。1926年，物理学家拉尔夫·福勒和保罗·狄拉克解释道，因为电子简并压力，恒星到达这个体积后不会继续坍缩。当电子的紧密程度符合泡利不相容原理时，就会产生简并压力。泡利不相容原理指出，两个粒子不能同时占有相同的量子态。

黑洞的形成

1930年，印度天体物理学家苏布拉马尼扬·钱德拉塞卡指出，恒星的内核质量存在一个上限，超过这个上限，引力就会克服电子简并压力，内核就会坍缩为天空中的一点，即奇点，形成一个黑洞。我们现在知道，恒星内核坍缩的钱德拉塞卡极限是太阳质量的1.44倍。不过，在白矮星与黑洞之间还有一个中间阶段，即坍缩为一个城市大小的中子星。中子星因为中子简并压力而处于稳定状态。只有当中子星的内核质量超过一个上限，即太阳质量的1.5倍到3倍之间，才会形成黑洞。■

自然界中的黑洞是宇宙中最完美的宏观物体。
——苏布拉马尼扬·钱德拉塞卡

参见：约翰·米歇尔 88~89页，阿尔伯特·爱因斯坦 214~221页，保罗·狄拉克 246~247页，弗里茨·兹威基斯 250~251页，史蒂芬·霍金 314页。

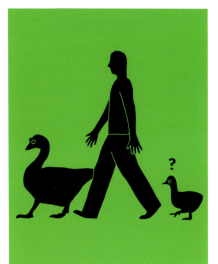

生命本身就是一个获取知识的过程
康拉德·劳伦兹（1903—1989年）

19世纪的英国生物学家道格拉斯·斯普拉丁是最早使用科学实验研究动物行为的科学家之一，他主要研究鸟类。当时的普遍观点是，鸟类的复杂行为是后天习得的，但斯普拉丁认为有些行为是天生的：这些行为是遗传得来的，基本上已经根深蒂固，比如母鸡孵蛋。

现代的动物行为学认为，动物行为既有天生的，也有后天习得的。先天行为是固有的，因为它是遗传得来的，会通过自然选择不断进化，而后天习得的行为可以根据经验发生改变。

雁的印刻

20世纪30年代，奥地利生物学家康拉德·劳伦兹研究了鸟类的一种习得行为，他称之为"印刻"。他研究了灰雁的印刻现象，即刚刚破壳而出的小雁会本能地跟随在它

这些鹤和雁由克里斯蒂安·穆莱克孵化养大，它们对他产生了印刻效应，不管穆莱克走到哪，它们都跟到哪。穆莱克驾驶超轻型飞机带领它们在空中翱翔，教它们迁徙路线。

第一眼见到的移动物体的后面，通常来说是它自己的母亲。母亲的榜样作用会激发它的后代产生一种本能的行为，即"固定动作模式"。

劳伦兹以小雁为研究对象证明了这一点。这些小雁把劳伦兹当成妈妈，并且一直跟随着他。劳伦兹与荷兰生物学家尼古拉斯·廷伯根共同获得了1973年的诺贝尔生理学奖。■

参见：查尔斯·达尔文 142~149页，格雷戈里·孟德尔 166~171页，托马斯·亨特·摩尔根 224~225页。

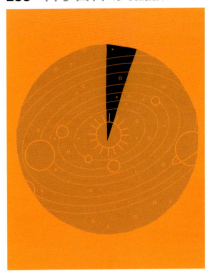

95%的宇宙不见了

弗里茨·兹威基（1898—1974年）

瑞士天文学家弗里茨·兹威基首次提出，宇宙可能主要被其他物质占据，而非我们看得到的发光物质。1922—1923年，埃德温·哈勃就已发现，星云实际上是遥远的星系。十年后，兹威基开始测量后发星系团的总质量。他运用位力定理这个数学模型，根据单个星系的相对速率，测量出后发星系团的总质量。令兹威基奇怪的是，测量结果显示后发星系团的质量应该比实际看到的重400倍。兹威基

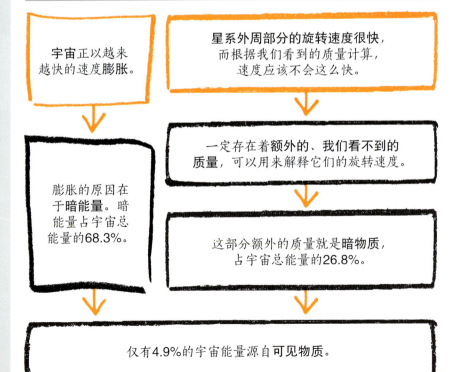

宇宙正以越来越快的速度膨胀。

星系外周部分的旋转速度很快，而根据我们看到的质量计算，速度应该不会这么快。

一定存在着额外的、我们看不到的**质量**，可以用来解释它们的旋转速度。

膨胀的原因在于暗能量。暗能量占宇宙总能量的68.3%。

这部分额外的质量就是**暗物质**，占宇宙总能量的26.8%。

仅有4.9%的宇宙能量源自**可见物质**。

参见： 埃德温·哈勃 236~241页，乔治·勒梅特 242~245页。

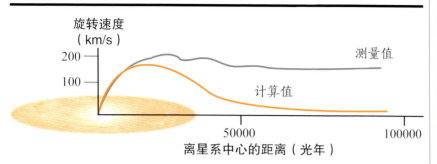

如果银河系的质量分布与其中的可见物质相吻合，那么银河系外部轨道的恒星因为距离大质量的中心较远，速度也应该较慢。薇拉·鲁宾研究发现，超过一定距离的恒星会做匀速运动，与离星系中心的距离无关，这说明星系外圈存在着暗能量。

将这些巨大的看不见的物质称为"暗物质"。

当时，兹威基的结论基本没有受到关注，但到了20世纪50年代，新的科技提供了检测不发光物质的新方法。显然，有大量物质因为温度很低，不会发出可见光，但仍会辐射红外线和无线电波。随着科学家不断深入地了解银河系及其他星系的可见和不可见结构，未知的"不可见物质"急剧减少。

真实存在的暗物质

20世纪70年代，美国天文学家薇拉·鲁宾（Vera Rubin）研究了恒星围绕银河系运转的速率，并测量了银河系的质量分布。她发现，大部分质量分布在银河系的可见范围之外，位于银晕这一区域。此后，暗物质的存在才受到人们认可。现在，人们广为接受的观点是，暗物质占宇宙质量的84.5%。有人认为，暗物质可能就是普通的物质，只是以难以发现的形式存在，比如黑洞或星际行星，但并没有任何研究可以支撑这种观点。目前，科学家认为暗物质由弱相互作用的大质量粒子构成。这些假设的亚原子粒子拥有何种性质还是未知数。它们不仅是黑色透明的，若非引力的作用，它们甚至不会与普通物质或辐射发生反应。

20世纪90年代以来，暗能量的光芒显然遮盖了暗物质。宇宙加速膨胀的力量就源自暗能量，但它的性质也还属于未知领域。暗能量可能是时空本身的一种基本特性，或是宇宙的第五种基本力量，即第五元素。目前认为，暗能量占宇宙总能量的68.3%，再加上暗物质所占的26.8%，可见物质仅占宇宙总能量的4.9%。 ■

弗里茨·兹威基

弗里茨·兹威基于1898年出生在保加利亚的瓦尔纳，由瑞士的祖父母抚养长大。他小时候就展露出了物理天赋。1925年，兹威基前往美国加州理工学院工作，在这里度过了余下的职业生涯。

除了暗物质的研究，兹威基还因自己在大质量爆炸行星方面的研究而出名。他和沃尔特·巴德首先提出，中子星的大小在白矮星和黑洞之间，并创造了"超新星"一词，用来指代剧烈的恒星爆炸，而白矮星作为大质量恒星爆炸的产物因此诞生。兹威基和巴德指出，同类超新星爆炸时总会达到同样的亮度。他们还提出了一种不需要使用哈勃定律的测量遥远星系距离的方法，为后来暗能量的发现铺平了道路。

主要作品

1934年 《论超新星》（合著者：沃尔特·巴德）

1957年 《形态天文学》

通用图灵机
阿兰·图灵（1912—1954年）

背景介绍

科学分支
计算机科学

此前

1906年 美国电气工程师李·德福雷斯特发明了三极管。这是早期电子计算机的重要组成部分。

1928年 德国数学家戴维·希尔伯特提出"判定问题"，即算法能否处理输入的所有数学命题。

此后

1943年 根据图灵的一些解码思想，真空管巨人计算机在布莱切利园落成。

1945年 美籍数学家约翰·冯·诺依曼描述了现代程序存储计算机的基本逻辑结构。

1946年 第一台多用途可编程电子计算机"埃尼阿克"（ENIAC）诞生，其部分理念源自图灵。

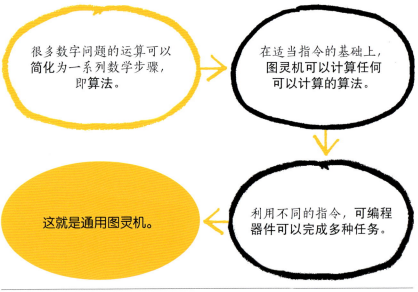

很多数字问题的运算可以简化为一系列数学步骤，即算法。

在适当指令的基础上，图灵机可以计算任何可以计算的算法。

利用不同的指令，可编程器件可以完成多种任务。

这就是通用图灵机。

如果按升序排列1000个随机的数字，有种自动程序可以助你一臂之力。例如：（A）比较前两个数字；（B）如果第二个数字小，那么就调换两个数字的位置，回到（A），如果两个数字相等或第二个数字更大，那么就执行（C）；（C）将上一对的第二个数字作为新一对的第一个数字与后面紧邻的数字进行比较，回到（B），而如果后面没有数字，则算法结束。这一套指令就是一个序列，即算法。算法从一个初始状态开始，接收数据（输入），进行有限次运算后得出一个结果（输出）。这种理念与现今的任何计算机程序都很相似。1936年，英国数学家和逻辑学家阿兰·图灵构想一台能够执行这些程序的机器时，首次采用了这种算法。他发明的计算机后来被称为图灵机。图灵的研究最开始只是理论层面的，是一种逻辑上的

参见: 唐纳德·米基 286~291页,尤里·马宁 317页。

计算。他很喜欢将数字问题转化为最简单、最基础的自动计算形式。

自动机

为了实现这种算法,图灵构想了一种机器,即自动机。它包括一条很长的纸带,上面分为若干个方格,每个方格里有一个数字、字母或符号,同时还包括一个读写头。指令都被存放在控制规则中,当读写头阅读一个方格里的数字、字母或符号时,它会根据规则将其擦掉并重写一个,或保持原样。接下来,读写头会移向左边或右边的方格,然后重复这一步骤。每次结束后,机器的构形都会发生变化,纸带上的数字、字母或符号也会呈现出新的序列。

整个过程好比前文的排序算法。这个算法只能解决一种任务,所以图灵以此类推构思了一系列机器,每个机器都有一套指令,可以解决一种问题。他补充道:"我们只有做到可以将一套规则取出,换上另一套,才能做出类似于通用计算机的机器。"

我们现在将这种机器称为通用图灵机,它具有无限的存储空间(内存),既包含指令又包含数据,可以模拟任何图灵机。图灵当时所说的"变更规则",我们现在称之为"编程"。可以说,图灵首次提出了可编程计算机的概念,这种计算机在输入、信息处理和输出的基础上能够处理多种任务。■

> 如果计算机能够让人们相信它是一个人,那么它就称得上是智能的。

——阿兰·图灵

阿兰·图灵

阿兰·图灵于1912年出生在伦敦,上学时便在数学方面展露出惊人的天赋。1934年,图灵获得剑桥大学国王学院的一等数学学位,研究方向为概率论。1936-1938年,图灵在美国普林斯顿大学学习,并提出了通用计算机的理论。

第二次世界大战期间,图灵设计并建造了一台功能齐全的计算机,即炸弹机(Bombe),破译了德国恩尼格玛机(Enigma)的密码。图灵对量子理论、生物身上的图案和样式也很感兴趣。1945年,他搬到伦敦的国家物理实验室,后来又迁往曼彻斯特大学开展计算机项目。1954年,图灵死于氰化物中毒。

主要作品

1939年 《应用概率的加密》

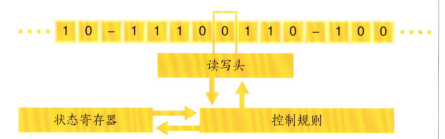

图灵机就是计算机的数学模型。读写头从一条无限长的纸带上阅读一个数字、字母或符号,然后在上面写一个新的数字、字母或符号,再根据控制规则选择向左或向右移动。状态寄存器会记录这些变化,并将输入反馈给控制规则。

化学键的本质

莱纳斯·鲍林（1901—1994年）

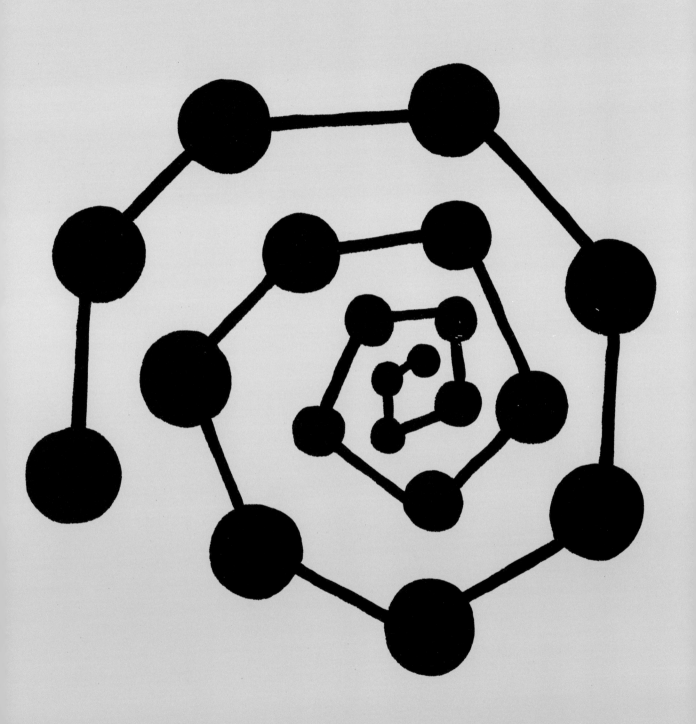

20世纪20年代末和30年代初，美国化学家莱纳斯·鲍林在一系列具有里程碑意义的论文中，用量子力学解释了化学键的本质。

鲍林曾到欧洲学习量子力学，师从慕尼黑大学的阿诺德·索末菲（Arnold Sommerfeld）、哥本哈根大学的尼尔斯·玻尔及苏黎世大学的埃尔温·薛定谔。

鲍林很早便下定决心研究分子共价键，并发现量子力学是一个很好的研究工具。

杂化轨道

鲍林回到美国时，他已经发表了大约50篇论文。1929年，鲍林列出了五条规则，以解释复杂晶体的X射线衍射图像，现在被称为鲍林规则。

与此同时，他将注意力转向共价分子（原子以共同电子对结合的分子）中原子的结合方式，尤其

电子轨道

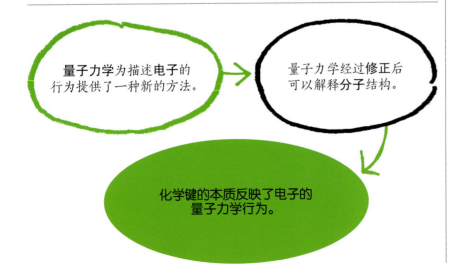

电子绕原子核旋转的轨道分为几种，包括围绕中心的轨道（即s轨道），以及沿一条轴运转的轨道（即p轨道）。

是以碳原子为基础的有机化合物。

碳原子共有6个电子。欧洲的量子力学先驱们认为，两个电子先排在1s轨道上，该轨道是一个以原子核为中心的球形轨道，像一个气球绕在一个高尔夫球周围一样。1s轨道外面是另一条轨道，含有两个2s电子。2s轨道像一个更大的气球绕在第一个气球外面。最后是p轨道，仿佛在原子核两边分别伸出了一个叶片。p_x轨道位于x轴上，p_y轨道位于y轴上，p_z轨道位于z轴上。最后两个碳原子位于这三条轨道中的两条上，可能一个位于p_x轨道上，一个位于p_y轨道上。

量子力学将电子轨道看成表示概率密度的电子云。这时如果还把电子看成在轨道上移动的点就不完全准确了，而应该是电子呈云状"弥散"在轨道中间。电子并不位于固定的位置上，这让科学家提

参见: 奥古斯特·凯库勒 160~165页, 马克斯·普朗克 202~205页, 埃尔温·薛定谔 226~233页, 哈里·克罗托 320~321页。

出了新的有关化学键的观点。化学键可能是稳定的 σ 键或不稳定的 π 键。σ 键是轨道头碰头的重叠, 而 π 键由平行的轨道组成。

鲍林提出, 分子与单独的原子不同, 分子中碳原子的轨道会发生杂化, 与其他原子形成更稳定的化学键。他指出, s轨道和p轨道可以结合成4个相同的sp³杂化轨道, 从原子核向四面体的各个角延伸, 键角为109.5°。每个sp³杂化轨道可以与另一个原子形成一个 σ 键。甲烷（CH_4）中的所有氢原子及四氯化碳（CCl_4）中的所有氯原子都是如此。

通过研究不同碳化合物的结构, 科学家发现最近的4个原子通

> 到1935年, 我觉得我基本上已经完全理解了化学键的本质。
>
> ——莱纳斯·鲍林

常会形成一个四面体。1914年, 科学家通过X射线晶体学首次确定了金刚石的晶体结构。金刚石的化学成分是纯碳。在金刚石晶体中, 每

个碳原子与其他四个碳原子形成 σ 键, 指向四面体的四个顶点。这种结构正是金刚石强大硬度的原因。

碳原子还有一种与其他原子结合的方式, 即一个s轨道与两个p轨道形成三个sp²杂化轨道。轨道的对称轴在同一个平面上, 两两之间的夹角皆为120°。这与乙烯的分子结构一致, 乙烯由双键结构 $H_2C=CH_2$ 组成。在此结构中, 碳原子通过一个sp²杂化轨道形成一个 σ 键, 剩余的一个未杂化轨道形成一个 π 键。

碳原子还有一种结合方式, 即一个s轨道与一个p轨道形成两个sp杂化轨道, 形成一条直线, 呈180°分布。这与二氧化碳（CO_2）

甲烷

碳原子的4个电子杂化形成4个sp³轨道。

乙烯

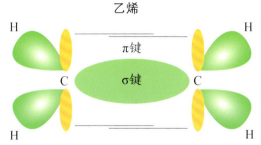

碳原子的3个电子杂化形成3个sp²轨道。剩余的未杂化轨道在碳原子之间形成第二个π键。

金刚石

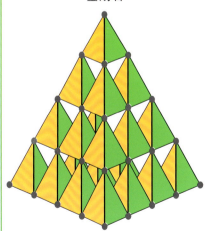

金刚石通过sp³杂化轨道与其余4个碳原子相连, 形成四面体的一角。最后形成的无限晶格通过无比坚固的碳碳共价键相连。

二氧化碳

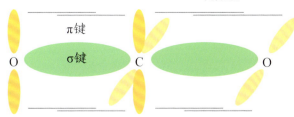

碳原子的两个电子形成两个sp轨道, 每个轨道与一个氧原子相连。剩余的两个轨道与氧原子结合形成π键。

的结构一致，其中每个sp杂化轨道与一个氧原子形成一个σ键，剩余的两个未杂化轨道形成一个π键。

苯的新结构

60多年前，奥古斯特·凯库勒首次提出苯（C_6H_6）环结构时，曾有一个问题困扰着他。最后他提出，碳原子一定以单双键交替的形式结合，苯分子在两种等价结构中来回摆动。

鲍林的解决方法十分巧妙。他指出，苯分子中的碳原子形成的都是sp^2杂化轨道，所以碳原子的所有化学键及氢原子都位于同一个xy平面上，互呈120°夹角。每个碳原子有一个多余的电子，位于p_z轨道。这些电子结合在一起，形成一条连接六个碳原子的化学键。这是一条π键，其中电子仍位于苯环的上方和下方，离碳原子核较远。

离子键

甲烷和乙烯在常温下都是气体。苯和其他很多以碳为基础的有机化合物都是液体。它们的分子又小又轻，可以在气态或液态的情况下自由移动。而碳酸钙和硝酸钾等盐一般都是固态的，只有在很高的温度下才会熔化。但是，氯化钠（NaCl）的分子量为58，而苯的分子量却有78。它们的不同性质不能用质量来解释，但可以用结构来解释。苯分子由共价键构成，每条共价键包含一对电子，由两个原子共用。

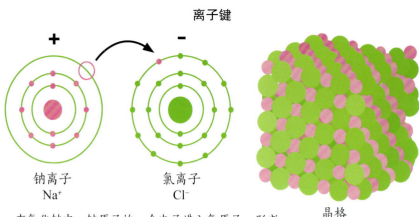

离子键

钠离子 Na⁺　　　氯离子 Cl⁻　　　晶格

在氯化钠中，钠原子的一个电子进入氯原子，形成两个带电的稳定粒子。这两个粒子通过静电吸引结合在一起，形成一个稳定的晶格。

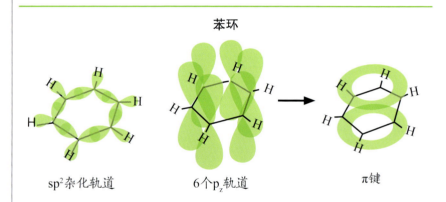

苯环

sp^2杂化轨道　　　6个p_z轨道　　　π键

在苯环中，碳原子通过sp^2杂化轨道彼此相连，并且与一个氢原子相连。苯环通过离域π键彼此相连，形成6个p_z轨道。

氯化钠的性质则不同。银色的金属钠在黄绿色的氯气中会剧烈燃烧，生成白色固体氯化钠。钠原子的原子核周围有一个稳定、饱和的电子层，外加最外层的一个电子；氯原子还差一个电子才能形成稳定、饱和的电子层。当两者相互反应时，钠原子的一个电子转移到氯原子中，从而使两者都达到稳定的结构。但是，此时钠变成了钠离子Na⁺，氯变成了氯离子Cl⁻。它们没有多余的原子形成共价键，但离子是带电的。钠原子失去一个带负电的电子，变为带正电的钠离子；氯原子得到一个电子带负电。离子通过静电吸引结合在一起，形成稳定的离子键。

氯化钠是人们用X射线晶体学分析的第一种化合物，结果发现NaCl分子并不存在。该化合物的

> 世界上没有什么是科学家不应该研究的，总是有一些尚未解决的问题，只是问题尚未提出而已。
>
> ——莱纳斯·鲍林

结构由无限的钠离子和氯离子交替排列而成。每个钠离子周围有六个氯离子，每个氯离子周围也有六个钠离子。还有很多盐也具有类似的结构，即一种粒子形成无数的晶格，另一种粒子填满其中的空隙。

电负性

鲍林解释，氯化钠等化合物中的化学键是纯粹的离子键，而有些化合物中的化学键则介于离子键和共价键之间。鲍林通过研究化学键提出了电负性这一概念。从某种程度上说，这与亚历山德罗·伏打在1800年首次按照电正性降序排列金属元素类似。鲍林发现，两种不同原子之间的共价键，比如C—O，可能高于C—C和O—O的平均强度。他认为，化学键的强弱肯定与电有关，而电负性的标度现在被称为鲍林标度。

元素（严格来说是化合物）的电负性描述了原子吸引电子的能力。在我们熟知的元素中，电负性最强的元素是氟，电负性最弱（电正性最强）的是铯。在氟化铯中，每个氟原子从一个铯原子那里抢夺一个电子，形成离子化合物 Cs^+F^-。

在共价化合物中，比如水（H_2O），不存在离子，但氧的电负性比氢强，所以水分子有极性。其中，氧原子略带负电，氢原子略带正电，这种电性使水分子结合起来。也正因如此，水表面具有较强的张力，沸点较高。

1932年，鲍林首次提出电负性，在随后的几年里，他和其他科学家做了进一步研究。

因为对化学键本质的阐述和研究，鲍林于1954年获得诺贝尔化学奖。■

莱纳斯·鲍林

莱纳斯·鲍林于1901年出生在美国俄勒冈州的波特兰市。他首次听说量子力学还是在美国俄勒冈州，后来获得奖学金于1926年到欧洲跟随几位世界级专家学习这门科学。回国后，鲍林在加州理工学院担任助理教授，并在这里度过了余生。

鲍林对生物分子很感兴趣，他发现镰状细胞性贫血是一种分子病。他还是一位和平拥护者，因调停美国与越南之间的战争于1963年获得诺贝尔和平奖。

晚年时，鲍林因为推崇非传统疗法而名誉受损。他积极地推行使用高剂量的维生素C治疗普通感冒，这种疗法后来被证明是无效的。

主要作品

1939年《化学键的本质及分子和晶体的结构》

原子核中隐藏的
巨大能量

J. 罗伯特·奥本海默（1904—1967年）

背景介绍

科学分支
物理学

此前

1905年 爱因斯坦著名的质能方程 $E=mc^2$ 表明，微小的质量中蕴藏着巨大的能量。

1932年 约翰·考克饶夫和欧内斯特·沃尔顿用质子分裂锂原子核的实验表明，原子核内藏有巨大的能量。

1939年 利奥·西拉德发现，铀-235 发生一次裂变会释放出三个中子，这表明铀可能会发生链式反应。

此后

1954年 奥布宁斯克核电站投入使用，这是第一个向国家电网送电的核电站。

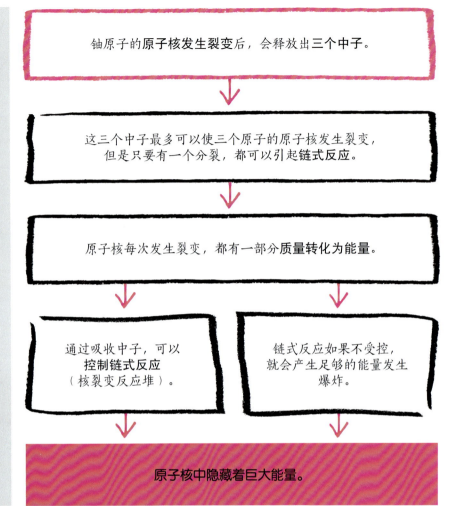

铀原子的原子核发生裂变后，会释放出三个中子。

这三个中子最多可以使三个原子的原子核发生裂变，但是只要有一个分裂，都可以引起**链式反应**。

原子核每次发生裂变，都有一部分**质量转化为能量**。

通过吸收中子，可以**控制链式反应**（核裂变反应堆）。

链式反应如果不受控，就会产生足够的能量发生爆炸。

原子核中隐藏着巨大能量。

1938年，世界正处于向新时代迈进的重要关头，有一个人将引领科学界进入原子时代，他就是J. 罗伯特·奥本海默（J. Robert Oppenheimer），而这个决定却最终毁了他本人。奥本海默领导了全球最大的一个科学项目，即曼哈顿计划，但后来他却对自己的行为深感后悔。

向原子核进军

奥本海默的一个特点就是"不达目的誓不罢休"。正是因为这种强迫自己的精神，奥本海默刚从哈佛大学毕业就来到欧洲，在这里理论物理学正经历空前的发展。1926年，他在德国哥廷根大学与马克斯·玻恩共同提出了"玻恩–奥本海默近似"。用奥本海默的话说，这种方法是用来解释"分子何所谓分子"的。它超越了量子力学的研究范围，从单个原子扩展到化合物的能量。这是一次大胆的数学演算，因为分子中每个电子的复杂概率范围都需要计算。奥本海默在德国的研究对现代化学的能量计算至关重要，但是有关原子弹的最终突破却发生在他回到美国之后。

裂变与黑洞

原子弹的原理在于链式反应，对链式反应的研究始于1938年12月中旬。当时，德国化学家奥托·哈恩和弗里茨·斯特拉斯曼在柏林的实验中"分裂了原子"。他们用中子轰击铀，但铀并没有因为

参见: 玛丽·居里 190~195页，欧内斯特·卢瑟福 206~213页，阿尔伯特·爱因斯坦 214~221页。

> 我们知道世界不会和过去一样了，有些人笑，有些人哭，大多数人保持沉默。我想起了印度教的经文：'现在的我就是死神，是那无尽世界的摧毁者。'
> ——J. 罗伯特·奥本海默

吸收中子变为质量更大的元素，或是因为释放一个或多个核子（质子和中子）变为更轻的元素。哈恩和斯特拉斯曼发现，铀释放出了更轻的元素钡，钡原子的核子数比铀少100个。当时，没有哪种核反应过程可以解释为什么少了100个核子。

哈恩对此十分疑惑，因此写了一封信给哥本哈根的同事利兹·迈特纳（Lise Meitner）和奥托·弗里施（Otto Frisch）。在一个月之内，迈特纳和弗里施就弄清楚了核裂变的基本原理。他们发现，铀分裂为钡和氪，失去的核子转化成能量，然后会发生链式反应。1939年，丹麦物理学家尼尔斯·玻尔将这一消息带到了美国。他的解释加上迈特纳和弗里施在《自然》杂志上发表的论文，让美国东海岸的科学界沸腾起来。理论物理学年会结束后，玻尔和普林斯顿大学的阿奇博尔德·惠勒（Archibald Wheeler）继续研究，共同提出了"玻尔-惠勒原子核裂变理论"。

同一种元素的原子核都有相同数目的质子，但是中子数可能不同，从而形成了同位素。以铀为例，它有两种天然的同位素，即铀-238和铀-235。天然铀中含有99.3%的铀-238，以及0.7%的铀-235。铀-238的原子核含有92个质子和146个中子，而铀-235的原子核含有92个质子和143个中子。低能量的中子能够使铀-235发生裂变，原子核分裂时会释放出能量，"玻尔-惠勒原子核裂变理论"将这一研究结果纳入其中。

当这一消息传到美国西海岸时，正在伯克利的奥本海默被深深地吸引住了。他针对这种全新的理论做了一系列讲座，并很快意识到根据这个理论可以制造一种力量奇

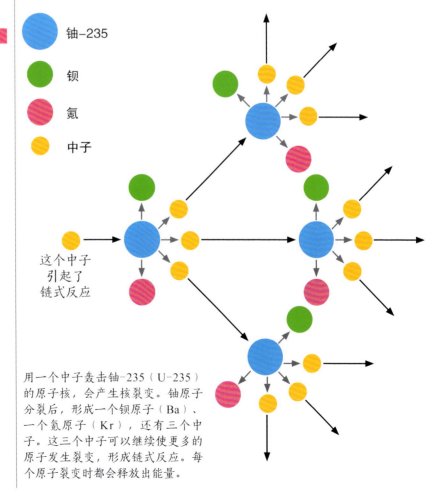

用一个中子轰击铀-235（U-235）的原子核，会产生核裂变。铀原子分裂后，形成一个钡原子（Ba）、一个氪原子（Kr），还有三个中子。这三个中子可以继续使更多的原子发生裂变，形成链式反应。每个原子裂变时都会释放出能量。

铀-235　钡　氪　中子

这个中子引起了链式反应

大无比的武器。当时，他认为，这样利用这种新科学是正当的、务实的，也是再好不过的。但是，当美国东海岸的各个大学竞相重复早期的核裂变实验时，奥本海默却在专心研究恒星因为自身引力发生坍缩进而形成黑洞的过程。

新思想的萌生

人类制造核武器的想法早已存在。早在1913年，赫伯特·乔治·威尔斯（Herbert George Wells）就曾写道："利用原子内部的能量可以制造原子弹。"他的小说《解放全世界》预测，这一创新将发生在1933年。实际上，欧内斯特·卢瑟福正是在1933年的一次讲座中提到了核裂变会释放出大量能量，讲座内容随后刊登在伦敦的《泰晤士报》上。然而，卢瑟福认为利用原子能的想法只是空谈，因为整个过程的效率极低，耗费的能量远高于产生的能量。

真正参透原子核奥秘的是旅居英国的匈牙利人利奥·西拉德，他同时意识到了世界会走向战争的可怕后果。通过反复思考卢瑟福的讲座，西拉德发现，原子核第一次裂变后释放出的"次级中子"可以引发下一次裂变，从而形成链式反应。西拉德后来回忆道："我当时很清楚，世界将陷入悲伤之中。"

德国和美国所做的实验表明，链式反应事实上是可以发生的，于是西拉德和另一位匈牙利人爱德华·泰勒给阿尔伯特·爱因斯坦写了一封信。

1939年10月11日，爱因斯坦将这封信呈交给美国时任总统罗斯福。仅仅十天后，罗斯福就成立了铀研究咨询委员会，任务是研究美国率先制造出原子弹的可能性。

大科学的诞生

这一决议的结果就是制定了曼哈顿计划，开创了大科学的典范。该项目由众多分支机构组成，遍布美国和加拿大的几大城市及

> 我们做了一种东西，那是一种十分可怕的武器，使世界突然间发生了本质的变化。这样的结果让我们重拾那个问题：科学究竟对人类有益还是有害？
>
> ——J. 罗伯特·奥本海默

无数较小的地区，共雇用了13万人，耗资20多亿美元（相当于现在的260亿美元），并且一切都在秘密中进行。

1941年初，该项目决定采用三种不同的方法生产原子弹所需的能够发生裂变的材料，即电磁分离法、气体扩散法和热扩散法，以分离同位素铀-235和铀-238。另外，该项目还分两条

J. 罗伯特·奥本海默

J. 罗伯特·奥本海默毕业于纽约菲尔德斯顿文理学校。他身形消瘦，十分敏感，学习新事物的能力很强。从哈佛大学毕业后，奥本海默在剑桥大学待了两年，师从欧内斯特·卢瑟福，之后又到德国哥廷根大学跟随马克斯·玻恩学习。

奥本海默性格复杂，无论什么事情，他总是能够成为中心人物，无论走到哪里都能结交具有影响力的朋友。然而，他也以言辞尖刻著称，并且喜欢

别人夸他智慧超群。虽然他最有名的是领导了曼哈顿计划，但是他对科学界影响最为深远的贡献却是在加州大学伯克利分校进行的中子星和黑洞研究。

主要作品

1927年 《分子的量子理论》
1939年 《论不断的引力收缩》

1945年8月9日，一颗名为"胖子"（Fat Man）的钚弹在日本南部的长崎落下，大约4万人当场死亡，随后的几个星期有更多的人相继离世。

线研究核反应堆技术。1942年12月2日，在芝加哥的一个壁球场内，第一个可控的链式反应核裂变反应堆成功建立。恩里科·费米的芝加哥1号堆是增殖反应堆的原型，这种反应堆可以使铀变为当时刚发现的一种元素钚，这种元素十分不稳定，可以用作快速链式反应的燃料，还可以用来制造杀伤力更强的原子弹。

神奇山

奥本海默被选为曼哈顿计划的负责人，带领科学家研究这种神秘武器。他同意选用新墨西哥洛斯阿拉莫斯一所废弃的寄宿学校作为项目的研究中心。项目的最后阶段，即原子弹的组装，将在这里完成。这个代号"Y地点"的地方将汇集史上最多的诺贝尔奖获得者。

因为大部分重要的科研工作已经完成，待在洛斯阿拉莫斯的很多科学家都认为，自己在新墨西哥沙漠中的工作只是在处理"工程学的问题"。然而，正是因为奥本海默在这近3000名科学家中间不断协调，原子弹才得以成功问世。

内心的转变

1945年7月16日，在"三一"试验场进行的试爆大获成功。1945年8月6日，美国向日本广岛投掷了"小男孩"原子弹。原子弹投放

之时，德国已经投降，洛斯阿拉莫斯基地的很多科学家都认为，公开展示原子弹十分必要，因为如果日本看到原子弹的威力，就必定会投降。有人认为向日本广岛投放原子弹虽是一场灾难但不可避免，然而同年8月9日向日本长崎投放的"胖子"钚弹却很难自圆其说。

一年后，奥本海默公开表明，原子弹投向了已经战败的敌人。

1945年10月，奥本海默见到美国时任总统杜鲁门并告诉他："我觉得自己的双手沾满了鲜血。"杜鲁门十分气愤。1954年，美国国会听证会剥夺了奥本海默的安全特许权，结束了他影响公共政策的能力。■

FUNDAMENTAL BUILDING BLOCKS

1945–PRESENT

重要的基石

1945年—现在

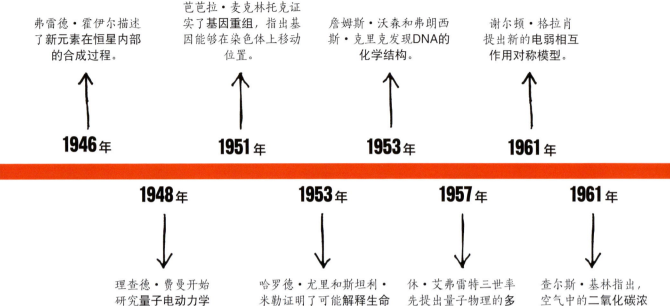

弗雷德·霍伊尔描述了新元素在恒星内部的合成过程。

芭芭拉·麦克林托克证实了**基因重组**，指出基因能够在染色体上移动位置。

詹姆斯·沃森和弗朗西斯·克里克发现DNA的化学结构。

谢尔顿·格拉肖提出新的电弱相互作用对称模型。

1946年　　**1951**年　　**1953**年　　**1961**年

1948年　　**1953**年　　**1957**年　　**1961**年

理查德·费曼开始研究量子电动力学这门新的学科。

哈罗德·尤里和斯坦利·米勒证明了可能解释生命起源的一种化学机制。

休·艾弗雷特三世率先提出量子物理的多世界诠释。

查尔斯·基林指出，空气中的二氧化碳浓度在持续上升。

20世纪下半叶，从望远镜到化学分析，几乎所有的科学领域都经历了技术的高速发展。新技术提高了计算和实验的可能性。20世纪40年代，第一台计算机问世，一门新的科学"人工智能"随之诞生。欧洲核子研究中心（CERN）的大型强子对撞机成为史上最大的科学仪器。简单地说，这个对撞机就是一个粒子加速器。通过先进的显微镜，科学家第一次直接观察到原子。科学家还通过新的望远镜发现了太阳系之外的行星。到21世纪，科学研究已经成为一个团队活动，涵盖最昂贵的仪器及跨学科合作。

生命的密码

1953年，美国芝加哥大学的化学家哈罗德·尤里和斯坦利·米勒设计了一个巧妙的实验。他们试图验证在地球诞生之际，闪电在大气中引起的化学反应能否产生生命。同年，美国的分子生物学家詹姆斯·沃森（James Watson）与英国生物学家弗朗西斯·克里克（Francis Crick）率先研究出DNA的分子结构，为破解生命的遗传密码奠定了基础。不到半个世纪的时间，人类基因图谱的绘制顺利完成。

随着对基因机制的深入了解，美国生物学家琳·马古利斯（Lynn Margulis）提出了一个看

似荒谬的理论，即有些生物会被其他生物吞噬，形成共生关系，并指出所有多细胞生物的复杂细胞都源于此过程。多年来，学界对马古利斯的理论一直持怀疑态度，直到20年后，新的遗传发现才证明她是对的。美国微生物学家迈克尔·叙韦宁（Michael Syvanen）证明，基因可以从一个物种转移至另一个物种。而在20世纪90年代，表观遗传学的发现使得古老的拉马克学说重新获得关注，这种学说认为获得性状是可以遗传的。至此，有关进化机制的知识正变得愈发丰富。

20世纪末，美国的克雷格·文特尔（Craig Venter）开启了自己的人类基因组项目，并在计算

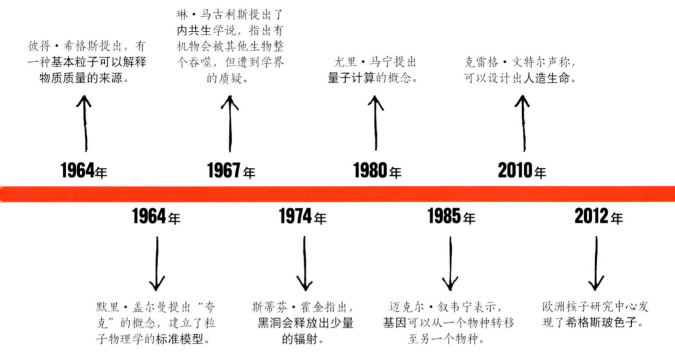

彼得·希格斯提出，有一种基本粒子可以解释物质质量的来源。

琳·马古利斯提出了**内共生学说**，指出有机物会被其他生物整个吞噬，但遭到学界的质疑。

尤里·马宁提出**量子计算**的概念。

克雷格·文特尔声称，可以设计出人造生命。

1964年　　**1967**年　　**1980**年　　**2010**年

1964年　　**1974**年　　**1985**年　　**2012**年

默里·盖尔曼提出"夸克"的概念，建立了粒子物理学的**标准模型**。

斯蒂芬·霍金指出，黑洞会释放出少量的辐射。

迈克尔·叙韦宁表示，基因可以从一个物种转移至另一个物种。

欧洲核子研究中心发现了**希格斯玻色子**。

机上根据DNA设计出人造生命。在苏格兰，伊恩·维尔穆特（Ian Wilmut）及同事屡经失败后，成功地研制出克隆羊。

新的粒子

在物理学领域，美国物理学家理查德·费曼（Richard Feynman）等人进一步研究了量子力学的奇异性，并用虚粒子的交换解释了量子力学中的相互作用。20世纪30年代，保罗·狄拉克成功地预言了反物质的存在。随后的几十年中，更强大的粒子对撞机首次发现了更多的亚原子粒子。基于这些难以俘获的粒子，粒子物理学的标准模型得以建立。该模型根据自然界基本粒子的性质对其进行排列。虽然标准模型并没有得到所有物理学家的支持，但2012年欧洲核子研究中心的大型强子对撞机发现了预言中的希格斯玻色子后，标准模型的地位获得了极大提升。

与此同时，"万有理论"也呈现出各种研究方法。万有理论旨在将自然的四种基本力（引力、电磁力、强核力、弱核力）统一起来。美国的谢尔顿·格拉肖（Sheldon Glashow）将电磁力与弱核力统一起来，形成了电弱理论。弦理论提出，除四维时空外还有6个隐藏的空间维度，试图将所有的物理学理论综合起来。美国物理学家休·艾弗雷特三世指出，也许可以通过数学方法证实多个宇宙的存在。艾弗雷特指出宇宙在不断分裂，其理论起初并没有引起多少重视，但近些年的支持度不断攀升。

未来的方向

目前，尚有很多谜团没有解决，比如人们还没有理论可以将量子力学和广义相对论结合起来，但并不乏各种吸引科学家继续前行的可能性，比如量子比特的引入可能会在计算领域引发一场革命。未来可能会出现我们未曾想过的新问题，但如果以科学史为鉴，我们应该做好准备迎接这些挑战。■

生命由星尘构成

弗雷德·霍伊尔（1915—2001年）

背景介绍

科学分支
天体物理学

此前

1854年 德国物理学家赫尔曼·冯·亥姆霍兹用引力收缩理论解释了太阳能量的产生。

1863年 英国天文学家威廉·哈金斯通过恒星的光谱分析证明，恒星上存在着某些和地球一样的元素。

1905—1910年 美国和瑞典的天文学家通过分析恒星的亮度，将其分为白矮星和巨星。

1920年 亚瑟·爱丁顿指出，恒星通过核聚变将氢核转变为氦核。

1934年 弗里茨·兹威基创造了"超新星"一词，用来指代大质量恒星在演化接近末期时经历的一种剧烈爆炸。

此后

2013年 深海化石的生物遗迹显示，铁可能来自超新星。

1920年，英国天文学家亚瑟·爱丁顿率先提出，恒星通过核聚变产生能量。他指出，恒星仿佛是氢核聚变为氦核的工厂。一个氦核的质量略小于合成所需的四个氢核的质量，根据公式$E=mc^2$，这部分质量会转化为能量。爱丁顿指出，恒星由向内的引力和向外的光辐射压力维持平衡，并由此建立了恒星结构模型，但是他并没有进一步研究其中的核反应原理。

重元素的形成

1939年，德国出生的美籍物理学家汉斯·贝特（Hans Bethe）发表了一篇论文，详细地分析了氢核聚变的不同方式。他描述了两种路径：一种是太阳等恒星内部的连锁反应，其特点是温度低、速度慢；另一种是更大质量的恒星内部的循环反应，其特点是温度高、速度快。

1946至1957年间，英国天文学家弗雷德·霍伊尔等人进一步发展了贝特的理论，指出氦聚变会产生碳及更重的元素，直至铁元素，从而解决了宇宙中很多重元素的来源问题。现在，我们知道比铁更重的元素源自超新星爆炸，即大质量行星演变的最后阶段。生命所需的元素形成于恒星内部。■

太空一点儿也不遥远，只要你的车能够径直往上开，也就一个小时的车程。

——弗雷德·霍伊尔

参见： 玛丽·居里 190~195页，阿尔伯特·爱因斯坦 214~221页，欧内斯特·卢瑟福 206~213页，乔治·勒梅特 242~245页，弗里茨·兹威基 250~251页。

跳跃的基因
芭芭拉·麦克林托克（1902—1992年）

20世纪初，有关遗传粒子"基因"及基因的载体"染色体"都有了新的研究发现，格雷戈尔·孟德尔于1866年提出的遗传定律因此得到了进一步完善。染色体在显微镜下呈丝状。20世纪30年代，美国遗传学家芭芭拉·麦克林托克（Barbara McClintock）意识到，染色体的结构并不像以前人们认为的那样稳定，而且基因在染色体上的位置是可以变换的。

交换基因

麦克林托克当时正在研究玉米的遗传。一个玉米棒拥有许许多多的籽粒，每颗籽粒根据玉米棒的基因会呈现黄色、棕色或条纹。一个玉米粒就是一颗种子，代表着一个后代，所以研究不同的玉米棒可以得到大量有关籽粒颜色遗传的数据。麦克林托克用杂交实验和显微镜研究玉米的染色体。1930年，

玉米的不同颜色促使麦克林托克研究产生这一差异的基因重组过程。1951年，她发表了这项研究结果。

她发现玉米在有性生殖期间，性细胞形成时染色体会进行配对，呈现出X形状。麦克林托克意识到，配对的染色体正是在这些呈X形的结构处交换基因片段。原本排在同一条染色体上的基因会被搅乱重排，从而产生新的性状，比如不同的颜色。

这种搅乱重排的过程被称为基因重组，后代会因此表现出极大的多样性，它们在不同环境中存活的概率也会因此提高。■

参见：格雷戈尔·孟德尔 166~171页，托马斯·亨特·摩尔根 224~225页，詹姆斯·沃森与弗朗西斯·克里克 276~283页，迈克尔·叙韦宁 318~319页。

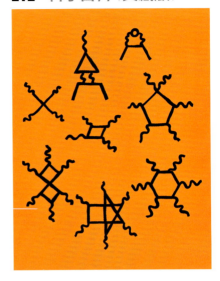

光和物质的奇妙理论

理查德·费曼（1918—1988年）

背景介绍

科学分支
物理学

此前

1925年 路易·德布罗意提出，任何具有质量的粒子都具有波的性质。

1927年 维尔纳·海森堡指出，在量子力学中，某两个物理量不能同时被精确测量，比如粒子的位置和动量。

1927年 保罗·狄拉克将量子力学应用到场理论而非单个粒子上。

此后

20世纪50年代末 朱利安·施温格与谢尔顿·格拉肖提出电弱统一理论，将弱核力与电磁力结合起来。

1965年 韩武荣、南部阳一郎和奥斯卡·格林伯格用粒子的一种性质解释了它们之间的强相互作用，我们现在称这种性质为色荷。

20世纪20年代，量子力学面临着各种问题，其中一个就是粒子是如何通过力来相互作用的。与此同时，电磁学也需要一种理论在量子层面上对其做出解释。随之诞生的就是量子电动力学（QED），该理论解释了粒子和电磁场的相互作用，结果证明十分成功。不过，因为它所描述的宇宙图像很难想象，所以量子电动力学的先驱理查德·费曼称其为"奇妙"的理论。

信使粒子

带电粒子通过交换量子（光子）相互作用，光就是由这种具有电磁能的量子构成的。保罗·狄拉克根据这一想法向量子电动力学迈出了第一步。根据海森堡的不确定性原理，光子可以在瞬间凭空产生，因此真空中的能量是不断变化的。有时这种光子被称作虚粒子，随后物理学家确定了它们在电磁学中的作用。一般而言，量子场理论中的信使粒子就是"规范玻色子"。

然而，量子电动力学还是问题重重，其中最重要的就是它的方程往往会得出无穷大的数值，这是极为荒谬的。

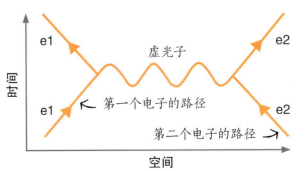

费曼图描述了粒子相互作用的方式。左图中，两个电子通过交换一个虚光子而相互排斥。

参见: 埃尔温·薛定谔 226~233页, 维尔纳·海森堡 234~235页, 保罗·狄拉克 246~247页, 谢尔顿·格拉肖 292~293页。

> 粒子通过交换光子相互作用。

> 这种交换的方式很多, 每种方式都具有一定的概率。

> 光和物质的这种奇妙理论得出了正确的结果。

> 将所有可能方式的概率加到一起, 可以精确地描述实验结果。

理查德·费曼

理查德·费曼于1918年出生在纽约, 他很早便展露出了数学天赋。在麻省理工学院取得一等学位后, 费曼以优异的数学和物理学成绩考入普林斯顿大学攻读研究生学位。1942年, 费曼获得博士学位, 之后加入曼哈顿计划, 在汉斯·贝特手下工作, 共同研究原子弹。第二次世界大战结束后, 他在康奈尔大学继续与贝特共事, 在此期间完成了他最重要的量子电动力学研究。

费曼在表述自己的想法方面独具天赋, 他预言了纳米技术的潜能。他晚年撰写了多本畅销著作, 涵盖量子电动力学及现代物理学的其他领域。

主要作品

1950年 《用数学公式表示电磁相互作用的量子理论》

1985年 《量子电动力学: 光和物质的奇妙理论》

1985年 《别闹了, 费曼先生》

概率相加

1947年, 德国物理学家汉斯·贝特提出了一种修正这些公式的方法, 以使其与真实的实验数据相符。20世纪40年代, 日本物理学家朝永振一郎、美国的朱利安·施温格及理查德·费曼等人在贝特的理论基础上, 用数学方法成功地描述了量子电动力学。这种方法根据量子力学将粒子相互作用的所有可能方式考虑在内, 得出了有意义的结果。

费曼发明的"费曼图"用一幅简单的图画呈现了粒子间可能发生的电磁作用, 直观地描述了相互作用的过程, 从而解决了这个复杂的问题。它的重要突破在于找到了一种表示粒子间相互作用的数学方法。这种方法将粒子每条路径的概率加在一起, 时间向后方移动的粒子也包括在内。在相加的过程中, 很多概率会相互抵消。例如, 对于朝某一方向运动的粒子与朝相反方向运动的粒子来说, 二者的概率就可以相互抵消, 所以其相加之和为零。将每种概率相加, 包括时间向后方移动的奇怪粒子, 就可以得出我们熟悉的结果, 比如光看起来是沿直线传播的。不过, 在某些情况下, 相加之后确实会得出奇怪的结果, 而且实验显示光并不总是沿直线传播的。所以, 虽然量子电动力学描述的世界与我们看到的不同, 但确实对现实做出了精确的描述。

实验证明, 量子电动力学十分成功, 为其他几种相似的基本力提供了模型, 例如量子色动力学 (QCD) 描述了强核力, 而电弱规范理论则将电磁学与弱核力统一起来。目前, 在四种基本作用力中, 只有引力尚不符合这一模型。■

生命并非奇迹

哈罗德·尤里（1893—1981年）

斯坦利·米勒（1930—2007年）

背景介绍

科学分支
化学

此前

1871年 查尔斯·达尔文提出，生命可能起源于"一个温暖的小池塘"。

1922年 生物化学家亚历山大·欧帕林提出，复杂的化合物可能产生于原始大气。

1952年 在美国，肯尼思·A.怀尔德用600伏的电火花穿过二氧化碳和水蒸气混合而成的气体，结果得到了一氧化碳。

此后

1961年 西班牙生物化学家霍安·奥罗在尤里-米勒实验的基础上加入了更多可能的化学物质，结果得到了组成DNA的重要分子等。

2008年 斯坦利·米勒曾经的学生杰弗里·巴达等人用敏感度更高的新技术得到了更多的有机分子。

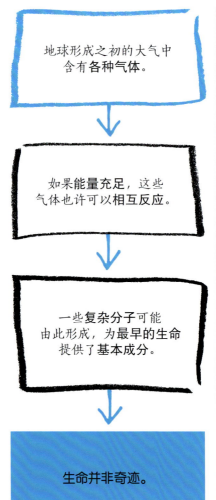

地球形成之初的大气中含有各种气体。

↓

如果能量充足，这些气体也许可以相互反应。

↓

一些复杂分子可能由此形成，为最早的生命提供了基本成分。

↓

生命并非奇迹。

生命起源一直是萦绕在科学家脑海中的一个问题。1871年，查尔斯·达尔文在给朋友约瑟夫·胡克的信中写道："但是如果……我们假设一个温暖的小池塘中有各种各样的氨盐和磷盐，以及光、热、电等，它们合成了一种蛋白质，这种蛋白质又会发生更复杂的变化……"1953年，美国化学家哈罗德·尤里和他的学生斯坦利·米勒在实验室中模拟了地球形成初期的大气，并从无机物中生成了构成生命的重要有机物。

在尤里和米勒的实验之前，化学和天文学已经取得了很大的进步，太阳系中一些行星的大气成分也得到了分析。20世纪20年代，生物化学家亚历山大·欧帕林（Alexander Oparin）和遗传学家J. B. S. 霍尔丹（J. B. S. Haldane）分别提出，如果生命出现以前的地球和那些无生命的行星相似，那么简单的化学物质就可以在"原始汤"中相互作用，形成更为复杂的分子，进而演化成生物。

参见: 约恩斯·雅各布·贝尔塞柳斯 119页, 弗里德里希·维勒 124~125页, 查尔斯·达尔文 142~149页, 弗雷德·霍伊尔 270页。

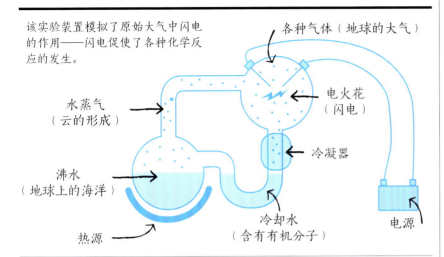

该实验装置模拟了原始大气中闪电的作用——闪电促使了各种化学反应的发生。

- 各种气体（地球的大气）
- 水蒸气（云的形成）
- 电火花（闪电）
- 冷凝器
- 沸水（地球上的海洋）
- 冷却水（含有有机分子）
- 电源
- 热源

模拟地球的原始大气

1953年，尤里和米勒首次用一个历时较长的实验验证了欧帕林-霍尔丹理论。他们将多个玻璃烧瓶连成一个封闭的整体，使其与空气隔绝，里面放置了水和地球原始大气中可能存在的气体，包括氢气、甲烷和氨气。水加热后变为水蒸气，会在密闭的烧瓶装置中不断循环。其中一个烧瓶中有一对电极，正负电极间不断产生电火花，以模仿闪电。有一种假说认为闪电触发了原始大气中的各种反应。闪电能够提供充足的能量去破坏大气中的某些分子，形成活性极高的物质，这些物质会与其他分子发生进一步反应。

一天后，混合气体变成了粉红色。两周过后，尤里和米勒发现混合气体中10%的碳（源自甲烷）变成了另一种有机化合物，2%的碳形成了蛋白质的重要组成成分氨基酸，而蛋白质正是生命的物质基

础。尤里鼓励米勒将实验写成论文寄给《科学》杂志，发表时的题目为"在可能的早期地球环境下之氨基酸生成"。此时，世人可以想象达尔文的"温暖的小池塘"中可能形成了第一个生命形态。

在一次采访中，米勒表示："在模拟原始地球的基本实验中，只要打开开关触发电火花，就能生成氨基酸。"后来科学家发现，如果使用比1953年更先进的仪器，该实验能够产生至少25种氨基酸，比自然界中存在的氨基酸种类还要多。几乎可以肯定，地球早期的大气中含有二氧化碳、氮气、硫化氢及火山喷发释放的二氧化硫，所以那时生成的有机化合物很可能更为丰富，而随后的实验也确实证实了这一点。陨石中含有数十种氨基酸，有些氨基酸可以在地球上找到，有些则不能，这也促使科学家开始在系外行星上寻找生命的迹象。■

哈罗德·尤里 斯坦利·米勒

哈罗德·尤里生于美国印第安纳州的沃克顿。他在研究同位素分离时发现氘，于1934年获得诺贝尔化学奖。后来，尤里用气体扩散法富集铀-235，这对制造第一颗原子弹的曼哈顿计划至关重要。他与斯坦利·米勒在芝加哥完成模拟地球原始大气的实验后，迁至圣地亚哥，致力于研究阿波罗11号带回的月球岩石。

斯坦利·米勒生于美国加利福尼亚州的奥克兰，曾在加州大学伯克利分校学习数学，毕业后在芝加哥做助教，与尤里共事，后来成为圣地亚哥的教授。

主要作品

1953年　《在可能的早期地球环境下之氨基酸生成》

通过研究（宇宙），我几乎可以确定其他行星也有生命存在。我对人类是最智能的生命形式一说表示怀疑。

——哈罗德·尤里

脱氧核糖核酸（DNA）的结构

詹姆斯·沃森（1928年—）

弗朗西斯·克里克（1916—2004年）

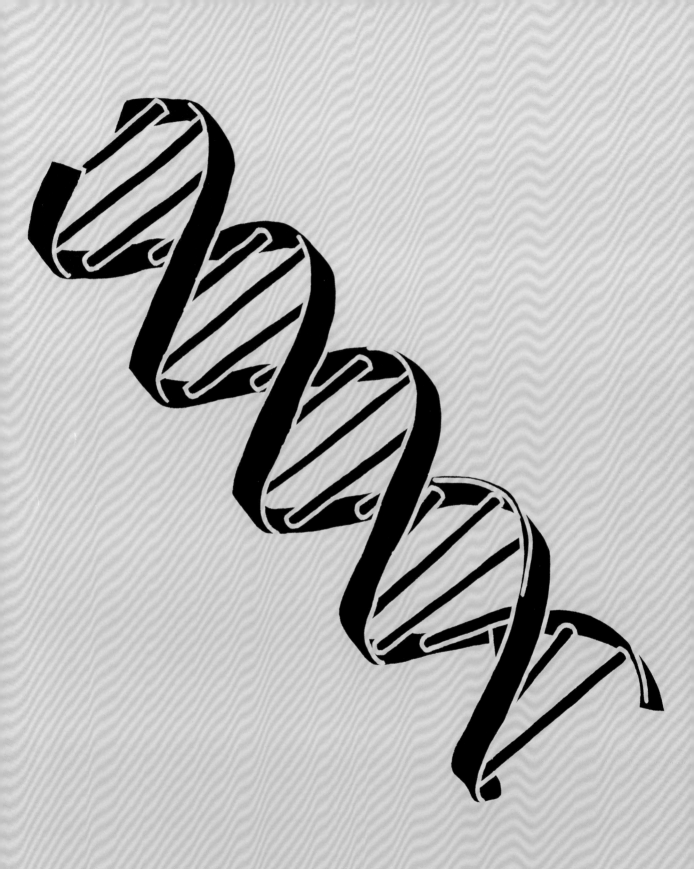

背景介绍

科学分支
生物学

此前

1869年 弗里德里希·米舍率先在血细胞中发现了DNA。

20世纪20年代 菲巴斯·利文等人分析得出，DNA的成分包括糖、磷酸基团和四种碱基。

1944年 实验显示DNA是遗传数据的载体。

1951年 莱纳斯·鲍林提出，某些生物分子呈α螺旋结构。

此后

1963年 弗雷德里克·桑格用测序法确定了DNA上的碱基位置。

20世纪60年代 人类破解DNA密码：三个碱基决定一个氨基酸。

2010年 克雷格·文特尔及其团队将人造DNA植入一个活细菌。

1953年4月，《自然》杂志悄然发表了一篇简短的论文，解开了围绕有机物的一个重要谜团。这篇文章不仅解释了生物内部的遗传指令，还说明了这些指令是如何遗传下一代的。最重要的是，文中首次描述了DNA的双螺旋结构。DNA全称为脱氧核糖核酸，是一种含有遗传信息的分子。

这篇文章的作者是25岁的美国生物学家詹姆斯·沃森和他的同事弗朗西斯·克里克。克里克年长于沃森，是一位英国生物物理学家。从1951年起，他们开始在剑桥大学卡文迪许实验室研究DNA结构，当时该实验室的主任是布喇格爵士（Lawrence Bragg）。

当时，DNA是一个热门话题，成功解密DNA的结构似乎近在咫尺。20世纪50年代，欧洲、美国等地的研究团队竞相最早破解DNA三维结构。在这个复杂的模型中，DNA通过某种化学编码承载着遗传数据，同时又能准确地进行自我复制，所以相同的遗传信息会传递给后代，即子细胞。

> 太漂亮了，绝对是真的。
>
> ——詹姆斯·沃森

DNA发现之旅

DNA并不像大家认为的那样发现于1953年，沃森和克里克也不是第一个发现DNA组成成分的人。科学家研究DNA的历史其实十分漫长，早在19世纪80年代，德国生物学家瓦尔特·弗莱明就曾指出，细胞分裂时细胞内会有一种X形状的物体（后称染色体）。1900年，格雷戈尔·孟德尔豌豆实验的

詹姆斯·沃森
弗朗西斯·克里克

詹姆斯·沃森于1928年出生在美国芝加哥，年仅15岁便进入芝加哥大学学习。沃森在研究生期间主攻遗传学，毕业后来到英国剑桥大学，与弗朗西斯·克里克共同开展研究。后来，沃森回到美国，在纽约冷泉港实验室工作。从1988年起，他加入人类基因组计划，但后来由于遗传数据的专利问题未达成一致，沃森退出了这一计划。

弗朗西斯·克里克于1916年出生在英国北安普敦附近，在第二次世界大战期间发明了反潜水雷。1947年，克里克来到剑桥大学研究生物学，自此开始与詹姆斯·沃森合作。克里克曾提出著名的中心法则。该法则指出，遗传数据在细胞中基本上以同一种方式流动。晚年期间，克里克转而研究大脑，提出了一种意识理论。

主要作品

1953年 《核酸的分子结构：脱氧核糖核酸的一种结构》

1968年 《双螺旋》

参见: 查尔斯·达尔文 142~149页，格雷戈尔·孟德尔 166~171页，托马斯·亨特·摩尔根 224~225页，莱纳斯·鲍林 254~259页，芭芭拉·麦克林托克 271页，克雷格·文特尔 324~325页。

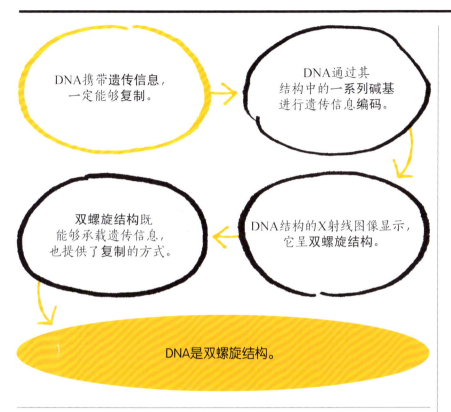

DNA携带遗传信息，一定能够复制。

DNA通过其结构中的一系列碱基进行遗传信息编码。

双螺旋结构既能够承载遗传信息，也提供了复制的方式。

DNA结构的X射线图像显示，它呈双螺旋结构。

DNA是双螺旋结构。

结果再次引起关注，他首次提出遗传粒子（后来所说的基因）是成对出现的。孟德尔遗传定律再次引起关注的同时，美国物理学家沃尔特·萨顿及德国生物学家西奥多·博韦里各自的杂交实验证明，一组染色体（携带基因的一种杆状结构）经细胞分裂分配给每个子细胞。后来的"萨顿-博韦里理论"提出，染色体是遗传物质的载体。

不久，更多的科学家开始研究这些神奇的X形物质。1915年，美国生物学家托马斯·亨特·摩尔根指出，染色体实际上是遗传信息的载体。那么，下一步就要研究组成染色体的分子了，这种分子可能就是候选基因。

新的成对基因

20世纪20年代，科学家发现了两种新的候选分子：一种是被称为组蛋白的蛋白质；另一种是核酸，瑞士生物学家弗里德里希·米舍（Friedrich Miescher）在1869年曾将其描述为核蛋白质。美籍俄裔生化学家菲巴斯·利文（Phoebus Levene）等人更为详细地确定了DNA的主要成分，即每个DNA由一个脱氧核糖、一个磷酸基和一个碱基构成。20世纪40年代末，DNA的基本分子式已经十分清晰，它是一个巨大的聚合物，是一个含有重复单聚体的大分子。1952年，细菌实验显示，遗传信息的载体就是DNA本身，而非其他候选基因，如染色体内的蛋白质。

棘手的研究工具

研究人员竞相使用各种先进的研究工具破解DNA的具体结构，其中包括X射线衍射晶体学。这种方法让X射线从物质的晶体中通过，因为晶体内部的原子排列会呈现独特的几何结构，所以X射线通过时会发生衍射，即发生弯曲。用照相底片可以得到衍射图像，包括点、线及模糊图案。根据这些图像进行逆推，可能会得出晶体的详细结构。不过，这并非易事。有人曾这样形容X射线晶体学：它好比研究一个大房间内枝形水晶灯在

这是对生物化学的一种更加引人注目的概括……我几乎毫不怀疑，这20种氨基酸和4个碱基在整个自然界中都是一样的。

——弗朗西斯·克里克

屋顶和墙壁上形成的各种光的图案，并用这些图案推算出水晶灯每个玻璃部件的形状和位置。

走在前列的鲍林

卡文迪许实验室的英国研究团队希望可以打败以莱纳斯·鲍林为首的美国团队。1951年，鲍林及同事罗伯特·科里（Robert Corey）和赫尔曼·布兰森（Herman Branson）已经在分子生物学领域取得了重大突破。他们提出，很多生物分子，比如血液中运送氧的物质血红蛋白，都呈螺旋结构。鲍林将这种分子模型命名为 α 螺旋。

鲍林的突破以些微之差战胜了卡文迪许实验室，而DNA结构的精确形状似乎也掌握在鲍林的手中。1953年，鲍林提出DNA是一种三螺旋结构。此时，詹姆斯·沃森正在卡文迪许实验室工作。虽然他只有25岁，但是他有着年轻人的干劲。他已拥有两个动物学学位，还曾研究过噬菌体的基因和核酸。噬菌体是一类能够感染细菌的病毒。生物物理学家克里克当时37岁，主要研究大脑和神经科学。他曾研究过生物的蛋白质、核酸及其他大分子，也目睹了卡文迪许实验室与鲍林之间的竞争，后来还分析了鲍林对DNA结构的错误假设及只会陷入绝境的探索方向。

沃森和克里克虽然所涉领域不同，但都有研究X射线晶体学的经验。他们很快便开始思考两个深深吸引他们的问题：DNA分子是如何进行遗传信息编码的？这些信息又如何翻译成了生命系统的一部分？

重要的晶体图

当时，沃森和克里克听说鲍林成功地提出了蛋白质的 α 螺旋结构。在这种模型中，分子绕中心轴盘绕成螺旋状，每隔3.6个残基，螺旋上升一圈。他们还知道，最新的研究证据似乎并不支持鲍林的DNA三螺旋结构。由此，沃森和克里克设想，DNA模型可能既不是单螺旋结构，也不是三螺旋结构。他们二人几乎没有做任何实验，只是收集了他人的数据，包括

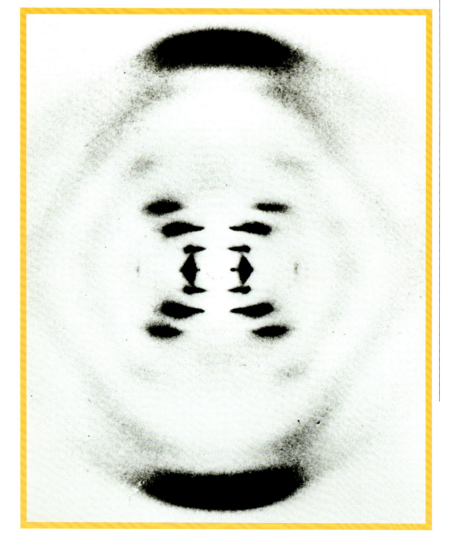

左图为DNA的X射线衍射图（"照片51"），由罗莎琳德·富兰克林的实验室摄于1953年，是破解DNA最重要的线索之一。通过衍射图的光点和光带，DNA的螺旋结构得到确认。

研究DNA不同组成成分之间成键夹角的化学实验结果。他们还利用X射线晶体学的知识，并借鉴其他研究人员拍摄的高质量DNA或类似分子的图像，其中就包括"照片51"，它对沃森和克里克的重大突破极为关键。

"照片51"是一张DNA的X射线衍射图，图像呈X形状，仿佛透过百叶窗看到的。这张照片虽然很模糊，却是当时最清晰、信息最丰富的DNA图片。至于是谁拍摄了这张具有历史意义的照片尚有争议。这张照片来自英国生物物理学家、X射线晶体学专家罗莎琳德·富兰克林（Rosalind Franklin）的实验室。在不同时期，罗莎琳德和她在伦敦国王学院的学生雷蒙德·戈斯林（Raymond Gosling）都曾被视为照片的拍摄者。

纸板模型

伦敦国王学院还有一位物理学家对分子生物学十分感兴趣，他就是莫里斯·威尔金斯（Mau-

罗莎琳德·富兰克林为她提出的DNA理论模型起草了多份报告，这些报告对沃森和克里克发现双螺旋结构至关重要。但是，罗莎琳德一生并未受到多少关注。

我们发现了生命的奥秘。

——弗朗西斯·克里克

rice Wilkins）。1953年初，威尔金斯做了一件似乎破坏科学界规则的事。他在没有得到罗莎琳德和戈斯林同意的情况下，给沃森看了他们拍摄的DNA照片。沃森立刻意识到了这些照片的重要性，并直接将自己从照片中得到的启示告诉了克里克。他们二人的研究工作瞬间进入了正确的轨道。

此后发生的具体事情就不那么清楚了，后来关于发现DNA结构的说法也并不一致。罗莎琳德曾起草了多份报告，描述了DNA的结构和形状，但并未发表。沃森和克里克在努力构建自己的DNA结构时也融入了罗莎琳德报告中的内容。其中的主要观点是DNA大分子是某种不断重复的螺旋结构，该

观点源自鲍林的α螺旋结构，也得到了威尔金斯的支持。

罗莎琳德当时在思考一个问题：由脱氧核糖和磷酸构成的DNA主链位居中心，那么碱基是朝外还是朝内？罗莎琳德的一位同事提供了帮助，他就是马克斯·佩鲁茨（Max Perutz）。英国生物学家佩鲁茨出生于奥地利，后来于1962年因在血红蛋白及其他蛋白质结构方面的研究获得诺贝尔化学奖。佩鲁茨当时也读到了罗莎琳德未发表的报告，并将报告转给了人脉广泛的沃森和克里克。他们认为，DNA主链在外，碱基朝内，并且可能成对相连。他们将纸板剪成不同的形状，分别代表DNA的组成成分（主链的脱氧核糖和磷酸，还有四种碱基，即腺嘌呤、胸腺嘧啶、鸟嘌呤和胞嘧啶），并打乱它们的顺序。

1952年，沃森和克里克见到了埃尔文·查戈夫（Erwin Chargaff）。生物化学家查戈夫生于奥地利，曾提出查戈夫法则。该法则指出，DNA中鸟嘌呤和胞嘧啶的数量相等，腺嘌呤和胸腺嘧啶的数量相等。有的实验显示四种碱基数量基本相等，有的则不是，而后来证明后者的实验方法存在问题，四种碱基数量相等最终成为一条准则。

拼图

查戈夫将所有碱基分成两组，每组一对，对DNA结构起到了抛砖引玉的作用。此时，沃森

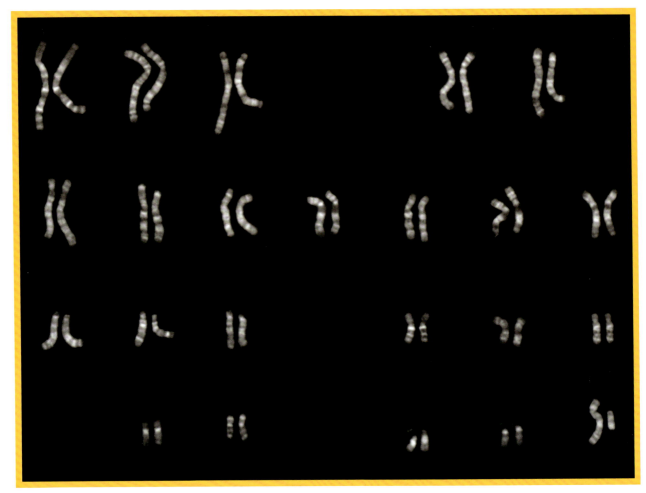

上图为男性的染色体。在克里克和沃森发现DNA结构之前，人们已经知道染色体是基因的载体，将基因从分裂的细胞传递至子细胞中。

和克里克认为，腺嘌呤只与胸腺嘧啶配对，而鸟嘌呤只与胞嘧啶配对。

在将一块块的纸板模型拼成三维结构的过程中，沃森和克里克研究了大量数据，包括数学、X射线图片，以及他们对化学键及键角的了解等。在接近成功时，他们微调了胸腺嘧啶和鸟嘌呤的位置，使其配成一对，得到了漂亮的双螺旋结构。其中，碱基对在双螺旋结构中间连接起来。在蛋白质的α螺旋结构中，每一圈含有3.6个氨基酸残基，而DNA结构与此不同，每圈由10.4个基本单位构成。

沃森和克里克的模型含有两条呈螺旋状的糖磷酸主链，彼此旋绕，就像一条"扭曲的梯子"，碱基对连接形成梯子的横档。碱基的顺序仿佛组成一句话的不同字词，每个字词都蕴含着一部分信息，组合在一起形成一条完整的指令，即基因。这条指令会告诉细胞如何形成某种蛋白质或其他分子。这些分子是遗传信息的具体体现，对细胞的构造和功能起着独特的作用。

解旋与合成

每对碱基都由化学中的氢键连接。氢键的形成和断裂都比较容易，所以可以通过切断氢键"解开"DNA片段，从而获知碱基的编码，以此为模板进行复制。

解旋与合成可以引发两个过程：第一，双螺旋结构解开时，以其中一条链为模板复制一条互补的核酸链。然后，根据碱基顺序表示的遗传信息，蛋白质在细胞核中生成。第二，当整个双螺旋结构解开后，以每部分为模板复制新的互补成分，最终形成两条彼此相同的DNA链，这两条链与亲代DNA链也完全相同。通过这种方式，生物体的细胞因生长和修复而发生分裂时，DNA就会进行复制。性细胞精子和卵子携带着父母双方的基因形成受精卵，下一代便由此开始。

生命的奥秘

1953年2月28日，沃森和克里克为了庆祝他们的发现，到剑桥最古老的老鹰酒吧吃午餐。卡文迪许及其他同事经常在这里会面。据说，克里克当时宣称他和沃森发现了"生命的奥秘"，这使在座喝酒的人颇为吃惊。这个故事记录在沃森后来的著作《双螺旋》（*The Double Helix*）中，但克里克并不承认发生过这件事。

1962年，沃森、克里克和威尔金斯"因发现核酸的分子结构及

> 我从未想过，在有生之年能够得知自己的基因组序列。
>
> ——詹姆斯·沃森

其对生物信息传递的意义"获得诺贝尔生理学奖。然而，这次评奖备受争议。此前几年，罗莎琳德及同事拍摄了重要的X射线照片，她撰写的报告为沃森和克里克的研究指明了方向，但她并未受到正式认可。1958年，罗莎琳德因卵巢癌去世，年仅37岁。因为诺贝尔奖一般只授予在世者，所以罗莎琳德无缘获得1962年的诺贝尔奖。有人表示，这个奖应该早点颁发，让罗莎琳德成为其中一位获奖者，但诺贝尔奖规定同一奖项的获奖者不得超过三人。

因为对DNA结构的重大发现，沃森和克里克蜚声全球。他们并没有停止对分子生物学的研究，此后又获得了无数奖项。既然DNA结构已经被破解，那么下一个重大挑战就是破译遗传密码。到1964年，科学家已经研究清楚碱基序列携带的遗传信息如何被翻译成氨基酸。氨基酸是特定蛋白质及其他分子的组成成分，而这些分子又是生命的基石。

如今，科学家能够确定一个生物所有基因的碱基序列。一个生物体的完整碱基序列被称为基因组。科学家还能够控制基因，他们可以改变基因的位置，从一定长度的DNA中去除基因或插入基因。2003年，全球最大的生物研究计划"人类基因组计划"宣布已成功绘制了人类基因图谱，共包括两万多个基因的序列。克里克和沃森的发现为基因工程和基因疗法奠定了研究的基础。■

DNA分子呈双螺旋结构，其中碱基对附着在糖磷酸主链上。碱基对的配对方式总是一定的，即腺嘌呤-胸腺嘧啶，或鸟嘌呤-胞嘧啶。

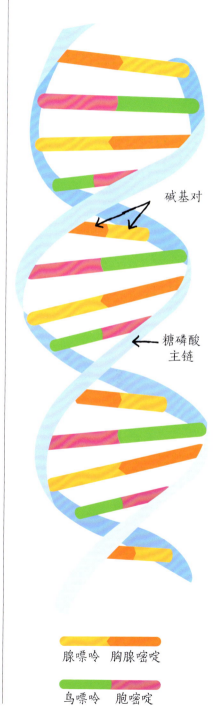

碱基对

糖磷酸主链

腺嘌呤　胸腺嘧啶

鸟嘌呤　胞嘧啶

能发生的一切都会发生

休·艾弗雷特三世（1930—1982年）

一张四边刚好平衡的卡片下落时要么正面朝上，要么正面朝下。

↓

量子理论允许两种结果同时发生，所以每种下落结果都会产生一个可能的世界。

↓

重复四次上述实验，我们就会得到16个平行世界（即2×2×2×2）。

↓

量子理论认为，自然并不在各种结果中做决定，这与观察结果是一致的。

↓

能发生的一切都会发生。

休·艾弗雷特三世提出的量子力学多世界诠释改变了科学家对现实本质的看法，因此受到科幻小说迷的顶礼膜拜。

艾弗雷特的研究源自量子力学一个尴尬的核心问题。虽然量子力学能够解释基本粒子的大多数相互作用，却会得出与实验不符的奇怪结果，这就是量子力学的测量问题。

根据埃尔温·薛定谔的波函数，在量子世界里，亚原子粒子可以处于"叠加态"，即处于任何可能的位置，拥有任何可能的速度和自旋。但是，这些可能状态一经观察就会消失。测量一个量子体系似乎就是将其归为一种状态或另一种状态，并迫使其做出选择。如同我们抛硬币的结果不是正面朝上就

参见: 马克斯·普朗克 202~205页, 维尔纳·海森堡 234~235页, 埃尔温·薛定谔 226~233页。

"多元宇宙"是一个由4.1万个LED灯组成的走廊, 位于美国华盛顿特区的美国国家艺术馆。该设计的灵感源于多世界诠释。

一个世界, 所以这个世界只发生了一种结果。对于其他可能出现的结果我们是看不到的, 因为各个世界都是独立的, 不会相互干扰。我们以为每次测量时都会失去某些信息, 这是错误的。

虽然艾弗雷特的理论并没有被所有人接受, 但它确实移除了解释量子力学的一个理论阻碍。多世界诠释虽然没有提到平行宇宙, 但可以根据逻辑推导出平行宇宙的存在。有人批评该诠释无法验证, 不过现在情况可能有所改变。量子脱散, 即量子物体会"泄露"叠加态信息的现象, 可能会对多世界理论做出证明。■

是反面朝上, 而非两种状态同时存在。

敷衍了事的哥本哈根诠释

20世纪20年代, 尼尔斯·玻尔和维尔纳·海森堡试图用哥本哈根诠释规避测量问题。该诠释指出, 观察量子系统会导致波函数"坍缩"为一个结果。虽然哥本哈根诠释目前仍是广为接受的一种诠释, 但因为它并没有解释波函数坍缩的机制, 所以很多理论学家对这种诠释并不满意。这个问题也让薛定谔十分烦恼。对他而言, 不管用什么数学公式描述世界, 这个公式都必须有一个客观现实。正如爱尔兰物理学家约翰·贝尔所言: "根据薛定谔方程, 波函数要么无法解释一切, 要么就是错的。"

多世界诠释

艾弗雷特的目的是要解释量

子叠加态。他认为, 波函数是一种客观现实, 他并不考虑 (没有观察到的) 波函数坍缩。为什么每次测量时, 自然都要选择某种现实呢? 他继而提出一个问题: 量子体系的不同选择结果是什么呢?

多世界诠释指出, 所有的可能性实际上都发生了。现实分裂成新的世界, 但是因为我们处于其中

休·艾弗雷特三世

休·艾弗雷特三世生于美国华盛顿特区。12岁时, 他曾写信给爱因斯坦, 问他是什么让宇宙结合在一起的。他在普林斯顿大学学习时, 一开始学的是数学, 后来转为物理学。多世界诠释是他于1957年发表的博士论文的主题, 他用这一理论解答了量子力学的核心谜题, 却因提出多个宇宙而遭到耻笑。1959年, 他前往哥本哈根大学, 与尼尔斯·玻尔讨论这个

问题, 结果简直是一场灾难, 玻尔否定了艾弗雷特的所有想法。艾弗雷特由此受挫, 研究方向从物理学转向美国国防工业。现如今多世界诠释已被视为量子理论的主流诠释, 这对他而言已为时过晚。他于1982年离开了人世。

主要作品

1956年 《无概率波动力学》
1956年 《普适波函数理论》

玩画圈打叉
游戏的高手

唐纳德·米基(1923—2007年)

背景介绍

科学分支
人工智能

此前

1950年 阿兰·图灵提出了一种测量机器智能的方法，即图灵测试。

1952年 计算机科学家亚瑟·塞缪尔编写了一个跳棋程序。

1956年 美国人约翰·麦卡锡创造了"人工智能"一词。

1960年 美国心理学家弗兰克·罗森布拉特制造了一台计算机，该计算机采用了可以通过经验进行学习的神经网络。

此后

1968年 美国人理查德·格林布拉特编写了第一个水平较高的象棋程序，即MacHack。

1997年 国际象棋冠军加里·卡斯帕罗夫被IBM一台名为"深蓝"的计算机打败。

1961年，计算机的大小几乎有一个房间那么大，微型计算机直到1965年才问世，而微芯片的发明还要再等上几年。在计算机硬件如此庞大且用途专一的情况下，英国科学家唐纳德·米基（Donald Michie）决定用简单的物体，即火柴盒和玻璃珠，完成一个有关机器学习和人工智能的小型项目。他选的任务也很简单，就是画圈打叉游戏，也称井字游戏。这个项目的成果是制造了用火柴盒做成的、会学习画圈打叉游戏的机器"MENACE"。

米基发明的MENACE由304个火柴盒粘合而成，像橱柜一样。每个盒子上面的编码可以被输入一张3×3的表格，9个方格中的"X"和"O"会形成不同的布局。随着游戏的进行，表格的排列也会不同。实际上，这张表格共有19683种可能的布局，但是有些布局之间是一种旋转的关系，有些布局彼此是对称的。所以，304种排列就

> 机器能思考吗？简单来说，能。如果人能思考的话，机器就能。
> ——唐纳德·米基

足够了。

每个火柴盒中装有9个不同颜色的玻璃珠，每种颜色代表MENACE将在哪个方格里画"O"。比如，绿色玻璃珠表示"O"应该画在左下角的方格里，红色玻璃珠表示"O"应该画在中间的方格里。

游戏原理

一开始，MENACE用表格中没有任何"X"和"O"的火柴盒作为"开局"盒。每个火柴盒的内盒中还有两张额外的卡片，卡片的一端对在一起，形成V形。想玩这个游戏，首先要将内盒从火柴盒中抽出来，轻轻摇晃，使其倾斜，最后让V形纸板稳固在底端。这时玻璃珠会随机滚落，有一个会位于V形纸板的最底端。这个玻璃珠将被选中，它的颜色决定了MENACE的第一个"O"画在哪个方格中。之后这个玻璃珠会被放到一旁，内盒被推回火柴盒中，但会留一点缝隙。

接下来，MENACE的对手为第一个"X"选好位置。第二轮游

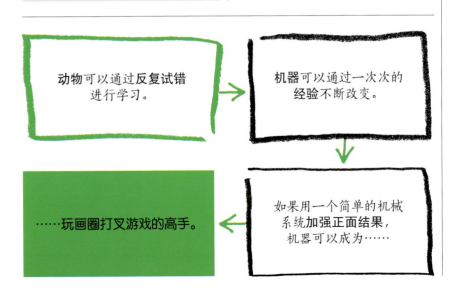

参见: 阿兰·图灵 252~253页。

 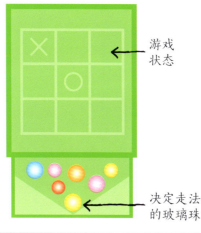 游戏状态

决定走法的玻璃珠

MENACE拥有304个火柴盒，每个火柴盒代表游戏盘的一种状态。盒子内的玻璃珠代表这种状态的可能走法，而V形纸板最底部的玻璃珠决定了走法。随着游戏的进行，战胜对手的玻璃珠会增多，输掉游戏的玻璃珠会被移除，MENACE可以由此通过经验进行学习。

戏会选择"X"和"O"的位置与第一轮结束时相同的那个火柴盒。同样，这个火柴盒会被打开，内盒晃动并倾斜，落到V形纸板最底端的玻璃珠的颜色决定了MENACE第二个"O"的位置。随后，对手选择第二个"X"的位置。以此类推，同时记录玻璃珠的顺序及走法。

输赢与平局

最终，游戏会有一个结果。如果MENACE赢了，它会得到强化，即一个"奖励"。被移走的玻璃珠会记录赢得游戏的具体走法，游戏结束后实验人员可以根据火柴盒的编号及稍微拉出的内盒把这些玻璃珠放回去。同时，实验人员还会多放入3个同样颜色的玻璃珠以示奖励。这样，在以后的游戏中，排列相同的"X"和"O"出现时，这个火柴盒还会加入游戏，并且它拥有了比原来赢得游戏时更多的玻璃珠。所以，这些玻璃珠被

选中，从而重复之前的走法并以此获胜的概率都变高了。

如果MENACE输了，被移走的玻璃珠将不会返还，以此作为"惩罚"。此时，被移走的玻璃珠同样会记录输掉游戏的具体走法。但这仍然是有益的，因为在以后的游戏中，排列相同的"X"和"O"出现时，这代表上次输掉比赛走法的玻璃珠数量较少或干脆没有了，从而减少了再次失败的

巨像计算机是世界上第一台可编程的电子计算机，制造于1943年，解密专家在布莱切利园用其破译密码。米基负责训练人员使用这台计算机。

概率。

如果是平局，这场游戏中的每个玻璃珠仍会返还至相应的火柴盒中，同时还有一个小小的奖励，即一颗同样颜色的玻璃珠。排列相同的"X"和"O"出现时，这会增加这颗玻璃珠被选中的概率，但不像赢得比赛获赠三颗玻璃珠时那么大。

米基的目的是让MENACE可以"通过经验学习"。对于某种"X"和"O"布局，如果特定的走法获胜，那么这种走法的可能性应该逐渐增大，而输掉比赛的走法的可能性应该逐渐减小。MENACE应该通过试错学习不断进步，积累经验，随着玩游戏次数的增多，获胜的概率越来越大。

控制变量

米基还考虑了可能出现的问题。如果选中的玻璃珠所指定的方格已被"X"或"O"占据怎么

办呢？米基的解决办法是保证每个火柴盒中的玻璃珠所代表的方格是空的。所以，如果表格的排列是"O"位于左上角，"X"位于右下角，那么这个火柴盒中就没有代表这两个位置的玻璃珠。米基知道，每个盒子中如果放入代表所有九个可能方格的玻璃珠，会让"问题变得很复杂，也没有这个必要"。这意味着，MENACE不仅要学习如何赢得游戏或打成平局，还要边玩边学习规则。开始阶段就这么复杂，结果会十分糟糕，整个系统也会因此瘫痪。这说明了一条原则：从简单开始，慢慢增加难度，机器学习会比较成功。

米基还指出，如果MENACE输掉比赛，最后一步的毁灭性是100%，倒数第二步虽然也让MEN-ACE陷入困境，但毁灭性相对要小一些。由此逆推，越往前，走法的毁灭性越小。也就是说，随着游戏的进行，每一步成为最后一步的可能性在逐渐增加。因此，表格

> 专家水平的知识是凭直觉获得的，专家本人并不一定能够获取这些知识。
>
> ——唐纳德·米基

中"O"和"X"的总数越多，越能避免成为最后那致命一击。

米基对此进行了模拟，每一种走法分别放置不同数量的玻璃珠。MENACE走第二步（游戏的第三步），每个可以选择的盒子代表每种走法的玻璃珠分别有三颗；MENACE走第三步，代表每种走法的玻璃珠分别有两颗；MENACE走第四步（游戏的第七步），代表每种走法的玻璃珠只有一颗。如果第四步失败，那么代表这一步的唯一玻璃珠会被移

除。那么如果没有这颗玻璃珠，同样的情况就不会再发生。

人机之战

那么，结果如何呢？米基是MENACE的第一个对手，他们共战220个回合。MENACE最初不堪一击，但很快就稳定下来，打出更多的平局，然后开始战胜对手。为了反击，米基不再采用安全的路数，而是运用异常战术。MENACE花了些许时间适应，随后便应对自如，继而获得了更多的平局和胜局。

MENACE是机器学习的一个简单例子，也表明控制变量可以改变最终的结果。米基对MENACE有一段很长的描述，他对比了机器的表现与动物的试错学习，其中一部分描述如下："基本上，动物或多或少地都会做出一些随机动作。从某种程度上说，这些动作后来还会出现，而它们会选择那些可以达到'期望'的结果的行为。这种描述似乎恰恰符合那个火柴盒游戏

唐纳德·米基

唐纳德·米基于1923年出生在缅甸仰光。他于1942年获奖学金赴牛津大学学习，却因第二次世界大战加入布莱切利园的破译小组，成为计算机始祖阿兰·图灵的同事，两人关系十分密切。

1946年，米基回到牛津大学学习哺乳动物遗传学。不过，他对人工智能的兴趣逐日增加。到20世纪60年代，人工智能已经成为他的主攻方向。1967年，米基进入爱丁堡大学，成为机器智能与感知系的第一任系主任。他研究了可以通过视觉感知进行学习的FREDDY系列机器人。除此之外，他还主持了多个著名的人工智能项目，并在格拉斯哥创建了图灵研究院。

米基晚年仍致力于研究。2007年，他在去往伦敦的路上死于一场车祸。

主要作品

1961年 《试错学习》

模型。实际上，MENACE就是一个试错学习的模型。它的形式十分单纯，如果加入其他类型的学习元素，我们可能会合理地怀疑这些元素也具有试错的成分。"

转折点

发明MENACE之前，米基的研究方向包括生物学、外科学、遗传学和胚胎学。发明MENACE之后，他转向了快速发展的人工智能领域。他将自己的机器学习理念融入"强大的工具"，而这些工具适用于很多领域，包括制造装配线、工厂生产和钢厂炼钢等。随着计算机的普及，他的人工智能研究开始

用于设计计算机程序、控制结构，而这些结构的学习方式也许连其发明者都猜测不到。米基指出，通过谨慎应用人工智能，机器会越来越聪明。人工智能的最新发展也利用了类似的原理来模拟动物大脑的神经网络。

米基还提出了记忆的概念，即输入机器或计算机中的每组数据都会被存储起来，就像一个提醒器或备忘录那样。如果同样的数据被再次输入，设备会立刻激活备忘录并找到答案，而不用重新计算。米基还将记忆功能应用于计算机编程语言，如POP-2和列表处理语言LISP等。■

新的计算机技术促进了人工智能的快速发展。1997年，计算机"深蓝"打败了世界冠军加里·卡斯帕罗夫。这台计算机通过分析成千上万场真实比赛来学习象棋战略。

他想用他认为也许可行的方法来解决计算机下象棋的问题……这种方法就是要达到一种稳态。

——凯瑟琳·斯普拉克伦

基本力的统一
谢尔顿·格拉肖（1932年—）

人们很早就开始思考自然界中的基本力，时间至少可以追溯到古希腊时期。目前，科学家确定了四种基本力，包括万有引力、电磁力，以及强相互作用力和弱相互作用力。后两者属于核力，正是这两种力使原子核内的亚原子粒子组合在一起。我们现在知道，弱力和电磁力是"电弱力"的不同表现形式，发现这一点是建立万有理论的重要一步。万有理论的任务是解释所有四种基本力之间的关系。

弱力

弱力的首次提出是为了解释β衰变。β衰变是一种核辐射，其间原子核中的一个中子变为一个质子，释放出电子或正电子。1961年，哈佛大学的研究生谢尔顿·格拉肖被分配了一个重要的任务——将弱相互作用力和电磁力的理论统一起来。格拉肖并没有完成这个任务，却指出携带力的粒子是通过弱力相互作用的。

信使粒子

在量子场中，力通过交换一个规范玻色子而被"察觉到"。例如，光子就是一种规范玻色子，可以传递电磁相互作用。一个粒子会释放一个玻色子，另一个粒子会吸收这个玻色子。一般来说，这种相互作用对这两个粒子基本没有什么影响，一个电子释放或吸收一个光子后还是一个电子。弱力能够打破这种对称，使一种夸克变为另一种夸克。夸克也是一种粒子，光子和

粒子通过弱力进行衰变，太阳的质子-质子聚合反应就源于这种衰变。在此过程中，氢变为氦。没有粒子衰变，太阳将不会发光。

参见: 玛丽·居里 190~195页, 欧内斯特·卢瑟福 206~213页, 彼得·希格斯 298~299页, 默里·盖尔曼 302~307页。

"万有理论"可以解释基本力的统一。

该理论提出, 宇宙大爆炸刚结束时, 四种基本力在极高的温度下是合在一起的, 即"超力"。

温度降到大约10^{32}K时, **万有引力**从其他力中分离出来。

温度降到大约10^{27}K时, **强核力**分离出来。

温度降到大约10^{15}K时, **电磁力**和**弱核力**分离出来。

中子就是由夸克构成的。

那么, 其中可能涉及哪种玻色子呢? 格拉肖猜测, 与弱力有关的玻色子一定质量相对较大, 因为这种力的作用范围极小, 而且重的粒子也无法运动到较远处。他提出了两种带电的玻色子, 即W+玻色子和W−玻色子, 以及中性的Z玻色子。1983年, 欧洲核子研究中心的粒子加速器检测到了这三种携带力的玻色子。

基本力的统一

20世纪60年代, 美国物理学家史蒂文·温伯格和巴基斯坦物理学家阿卜杜勒·萨拉姆分别将希格斯场融入格拉肖的理论, 由此得出"温伯格−萨拉姆模型", 即电弱统一模型, 将弱作用力和电磁力统一为一种力。

这一结果令人十分震惊, 因为弱力和电磁力属于完全不同的领域。电磁力可以延伸到可见世界的边缘(这种力由无质量的光子传递), 而弱力几乎没有超出原子核的范围, 并且大约仅是电磁力的千万分之一。这两种力的统一说明, 在能量极高的情况下, 比如宇宙大爆炸刚刚结束后, 四种基本力很有可能是一种合在一起的"超力"。证实存在这样一种万有理论的研究现在仍在进行当中。∎

谢尔顿·格拉肖

谢尔顿·格拉肖于1932年出生在美国纽约, 父母都是犹太人。格拉肖上中学时与好友史蒂文·温伯格同校, 1950年毕业后, 两人同时进入康奈尔大学学习物理学。后来, 格拉肖取得了哈佛大学的博士学位, 并在此期间描述了W玻色子和Z玻色子。他于1961年来到加州大学伯克利分校, 后来又于1967年回到哈佛大学担任物理学教授。

20世纪60年代, 格拉肖扩展了盖尔曼的夸克模型, 加入了粲数, 并预测了第四种夸克的存在。1974年, 科学家发现了这种夸克。近年来, 格拉肖成为超弦理论的怀疑者, 他认为这个理论缺乏证明, 并曾阻止该理论进入哈佛大学, 但最终失败了。

主要作品

1961年 《弱相互作用的局部对称》

1988年 《相互作用: 一个粒子物理学家的心路历程》

1991年 《物理学的魅力》

全球变暖的主因

查尔斯·基林（1928—2005年）

二氧化碳是一种**温室气体**，可以防止大气热量散失。

空气中二氧化碳的**浓度**正随化石燃料消耗量的增加而**升高**。

地球的**温度**在不断上升。

人类是全球变暖的主因。

20世纪50年代，科学家意识到大气中CO_2（二氧化碳）的浓度不仅在逐步上升，而且可能会导致地球变暖，引起各种灾难。此前，科学家曾假设，大气中CO_2浓度是随时间变化的，但一直保持在0.03%左右，即300ppm。1958年，美国地球化学家查尔斯·基林（Charles Keeling）开始用他发明的敏感度很高的仪器测量CO_2浓度。正是基林的研究结果唤醒了世人对CO_2浓度不断升高的关注。到20世纪70年代，他又指出了人类在加剧温室效应方面所扮演的角色。

定期测量

基林选择在不同地方测量CO_2浓度，其中包括美国加利福尼亚州的大苏尔、华盛顿州的奥林匹克岛，以及亚利桑那州的高山森林。他还记录了南极的测量数据和从飞机上测得的数据。1957年，基林在夏威夷莫纳罗亚山山顶建立了一座气象站，此处海拔3000米。基林定期在这个气象站测量CO_2浓度，他

参见: 扬·英根豪斯 85页, 约瑟夫·傅里叶 122~123页, 罗伯特·菲茨罗伊 150~155页。

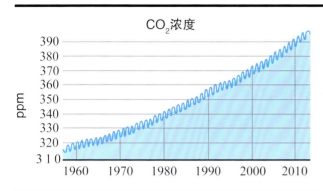

CO_2浓度

基林绘制的图表显示, 大气中的CO_2浓度正逐年升高。每一年内的CO_2浓度会有微小浮动(如蓝色线条所示), 这是由于不同季节植物吸收CO_2的数量不同。

可以防止大气热量的散失, 所以CO_2同时会导致全球变暖。基林发现: "南极的CO_2浓度每年大约升高1.3ppm……观察到的升高速度几乎与燃烧化石燃料导致的结果相同(1.4ppm)。"换句话说, 人类活动至少是全球变暖的原因之一。■

共有三点发现。

第一, 就某一地区而言, 每天不同时段的CO_2浓度不同。下午三四点钟, CO_2浓度最低, 这时绿色植物吸收CO_2的光合作用达到最强。第二, 就全球而言, 不同月份的CO_2浓度也会不同。北半球拥有更为广阔的土地供植物生长, 冬天时CO_2浓度会缓慢上升, 因为此时植物一般不再生长。到5月份, CO_2浓度达到一年的峰值, 此后植物又开始生长并吸收CO_2。到10月份, CO_2浓度会降到一年中的最低值, 此时北半球的植物开始凋谢枯萎。第三, 也是最为关键的一点, CO_2浓度一直在升高。人们通过研究极地冰层的气泡发现, 自公元前9000年以来, CO_2浓度一般在275~285ppm之间变化。1958年, 基林测得的数值是315ppm, 而到2013年5月, 平均浓度首次突破400ppm。1958到2013年间, CO_2浓度升高了85ppm, 也就是说55年升高了近27%, 这是证明大气中CO_2浓度正在攀升的第一个确凿证据。CO_2是一种温室气体,

人类对能源的需求肯定会不断增长……因为越来越多的人都在努力提高自己的生活水平。

——查尔斯·基林

查尔斯·基林

查尔斯·基林生于美国宾夕法尼亚州斯克兰顿市, 是一位多才多艺的钢琴家, 同时也是位科学家。1954年, 基林在加州理工大学做地球化学博士后研究期间发明了一种新的仪器, 可以用来测量大气中的CO_2浓度。他发现, 加州理工大学的CO_2浓度每个小时都有所不同, 他认为这可能是交通导致的。于是他在大苏尔的野外扎营测量, 结果同样发现了微小但极具意义的变化。这激发了他研究CO_2浓度的兴趣,

并且一生未曾间断。1956年, 基林进入美国加利福尼亚州拉荷亚的斯克里普斯海洋研究所, 在那里工作了43年。2002年, 基林获得国家科学奖章, 这是美国最高的科学终身成就奖。基林去世后, 他的儿子拉尔夫接替父亲继续进行监测大气的研究。

主要作品

1997年 《气候变化与二氧化碳导论》

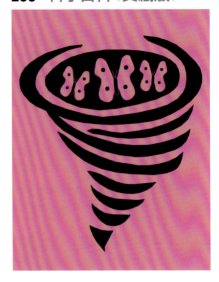

蝴蝶效应
爱德华·洛伦兹（1917—2008年）

背景介绍

科学分支
气象学

此前

1687年 牛顿三大运动定律指出，宇宙是可以预测的。

19世纪80年代 亨利·庞加莱指出，三个或三个以上通过万有引力相互作用的物体，其运动一般来说是混乱的、不可预测的。

此后

20世纪70年代 人们将混沌理论用于交通流量预测、数字加密、汽车和飞机设计等。

1979年 本华·曼德博提出"曼德博集合"，表明可以用十分简单的法则创造出复杂的图案。

20世纪90年代 科学家认为混沌理论是复杂性科学的一个分支。复杂性科学试图解释复杂的自然现象。

纵观科学史，人们大部分时间都在试图建立可以预测体系行为的简单模型。这种模式适用于研究自然界中的很多现象，比如行星运动——已知行星的质量、位置、速度等初始状态，就可以计算出这颗行星未来的位置。然而，很多过程所涉及的行为都是混乱无

根据牛顿定律，宇宙是可以预测的。

如果已知台球的所有数据，应该可以计算出击球后台球的运动路线。

但是，无论数据多么精确，都无法击出同样的球……

……因为初始设置的众多细微差异会导致球的最终分布存在很大不同。

这些微小的不确定性让我们无从得知一个系统会如何变化。

精确地预测混乱的现象是不可能的。

参见: 艾萨克·牛顿 62~69页, 本华·曼德博 316页。

序、不可预测的, 比如海岸的波浪、源自蜡烛的烟, 以及气象图。混沌理论试图解释的就是这些不可预测的现象。

三体问题

19世纪80年代, 科学研究朝混沌理论迈出了第一步。当时, 法国数学家亨利·庞加莱 (Henri Poincaré) 正在研究 "三体问题"。庞加莱指出, 对于一个行星、卫星、恒星组成的体系, 比如地球-月亮-太阳, 不可能形成一个稳定的轨道。庞加莱发现, 这些星体之间的万有引力极为复杂, 难以计算。除此之外, 初始状态的微小差异会导致不可预测的极大变化。然而, 他的研究基本被人们抛诸脑后。

惊人的发现

此后, 这个领域基本没有任何进展。直到20世纪60年代科学家开始使用强大的新型计算机预测天气时, 才有了突破。当时, 科学家理所当然地认为, 只要拥有足够的某一时刻的大气数据, 再加上计算能力足够强的计算机, 就应该可以得出天气系统的变化。根据越强大的计算机预测范围越大这一假设, 美国麻省理工学院的气象学家爱德华·洛伦兹 (Edward Lorenz) 进行了模拟, 其中只涉及三个简单公式。洛伦兹让计算机模拟了几次, 每次都输入相同的初始态, 得到的结果本应该是一样的, 但是洛伦兹

惊奇地发现, 计算机每次给出的结果竟然大相径庭。他再次检查了数据, 发现程序对初始数值进行了四舍五入, 本来小数点后应保留6位数, 结果只保留了3位。初始条件的微小改变竟然会对最终结果产生巨大影响。这种对初始条件的敏感依赖性被称作蝴蝶效应, 即系统的微小变化会随时间不断放大, 最终导致无法预测的后果。形象地说, 一只蝴蝶在巴西扇动翅膀所引起的少量空气分子运动, 有可能会在美国的得克萨斯州引起一场龙卷风。

爱德华·洛伦兹确定了可预测性的界限, 并解释未来的不可预测实际上已经成为混乱系统的不变规则。天气及很多现实世界中的系统都是混乱无序的, 比如交通系统、股市震荡、液体和气体的流动、星系成长, 这些系统都可以用混沌理论构建模型。∎

飞机飞行时翼梢会产生涡旋, 涡旋的尖端会形成湍流。研究系统产生湍流的临界点对混沌理论的发展至关重要。

爱德华·洛伦兹

爱德华·洛伦兹于1917年出生在美国康涅狄格州西哈特福市。他于1940年获得哈佛大学数学硕士学位。第二次世界大战期间, 他曾作为气象学家为美国空军预测天气。第二次世界大战结束后, 洛伦兹在麻省理工学院学习气象学。

洛伦兹发现初始条件敏感性是一次偶然, 也是科学领域一次伟大的灵光乍现。洛伦兹用计算机简单地模拟天气系统时发现, 虽然初始条件基本相同, 但他的模型却得出了完全不同的结果。1963年, 洛伦兹发表了一篇影响重大的论文, 其中指出完美的气象预测是不可能实现的。洛伦兹一生都很活跃, 他不仅热爱运动, 还发表了无数学术论文。洛伦兹于2008年去世前不久还进行过远足和滑雪运动。

主要作品

1963年　《决定性的非周期性流》

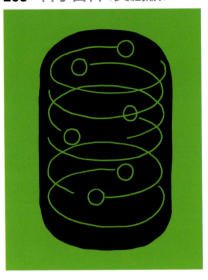

真空并非空无一物

彼得·希格斯（1929年—）

背景介绍

科学分支
物理学

此前

1964年 彼得·希格斯、弗朗索瓦·恩格勒、罗伯特·布绕特等人描述了一种场，能够赋予所有携带力的基本粒子以质量。

1964年 三个由物理学家组成的研究团队预测，存在一种新的有质量的粒子（希格斯玻色子）。

此后

1966年 物理学家史蒂文·温伯格和阿卜杜勒·萨拉姆在希格斯场的基础上提出了电弱理论。

2010年 欧洲核子研究中心的大型强子对撞机开足马力，开始寻找希格斯玻色子。

2012年 欧洲核子研究中心的科学家宣布，他们发现了一种与希格斯玻色子描述相符的新粒子。

假设很多物理学家正在一个房间里办鸡尾酒会，这就仿佛一个希格斯场。宇宙空间中的各处，**甚至在真空中**，都充满了希格斯场。

一个税务员走进酒会，畅通无阻地走到位于房间另外一头的吧台。

彼得·希格斯走进酒会。在场的物理学家都想和他交谈，于是聚集在希格斯周围，使他难于前行。

税务员与这个"场"几乎没有相互作用，他就像一个质量很小的粒子。

彼得·希格斯与这个"场"之间的相互作用很强，他在房间内行进缓慢，就像一个质量很大的粒子。

真空并非空无一物。

2012年，位于瑞士的欧洲核子研究中心的科学家宣布，他们发现了一种新的粒子，可能就是一直未曾找到的希格斯玻色子，这可谓2012年最伟大的科学发现。希格斯玻色子能够赋予宇宙中的所有物质以质量，也是物理学标准模型所缺失的那一环。1964年，曾有六位物理学家预测了希格斯玻色子的存在，彼得·

参见: 阿尔伯特·爱因斯坦 214~221页, 埃尔温·薛定谔 226~233页, 乔治·勒梅特 242~245页, 保罗·狄拉克 246~247页, 谢尔顿·格拉肖 292~293页。

希格斯就是其中一位。找到希格斯玻色子具有重要意义，因为它回答了"为什么有些携带力的粒子质量较大，而另一些粒子却没有质量"。

场与玻色子

经典力学认为，电场或磁场是连续的，会平稳地改变空间中的物质。量子力学反对这种连续性的观点，而是认为场中分布着不连续的"场粒子"，场的强度取决于场粒子的密度。通过场的粒子会与携带力的虚粒子"规范玻色子"相互作用，因此受到场的影响。

宇宙空间甚至真空中都充满着希格斯场，基本粒子通过与希格斯场的作用获得质量。我们用一个类比来说明具体的发生过程。假设很多人都必须通过一片大雪覆盖的田野，每个人都要花费一定的时间才能过去，时间长短取决于他们与积雪的相互作用。那些用雪橇一划

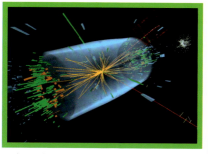

希格斯玻色子形成万亿分之一秒后就会自我毁灭。当其他粒子与希格斯场相互作用时会产生希格斯玻色子。

而过的人仿佛是低质量的粒子，而那些每走一步都会陷入雪中的人仿佛是质量很大的粒子。无质量粒子，比如传递电磁力的光子及传递强核力的胶子，通过希格斯场时不会受到任何影响。

寻找希格斯粒子

20世纪60年代，彼得·希格斯、弗朗索瓦·恩格勒和罗伯特·布绕特等六位科学家提出了"对称性自发破缺"理论，解释了为什么传递弱力的W和Z玻色子质量较大，而光子和胶子却没有质量。对称性自发破缺对电弱理论的形成至关重要。希格斯阐明了如何可以检测到希格斯玻色子（更确切地说，是检测到这种玻色子的衰变产物）。

为了解开粒子物理学上的关键谜团，包括寻找希格斯粒子，人们启动了世界上最大的科学项目，即建立大型强子对撞机。这台对撞机被埋在地下100米深、周长27千米的环形隧道里。大型强子对撞机全速运行时产生的能量与宇宙大爆炸刚结束时产生的能量大致相当，每对撞10亿次就足以产生1个希格斯玻色子，可难点在于如何在不计其数的残骸中找到希格斯玻色子的轨迹。另外，它的质量很大，一出现就会立刻衰变。尽管如此，经过近50年的漫长等待，希格斯粒子的存在最终得以证实。■

彼得·希格斯

彼得·希格斯于1929年出生在英格兰泰恩河畔的纽卡斯尔。他在伦敦国王学院取得了本科及博士学位，之后在爱丁堡大学做高级研究员。希格斯于1960年在爱丁堡凯恩戈姆山远足时，有了一个伟大的想法。他想到了一种物理机制，其中一种力场能够产生质量很大和质量很小的规范玻色子。当时也有其他物理学家从事同样的研究，但是今天我们称其为"希格斯场"，而不是"布绕特-恩格勒-希格斯场"，因为希格斯在1964年发表的论文中描述了如何可以找到这种粒子。尽管希格斯表示自己博士期间研究的并不是粒子物理学，所以"从根本上讲能力不足"，但2013年他与弗朗索瓦·恩格勒还是因为1964年的研究共同获得了诺贝尔物理学奖。

主要作品

1964年 《破缺的对称性与规范矢量介子的质量》

1964年 《破缺的对称性与规范玻色子的质量》

共生现象无处不在

琳·马古利斯（1938—2011年）

背景介绍

科学分支
生物学

此前

1858年 德国医生鲁道夫·菲尔绍提出，细胞只能源自其他细胞，不可能自发形成。

1873年 德国微生物学家安东·德巴里创造了"共生"一词，用来指代生活在一起的不同生物之间的关系。

1905年 康斯坦丁·梅列日科夫斯基提出，叶绿体和细胞核是在共生过程中产生的，但他的理论缺乏证据支撑。

1937年 法国生物学家爱德华·沙东根据细胞结构将生命形态分为（结构复杂的）真核生物和（结构简单的）原核生物。他的理论于1962年再次被关注。

此后

1970—1975年 美国微生物学家卡尔·乌斯发现，叶绿体的DNA与细菌的DNA十分相似。

查尔斯·达尔文的进化论与19世纪50年代提出的细胞学说不谋而合。该学说指出，所有生物都由细胞组成，新细胞只能通过原有细胞的分裂产生。新细胞的一些内部结构，比如制造食物的叶绿体，也是通过分裂过程复制的。

这一发现启发了俄国植物学家康斯坦丁·梅列日科夫斯基，他由此想到叶绿体曾经可能是独立的生物。研究进化论和细胞学的生物学家有一个疑问：复杂细胞是如何产生的？答案就是内共生。该理论在1905年由康斯坦丁·梅列日科夫斯基首次提出，但直到琳·马古利斯于1967年找到证据后才被学界接受。

动植物和很多微生物都由复杂细胞组成，复杂细胞内含有细胞器，即控制细胞的细胞核、释放能量的线粒体，以及进行光合作用的叶绿体。这些细胞现在被称为真核细胞，是从更简单的细菌细胞中演变而来的。细菌细胞不含细胞器，我们现在称之为原核细胞。梅列日科夫斯基设想，最初存在着由简单细胞构成的原生群落，有些细胞通过光合作用制造食物，其他细胞捕食附近的细胞，将它们整个吞噬。梅列日科夫斯基指出，有时被吞噬的细胞并没有被消化，而是成为叶绿体。但是因为没有证据，他提出的内共生理论（一种生物生活在另一种生物体内）逐渐被遗忘。

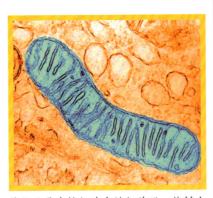

线粒体是真核细胞中的细胞器，能够合成三磷酸腺苷（ATP），为细胞提供能量。上图中的线粒体被错误地画成了蓝色。

新证据

20世纪30年代，电子显微镜

参见: 查尔斯·达尔文 142~149页, 詹姆斯·沃森与弗朗西斯·克里克 276~283页, 詹姆斯·洛夫洛克 315页。

动植物细胞内含有细胞器, 而简单的细菌细胞中却没有细胞器。

细胞器包括细胞核、线粒体和叶绿体, 会随着原来细胞的分裂而自我复制。

叶绿体和线粒体的DNA与细菌的DNA十分相似。

这些细胞器曾独立生存, 后来在内共生的过程中结合起来。

共生现象无处不在。

琳·马古利斯

琳·马古利斯原名琳·亚历山大, 因两次婚姻分别随夫姓改为琳·萨根和琳·马古利斯。她14岁就进入芝加哥大学学习, 而后在加州大学伯克利分校取得博士学位。她对生物细胞多样性兴趣浓厚, 因此成为内共生理论的支持者, 并为该理论注入了新的活力。生物学家理查德·道金斯曾说, 内共生理论是"20世纪进化生物学最伟大的成就之一"。

马古利斯认为, 合作与竞争对促进生物进化同样重要。她还将生物看成具有自我组织功能的系统。后来, 她成为詹姆斯·洛夫洛克的盖亚假说的支持者。盖亚假说认为, 地球也可以被看成一个能够自我调节的生物。为了表彰马古利斯的研究, 她当选为美国国家科学院院士, 并被授予国家科学奖章。

主要作品

1967年 《有丝分裂细胞的起源》

1970年 《真核细胞的起源》

1982年 《五大生物界: 地球生命各大门图说》

面世, 生物化学也不断进步, 这有助于生物学家探索细胞内部的工作机制。20世纪50年代, 科学家已经知道, DNA为生命过程提供遗传指令, 并代代相传。在真核细胞中, DNA存在于细胞核内, 但人们在叶绿体和线粒体中也发现了DNA。

1967年, 马古利斯用这一发现证实内共生理论的正确性, 使该理论再次受到学界的关注。她还加入了一种观点, 即地球刚刚出现生命不久便发生了一次"大氧化事件"。大约20亿年前, 能够进行光合作用的生物过度繁殖, 使地球的氧气过度旺盛, 因此毒死了很多微生物。

捕食性微生物通过吞噬其他能够吸收氧气并释放能量的微生物, 从而存活下来。被吞噬的微生物演变为线粒体, 也就是今天我们所说的细胞动力室。起初, 大多数生物学家都难以接受这种观点, 但是随着支持性证据越来越有说服力, 该理论目前已被广泛接受。例如, 线粒体和叶绿体的DNA由环形分子构成, 正如活菌的DNA一样。

生物通过合作不断进化, 这并非新观点。达尔文曾经用这种理论解释了赠予花蜜的植物与授粉昆虫之间的互利关系, 但是几乎无人想到, 地球生命史初期细胞融合时也会形成这种亲密而重要的关系。■

三个一组的夸克

默里·盖尔曼（1929—2019年）

背景介绍

科学分支
物理学

此前
1932年 詹姆斯·查德威克发现了一种新的粒子，即中子。此时，共有三种有质量的亚原子粒子：质子、中子和电子。

1932年 人们发现第一种反粒子，即正电子。

20世纪四五十年代 人们在越来越强大的粒子加速器（产生高速粒子并使其相撞的机器）中发现了大量新的亚原子粒子。

此后
1964年 Ω粒子的发现证实了夸克模型。

2012年 欧洲核子研究中心发现了希格斯玻色子，进一步证明了标准模型的正确性。

从19世纪末以来，科学家对原子结构的理解发生了翻天覆地的变化。1897年，约瑟夫·约翰·汤姆孙大胆地提出，阴极射线就是一束束粒子，这些粒子远小于原子，他发现的就是电子。1905年，阿尔伯特·爱因斯坦在马克斯·普朗克的光量子理论的基础上，提出光由一束束没有质量的微小粒子构成，我们现在称这些粒子为光子。1911年，欧内斯特·卢瑟福推论，原子有一个很小但密度很大的核，电子围绕原子核运转，由此建立的原子结构推翻了之前原子不可分的观点。

1920年，卢瑟福将最轻的氢元素的原子核定义为质子。12年后，原子核由质子和中子构成的复杂模型建立。到20世纪30年代，科学家通过研究宇宙射线发现了更多的粒子。宇宙射线由源自超新星的高能粒子组成。研究发现的新粒子具有极高的能量，因此根据爱因斯

> 单凭几条简洁的公式，怎么可能预测大自然的普遍规律？
>
> ——默里·盖尔曼

坦的质能方程（$E=mc^2$）可以推论出这些粒子的质量也很大。

20世纪五六十年代，科学家为了解释原子核内的相互作用力做了大量研究，试图为宇宙中的所有物质建立概念框架。很多物理学家都为这一过程做出了贡献，但美国物理学家默里·盖尔曼是建立标准模型的关键人物。该模型对基本粒子和携带力的粒子进行了分类。

粒子动物园

盖尔曼开玩笑说，研究基本粒子的理论物理学家的目标"并不大"，他们只是要解释"控制宇宙所有物质的基本规律"。盖尔曼表示，理论学家"用纸、笔和废纸篓作为研究工具，其中最重要的就是废纸篓"。与此相反，实验学家的重要研究工具是粒子加速器，即对撞机。

1932年，物理学家欧内斯特·沃尔顿（Ernest Walton）和约

通过构建粒子物理学的**标准模型**，理论学家预测**强子**（质子和中子）由更小的粒子即**夸克**构成。

人们通过粒子加速器实现质子对撞，从而**发现了夸克**。

三个一组的夸克形成强子。

参见: 马克斯·普朗克 202~205页, 欧内斯特·卢瑟福 206~213页, 阿尔伯特·爱因斯坦 214~221页, 保罗·狄拉克 246~247页, 理查德·费曼 272~273页, 谢尔顿·格拉肖 292~293页, 彼得·希格斯 298~299页。

翰·考克饶夫（John Cockcroft）用剑桥大学的粒子加速器轰击锂原子，首次将原子核分裂。此后，科学家建造了越来越强大的粒子加速器。这些机器能够加快微小的亚原子粒子的速度，使其接近光速，然后用这些粒子轰击目标或彼此对撞。对亚原子粒子的理论预测推动了相关的研究，位于瑞士的大型强子对撞机是世界上最大的粒子加速器，寻找理论上的希格斯玻色子是建造这台加速器的一个主要原因。大型强子对撞机长27千米，呈环形，由多个超强磁体组成，历时10年才建造成功。亚原子粒子对撞后会分裂为不同的核心组成成分，有时释放的能量足以生成新一代粒子，而这些粒子在日常条件下是不可能存在的。存在时间很短的奇特粒子纷纷飞溅而出，然后很快便自我消失或衰变。研究人员能够制造的能量越来越高，可以以更高的程度模拟宇宙大爆炸，即物质诞生之初的条件，从而解开有关物质的谜团。这一过程仿佛是将两块手表对撞得粉碎，然后筛选碎片，以期找到手表的工作原理。

到1953年，对撞机能够生成的能量已经足够高，在普通物质中无法找到的奇特粒子似乎横空出世。科学家发现了100多种强相

美国加利福尼亚州斯坦福大学的直线加速器建于1962年，长3000米，是世界上最长的直线加速器。1968年，该加速器首次证实质子由夸克构成。

互作用的粒子，当时它们都被认为是基本粒子。由这些新粒子构成的"马戏团"被戏称为"粒子动物园"。

八重法

到20世纪60年代，科学家根据万有引力、电磁力、强核力和弱核力这四种基本力对粒子的影响，对粒子进行了分类。所有具有质量的粒子都会受到万有引力的影响，所有带有电荷的粒子都会受到电磁力的影响，而存在于原子核中的一小部分粒子会受到强核力和弱核力的影响。质子和中子等质量较大的"强子"参与强相互作用，四种基本力都会对其产生影响，而电子和中微子等质量很轻的"轻子"不会受到强力的影响。

盖尔曼用"八重法"对基本粒子进行分类，"八重法"源自佛教达到最高理想境地的八种方法。正如门捷列夫将化学元素排入一份周期表中，盖尔曼也设想了一份表格，其中可以排列基本粒子，同时为尚未发现的粒子留出空位。为了

> ❝
> 向麦克老人三呼夸克！
> ❞
> ——詹姆斯·乔伊斯

让表格最简化，盖尔曼提出强子由一种尚未被发现的基本粒子构成。因为质量较大的粒子不再作为基本粒子，从而将基本粒子的数量减少到了可控的范围，此时强子被看成由多种基本粒子构成。盖尔曼十分喜欢给粒子起古怪的名字，他根据詹姆斯·乔伊斯的小说《芬尼根守灵夜》中他最喜欢的一句话，将这种新的粒子命名为"夸克"。

夸克存在吗

提出这种理论的并非盖尔曼一人。1964年，加州理工大学的乔治·茨威格（Georg Zweig）提出，强子由四种基本粒子构成，他将其称作"艾斯"（Ace, 扑克牌中的A）。欧洲核子研究中心的《物理快报》拒绝了茨威格的论文，但同年却发表了更资深的盖尔曼的文章。两人的文章论述的思想大致相同。

盖尔曼的论文得以发表可能是因为他并没有指出夸克真实存在，他只是提出了一种组织体系。但是，这种体系似乎并不能令人满

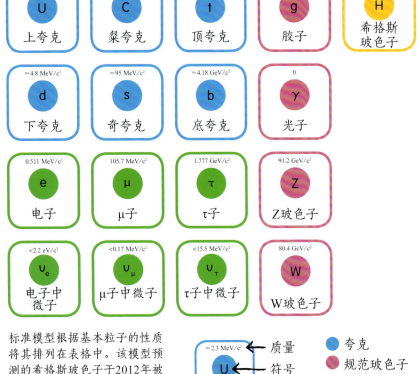

标准模型根据基本粒子的性质将其排列在表格中。该模型预测的希格斯玻色子于2012年被发现。

意，因为它要求夸克必须带有分数电荷，比如-1/3和+2/3。这在当时的理论看来是荒谬的，因为当时的理论只接受整数电荷。盖尔曼意识到，如果夸克一直隐藏在强子内部，分数电荷是无所谓的。盖尔曼的论文发表不久，纽约布鲁克黑文国家实验室就发现了由三个夸克组成的Ω粒子。这一发现证实了新的粒子模型。盖尔曼坚称，这一模型应该归功于他和茨威格两个人。

起初，盖尔曼怀疑夸克可能永远无法分离出来，不过他现在强调，虽然他开始认为夸克只存在于数学模型中，但从未排除夸克真实存在的可能性。1967—1973年，斯坦福大学直线加速器中心通过电子对质子的深度非弹性散射发现了夸克。

标准模型

标准模型是从盖尔曼的夸克模型发展而来的。在标准模型中，粒子分为费米子和玻色子。费米子是物质的基本组成成分，玻色子是传递力的粒子。

费米子进一步分为两类基本粒子，即夸克和轻子。夸克两个一组或三个一组形成复合粒子"强子"。三个夸克组成的亚原子粒子被称为重子，包括质子和中子。一对正反夸克组成的粒子被称为介子，包括π介子和k介子。夸克共有6种，包括上夸克、下夸克、奇夸克、粲夸克、顶夸克和底夸克。夸克的最大特点是它们都带有

色荷，色荷可以使夸克通过强力相互作用。轻子不带色荷，也不会受到强力的影响。轻子共有6种，包括电子、μ子、τ子、电子中微子、μ子中微子和τ子中微子。中微子不带电，只通过弱力相互作用，所以极难被发现。每种粒子都有相对应的反粒子。

标准模型从亚原子层面解释了力的传递，力通过交换"规范玻色子"进行传递。每种力都有各自的规范玻色子，弱力通过W+、W-和Z玻色子进行传递，电磁力通过光子传递，而强核力通过胶子传递。

标准模型是一种鲁棒控制理论，已经得到了实验的证实，尤其是2012年欧洲核子研究中心希格斯玻色子的发现。希格斯玻色子可以赋予其他粒子以质量。然而，很多科学家认为该模型并不完美，其中还存在很多问题，比如无法将暗物质融入其中，无法用玻色子的相互作用解释万有引力。其他有待解决的问题还包括：为什么宇宙中物质（而非反物质）占主导地位？为什么粒子分为三代？■

我们的工作就是一场令人愉悦的游戏。
——默里·盖尔曼

默里·盖尔曼

默里·盖尔曼生于美国曼哈顿。他可谓一个神童，7岁自学微积分，15岁进入耶鲁大学学习，1951年获得麻省理工学院博士学位，之后到加州理工大学与理查德·费曼一起研究量子数"奇异数"。日本物理学家西岛和彦也提出了同样的量子数，但他称其为"η电荷"。

盖尔曼兴趣十分广泛，他能够流利地说大约13种语言。他很喜欢通过文字和晦涩难懂的引用展现自己的博学多才。可能正是盖尔曼引发了科学家给新粒子起有趣名字的潮流。1969年，盖尔曼因为发现夸克获得诺贝尔奖。

主要作品

1962年《预测Ω粒子》
1964年《八重法：一个强作用对称性的理论》

万有理论

加布里埃莱·韦内齐亚诺（1942年—）

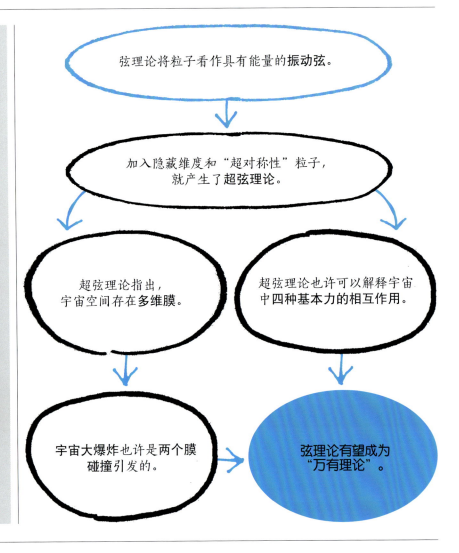

简单地说，弦理论虽有一定争议，但仍是一个伟大的理论。弦理论认为，宇宙中的所有物质并不是由点状粒子构成的，而是由具有能量的微小的"弦"构成的。该理论提出的结构虽然无法验证，却能解释我们见到的所有现象。弦振动产生的波会引起自然界的量子化行为（比如电荷的离散性和自旋），小提琴产生的和声也可以用该理论解释。

弦理论的发展经历了漫长而崎岖的道路，至今仍有很多物理学家并不接受这种观点。然而，弦理论的研究并未停止，其中最重要的原因是，它是目前唯一一个试图将涵盖电磁力、弱力和强力的量子力学与爱因斯坦的相对论统一起来的理论。

解释强作用力

弦理论最初是作为解释强作用力和强子行为的模型出现的。原子核内的粒子因强作用力结合在一起；强子这种复合粒子也会受到强力的影响。

1960年，美国物理学家杰弗里·丘（Geoffrey Chew）正在研究强子的性质。作为研究的一部分，丘提出了一种激进的新方法，他抛弃了将强子视为普通粒子的传统看法，而是用S矩阵这种数学方法为强子的相互作用建

参见: 阿尔伯特·爱因斯坦 214~221页, 埃尔温·薛定谔 226~233页, 乔治·勒梅特 242~245页, 保罗·狄拉克 246~247页, 理查德·费曼 272~273页, 休·艾弗雷特三世 284~285页, 谢尔顿·格拉肖 292~293页, 默里·盖尔曼 302~307页。

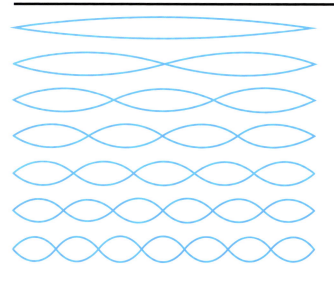

弦理论认为, 弦可以处于不同的振动状态, 正如小提琴拉出的和声一样, 我们可以观察到量子化的性质。

立模型。意大利物理学家加布里埃莱·韦内齐亚诺(Gabriele Veneziano)研究丘的模型时发现, 粒子似乎可以连成一条一维的线, 这是我们现在所说的"弦"的第一个启示。

20世纪70年代, 物理学家继续研究弦及弦的行为, 却得出了异常复杂且违背常理的结果。比如, 自旋(类似于角动量)是粒子的一种性质, 只能取一定的值。弦理论的最初版本只描述了玻色子(自旋为零或者正整数的粒子, 一般作为量子作用力模型中的信使粒子),

而没有将费米子(自旋为半整数的粒子)引入框架。这一理论还曾预言, 速度超过光速的粒子是存在的, 这些粒子可以回到过去。

另外, 这一理论极为复杂, 至少要假设一个26维时空(而不是通常所说的四维)才能奏效。额外维的概念早已有人提出, 德国数学家西奥多·卡鲁扎(Theodor Kaluza)曾试图增加一个维度(第五维)来实现电磁力与引力的统一。在数学上这并不是个问题, 但问题是为什么我们感觉不到所有的维度呢? 1926年, 瑞典物理学家奥斯卡·克莱因(Oscar Klein)解释了在我们日常的宏观世界中看不到这些额外维的原因。他指出, 这些维度也许卷曲成了一个半径极小的圆。

20世纪70年代中期, 弦理论

弦理论试图将基本粒子看作微小的振动弦, 而非点状粒子, 以更深层地描述大自然。

——爱德华·威滕

加布里埃莱·韦内齐亚诺

加布里埃莱·韦内齐亚诺于1942年出生在意大利的佛罗伦萨。他一直在家乡学习, 而后在以色列的魏茨曼科学研究所获得博士学位。韦内齐亚诺在欧洲核子研究中心工作一段时间后, 于1972年回到魏茨曼科学研究所担任物理学教授。1968年在麻省理工学院工作期间, 他偶然想到弦理论可以作为解释强核力的模型, 于是率先展开研究。从1976年开始, 韦内齐亚诺主要在日内瓦欧洲核子研究中心的理论部工作, 并于1994年至1997年担任主任一职。从1991年开始, 他集中精力研究如何用弦理论及量子色动力学解释宇宙大爆炸后产生的密度极大且温度极高的状态。

主要作品

1968年 《为线性上升轨道构建交互对称、具有雷吉行为的振幅》

走向衰落，而量子色动力学则提供了一种更好的描述方法。该理论引入色荷的概念，用以解释夸克之间通过强力产生的相互作用。其实在此之前，有些科学家已经开始抱怨弦理论从概念上讲是有瑕疵的。随着研究的深入，他们越来越发现弦理论似乎无法解释强力。

超弦理论的崛起

很多科学家并没有放弃对弦理论的研究，但他们需要解决其中的几个问题，才能得到科学界更广泛的认可。20世纪80年代初期，超对称的提出为弦理论带来了突破。超对称理论认为，粒子物理学标准模型中的所有已知粒子都有一个尚未发现的"超级同伴"，即每个

费米子有一个玻色子与之配对，并且每个玻色子也都有一个费米子与之配对。如果真是这样，那么弦理论的很多突出问题就会立刻消失，而用于描述弦的维度也会随之减少到10个。这些粒子至今仍未被检测到，原因可能是它们独立存在所需要的能量远高于目前最强大的粒子加速器所能达到的能量。

很快，这一改进的"超对称弦理论"被简称为"超弦理论"。然而，主要问题依然存在，尤其是出现了五种不同的超弦理论。越来越多的证据显示，超弦不仅能够形成二维的弦和一维的点，还能形成多维结构，统称为"膜"。膜可以理解为在三维空间运动的二维膜，也可以理解为在四维空间运动的三

> 弦理论预测了多元宇宙的存在。宇宙仿佛是一个大面包，我们所处的世界只是其中的一片而已，其他的面包片被移到了其他的时空维度中。
> ——布赖恩·格林

维膜。

M理论

1995年，美国物理学家爱德华·威藤（Edward Witten）提出M理论，这一新模型解决了五种超弦理论并存的局面。威藤增加了一个额外维，构成11维时空，从而将五种超弦理论统一起来。M理论的11个时空维度正好与当时流行的超引力模型的11维度相契合。根据威藤的理论，额外的七个空间维度会被"紧化"，卷曲成类似于球面的微小结构，除非在极其微小的尺度上，否则都将展现出粒子特征。

然而，M理论的主要问题在于该理论的细节目前尚不可知。它只是预言存在一种具有某些特征的理论，可以满足已观测到的或预测的标准。尽管目前仍有不足，M理论给物理学和宇宙学的不同领域带来了大量启示。黑洞中心的奇点

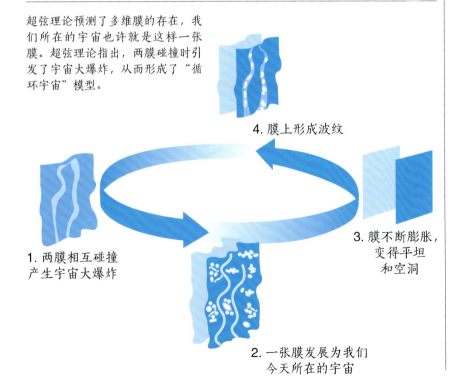

超弦理论预测了多维膜的存在，我们所在的宇宙也许就是这样一张膜。超弦理论指出，两膜碰撞时引发了宇宙大爆炸，从而形成了"循环宇宙"模型。

4. 膜上形成波纹

3. 膜不断膨胀，变得平坦和空洞

1. 两膜相互碰撞产生宇宙大爆炸

2. 一张膜发展为我们今天所在的宇宙

及宇宙大爆炸的最早阶段都可以用弦理论来解释。尼尔·图罗克（Neil Turok）和保罗·斯泰恩哈特（Paul Steinhardt）等宇宙学家提出的循环宇宙模型是M理论的一个有趣推论。该模型指出，在11维时空中有很多独立的膜，它们彼此间隔很小，以极为缓慢的速度相互靠近，经过亿万年甚至更久才会相遇，而我们所在的宇宙只是其中的一个膜。有人认为，膜与膜之间的碰撞，能够释放巨大的能量，并触发新的宇宙大爆炸。

万有理论

M理论或可成为"万有理论"，将描述电磁力、弱核力和强核力的量子场理论与描述引力的爱因斯坦广义相对论统一起来。迄今为止，人们仍然无法用量子理论解释引力。从本质上看，引力似乎与其他三种力存在根本的区别。这三种力可以作用于单个粒子之间，但

> 如果弦理论是一个错误，那它绝对不是一个微不足道的错误。它将是一个有价值的深层次的错误。
>
> ——李·施莫林

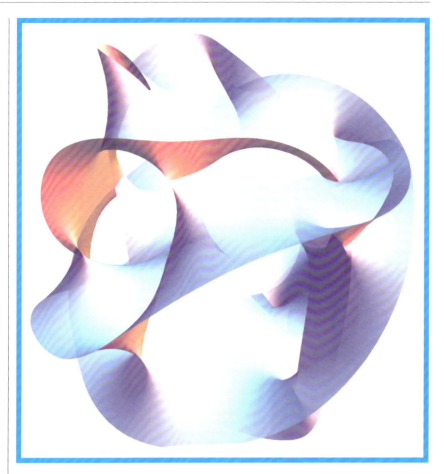

上图是六维卡拉比-丘流形二维截面图，有科学家称弦理论的六个隐藏维度可能就是以这种形式呈现的。

仅在较小的尺度上，而引力只在大量的粒子聚集在一起时才有显著作用，但作用距离却很长。对于引力的不寻常行为，有一种解释是引力跑到了更高维度的空间里，只有一小部分留在我们熟悉的宇宙中。

弦理论并不是万有理论的唯一候选者。20世纪80年代末，李·施莫林和卡洛·罗韦利提出了圈量子引力论。该理论指出，粒子的量子化性质并非源自弦的振动，而是因为时空本身的微小结构卷曲成了半径极小的圈。与弦理论相比，圈量子引力论及其后续理论有几项突出的优势，比如不再需要额外维，

并且解决了几个重要的宇宙学问题。然而，究竟是弦理论可以成为万有理论，还是圈量子引力论更胜一筹，至今未有定论。■

黑洞蒸发

斯蒂芬·霍金（1942—2018年）

背景介绍

科学分支
宇宙学

此前

1783年 约翰·米歇尔提出，物体的引力可以强大到光都无法逃逸。

1930年 苏布拉马尼扬·钱德拉塞卡尔提出，大于一定质量的恒星坍缩后可以形成黑洞。

1971年 人们发现第一个可能为黑洞的天体是天鹅座 X-1。

此后

2002年 人们通过观察在银河系中心附近运行的恒星，发现巨大黑洞存在的可能。

2012年 美国弦理论学家约瑟夫·波尔钦斯基指出，量子纠缠会在黑洞视界产生一面超热的"火墙"。

2014年 斯蒂芬·霍金宣布，他认为黑洞并不存在。

20 世纪60年代，几位杰出的科学家开始热衷于黑洞的研究，英国物理学家斯蒂芬·霍金就是其中一位。他的博士论文研究的就是宇宙学中的奇点（黑洞的所有质量都集中在时空中的这个点上），他将黑洞的奇点与宇宙大爆炸的初始状态联系起来。

1973年左右，霍金的研究兴趣转向量子力学和万有引力的微观

> 我的目标很简单，就是要完全理解宇宙，弄清楚它为什么是现在这个样子，以及它究竟为什么存在。
>
> ——斯蒂芬·霍金

行为。他的一个重要发现是，黑洞虽然被称为黑洞，但它不仅能够吞噬物质和能量，还能释放辐射，这种辐射被称为"霍金辐射"。视界是黑洞最外层的边界，因为黑洞的引力十分强大，光都无法逃出视界。霍金认为，在旋转的黑洞中，强大的引力会产生虚粒子对。在视界上，其中一个亚原子粒子很可能会被拉进黑洞，而剩下的那个则会作为一个真正的粒子持续存在。对一个远距离的观察者来说，视界释放出了低温热辐射。久而久之，黑洞的能量会随着辐射流失，其质量也会逐渐减小，最终蒸发殆尽。■

参见：约翰·米歇尔 88~89页，阿尔伯特·爱因斯坦 214~221页，苏布拉马尼扬·钱德拉塞卡尔 248页。

盖亚假说：地球是一个有机体

詹姆斯·洛夫洛克（1919年—）

背景介绍

科学分支
生物学

此前

1805年 亚历山大·冯·洪堡提出，自然界是一个统一的整体。

1859年 查尔斯·达尔文指出，环境会对生物产生影响。

1866年 德国自然学家恩斯特·黑克尔创造了"生态系统"一词。

1935年 英国植物学家阿瑟·坦斯利将地球上的生物、地貌和气候描述成一个巨大的生态系统。

此后

20世纪70年代 琳·马古利斯描述了微生物和地球环境的共生关系，后来将盖亚定义为一系列相互作用的生态系统。

1997年 《京都议定书》设定了减少温室气体的目标。

20世纪60年代初，美国国家航空航天局（NASA）在美国加利福尼亚州的帕萨迪纳市组建团队，以研究如何在火星上寻找生命。他们就此问题咨询了英国环境科学家詹姆斯·洛夫洛克，洛夫洛克由此开始思考地球上的生命。

洛夫洛克很快发现了生命存在所必需的一系列特征。地球上的所有生命都依赖于水，而地表温度必须保持在10~16℃才能有足够的液态水存在。这一温度已经保持了350万年。细胞需要一定的盐度，盐度超过5%一般难以存活，而海洋的盐度一直保持在3.4%左右。大约20亿年前大气中出现了氧气，从那时起大气中的氧气浓度一直保持在20%左右。如果浓度下降到16%以下，生物就会处于缺氧的状态，而如果浓度超过25%，森林火灾将永远无法扑灭。

进化仿佛是一支双人舞，生物与物质环境就是两个舞伴，盖亚便诞生于这支舞蹈。

——詹姆斯·洛夫洛克

盖亚假说

洛夫洛克提出整个地球是一个能够自我调节的统一的生命体，他称之为"盖亚"。地球上的生物调节着地表的温度、氧气的浓度，以及海洋的化学成分，从而为生命创造最好的生存环境。然而，他警告道，人们对环境的影响可能会打破这一微妙的平衡。■

参见：亚历山大·冯·洪堡 130~135页，查尔斯·达尔文 142~149页，查尔斯·基林 294~295页，琳·马古利斯 300~301页。

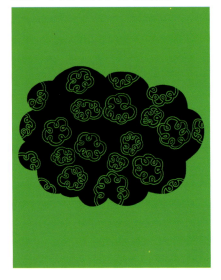

层层叠叠的云
本华·曼德博（1924—2010年）

背景介绍

科学分支
数学

此前

1917—1920年 法国的皮埃尔·法图和加斯顿·朱丽亚用复数建立了数学集合。该集合可以是"规则的"（法图集），也可以是"混沌的"（朱丽亚集），为分形学奠定了基础。

1926年 英国数学家和气象学家刘易斯·弗雷·理查森发表《风有速度吗？》一文，开创了混沌系统的数学模型。

此后

现在 分形学成为复杂性科学的一部分，应用于海洋生物学、地震建模、人口研究，以及流体力学。

20世纪70年代，比利时数学家本华·曼德博（Benoît Mandelbrot）开始用计算机模拟自然界中的各种形状。在此过程中，他创立了一个新的数学领域，即分形几何学。到目前为止，分形几何学已被用于多个领域。

分数维度

传统几何学采用整数维度，分形几何学则采用分数维度，后者可以被看作一种"粗糙度测量"。为了便于理解，我们可以想象用一根棍子测量英国的海岸线。棍子越长，测量的结果就越短，因为很多细小的曲折都会被忽略掉。英国海岸线的分数维度是1.28，维数表示的是棍子长度的缩短与海岸线测量值增加的关系。

分形几何学的一个特点是自相似性，意思是在不同的放大比例下，形状都是相似的。例如，在没

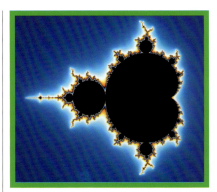

曼德博集合是一种在复平面上组成分形的点的集合，在任何一个尺度上都隐藏着无数个与其自身相似的图形。上图中的独特形状就是曼德博集合的一个完整图像。

有外部线索的情况下，云的分形性质让我们无法得知它离我们有多远，从任何距离看云似乎都是一样的。我们的身体有很多分形学的例子，比如肺支气管树的分形结构。正如混沌函数一样，分形学对初始条件下的微小差异十分敏感，可以用于分析天气等混沌系统。■

参见：罗伯特·菲茨罗伊 150~155页，爱德华·洛伦兹 296~297页。

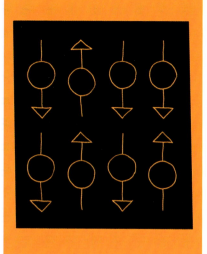

量子计算模型
尤里·马宁（**1937年—**）

背景介绍

科学分支
计算机科学

此前
1935年　阿尔伯特·爱因斯坦、鲍里斯·波多尔斯基和纳森·罗森提出了爱波罗（EPR）悖论，首次描述了量子纠缠。

此后
1994年　美国数学家彼得·肖尔提出了一种算法，可以通过量子计算机完成因数分解。

1998年　根据休·艾弗雷特的量子力学多世界诠释，理论学家想象出了一种处于叠加态的量子计算机，它可以同时既是打开的，又是关闭的。

2011年　中国科学技术大学的一个研究团队使用四个量子比特的量子阵列，成功计算出143的质因数。

量子信息处理是量子力学的一个最新研究领域，与传统计算方法有着本质的不同。俄裔德国数学家尤里·马宁是最早研究这一理论的领军人。

比特是计算机中的信息载体，存在0和1两种状态。量子计算中信息的基本单位是量子比特，由"被捕获"的亚原子粒子构成，也有两种状态。比如，电子的自旋方向可以向上，也可以向下，光子

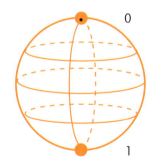

一个量子比特携带的信息可以用球面上的任意一点表示，可以是0、1或两者的叠加。

的偏振方向也有水平和垂直之分。不过，根据量子力学的波动方程，量子位可以处于一种叠加态，从而增加了可以承载的信息量。根据量子理论，还会发生量子比特"纠缠"，每增加一个量子比特，承载的信息量可以呈指数级增长。从理论上讲，这种并行处理的方式可以产生惊人的计算能力。

理论展示

20世纪80年代，科学家首次提出量子计算机的概念，但似乎只是一种理论上的设想。然而，目前科学家已经用几个量子比特的阵列成功地完成了计算。从实用性上讲，量子计算机必需可以处理数以百计，甚至数以千计的纠缠态量子比特，然而如此规模的计算还存在各种问题。试图解决这些问题的研究目前还在进行中。■

参见：阿尔伯特·爱因斯坦 214~221页，埃尔温·薛定谔 226~233页，阿兰·图灵 252~253页，休·艾弗雷特三世 284~285页。

基因可以在物种间转移

迈克尔·叙韦宁（1943年— ）

背景介绍

科学分支
生物学

此前

1928年 弗雷德里克·格里菲斯发现，通过某种物质的传递，一种细菌可以变为另一种细菌，而这种物质就是后来被发现的DNA。

1946年 乔舒亚·莱德伯格和爱德华·塔特姆发现，细菌之间可以自然地交换遗传物质。

1959年 秋叶朝一郎和落合国太郎指出，耐抗生素的质体（环形DNA）可以在细菌间转移。

此后

1993年 美国遗传学家玛格丽特·基德韦尔发现复杂生物的基因跨越物种转移的例子。

2008年 美国生物学家约翰·K.佩斯等人找到脊椎动物中基因水平转移的证据。

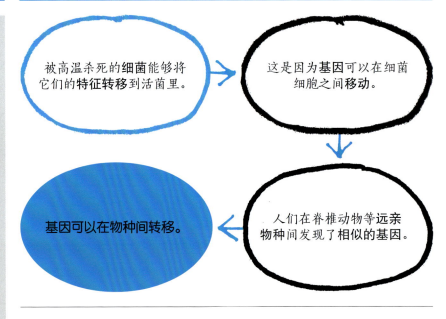

被高温杀死的**细菌**能够将它们的**特征转移**到活菌里。

这是因为**基因**可以在细菌细胞之间**移动**。

人们在脊椎动物等远亲物种间发现了相似的基因。

基因可以在物种间转移。

生命通过生长、繁衍、进化不断延续，基因从父代传递到子代，往往被看作一个垂直的进程。然而，美国微生物学家迈克尔·叙韦宁于1985年提出，除了垂直传递，基因还能在物种间进行水平传递。基因水平转移与繁殖无关，但在生物进化过程中扮演着重要角色。

早在1928年，英国医师弗雷德里克·格里菲斯在研究肺炎双球菌时就发现，如果将无毒性细菌的活细胞与被高温杀死的有毒菌种的残骸混合，无毒细菌会变得十分危险。他将实验结果归因于一种转型"化学因子"，这种因子从死亡的细胞中渗出，进入活细胞。格里菲斯发现了最早的可以证明DNA不仅可以在代与代之间垂直传递，还能在同代细胞间水平转移的证

参见: 查尔斯·达尔文 142~149页,托马斯·亨特·摩尔根 224~225页,詹姆斯·沃森和弗朗西斯·克里克 276~283页,威廉·弗伦奇·安德森 322~323页。

> 基因在不同物种间的流动体现了基因变异的一种形式,而其中的意义还没有被完全发掘。
>
> ——迈克尔·叙韦宁

据,这比人们解开DNA结构之谜要早25年。

1946年,美国生物学家乔舒亚·莱德伯格和爱德华·塔特姆证明,细菌交换遗传物质是一种自然的行为。1959年,由秋叶朝一郎和落合国太郎带领的微生物研究团队指出,DNA水平转移正是抗生素耐药性在细菌间快速传播的原因。

转型微生物

细菌体内含有质体,质体是可以移动的小型环状DNA。细胞直接接触时,质体可以携带DNA从一个细胞进入另一个细胞。有些细菌含有能够抵抗某些抗生素的基因。DNA进行复制时,这些基因也被复制,并且在DNA转移时可以在大量细菌中传播。莱德伯格的学生诺顿·津德尔发现,基因水平转移也会发生在病毒之间。病毒比

细菌还小,并且能入侵包括细菌在内的活细胞。病毒能够干扰宿主的基因,并且会携带宿主的基因在宿主间转移。

基因科学的发展

自20世纪80年代中期开始,叙韦宁将基因水平转移放在一个更大的背景下研究。他发现了细胞层面上基因控制胚胎发育的相似性,甚至在两个远亲物种间也是如此。他把这一现象归因于进化过程中基因在不同生物体间的转移。他指出,基因控制生长发育这一点在不同物种间已经变得十分相似,因为这可以使基因交换的成功率最大化。

目前,科学家测定了越来越多的物种的基因组序列,并且重复检测了化石记录,有证据表明基因水平转移不仅能在微生物间进行,也能在更复杂的生物间发生。达尔文的生物进化树状图也许看起来

会更像一张网,其中包含多个祖先,而非唯一的共同祖先。基因水平转移对分类学、疾病研究、虫害控制和基因工程等领域都具有重要意义,科学家正慢慢地揭开它的神秘面纱。■

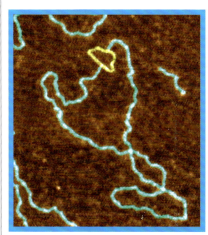

在上面这张显微图中,蓝色的是DNA质体,它们独立于细胞的染色体,却能够复制基因,并可用于将新的基因插入生物体内。

迈克尔·叙韦宁

迈克尔·叙韦宁在专攻微生物学之前,曾在华盛顿大学和加州大学伯克利分校学习化学和生物化学。1975年,他被任命哈佛医学院微生物学和遗传学教授一职。他致力于研究细菌的抗生素耐药性和昆虫的杀虫剂耐药性。基于这些研究,叙韦宁出版了有关基因水平转移理论及其在生物适应和进化中的作用的著作。

自1987年,叙韦宁开始在加利福尼亚大学戴维斯分校医学院担任医学微生物学和免疫学教授。

主要作品

1985年 《跨物种基因转移:对一种新的进化理论的影响》
1994年 《基因水平转移:证据和可能的结果》

抗压能力很强的"足球分子"

哈里·克罗托（1939—2016年）

我们制出一种分子，它如此坚韧，如此有弹性……

……它在众多的科技和医疗领域有着广泛的应用。

它的形状类似一个足球。

这个"足球分子"的抗压能力很强。

在长达两个多世纪的时间里，科学家一直认为元素碳（C）只有三种存在形式，即三种同素异形体——金刚石、石墨和无定形碳，其中无定形碳是烟灰和木炭的主要成分。1985年，英国化学家哈里·克罗托（Harry Kroto）及其美国同事罗伯特·柯尔（Robert Curl）和理查德·斯莫利（Richard Smalley）的研究改变了这一传统看法。这几位化学家用激光使石墨气化，产生了多种碳原子簇，形成的分子中含有偶数个碳原子。产生的碳原子簇中以C_{60}和C_{70}为主，这些分子之前从未被发现过。

这几位科学家很快得出，C_{60}具有很多显著性质。他们发现，它的结构类似于足球，其中碳原子组

参见: 奥古斯特·凯库勒 160~165页, 莱纳斯·鲍林 254~259页。

成了一个空心的笼状结构，每个碳原子与另外三个碳原子相连，最后形成的多面体的每个面要么是正五边形，要么是正六边形。C_{70} 更像一个橄榄球，比 C_{60} 多了一个碳原子环。

C_{60} 和 C_{70} 让克罗托想起了美国建筑师巴克敏斯特·富勒（Buckminster Fuller）设计的新式圆屋顶，所以他将这种化合物命名为巴克敏斯特富勒烯，也称作巴基球或富勒烯。

巴基球的性质

克罗托的团队发现，C_{60} 的性质十分稳定，加热到很高的温度也不会分解。温度达到 650℃ 时，C_{60} 会转化成气体。它没有气味，不溶于水，可溶于有机溶剂。巴基球是目前发现的具有波粒二象性的最大的物体之一。1999年，奥地利研究员让 C_{60} 分子穿过缝隙，观察到波会产生干涉图像。

固态 C_{60} 如石墨一样柔软，但高度压缩后会变成超级坚硬的金刚石。C_{60} 形如足球，可以承受很大的压力。

纯 C_{60} 可以用作半导体，也就是说，它的导电性在绝缘体和导体之间。但是，加入钠、钾等碱金属原子后，它会变成导体，在低温的情况下甚至可以变成超导体，电流通过时不受任何阻力。

C_{60} 还可以通过一系列化学反应生成很多产物，这些物质的性质还有待进一步研究。

纳米新世界

C_{60} 是我们最早研究的一种富勒烯分子，它的发现催生了一个全新的化学分支——富勒烯的研究。由圆柱体富勒烯组成的纳米管只有几个纳米宽，但长度却可以达到几毫米。它是热和电的良导体，化学性质不活泼，异常坚韧，在工程中有着非常广泛的用途。

还有很多种富勒烯的性质有待研究，例如电气性能、治疗癌症和艾滋病等疾病的用途。最新的一种富勒烯材料是石墨烯，它是由碳原子构成的一种单层片状结构，类似于单层的石墨。石墨烯拥有很多新奇的性质，是目前非常热门的研究对象之一。■

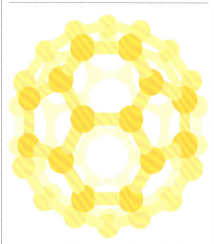

一个 C_{60} 分子中的每个碳原子与其他三个碳原子结合。每个 C_{60} 分子都有32个面，其中包括12个正五边形和20个正六边形，组成了一个独特的足球形状。

哈里·克罗托

哈里·克罗托于1939年出生在英格兰剑桥郡。克罗托对麦卡诺玩具模型十分着迷，所以他选择了化学专业，并于1975年成为萨塞克斯大学的教授。他热衷于寻找太空中拥有碳碳键的化合物，比如 $H-C\equiv C-C\equiv C-C\equiv N$，并利用光谱学（研究物质与辐射能关系的科学）找到了证据。当时，美国得克萨斯州莱斯大学的查德·斯莫利和伯特·柯尔正在进行激光光谱学研究，克罗托听说后加入了他们的团队，并且共同发现了 C_{60}。2004年起，克罗托开始在美国佛罗里达州立大学研究纳米技术。

1995年，克罗托建立了韦加科学信托，致力于制作用于教育和培训的科学电影。他于2016年去世。

主要作品

1981年 《星际分子的光谱》
1985年 《60: 巴克敏斯特富勒烯》（合著者: 希思、奥勃良、柯尔和斯莫利）

在人体中插入基因治疗疾病

威廉·弗伦奇·安德森（1936年—）

背景介绍

科学分支
生物学

此前

1984年 美国研究员理查德·穆里根用病毒作为载体，将基因插入从老鼠身上取出的细胞。

1985年 威廉·弗伦奇·安德森和迈克尔·布莱泽指出，这一技术可以用于纠正细胞的缺陷。

1989年 安德森完成了人类基因疗法的首例安全实验，向一位52岁的男士体内插入了无害的标记基因，并于次年完成了首例临床实验。

此后

1993年 英国的研究员宣布他们利用基因疗法成功地治愈了动物的囊性纤维化。

2012年 用基因疗法治疗人体囊性纤维化的多剂量实验启动。

很多**疾病**是遗传性的，并且是由有缺陷的基因引起的。

↓

通过DNA酶切割，人们可以将**功能性基因**从正常细胞里**分离**出来。

↓

基因可以通过载体在**细胞间转移**，病毒和质体（环状DNA）都可以作为载体。

↓

在人体中插入基因可以治疗疾病。

人类基因组涵盖了人类的全部遗传信息，共包括大约两万个基因。基因是生物的基本遗传单位，但常常发生错误。当正常基因无法正确复制时，就会产生有缺陷的基因，而这种错误会从亲代传给子代。这些遗传疾病的症状取决于所涉及的基因。一个基因可以控制一种蛋白质的合成，生物体中含有很多种功能不同的蛋白质。如果基因存在错误，蛋白质的合成就会失败。比如，如果血液凝固基因出现错误，人体就不再产生凝血蛋白，从而出现血友病。

遗传疾病不能用传统药物治愈，长久以来人们只能尽量靠药物缓解症状、减少痛苦。20世纪70年代，科学家开始考虑用基因疗法治疗疾病的可能性，也就是用健康的基因替代出错的基因。

引入新基因

基因可以通过载体引入人体的患病部位，载体是能够携带基因

参见：格雷戈尔·孟德尔 166~171页，托马斯·亨特·摩尔根 224~225页，克雷格·文特尔 324~325页，伊恩·维尔穆特 326页。

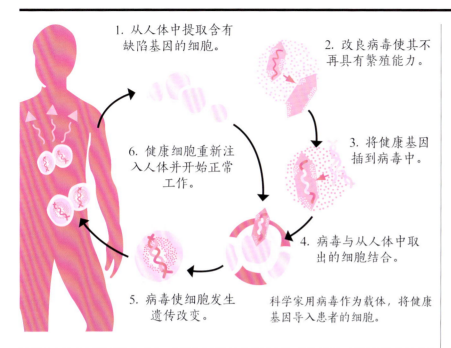

1. 从人体中提取含有缺陷基因的细胞。

2. 改良病毒使其不再具有繁殖能力。

3. 将健康基因插到病毒中。

4. 病毒与从人体中取出的细胞结合。

5. 病毒使细胞发生遗传改变。

6. 健康细胞重新注入人体并开始正常工作。

科学家用病毒作为载体，将健康基因导入患者的细胞。

的粒子。研究人员研究了几种可能作为载体的物质，包括病毒在内。我们通常认为，病毒只会引起疾病，而不能治疗疾病。作为侵染循环的一部分，病毒会很自然地入侵

基因疗法是符合伦理的，因为它与基本的行善原则相吻合，它能够缓解人们的痛苦。

——威廉·弗伦奇·安德森

活细胞，但它们能否携带治疗性基因呢？

20世纪80年代，威廉·弗伦奇·安德森（William French Anderson）所在的一个美国科学家团队成功地使用病毒将基因插到实验室培养的组织中。他们在患有基因免疫缺陷的动物身上进行实验，目的是把治疗性基因放到动物的骨髓里，这样骨髓就能制造健康的红细胞来治愈基因缺陷。实验效果并不是很理想，不过将白细胞作为靶向时效果会好一些。

1990年，安德森开始了第一例临床实验——治疗两名患有气泡男孩症这一免疫缺陷症的患者。患此病的人极易受到感染，

一生都得生活在无菌的环境中。

安德森的团队从两名患者身上提取样本细胞，用携带基因的病毒进行处理，然后将细胞重新放回患者体内。这一疗法在两年内重复了多次，结果很有效。然而，效果只是暂时的，患者身体产生的新细胞依然遗传了有缺陷的基因。这说明基因疗法存在有待解决的核心问题。

未来前景

基因疗法在治疗一些遗传疾病上已经取得了显著的突破。1989年，美国科学家找到了引起囊性纤维化的基因。患有此病时，有缺陷的细胞会生产黏液从而阻塞肺部和消化系统。发现致病基因不到五年，科学家就研发出了用脂质体作为载体运送健康基因的技术，并于2014年完成了首例临床实验。

目前，基因疗法依然面临着巨大挑战。囊性纤维化只是由一个基因缺陷引起的，而很多与遗传有关的疾病是由多个基因相互作用引起的，比如阿尔茨海默病、心脏病，以及糖尿病。这些疾病治疗起来更加困难，而人们也在不断探索安全有效的基因疗法。■

用计算机设计新生命

克雷格·文特尔（1946年—）

背景介绍

科学分支
生物学

此前

1866年 格雷戈尔·孟德尔发现豌豆的遗传性状遵循一定的模式。

1902年 美国生物学家、医师沃尔特·萨顿指出，染色体是遗传信息的载体。

1910—1911年 托马斯·摩尔根通过果蝇实验证明了沃尔特·萨顿的理论。

1953年 弗朗西斯·克里克和詹姆斯·沃森揭示了DNA是如何携带遗传指令的。

1995年 科学家首次完成一种细菌的基因组排序。

2000年 人类基因组图谱的绘制工作初步完成。

2007年 克雷格·文特尔合成了人造染色体。

此后

2010年 克雷格·文特尔宣布第一个人造生命的诞生。

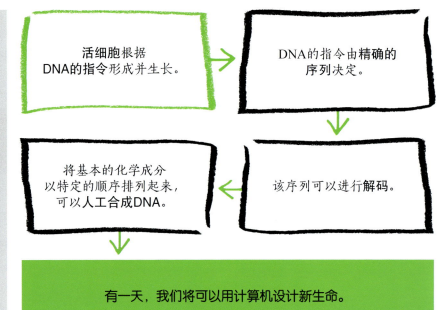

活细胞根据DNA的指令形成并生长。

DNA的指令由精确的序列决定。

将基本的化学成分以特定的顺序排列起来，可以人工合成DNA。

该序列可以进行**解码**。

有一天，我们将可以用计算机设计新生命。

2010年5月，由生物学家克雷格·文特尔带领的一个美国科学家团队创造出第一个人造生命，这是一个由基本化学物质合成的单细胞细菌。它证明我们对生命本质的认识又迈进了一步。创造生命的梦想已有很长一段历史，1771年，路易吉·伽伐尼发现，电流会使已被解剖的青蛙的腿产生抽搐，这激发了小说家玛丽·雪莱创作《弗兰肯斯坦》的灵感。但是，科学家逐渐发现，生命更多地取决于细胞内部的化学反应，而非物理学上的一次"火花"。

20世纪50年代中期，人们在一个分子中发现了生命的真正奥

参见: 格雷戈尔·孟德尔 166~171页,托马斯·亨特·摩尔根 224~225页,芭芭拉·麦克林托克 271页,詹姆斯·沃森与弗朗西斯·克里克 276~283页,迈克尔·叙韦宁 318~319页,威廉·弗伦奇·安德森 322~323页。

> 我们正在创造一个新的生命价值体系。

——克雷格·文特尔

秘。这个分子被称作脱氧核糖核酸(DNA),存在于每个细胞核中。人们发现,由基本化学物质组成的DNA长链就是控制细胞工作的遗传密码。创造生命就是创造DNA,也就是将DNA的基本组成单位核苷酸的顺序排列正确。核苷酸只含有四种碱基中的一种,但组合方式却多种多样。

制造DNA

每种生物的核苷酸序列都是不同的,并且是数百万年进化的结果。随机的排序只能代表无意义的化学信息,无法形成生命。为了创造生命,科学家必须从自然界的生物中复制序列。1990年,人们已经可以利用新技术通过一系列复杂方法测得这一序列,人类基因组项目也已启动,开始对人类的所有基因进行排序。

1995年,细菌成为第一个完成基因测序的生物体。三年后,文特尔由于无法忍受人类基因组项目的缓慢进展,离开项目组,组建了自己的私人公司"塞雷拉基因组公司",希望更快地完成人类基因组排序,并将数据公开。2007年,他的团队宣布已根据支原体的染色体成功地制成了人造染色体。一条染色体就是一条完整的DNA链。2010年,他的团队将人造染色体插到另外一个去除遗传物质的细菌中,从而创造了一个新的生命。

计算机制造的生命

即使像支原体这样最简单的生物,其基因组也是由数十万的核苷酸排列组成的。这些核苷酸必须按照特定的顺序人工合成在一起,这对于整个基因组来说是一项巨大的任务。这一过程可以在计算机技术的帮助下自动完成。现在的计算机可以解码生命的遗传蓝图,识别疾病的遗传因素,甚至可用于创造新的生命。■

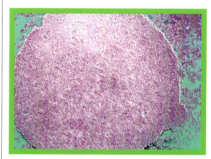

支原体是一种没有细胞壁的原核细胞,是目前已知的最小的生命形式。文特尔选择支原体为对象首次人工合成染色体。

克雷格·文特尔

克雷格·文特尔出生于美国犹他州盐湖城,在校时学习成绩并不好。他在越南战争期间征召入伍,服务于一家战地医院,对生物医学产生了浓厚的兴趣。从加州大学圣地亚哥分校毕业后,文特尔于1984年进入美国国立卫生研究院。20世纪90年代,他协助开发了人类基因组项目中定位基因的技术,并成为不断发展的基因组研究领域中的一位先锋。1992年,文特尔离开美国国立卫生研究院,建立了一家非营利性的基因组研究院,发明了一种对完整基因组的测序方法。他开始时主要研究流感嗜血杆菌,后来转向人类基因组研究,创办了塞雷拉基因组公司,制造先进的测序仪。2006年,他创立了非营利性机构克雷格·文特尔研究所,致力于人造生命的研究。

主要作品

2001年 《人类基因组序列》
2007年 《解码生命》

一条新的自然法则

伊恩·维尔穆特（1944年—）

背景介绍

科学分支
生物学

此前

1953年 詹姆斯·沃森和弗朗西斯·克里克证明，DNA的双螺旋结构承载了遗传密码，并且可以进行复制。

1958年 F. C. 斯图尔特用已分化成熟的组织成功克隆胡萝卜。

1984年 丹麦生物学家斯蒂恩·维拉德森发明了将胚细胞和去除遗传物质的卵细胞融合在一起的方法。

此后

2001年 一头名叫"诺亚"的克隆的印度野牛在美国降生，这是第一个通过克隆繁殖的濒危动物。

2008年 实验证明，用治疗性克隆培育的组织可以治愈老鼠的帕金森病。

克隆是指繁殖出在遗传上与供体完全相同的新个体技术，在自然界就有类似现象发生，比如草莓通过葡匐茎无性繁殖，其后代继承了完全相同的基因。人工克隆却很难实现，因为并非所有细胞都能长成完整的个体。第一例成功的多细胞生物克隆是由英国生物学家 F. C. 斯图尔特完成的，他用一个成熟的单细胞培养出了一株胡萝卜。

克隆人的压力是巨大的，但我们没有必要认为它会成为人类生活普遍或重要的一部分。

——伊恩·维尔穆特

克隆动物

全能细胞指能长成完整生物体的细胞。动物体内的全能细胞屈指可数，而受精卵和早期的胚胎细胞就是其中之二。20世纪80年代，科学家通过分离早期的胚胎细胞进行克隆，但过程很难实现。英国生物学家伊恩·维尔穆特另辟蹊径，将体细胞的细胞核放到无核卵细胞中，使其成为全能细胞。

维尔穆特的团队用绵羊的乳腺细胞作为细胞核供体，将形成的胚胎放入绵羊体内让其正常发育。总计有27729个细胞发育成了胚胎，其中一只被命名为多莉的克隆羊降生于1996年，并且长到成年。农业、保护动植物和医疗方面的克隆研究一直在继续，而有关伦理方面的争论也从未停止。■

参见：格雷戈尔·孟德尔 166~171页, 托马斯·亨特·摩尔根 224~225页, 詹姆斯·沃森与弗朗西斯·克里克 276~283页。

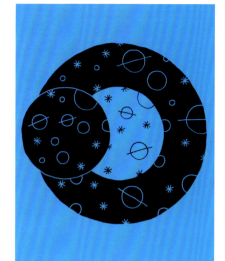

太阳系外的世界

杰弗里·马西（1954年—）

背景介绍

科学分支
天文学

此前

20世纪60年代 天文学家希望通过测量恒星在运行轨道上的轻微晃动发现新的系外行星，但即使目前最强大的望远镜也无法观察到恒星的这种晃动。

1992年 波兰天文学家亚历山大·沃尔兹森发现了第一颗世界公认的系外行星，该行星正围绕脉冲星（燃尽的恒星核）运转。

此后

2009—2013年 美国国家航空航天局的开普勒卫星通过观察行星通过恒星正面时恒星光度的微小变化，发现了超过3000颗可能是系外行星的天体。根据开普勒卫星收集的数据，天文学家预测，银河系大约有110亿个像地球一样的星球围绕着类似于太阳的恒星运行。

长久以来，天文学家一直在思考，行星是否可以围绕太阳以外的恒星运转，但直到近些年，技术障碍才得以解决。科学家首先发现的是围绕脉冲星运转的行星。在行星的引力作用下，脉冲星的无线电信号会有轻微变化。1995年，瑞士天文学家米歇尔·麦耶和迪迪埃·奎洛兹发现了距地球约51光年的飞马座51b，这颗系外行星的大小类似于木星，围绕一颗类似太阳的恒星运转。之后，天文学家发现了1000多颗系外行星，也称"外星行星"。

行星猎人

在人类发现的前100个行星中，有70个是由天文学家杰弗里·马西及其团队发现的，这一记录目前无人超越。

系外行星距离我们十分遥远，我们只能通过间接的方式证明它的存在。行星的引力会使寄主星的径向速度发生变化，外星行星是否有生命存在，还有待进一步考证。■

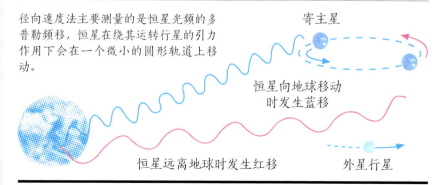

径向速度法主要测量的是恒星光频的多普勒频移，恒星在绕其运转行星的引力作用下会在一个微小的圆形轨道上移动。

寄主星

恒星向地球移动时发生蓝移

恒星远离地球时发生红移

外星行星

参见：尼古拉·哥白尼 34~39页，威廉·赫歇尔 86~87页，克里斯蒂安·多普勒 127页，埃德温·哈勃 236~241页。

DIRECTORY

人名录

人名录

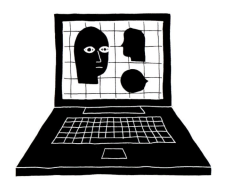

回溯科学史，我们可以发现科学最初只是一个人或几个人的独立研究，并且往往是一种类似宗教的追求。如今，科学已经发展成为一种对现代社会影响重大的实践活动，很多科学项目从本质上说都需要人们的高度协作，所以我们很难选出某些人作为代表，事实上这样做也有失公允。目前的研究领域多于史上任何时期，各学科间的界限也逐渐模糊。数学家为物理学提供解决方法，物理学家帮助解释化学反应的本质，而化学家又在参与探寻生命的奥秘，生物学家也开始关注人工智能。在此，我们只列举部分人物，他们的研究加深了我们对世界的了解。

毕达哥拉斯
约公元前570—公元前495年

有关古希腊数学家毕达哥拉斯的生平，我们知之甚少，他本人未留下任何著作。毕达哥拉斯出生于希腊的萨摩斯岛，但他在公元前518年之前就离开故乡，前往意大利南部的克罗托内。他在那里建立了毕达哥拉斯学派。该学派的内部人士互称数学家，他们认为从最深层次讲现实的本质就是数学。毕达哥拉斯认为，所有事物的关系都可以归结为数，他建立该学派就是要找到这些关系。毕达哥拉斯为科学，尤其是数学，做出了巨大贡献。他研究了振动弦与和声的关系，还可能首次证明了毕达哥拉斯定理，即勾股定理。该定理表述如下：直角三角形两条直角边的平方和等于斜边的平方。

参见：阿基米德 24~25页。

色诺芬尼
约公元前570—公元前475年

古希腊哲学家、诗人色诺芬尼生于科洛封，一生漂泊各地。他兴趣广泛，在行走各地期间通过仔细观察积累了丰厚的学识。他指出，来自太阳的能量可以使海水变热并最终形成云，这种能量驱动着地球上的物理过程。色诺芬尼认为，天体起源于云，星体是燃烧的云，而月球由压缩的云组成。在内陆发现海洋生物化石后，色诺芬尼推论，地球时而经历洪水，时而经历干旱。他是第一个不借用神来解释自然现象的人，但是他的研究在他死后几百年内都无人问津。

参见：恩培多克勒 21页，张衡 26~27页。

阿耶波多
公元476—550年

印度数学家、天文学家阿耶波多生活在华氏城，这里是印度笈多王朝的文明中心。阿耶波多23岁时撰写了一部简短的专著，对后来的伊斯兰学者产生了重要影响。这部著作就是《阿耶波多文集》，用诗体写成，其中涵盖代数、几何、三角函数和天文学。书中描述了圆周率π的近似值为3.1416，精确到了小数点后四位，以及地球赤道周长为39968千米，与目前广为接受的40075千米十分接近。阿耶波多还提出，因为地球自转，所以人们可以看到星体的运动。他还提出行星沿椭圆形轨道运转，但并没有提出以太阳为中心的太阳系模型。

参见：尼古拉·哥白尼 34~39页，约翰尼斯·开普勒 40~41页。

婆罗摩笈多
598—670年

印度数学家、天文学家婆罗摩笈多将零的概念引入数字系统，将零定义为减去自身的数字。他还详细描述了负数的代数法则。公元628年，婆罗摩笈多生活在瞿折罗-普腊蒂哈腊王朝的都城，在那里完成了最重要的著作《婆罗摩修正体系》。这部著作没有使用任何数学符号，却详细地描述了二次公式，即解决二次方程的方法。公元8世纪，这部著作在巴格达被翻译成阿拉伯语，对后来的科学家产生了重要影响。

参见：阿尔哈曾 28~29页。

贾比尔·伊本·哈扬
约722—约815年

波斯炼金术士贾比尔·伊本·哈扬（又译"吉伯"）是一位崇尚实践和实验的科学家。他详细地列出了制造合金、检验金属及分馏的方法。大约有3000种书被归为贾比尔的名下，但很多书的完成时间可能在贾比尔去世之后。中世纪，贾比尔的著作在欧洲几乎闻所未闻，但是归于他名下的《金属完善术概要》在13世纪传到欧洲，成为欧洲最著名的炼金术书籍，但其实这部著作很有可能是方济会修士塔兰托的约翰所著。当时，使用著名前辈的名字著书的现象十分常见。

参见：约翰·道尔顿 112~113页。

伊本·西拿
980—1037年

波斯医师伊本·西拿，亦称阿维琴纳，是一个神童，十岁时就能背诵整本《古兰经》。伊本·西拿涉猎广泛，包括数学、逻辑学、天文学、物理学、炼金术和音乐。他完成了两部重要著作：一本是《治疗论》，被奉为科学的百科全书；另一本是《医典》，在17世纪被作为大学教材广泛使用。伊本·西拿不仅列出了治疗疾病之法，还记述了保持健康之道，并强调运动、按摩、饮食和睡眠的重要性。他所处的年代政治动荡，研究常常因为被迫搬迁而中断。

参见：路易·巴斯德 156~159页。

安布鲁瓦兹·帕雷
约1510—1590年

安布鲁瓦兹·帕雷在法国军队当了30年军医。在此期间，他发明了很多新技术，包括截肢后的动脉结扎术。他研究过解剖学，发明了假肢，还首次描述了"幻肢"。一些患者肢体被截掉以后，仍能感觉到这个肢体继续存在。他还用金、银、瓷和玻璃制作义眼。帕雷研究了因暴力死亡之人的体内器官，撰写了第一份合法的医疗报告，开启了现代法医病理学。帕雷的成就提升了外科医生原本低下的社会地位，他本人还担任过四任法国国王的御医。1575年，详细论述帕雷

医疗方法的《帕雷作品集》出版面世。

参见：罗伯特·胡克 54页。

威廉·哈维
1578—1657年

英国医师威廉·哈维是第一个精确描述血液循环的人。他指出血液快速地在全身流动，形成一个由心脏提供动力的系统。此前，人们认为有两个血液系统：静脉携带着来自肝脏的养分充足的紫色血液，动脉携带着来自肺部的"赋予生命"的红色血液。哈维通过无数次实验证明了血液循环理论，还研究了不同生物的心跳。他反对笛卡儿的机械论哲学，相信血液拥有自己的生命力。哈维的血液循环理论最初遭到反对，但在他去世之前已被广为接受。17世纪末，人们用新式显微镜观察到了连接动脉和静脉的毛细血管。

参见：罗伯特·胡克 54页，安东尼·范·列文虎克 56~57页。

马林·梅森
1588—1648年

法国修道士马林·梅森最著名的当属素数研究。他指出，如果$2n-1$是素数，那么n肯定也是素数。他的研究涉猎广泛，涵盖很多科学领域，比如和声学，他发现了控制弦振动频率的规律。梅森住在巴黎，经常与笛卡儿合作，与伽利略通

信，还将伽利略的著作译成法文。他提倡实验，称其为打开科学大门的钥匙，还强调精确数据的重要性，并批评当时很多科学家不够严谨。1635年，他建立了巴黎学院，这是一个民间的科学组织，在欧洲拥有100多名会员，后来发展为法国科学院。

参见：伽利略·伽利雷 42~43页。

勒内·笛卡儿
1596—1650年

法国哲学家、数学家、物理学家勒内·笛卡儿是17世纪科学革命的一位重要人物。他到访过欧洲很多地方，与当时很多名人有过合作。他提倡对既有知识保持怀疑精神，帮助法国科学家摆脱了亚里士多德的非实证研究方法。笛卡儿在数学的基础上提出了科学研究的四步法：对一切事物的正确性保持怀疑，除非它不证自明；简化问题，将其分成几部分；从易到难逐步解决这些问题；最后检查所得结果。他还发明了笛卡儿坐标系，其中包括x轴、y轴和z轴，用数字表示空间中的点。通过这种方法，人们可以用数字表示图形，也可以用图形表示数字，从而创立了解析几何。

参见：伽利略·伽利雷 42~43页，弗朗西斯·培根 45页。

亨尼格·布兰德
约1630—约1710年

关于德国化学家亨尼格·布兰德的

早期生活，我们知之甚少，但我们知道他确实参加了欧洲的"三十年战争"。离开军队后，布兰德致力于炼金术的研究，寻找能够将普通金属变成金子的哲人石。1669年，布兰德通过加热浓缩尿液的残渣，制成了一种白色蜡状物质。因为这种物质在黑暗中会发光，所以他称其为"磷"（意为"发光物"）。磷的反应活性极高，自然界中没有游离态的磷存在。布兰德的发现标志着他第一次成功地分离了这种元素。布兰德将制磷方法视作秘密，但1680年罗伯特·玻意耳也独立地发现了磷。

参见：罗伯特·玻意耳 46~49页。

戈特弗里德·威廉·莱布尼茨
1646—1716年

戈特弗里德·威廉·莱布尼茨是德国人，曾在莱比锡大学学习法律。求学期间，莱布尼茨接触到了笛卡儿、培根和伽利略的思想，从而对科学产生了浓厚兴趣，并开始了整理人类所有知识的毕生追求。后来，他到巴黎跟随克里斯蒂安·惠更斯学习数学，并在那里开始研究微积分。微积分是一种计算变化率的数学方法，对后来的科学发展至关重要。他与牛顿同时创立了微积分，两人彼此通信，而后发生争吵。莱布尼茨积极推动科学研究，与欧洲600多位科学家通信，并在柏林、德累斯顿、维也纳和圣彼得堡建立了研究院。

参见：克里斯蒂安·惠更斯 50~51页，艾萨克·牛顿 62~69页。

丹尼斯·帕潘
1647—1712年

英国物理学家、发明家丹尼斯·帕潘生于法国，年轻时曾作为克里斯蒂安·惠更斯和罗伯特·玻意耳的助手，协助他们做空气和压力实验。1679年，帕潘发明了高压锅。他观察到高压锅内的蒸汽试图顶开锅盖，由此想到可以用蒸汽驱动气缸内的活塞，于是率先设计了蒸汽机。帕潘本人并没有制造蒸汽机，但他在1709年做了一个桨轮，证明蒸汽轮船用短桨代替长桨更实用。

参见：罗伯特·玻意耳 46~49页，克里斯蒂安·惠更斯 50~51页，约瑟夫·布莱克 76~77页。

斯蒂芬·黑尔斯
1677—1761年

英国神职人员斯蒂芬·黑尔斯做了一系列有关植物生理学的开创性实验。他测量了植物蒸腾作用过程中叶子所散发的水蒸气，发现正是蒸腾作用促使树液从根部向上运输，从高压的根部到达水蒸气会发生蒸腾的低压部位，并将溶解其中的养分送达植物各处。1727年，黑尔斯将研究结果发表在《植物静力学》一书中。此外，他还做了很多动物实验，常常以狗为实验对象，并首次测量了血压。黑尔斯还发明了集气槽，这是一种在化学反应中收集生成气体的实验装置。

参见：约瑟夫·普里斯特利 82~83页，扬·英根豪斯 85页。

丹尼尔·伯努利
1700—1782年

丹尼尔·伯努利出生于一个显赫的数学世家，他的伯父雅各布及父亲约翰为创立微积分做出了重要贡献。而他可能是家族中最具天赋的一员。1738年，他出版《流体动力学》一书，其中论述了流体的性质。他还提出了伯努利原理，指出流体流速增加时，压强变小。这一原理有助于我们理解机翼升力。伯努利意识到，流动的流体必须牺牲一部分压强以获得动能，才可以不违反能量守恒定律。除了数学和物理学，伯努利还对天文学、生物学和海洋学有所涉猎。

参见：约瑟夫·布莱克 76~77页，亨利·卡文迪许 78~79页，约瑟夫·普里斯特利 82~83页，詹姆斯·焦耳 138页，路德维希·玻尔兹曼 139页。

蒲丰伯爵（乔治-路易·勒克莱尔）
1707—1788年

从1749年到生命的尽头，法国贵族、自然学家蒲丰伯爵孜孜不倦地撰写他的鸿篇巨制《自然通史》，目的是整理自然史和地质学所有领域的知识。蒲丰伯爵去世16年后，这部百科全书最终由他的助手完成，共计44卷。蒲丰伯爵研究了地球的地质史，提出地球的年龄比之前假设的要长得多。他绘制了灭绝物种的图表，提出人和猿拥有共同的祖先，比达尔文的进化论早一个世纪。

参见：卡尔·林奈 74~75页，詹姆斯·赫顿 96~101页，查尔斯·达尔文 142~149页。

吉尔伯特·怀特
1720—1793年

英国牧师吉尔伯特·怀特住在汉普郡的塞尔伯恩小镇，他一生未娶，过着安静的生活。1789年，他出版了《塞尔伯恩史》一书，其中包含他写给朋友的信。在这些信中，怀特记录了他对自然的系统观察，并指出了生物间的相互关系。事实上，怀特可谓历史上第一位生态学家。他意识到，所有生物都在我们现在所说的生态系统中扮演一定的角色。他写道，蚯蚓"似乎是促进植被生长的伟大因素，没有它们，植物也能生长，但会很慢"。怀特提出的很多研究方法都对后来的生物学家影响重大，其中一种方法是在同一地点观察多年并做好记录。

参见：亚历山大·冯·洪堡 130~135页，詹姆斯·洛夫洛克 315页。

尼塞福尔·涅普斯
1765—1833年

现存最早的照片出自法国发明家尼塞福尔·涅普斯之手，拍摄时间为1825年，场景是他在圣卢德瓦雷纳住所附近的建筑。涅普斯多年来一直在做实验，希望找到一种可以将图像投射到照相机暗箱后面的方法。1816年，他在一张涂有氯化银的纸上制成了负像图像，但是图像一曝光就消失了。大约1822年，涅普斯发明了一种摄影术，他称之为日光胶版术，使用的是涂有沥青的玻璃板或金属板。将其置于阳光下照射时，沥青会变硬，而玻璃板用薰衣草油冲洗时，只有硬化部分会保留下来。这种方法的曝光时间是8小时。涅普斯晚年时，与路易·达盖尔合作，改进了这一过程。

参见：阿尔哈曾 28~29页。

安德烈·玛丽·安培
1775—1836年

1820年，法国物理学家安德烈·玛丽·安培听说汉斯·克里斯蒂安·奥斯特偶然发现了电磁关系后，他试图用数学和物理学理论解释两者之间的关系。在此过程中，他提出了安培定律，阐述了磁场与产生磁场的电流之间的数学关系。1827年，安培发表了自己的研究成果。他的《电动力学现象的数学理论》一书十分独特，汇集了他的丰富经验。他还在此书中将这个新的科学领域称为电动力学。电流的标准单位安培就是以他的名字命名的。

参见：汉斯·克里斯蒂安·奥斯特 120页，迈克尔·法拉第 121页。

路易·达盖尔
1787—1851年

法国画家、物理学家路易·达盖尔发明了第一种实用的摄影法。自1826年，达盖尔就与尼塞福尔·涅普斯一起研究日光胶版术，但是这种方法的曝光时间至少需要8小时。涅普斯于1833年去世后，达盖尔发明了一种摄影法，他让影像呈现在镀有碘化银的平板上，然后至于汞蒸气中，最后用盐水定影。这种方法将照片的曝光时间缩短至20分钟，照相首次变得方便可行。1839年，达盖尔详细地描述了自己的摄影法，并称之为印版照相法。这种方法为他带来了巨额财富。

参见：阿尔哈曾 28~29页。

奥古斯丁·菲涅耳
1788—1827年

法国工程师、物理学家奥古斯丁·菲涅耳最著名的发明当属菲涅耳透镜。通过这种透镜，人们可以在很远的地方观察到灯塔的光。菲涅耳在研究光的性质的过程中经常与托马斯·杨通信，还在托马斯·杨双缝实验的基础上做了进一步研究。

他做了大量有关光学的理论研究，用一套公式描述了光从一种介质进入另一种介质时的折射与反射现象。菲涅耳的很多研究对光学都有重要影响，但他直到死后才得到人们的认可。

参见：阿尔哈曾 28~29页，克里斯蒂安·惠更斯 50~51页，托马斯·杨 110~111页。

查尔斯·巴贝奇
1791—1871年

英国数学家查尔斯·巴贝奇设计了第一台数字计算机。他发现当时印刷的数学用表中错误多得惊人，所以想设计一种可以自动计算数学用表的机器。1823年，他聘用工程师约瑟夫·克莱门特制造这种机器。巴贝奇的差分机如果做成，将是一台由黄铜齿轮组成的精密装置，可是刚做好样机时，巴贝奇就耗尽了资金和精力。1991年，伦敦科学博物馆的科学家根据巴贝奇的说明书，用巴贝奇那个年代的技术建造了一台差分机。结果，这台机器确实可以运行，虽然一两分钟后会卡住。巴贝奇还设想了一台由蒸汽驱动的分析机。这台机器可以执行打孔卡上的指令，将数据存放在"堆栈"（存储库）中，在"工场"（运算室）进行运算，最后打印出结果。这也许是现代意义上的第一台计算机。阿达·洛芙莱斯（诗人拜伦伯爵的女儿）为这台机器写了程序，她被世人称为史上第一位程序员。然而，分析机项目从未启动。

参见：阿兰·图灵 252~253页。

萨迪·卡诺
1796—1832年

萨迪·卡诺是法国陆军的一位军官。1819年，他选择一种半退役的方式，拿一半的军饷到巴黎投身科学研究。卡诺希望法国可以在工业革命中赶超英国，于是开始设计并制造蒸汽机。1824年，卡诺根据自己的研究出版了《关于火的动力》，这是他唯一的一部著作。书中指出，蒸汽机的效率主要取决于最热和最凉的机器零部件之间的温差。卡诺在热动力学方面的开创性研究为后来德国的鲁道夫·克劳修斯及英国的开尔文勋爵的工作奠定了基础，但卡诺在世时却没有得到多少关注。卡诺在一场霍乱中死去，年仅36岁。

参见：约瑟夫·傅里叶 122页，詹姆斯·焦耳 138页。

让-丹尼尔·科拉东
1802—1893年

瑞士物理学家让-丹尼尔·科拉东证明，光通过全内反射可以全部保留在管中，在此过程中光沿曲线传播，这是现代光纤的一个核心原理。科拉东在日内瓦湖上做了很多实验，证明声音在水中的传播速度是在空气中传播速度的5倍。他设计出一种方法让声音在水中传播了50千米，并提出可以用这种方法实现英吉利海峡两岸的通信。他还研究了水的压缩率，为水力学做出了重要贡献。

参见：莱昂·傅科 136~137页。

尤斯图斯·冯·李比希
1803—1873年

尤斯图斯·冯·李比希出生于德国达姆施塔特。他的父亲开了一家小化工厂，李比希小时候就在父亲的实验室做化学实验。长大后，李比希成为一位魅力四射的化学教授，他崇尚实验的教学方法在当时产生了极大影响。李比希发现了氮在植物生长过程中的重要性，并且发明了工业化肥。他还很喜欢研究食品的化学性质，发明了加工牛肉膏的方法。他建立了李比希牛肉膏公司，生产"牛奥牌"（Oxo）高汤块。

参见：弗里德里希·维勒 124~125页。

克劳德·伯纳德
1813—1878年

法国生理学家克劳德·伯纳德是实验医学的一位先驱，也是第一位研究人体内部规律的科学家。他的研究为我们现在所说的"体内平衡"奠定了基础。体内平衡是指当外部环境发生变化时体内环境保持稳定的性质。伯纳德研究了胰腺和肝脏在消化过程中的作用，描述了

化学物先被分解为更简单的物质，而后又形成人体组织所需的复杂分子。1865年，伯纳德出版了他的重要著作《实验科学研究导论》。

参见：路易·巴斯德 156~159页。

威廉·汤姆孙
1824—1907年

物理学家威廉·汤姆孙生于北爱尔兰首都贝尔法斯特，22岁便成为格拉斯哥大学的自然科学教授。1892年，他被封为贵族，人们称他为开尔文勋爵，其头衔源自流经格拉斯哥大学的开尔文河。开尔文勋爵认为，物理变化从根本上说就是能量的变化。他的研究涉及物理学的多个领域。开尔文勋爵提出了热力学第二定律，并建立了新的温度标度，即"绝对零度"。绝对零度是指分子运动停止的温度，数值为-273.15℃。以绝对零度作为计算起点的温度就是以他的名字命名的。开尔文勋爵还发明了镜式电流计，用来接收微弱的电报信号。1866年，在他的指导下，大西洋海底电缆铺设成功。他还改进了船员使用的指南针，发明了预测潮汐的机器。开尔文勋爵常常招致是非，他反对达尔文的进化论，还发表过很多大胆的言论，比如他在1902年曾预言"没有哪架飞机能够试飞成功"。结果，一年后莱特兄弟的第一架飞机试飞成功。

参见：詹姆斯·焦耳 138页，路德维希·玻尔兹曼 139页，欧内斯特·卢瑟福 206~213页。

范德华
1837—1923年

1873年，荷兰物理学家范德华完成博士论文，这篇论文为热力学做出了重大贡献。文中指出，在分子层面，液态和气态之间存在着连续性。范德华指出，这两种物质形态不仅会彼此混合，从根本上说还应该拥有一样的性质。他假设分子间存在一种力，现在我们称之为范德华力，这种力可以解释化学物的性质，比如溶解度。

参见：詹姆斯·焦耳 138页，路德维希·玻尔兹曼 139页，奥古斯特·凯库勒 160~165页，莱纳斯·鲍林 254~259页。

爱德华·布朗利
1844—1940年

巴黎天主教学院物理学教授爱德华·布朗利是无线电报的一位先驱。1890年，他发明了无线电接收器，即布朗利检波器。该接收器由一个玻璃管组成，其中装有两个距离很近的电极，电极间充满金属粉末。接收到无线电波时，金属粉末会紧缩成块，电阻减小后电流很容易通过。后来，布朗利的发明被意大利的古列尔莫·马可尼用在了无线电通信实验中，并于1910年之前一直被广泛用于电报领域。而后，更敏感的检测器面世，布朗利的发明才退出历史的舞台。

参见：亚历山德罗·伏打 90~95

页，迈克尔·法拉第 121页。

伊凡·巴甫洛夫
1849—1936年

巴甫洛夫生于俄国，父亲是一名牧师，但为了去圣彼得堡大学学习化学和生理学，巴甫洛夫放弃了原本继承父业的计划。巴甫洛夫发现，他每次走进房间，他的狗都会流口水，即使他手里没拿食物也是如此，于是他开始研究这一现象。巴甫洛夫意识到，这一定是一种习得行为，由此开始了长达30年的条件反射实验。他每次喂狗前都会先摇铃，结果发现，狗经过一段时间的学习（训练）后，一听到响铃就会流口水。虽然当今的生理学家认为巴甫洛夫的解释过于简单，但这项研究却为行为研究奠定了基础。

参见：康拉德·劳伦兹 249页。

亨利·莫瓦桑
1852—1907年

1906年，法国化学家亨利·莫瓦桑因为成功制备元素氟获得诺贝尔化学奖。莫瓦桑通过电解氟氢化钾溶液制得氟。莫瓦桑将溶液冷却至-50℃，阴极出现纯氢，阳极出现纯氟。莫瓦桑还发明了一种温度可以达到3500℃的电弧炉，他试图用这个电弧炉合成人造金刚石。虽然他并没有成功，但他提出的在极高的压强和温度下可以用碳制成金刚石这一理论后来证明是正确的。

参见：汉弗莱·戴维 114页，利奥·贝克兰德 140~141页。

弗里茨·哈伯
1868—1934年

德国化学家弗里茨·哈伯的人生可谓毁誉参半。值得称赞的是，哈伯及其同事卡尔·博施发明了用氢和大气中的氮合成氨（NH_3）的方法。氨是肥料的重要成分，哈伯-博施法实现了人造肥料的工业生产，大幅提高了食物的产量。而备受谴责的是，他发明了堑壕战使用的氯气等致命性毒气，并在第一次世界大战期间亲自监督其在战场上的使用。1915年，同为化学家的哈伯的妻子克拉拉自杀，以反对哈伯在伊普尔地区使用氯气。

参见：弗里德里希·维勒 124~125页，奥古斯特·凯库勒 160~165页。

查尔斯·汤姆逊·里斯·威尔逊
1869—1959年

苏格兰气象学家查尔斯·汤姆逊·里斯·威尔逊对云的研究情有独钟。为了研究云，他发明了一种方法，即在一个封闭的装置内让潮湿空气不断膨胀达到饱和状态，也就是达到形成云所需的条件。这个装置就是云雾室。威尔逊发现，如果有灰尘颗粒存在，云雾室中更容易形成云。如果没有灰尘颗粒，空气

湿度只有达到一个很高的点才会形成云。威尔逊认为，水蒸气以离子（带电分子）为中心凝结成云。为了验证这一理论，威尔逊用射线照射云雾室中的气体，观察空气被电离后会不会形成云。他发现，射线穿过后留下了一条由微小水滴形成的轨迹。威尔逊发明的云雾室对核物理学的研究至关重要，他因此于1927年获得诺贝尔物理学奖。1932年，美国加州理工学院的安德森宣布，他利用云雾室首次发现了正电子。

参见：保罗·狄拉克 246~247页，查尔斯·基林 294~295页。

欧仁·布洛克
1878—1944年

法国物理学家欧仁·布洛克致力于光谱学研究，为阿尔伯特·爱因斯坦用光量子理论解释光电效应提供了支持性证据。第一次世界大战期间，布洛克从事军事通信工作，发明了第一个用于无线电接收器的电子放大器。1940年，正担任巴黎大学物理学教授的布洛克因受到法国维希政权反犹太政策的迫害，职务被免。他逃到未被维希政府占领的法国南部地区，但在1944年被盖世太保抓到，关在奥斯威辛集中营，并在那里遇害。

参见：阿尔伯特·爱因斯坦 214~221页。

马克斯·玻恩
1882—1970年

20世纪20年代，德国物理学家、哥廷根大学实验物理学教授马克斯·玻恩与维尔纳·海森堡、帕斯夸尔·约尔丹共同创立了矩阵力学。矩阵力学是表达量子力学的一种数学方式。在埃尔温·薛定谔建立波函数描述量子力学的同时，玻恩率先提出了薛定谔方程的现实意义，认为它描述的是在时空中某一点发现粒子的概率。1933年，纳粹开始罢免犹太人在学术界的职位，玻恩全家离开德国。他后来定居英国，于1939年加入英国国籍。1954年，玻恩因为对量子力学的贡献获得诺贝尔物理学奖。

参见：埃尔温·薛定谔 226~339页、维尔纳·海森堡 234~235页、保罗·狄拉克 246~247页、J.罗伯特·奥本海默 260~265页。

尼尔斯·玻尔
1885—1962年

作为量子力学早期的一位重要理论学家，尼尔斯·玻尔对量子力学的第一个重大贡献就是完善了欧内斯特·卢瑟福的原子模型。玻尔于1913年提出，电子在特定的量子轨道上绕原子核运转。1927年，玻尔与维尔纳·海森堡对量子现象做出解释，也就是我们所说的哥本哈根诠释。这种诠释的一个核心概念就是玻尔的互补原理。该原理指出，

一种物理现象、比如光子或电子的运动，会因为实验仪器与被测物理现象的相互作用而得出矛盾的结果。

参见：欧内斯特·卢瑟福 206~213页、埃尔温·薛定谔 226~233页、维尔纳·海森堡 234~235页、保罗·狄拉克 246~247页。

乔治·埃米尔·帕拉德
1912—2008年

罗马尼亚细胞生物学家乔治·埃米尔·帕拉德于1940年毕业于布加勒斯特大学医学系。第二次世界大战快结束时，他移民美国，并在纽约洛克菲勒医学研究所完成了自己最重要的研究。帕拉德发明了新的组织制备技术，使得在电子显微镜下研究细胞结构成为可能，这大大地加深了他对细胞组成的了解。他最杰出的成就是在20世纪50年代发现了核糖体，这种细胞器之前被认为是线粒体的一部分，但实际上是合成蛋白质的主要场所。在这里，氨基酸按照一定的序列连接形成蛋白质。

参见：詹姆斯·沃森与弗朗西斯·克里克 276~283页、琳·马古利斯 300~301页。

戴维·玻姆
1917—1992年

美国理论物理学家戴维·玻姆提出

了一种非正统的量子力学诠释。他假设宇宙存在一种"隐秩序"，这种秩序比我们在现实世界经历的时间、空间和意识更为基础。他写道："元素之间可能存在一种完全不同的基本关系，我们平时所说的时空概念及单独存在的粒子概念，都将作为源自更深层秩序的形式从中抽象得出。"玻姆一直在普林斯顿大学与阿尔伯特·爱因斯坦共事，直到20世纪50年代初，玻姆因坚持马克思主义的政治观点离开美国。他先来到巴西，后迁往伦敦，1961年开始在伦敦大学伯克贝克学院担任物理学教授。

参见：埃尔温·薛定谔 226~339页、休·艾弗雷特三世 284~285页、加布里埃莱·韦内齐亚诺 308~313页。

弗雷德里克·桑格
1918—2013年

英国生物化学家弗雷德里克·桑格是两度获得诺贝尔化学奖的科学家。1958年，桑格因完整确定胰岛素内的氨基酸序列而首次获得诺贝尔化学奖。桑格的胰岛素研究证明每种蛋白质都有一定的氨基酸序列，这为我们理解形成蛋白质的DNA编码方式打开了大门。1980年，桑格因DNA测序法再次获得诺贝尔化学奖。桑格的研究团队测定了人类线粒体的基因序列，线粒体拥有37个基因，全部从母亲那里遗传而来。因为桑格所取得的卓越成就，1993年桑格研究院成立，地

点位于英国剑桥桑格的住所附近，是目前全球最领先的基因组研究中心之一。

参见：詹姆斯·沃森与弗朗西斯·克里克 276~283页，克雷格·文特尔 324~325页。

马文·明斯基
1927—2016年

美国数学家、认知科学家马文·明斯基是早期研究人工智能的一位先驱，于1959年在麻省理工学院与他人共同建立了人工智能实验室，并在那里度过了余下的职业生涯。明斯基的主要研究方向是神经网络，即可以通过经验进行学习并不断发育的人造"大脑"。20世纪70年代，明斯基与同事西蒙·派珀特提出了一种人工智能理论，即"心智社会"，用来说明智能如何产生于完全由非智能个体组成的系统。明斯基将人工智能定义为"研究可以让机器做需要人类智能的事情的科学"。他还是电影《2001太空漫游》的顾问，并研究过外星人存在的可能性。

参见：阿兰·图灵 252~253页，唐纳德·米基 286~291页。

马丁·卡普拉斯
1930年—

现代科学越来越多地使用计算机模拟结果。1974年，理论化学家马丁·卡普拉斯及其同事亚利耶·瓦谢尔建立了一个复杂视网膜分子的计算机模型。该视网膜遇光后形状会发生改变，对眼睛的研究至关重要。马丁·卡普拉斯具有美国和奥地利双重国籍，而亚利耶·瓦谢尔具有美国和以色列双重国籍。卡普拉斯和瓦谢尔利用经典力学和量子力学模拟视网膜分子中电子的运动。该模型大大地提高了模拟复杂化学系统的计算机模型的复杂程度和精确度。2013年，卡普拉斯和瓦谢尔与英国化学家迈克尔·莱维特因在该领域的贡献获得诺贝尔化学奖。

参见：奥古斯特·凯库勒 160~152页，莱纳斯·鲍林 254~259页。

罗杰·潘洛斯
1931年—

1969年，英国数学家罗杰·潘洛斯与物理学家斯蒂芬·霍金合作，共同证明了黑洞中的物质可以坍缩为一个奇点。随后，潘洛斯用数学方法描述了引力对黑洞周围时空的影响。潘洛斯的研究领域十分广泛，他根据大脑在亚原子层级上的量子力学效应，建立了一种意识理论。近些年，他又提出了一种循环宇宙理论，指出一个宇宙的热寂（最终状态）将成为另一个宇宙的大爆炸，如此循环反复，无休无止。

参见：乔治·勒梅特 242~245页，苏布拉马尼扬·钱德拉塞卡 248页，斯蒂芬·霍金 314页。

弗朗索瓦·恩格勒
1932年—

2013年，比利时物理学家弗朗索瓦·恩格勒与彼得·希格斯共同获得诺贝尔物理学奖。获奖理由是他们各自提出了希格斯场，基本粒子因为希格斯场获得质量。1964年，恩格勒与同事罗伯特·布绕特首次提出，真空中可能存在一种场，可以赋予物质以质量。2012年，欧洲核子研究中心发现了与希格斯场相关的希格斯玻色子，证实了恩格勒、布绕特和希格斯的预言。布绕特于2011年去世，因为诺贝尔奖只奖励给在世的科学家，所以布绕特无缘诺奖。

参见：谢尔顿·格拉肖 292~293页，彼得·希格斯 298~299页，默里·盖尔曼 302~307页。

史蒂芬·杰伊·古尔德
1941—2002年

美国古生物学家史蒂芬·杰伊·古尔德主要的研究方向是西印度群岛蜗牛的进化，他除此之外还写了很多有关进化论和其他科学领域的著作。1972年，古尔德和他的同事奈尔斯·埃尔德雷德提出了"间断平衡"进化理论。该理论认为，新物种的进化并不像达尔文指出的那样经历了持续、缓慢的过程，而是在较短的几千年内快速变化，此后便是漫长的稳定期。为了证明自己的理论，他们以化石记录为据，而很多生物的进化模式恰恰符合他们的观点。1982年，古尔德创造了"预适应"一词，用来描述某个性状因为某种原因遗传下来，后来又适应于其他功能。古尔德的研究拓宽了人们对自然选择发生机制的理解。

参见：查尔斯·达尔文 142~149页、琳·马古利斯 300~301页、迈克尔·叙韦宁 318~319页。

理查德·道金斯
1941年—

英国动物学家理查德·道金斯最出名的是撰写了多部科普著作，比如《自私的基因》（1976）。他对该领域最大的贡献就是提出了"延伸的表现型"这一概念。生物的基因型是指基因编码中所包含的所有指令的总和。它的表现型就是遗传编码的表现结果。生物体的单个基因可能只是为了合成不同的物质进行编码，而表现型则应该被视为这种合成的所有结果。举个例子，白蚁丘可以看作白蚁的一种延伸的表现型。达尔文认为，延伸的表现型是最大限度保证基因能够遗传给下一代的方式。

参见：查尔斯·达尔文 142~149页、琳·马古利斯 300~301页、迈克尔·叙韦宁 318~319页。

乔瑟琳·贝尔
1943年—

1967年，英国天文学家乔瑟琳·贝尔在剑桥大学做助理研究员，负责监测类星体（远处的星系核）。在此过程中，她发现了一系列奇怪但规律的太空射电脉冲。贝尔的同事打趣地将这些脉冲称为"小绿人"，并认为这可能是外星人从太空深处向地球发送的编码信息。他们随后发现脉冲来自快速旋转的中子星，也就是脉冲星。1974年，贝尔两个年长的同事因发现脉冲星获得诺贝尔物理学奖，但贝尔因为那时只是一名学生而错失了获奖机会。对此，弗雷德·霍伊尔等很多著名天文学家公开表示支持贝尔。

参见：埃德温·哈勃 236~241页、弗雷德·霍伊尔 270页。

迈克尔·特纳
1949年—

美国宇宙学家迈克尔·特纳的研究主要集中于宇宙大爆炸之后发生了什么。特纳认为，宇宙当前的结构，包括星系的存在及物质与反物质的不对称性，可以用量子力学中的波动来解释。在大爆炸的瞬间，宇宙迅速膨胀，从而产生了波动。1998年，特纳创造了"暗能量"一词，用来描述充满空间的一种假设存在的能量，同时也用于解释宇宙在各个方向上的加速扩张。

参见：埃德温·哈勃 236~241页、乔治·勒梅特 242~245页、弗里茨·兹威基 250~251页。

蒂姆·伯纳斯-李
1955年—

目前在世的科学家中，很少有哪位像英国计算机科学家蒂姆·伯纳斯-李那样对我们的日常生活产生如此巨大的影响。伯纳斯-李是万维网的发明者。1989年，伯纳斯-李正在欧洲核子研究中心工作，他希望建立一个网络，通过因特网实现文件的全球共享。一年后，他设计了第一个客户端和服务器。1991年，欧洲核子研究中心建立了第一个网站。如今，伯纳斯-李仍不断呼吁开放互联网，使其免于政府的控制。

参见：阿兰·图灵 252~253页。

术 语 表

绝对零度 Absolute zero
热力学的最低温度，数值为0K，即-273.15℃。

加速度 Acceleration
速度的变化率。在力的作用下，物体的方向或速率发生变化时，就会产生加速度。

酸 Acid
一种化学物质，溶解于水时会产生氢离子，并且能够使石蕊溶液变红。

算法 Algorithm
在数学和计算机编程中指计算的逻辑程序。

可溶性碱 Alkali
能溶于水、中和酸的一种碱。

α粒子 Alpha particle
由两个中子和两个质子组成的粒子，α衰变时会释放这种粒子。一个α粒子等同于一个氦原子的原子核。

氨基酸 Amino acids
含有氨基（NH_2）和羧基（COOH）的一类有机化合物，是蛋白质的基本组成单位。不同蛋白质的氨基酸序列是不相同的。

角动量 Angular momentum
描述物体旋转的物理量，计算时需要考虑物体的质量、形状和旋转速度。

反粒子 Antiparticle
除电荷相反外，与正常粒子完全相同的粒子。每种粒子都有相应的反粒子。

原子 Atom
一种元素能保持其化学性质的最小单位。人们曾经认为原子是最小的物质组成单位，但目前人们已经发现了很多亚原子粒子。

原子序数 Atomic number
数值上等于原子核的质子数。每种元素的原子序数均不相同。

三磷酸腺苷 ATP
细胞内存储和传递能量的一种化学物质。

碱 Base
能与酸反应生成水和盐的一种化学物质。

β衰变 Beta decay
一种放射性衰变，衰变过程中原子核会释放出β粒子（电子或正电子）。

大爆炸 Big Bang
一种宇宙起源理论，认为宇宙是由一个奇点爆炸后膨胀产生的。

黑体 Black body
一个理想化的物体，能够吸收外来的全部电磁辐射。黑体根据自身温度释放能量，所以它不一定是黑色的。

黑洞 Black hole
宇宙空间内的一种物体，密度超高，光无法逃脱它的引力场。

玻色子 Bosons
在其他粒子中间传递作用力的亚原子粒子。

膜 Brane
在弦理论中，拥有0到9个维度不等的一种物体。

细胞 Cell
能够独立生存的生物的最小组成单位。细菌和原生生物等属于单细胞生物。

混沌系统 Chaotic system
初始状态的微小变化后来会引起巨大变化的系统。

染色体 Chromosome
由DNA和含有细胞遗传信息的蛋白质组成的结构。

支序分类学 Cladistics
根据最近的共同祖先对生物进行分类的系统。

经典力学 Classical mechanics
亦称牛顿力学，包括一套描述物体在力的作用下做各种运动的定律。对于运动速度远小于光速的宏观物体，经典力学能够得出精确的结果。

色荷 Colour charge
夸克的一种性质，会受到强核力的影响。

大陆漂移 Continental drift
指数百万年间全球大陆的缓慢移动。

共价键 Covalent bond
两个原子通过共用电子对形成的化学键。

暗能量 Dark energy
与万有引力作用方向相反、增加宇宙膨胀速度的一种力。暗能量占据宇宙质能的3/4，但我们对之了解甚少。

暗物质 Dark matter
一种看不见的物质，只能通过暗物质对可见物质的引力作用检测到它的存在。暗物质将星系紧紧束缚在一起。

衍射 Diffraction
波遇到障碍物时发生弯曲、通过小孔后发生扩散的物理现象。

脱氧核糖核酸 DNA
一种呈双链结构的大分子，以染色体作为遗传信息的载体。

多普勒效应 Doppler effect
波的频率因波源和观测者的相对运动而产生变化的现象。

生态学 Ecology
研究有机体与其周围环境相互关系的科学。

电荷 Electric charge
亚原子粒子的一种性质，可以使其相互吸引或排斥。

电流 Electric current
电子或粒子的移动形成电流。

电磁力 Electromagnetic force
自然界的四种基本力之一，通过交换光子实现力的作用。

电磁辐射 Electromagnetic radiation
宇宙空间的一种能量，能产生同相振荡且互相垂直的电场与磁场。光是一种电磁辐射。

电弱理论 Electroweak theory
将电磁力和弱核力统一起来的理论。

电子 Electron
一种带有负电荷的亚原子粒子。

电解 Electrolysis
将电流通过某物质使其发生的一种化学变化。

元素 Element
化学反应不能将其分解为其他物质的一种物质。

内共生 Endosymbiosis
生物之间的一种关系，其中一种生物寄居在另一种生物的体内或细胞内，从而形成一种互利关系。

能量 Energy
物体或系统做功的本领。能量有多种存在形式，比如动能（物体运动而具有的能量）和势能（弹簧中储存的能量）。能量既不会产生，也不会消失，只能从一种形式转化为另一种形式。

纠缠 Entanglement
量子力学中粒子相互影响的现象。例如，两个粒子不管相距多远，一个粒子的变化都会影响另一个粒子。

熵 Entropy
指系统的混乱程度。某个系统的熵值等于它可能出现的排列方式的种类。

动物行为学 Ethology
研究动物行为的科学。

视界 Event horizon
黑洞周围的一个边界，是从黑洞中发出的光所能到达的最远距离。发生在黑洞里的事件不会被视界之外的人观察到。

进化 Evolution
物种随时间变化的过程。

外星行星 Exoplanet
围绕除太阳外其他恒星运转的行星。

费米子 Fermion
指电子或夸克等有质量的亚原子粒子。

场 Field
指力在时空的分布，场中的每一点都对应一定的数值。以引力场为例，某一点的引力与该点到引力源的距离的平方成反比。

力 Force
使物体移动或改变物体形状的拉力或推力。

分形 Fractal
一种几何图案，其中包含的相似图形可以用不同的尺度表示。

γ衰变 Gamma decay
一种放射性衰变，其中原子核会释放出高能量、波长短的γ射线。

基因 Gene
生物的基本遗传单位，包含制造蛋白质等化学物质的指令。

广义相对论 General relativity
爱因斯坦提出的一种描述时空的理论，引入了有加速度的参照系。广义相对论将引力描述为时空因质量发生的弯曲，该理论的很多预言都已经得到证实。

地心说 Geocentrism
以地球为中心的宇宙模型。

万有引力 Gravity
有质量的物体间的相互引力。没有质量的光子也会受到引力的影响，广义相对论将引力描述为时空的弯曲。

温室气体 Greenhouse gases
大气中能吸收地面反射的能量、防止其辐射到太空的气体，比如二氧化碳和甲烷。

热寂 Heat death
关于宇宙终极状态的一种假说。届时太空中没有温差，一切都将停止在这个状态。

日心说 Heliocentrism
以太阳为中心的宇宙模型。

希格斯玻色子 Higgs boson
与希格斯场有关的一种亚原子粒子，通过相互作用赋予物质以质量。

碳氢化合物 Hydrocarbon
一种化学物质，分子由碳和氢两种元素以各种可能的方式组合而成。

离子 Ion
失去或得到一个或多个电子的带电原子或原子团。

离子键 Ionic bond
阴阳离子间通过静电作用形成的化学键。

轻子 Leptons
不参与强相互作用的费米子，但会受到其他三种基本力影响的费米子。

磁力 Magnetism
磁体产生的引力或斥力。磁场或粒子的磁矩都可以产生磁力。

质量 Mass
物体的一种性质。物体加速所需要的力的大小与物体质量有关。

线粒体 Mitochondria
细胞中提供能量的结构。

分子 Molecule
保持物质化学性质的最小单位，由两个或多个原子组成。

动量 Momentum
衡量物体由运动状态变为静止状态所需要的力的单位，等于物体的质量和速度的乘积。

多元宇宙 Multiverse
一个理论上的宇宙集合，包括一切可能发生的事件。

自然选择 Natural selection
将能够提高生物繁殖概率的性状传递给后代的过程。

中微子 Neutrino
一种质量小、不带电的亚原子粒子。中微子通过物质时不会被发现。

中子 Neutron
一种不带电的亚原子粒子，是原子核的一部分。一个中子由一个上夸克和两个下夸克构成。

原子核 Nucleus
原子的核心部分，由质子和中子构成。原子的质量基本全部集中在原子核上。

光学 Optics
研究光的行为和性质的物理学科。

有机化学 Organic chemistry
研究有机化合物的组成、结构、性质、制备方法与应用的科学。

视差 Parallax
观测者在两个不同位置观察同一物体的方向之差。

粒子 Particle
可以拥有速度、位置、质量和电荷的微小的物质颗粒。

**泡利不相容原理
Pauli exclusion principle**
量子力学的一个原理。该原理指出，两个费米子（有质量的粒子）不可能处于时空的同一点上且拥有完全相同的量子状态。

周期表 Periodic table
一个包含所有化学元素的表格，其中元素按照原子序数排列。

光电效应 Photoelectric effect
当光线照射到某些物质表面时，物质中有电子逸出的现象。

光子 Photon
能够传递电磁力的光粒子。

光合作用 Photosynthesis
植物利用光能将二氧化碳和水转化为有机物的过程。

圆周率 Pi（π）
圆的周长与直径的比值，大约为22/7，即3.14159。

π键 Pi bond
一种共价键，两个或多个电子的轨道以"肩并肩"（侧面）的形式在原子间重叠。

板块构造论 Plate tectonics
解释大陆漂移和海底扩张的一种理论。

偏振光 Polarized light
振动面只限于某一固定方向的光波。

聚合物 Polymer
一种物质，其分子是一条由单体组成的长链。

正电子 Positron
电子的反粒子，质量与电子相同，但电荷为正。

压力 Pressure
施加于物体的一种持续的力。气体的压力是由分子运动引起的。

质子 Proton
原子核内带有正电荷的粒子，一个质子由两个上夸克和一个下夸克构成。

量子电动力学
Quantum electrodynamics (QED)
用交换光子解释亚原子粒子相互作用的一种理论。

量子力学 Quantum mechanics
用不连续的能量包（量子）解释亚原子粒子相互作用的一个物理学分支。

夸克 Quark
一种参与强相互作用的基本粒子，也是构成物质的基本单元。

辐射 Radiation
从放射源发射出的电磁波或粒子束。

放射性衰变 Radioactive decay
不稳定的原子核释放粒子或电磁辐射的过程。

红移 Redshift
根据多普勒效应，星系远离地球时发出的光波长增加，可见光由此向光谱的红端移动。

折射 Refraction
电磁波从一种介质进入另一种介质时会发生弯曲的现象。

呼吸作用 Respiration
生物体吸收氧气并利用氧气把养料分解成能量和二氧化碳的过程。

盐 Salt
酸与碱反应生成的化合物。

σ键 Sigma bond
原子的电子轨道以"头对头"的形式重叠而成的共价键。

奇点 Singularity
时空里没有大小的一个点。

时空 Space-time
三维空间和一维时间形成的单一连续体。

狭义相对论 Special relativity
光速和物理学定律对于所有观察者都是一样的。狭义相对论推翻了绝对时间和绝对空间的可能性。

物种 Species
一群相似的生物，可以进行繁殖并能产生有繁殖能力的后代。

自旋 Spin
亚原子粒子的一种性质，类似于角动量。

标准模型 Standard model
粒子物理学的理论框架，包含12种费米子，即6种夸克和6种轻子。

弦理论 String theory
物理学的一个理论框架，其中用一维的弦取代了点状粒子。

强核力 Strong nuclear force
四种基本力之一，将夸克结合在一起组成中子和质子。

叠加 Superposition
量子力学的一个原理，在测量之前，电子等粒子同时处于所有可能的状态。

热动力学 Thermodynamics
研究热与能量、功之间关系的物理学分支。

蒸腾作用 Transpiration
水蒸气从植物叶子表面散失到大气中的过程。

不确定性原理 Uncertainty principle
量子力学的一个原理，指某些性质（比如动量）测量得越准，其他性质（比如位置）就越测不准，反之亦然。

均变论 Uniformitarianism
一种假设，认为物理学定律从古至今在宇宙的所有地方普遍适用。

化合价 Valency
一个原子能与其他原子构成化学键的数量。

速度 Velocity
描述物体运动速率和方向的物理量。

生命力学说 Vitalism
认为生命物质与非生命物质存在本质区别的一种学说。活力论认为，生命依靠一种特殊的"生命力"而存在，目前已被主流科学推翻。

波 Wave
一种穿越空间的振动，可以进行能量传递。

弱核力 Weak nuclear force
四种基本力之一，作用于原子核内，会引起 β 衰变。

致 谢

Dorling Kindersley and Tall Tree Ltd would like to thank Peter Frances, Marty Jopson, Janet Mohun, Stuart Neilson, and Rupa Rao for editorial assistance; Helen Peters for the index; and Priyanka Singh and Tanvi Sahu for assistance with illustrations. Directory written by Rob Colson. Additional artworks by Ben Ruocco.

PICTURE CREDITS